dicionário essencial
de comunicação

Lexikon | *referência essencial*

CARLOS ALBERTO RABAÇA & GUSTAVO GUIMARÃES BARBOSA

dicionário essencial de comunicação

Supervisão: Sílvio Roberto Rabaça

© 2014, by Carlos Alberto Rabaça & Gustavo Guimarães Barbosa

Direitos de edição da obra em língua portuguesa adquiridos pela Lexikon Editora Digital Ltda. Todos os direitos reservados. Nenhuma parte desta obra pode ser apropriada e estocada em sistema de banco de dados ou processo similar, em qualquer forma ou meio, seja eletrônico, de fotocópia, gravação etc., sem a permissão do detentor do copirraite.

LEXIKON EDITORA DIGITAL LTDA.
Rua da Assembleia, 92 / 3º andar – Centro
20011-000 Rio de Janeiro – RJ – Brasil
Tel.: (21) 2526-6800 – Fax: (21) 2526-6824
www.lexikon.com.br – sac@lexikon.com.br

Veja também www.aulete.com.br – seu dicionário na internet

DIRETOR EDITORIAL
Carlos Augusto Lacerda

EDITOR
Paulo Geiger

PRODUÇÃO EDITORIAL
Sonia Hey

ASSISTENTE DE PRODUÇÃO
Rafael Santos

DIAGRAMAÇÃO
Nathanael Souza

CAPA
Luis Saguar

Colaboradores desta edição essencial:

SUPERVISÃO
Sílvio Roberto Rabaça

CONSULTORIA TÉCNICA E ACADÊMICA
José Eudes Alencar

ASSISTENTES
*Rodrigo Belan e
Thaissa Katz*

COLABORADORES
Carlos Roberto Rabaça [TIC]
Rafael Nunan Nascimento Silva [TIC]
Lourenço de Almeida Guimarães [PP]

ESTE LIVRO FOI IMPRESSO NA EDELBRA GRÁFICA E EDITORA, EM 2014.

Cip-Brasil. Catalogação na Fonte
Sindicato Nacional dos Editores de Livros, Rj

R111d   Rabaça, Carlos Alberto
           Dicionário essencial de comunicação / Carlos Alberto
    Rabaça, Gustavo Guimarães Barbosa ; supervisor Sílvio Roberto
    Rabaça. - 1. ed. - Rio de Janeiro : Lexikon, 2014.
           304 p. ; 15 cm.

           ISBN 978-85-8300-017-4

           1. Comunicação - Dicionários. 2. Jornalismo -
    Dicionários. 3. Publicidade - Dicionários. I. Barbosa, Gustavo
    Guimarães. II. Título.

CDD: 659.1
CDU: 659.1

COLABORADORES

Dicionário de comunicação*

3ª edição [Campus, 2001] – Flávio de Aguiar Barbosa e Maria Elisa Luiz da Silveira [ED, FTC]; Darcília Simões e Boanerges Balbino Lopes [FTC]; Luiz Monteiro [ED, TIC]; Eneida Leão [RP]; José Barbosa e Carlos Henrique Carneiro [TIC]. Apoio: UniverCidade.

2ª edição [Ática, 1988] – Amir Haddad, Gloria Beutenmüller, João Luiz Montano e Vanja Freitas [RAV]; Carla Esmeralda, Luiz Carlos Saroldi, Marlene Blois e Wolf Maia [RTVC]; Arthur Bosísio Jr., Evandro Ouriques e Marcus Cremonese [ED]; André Luiz de Figueiredo Lázaro e Eduardo Neiva Jr. [FTC]; Carlos Roberto Rabaça e Luiz Fernando Melo de Almeida [TIC]. Assistentes de pesquisa e redação: Sílvio Roberto Rabaça e Marcus Tardin. Apoio: Centro de Integração Empresa-Escola   CIEE-RJ.

1ª edição [Codecri, 1978] – Muniz Sodré [supervisão]; Alberto Dines e Paulo Henrique Amorim [JN]; Antônio Moreno, Cláudio Melo e Souza, Fernando Barbosa Lima, Gilberta Noronha Mendes, Hélio Thys, José Carlos Avellar, José Cavaliere Figueiredo, José Cláudio Barreto, Julio Heilbron, Jurandir Passos Noronha, Luiz Carlos Barreto, Mário Luiz Barbato, Nelson Camargo, Noilton Nunes, Paulo Cerqueira Leite e Walmyr Ximenes [RTVC]; Abelardo Parreira, Carlos Prósperi, Victor Ebraico, José Assumpção de Souza, Orlando Fernandes, Osmany Chaves Lopes [ED]; Carlos Duarte, Edson Santos, Mário Brasini, Orlando Miranda e Nelson da Silva Ribeiro [RAV]; Roberto Mendes e Victória Régia de Lima [FTC]; Cecília Dutra e Mozart Santos Mello [PP]; Evaldo Simas Pereira [RP]; Luiz Carlos Mancini [TIC]. Apoio: Faculdade de Comunicação Hélio Alonso.

Agradecimento especial: Ziraldo Alves Pinto.

---

* A especialidade de cada colaborador está indicada entre parênteses pelo sistema de abreviaturas utilizado nesta obra.

A COMUNICAÇÃO ESSENCIAL

O homem é um ser social, já dizia Aristóteles, e a comunicação, um dos fenômenos humanos mais complexos, confunde-se com o próprio processo de interação. Comunicação vem do latim *communicatio* e sua origem remonta à ideia de dividir, partilhar, agir em comunidade.

Desde os seus primeiros sons e gestos, até a constituição de uma linguagem simbólica e de uma escrita fonética, que lhe permitiram descrever objetos e representar ideias, o ser humano passou por transformações biológicas e culturais.

Hoje, a proliferação das tecnologias de informação afeta as atividades humanas em escala planetária e a comunicação assume uma dinâmica sem precedentes.

Dentro deste contexto surgiu a ideia de publicar este *Dicionário essencial de comunicação*, que tem como base o *Dicionário de comunicação*, dos mesmos autores, uma referência consagrada no Brasil, por mais de três décadas, entre os professores, estudantes e profissionais da área.

A presente edição resulta não apenas de um criterioso trabalho de atualização, como também de um novo escopo, capaz de atender aos requisitos de objetividade, praticidade, facilidade de consulta e preço acessível.

Os conceitos teóricos e os procedimentos técnicos das diversas especialidades da comunicação estão contemplados aqui, de modo claro e sucinto, à disposição de todos os que pretendem dedicar-se a estas atividades ou que já fazem delas o seu campo de atuação profissional.

COMO USAR

Este é um dicionário de consulta simples e eficiente. Seus verbetes estão organizados em ordem alfabética, e cada verbete admite três elementos em sua estrutura:
1) Áreas de interesse: todo texto de explicação do termo que constitui o verbete sendo consultado é associado a uma área específica (ou a mais de uma área ao mesmo tempo) de interesse no universo da comunicação. A sigla dessa(s) área(s) é apesentada, abreviada, entre colchetes antes do texto, atencedida do sinal •. Adiante se encontrará a lista de abreviações.
2) Definições numeradas: quando há mais uma definição para o mesmo termo dentro da(s) mesma(s) área(s) de interesse, essas definições são numeradas, recomeçando a numeração se houver mudança de área(s) de interesse. Os números são apresentados em **negrito**.
3) Remissivas: quando um termo usado numa definição constitui, ele mesmo, um verbete, esse termo é sublinhado; ou seja, os termos sublinhados podem ser consultados no verbete correspondente. Pode haver também remissivas suplementares dentro do texto, ou no fim do verbete, no formato V. termo. E pode acontecer de esta remissiva ser a única referência, o que significa que a explicação daquele termo está sob um outro verbete, ali indicado. Ex.: **aba** • [ED] V. orelha.

Para uma busca rápida de verbetes, os cabeços no alto da página são boa referência: o cabeço da página par, à esquerda, indica o primeiro verbete de todos os verbetes da página dupla do livro aberto, o cabeço da página ímpar, à direita, indica o último verbete na página dupla.

ABREVIATURAS

ÁREAS

As acepções de cada verbete são precedidas pela indicação das respectivas áreas profissionais no campo da comunicação, a saber:

[ED]   editoração, artes gráficas e documentação
[FTC] fundamentos teóricos da comunicação
[JN]   jornalismo
[RP]   relações públicas
[MKT] marketing
[PP]   publicidade e propaganda
[RAV] recursos audiovisuais, reprodução sonora, artes cênicas e fotografia
[RTVC] rádio, televisão e cinema
[TIC] tecnologias da informação e da comunicação

ABREVIAÇÕES

abrev.   abreviatura, abreviado(a)
ex.   exemplo
fr.   francês
i.e.   isto é
ing.   inglês
lat.   latim
p.ex.   por exemplo
p. ext. por extensão
port.   português
pron.   pronúncia
símb.   símbolo
tb.   também
tv   televisão
v.   ver (remissão)

aA

A • [ED] Formato A. Indica os formatos de papel 50 X 72 cm ou 56 X 76 cm. V. formato.

AA • [ED] Formato 2A (dois A). Fórmula que indica, para o papel de impressão, o formato 76 X 112 cm. Chama-se tb. *duplo germânia*. V. A e formato.

aba • [ED] V. orelha.

abecedário • [ED] **1** Série completa de letras capitulares. V. capitular. **2** Catálogo em ordem alfabética.

abertura • [RAV][RTVC] **1** Área de uma objetiva que, regulada por um diafragma, permite que a luz a atravesse para atingir a chapa ou filme. Na abertura máxima, a imagem ganha maior definição no centro, tendendo a perder a nitidez nas bordas. À medida que o diafragma se fecha, a definição toma-se maior também nas bordas. A abertura varia inversamente à profundidade de campo e ao tempo de exposição requerido, já que, aumentando-se a quantidade de luz, o tempo necessário de exposição diminui. **2** Orifício frontal da câmera por onde a luz entra para produzir a imagem fotográfica. **3** Movimento de lente zum, que consiste em aumentar a distância entre o objeto focalizado e a lente (obtendo-se uma área maior de enquadramento) sem que haja movimento da câmera. • [JN] **1** O mesmo que cabeça. **2** O mesmo que lide. **3** Primeira matéria de uma publicação ou de uma série de matérias. **4** Texto de introdução ou de apresentação de um artigo. Geralmente composto em tipo diferente do restante da matéria.

abonação • [ED] Nos dicionários, transcrição de trecho ou frase de um autor de renome, apresentada ao fim de uma definição para ratificar e exemplificar o sentido do termo.

abordagem • [MKT] No processo de venda, etapa em que o vendedor faz o primeiro contato com o cliente. V. prospecção apresentação, fechamento e *follow-up*. • [JN] Modo de se focalizar um assunto, na cobertura jornalística. Foco, ângulo ou tratamento de um texto a respeito de um determinado tema. Mesmo em matérias informativas, que seguem critérios de objetividade, o ângulo a partir do qual se aborda uma questão pode levar a uma forma de focalizar e, portanto, interpretar algo.

abre • [RTVC] Observação aposta na rubrica de um roteiro ou *script*, para indicar o ato ou o efeito de abrir. • [JN] V. abre de página.

abre de página • [JN] Matéria diagramada na parte superior esquerda de uma página de jornal ou revista. Diz-se tb. simplesmente *abre*, como substantivo.

abrir • [ED] **1** Colocar espaços entre as letras, palavras ou linhas de um texto. Aumentar os claros. V. entrelinhamento. **2** Esculpir, entalhar, burilar, gravar. **3** Cortar as dobras dos cadernos que compõem um livro, para permitir que suas páginas sejam abertas. **4** Cortar as páginas de um caderno, no trabalho de encadernação, para intercalar gravuras ou folhas ilustradas e impressas separadamente. **5** Traçar, na arte-final, um fio previsto no projeto gráfico. • [TIC] Comando usado para mostrar na tela informação contida em arquivo anexo, programa de computador, página de um *site* etc. • [RTVC] Ato ou efeito de afastar a câmera do assunto, geralmente por meio do zum ou do carrinho (em cinema e televisão), para obter maior amplitude de enquadramento. Diz-se tb. afastar e *dolly-out*. V. *travelling* e abertura.

abstract • [ED] **1** Resumo do conteúdo de uma publicação, seja periódico, tese, monografia ou dissertação. Este termo designa especialmente as sínteses dos artigos publicados em revistas especializadas, que são resenhados ano a ano para facilitar seu conhecimento ao pesquisador. **2** Bibliografia de caráter corrente que relaciona referências da literatura geral ou especializada, acompanhadas de resumo informativo ou indicativo.

ação • [ED] Sequência de acontecimentos em qualquer narrativa. V. enredo, narração. • [RTVC] **1** Movimento dos objetos circunscritos ao campo visual da câmera, durante uma filmagem. **2** Interjeição usada pelo diretor de uma filmagem para dar início a uma tomada. **3** O desenrolar da trama durante todo o filme.

ação paralela • [RTVC] **1** Ação que se desenrola simultaneamente à ação principal. **2** Recurso narrativo em que uma ação é apresentada por uma sequência de cenas que se intercalam, de modo fragmentado, ao longo de outra ação.

ação principal • [RTVC] Ação que se desenvolve em função da trama e dos atores principais.

aceleração • [RTVC] Técnica que consiste em filmar um assunto em velocidade reduzida e projetar a imagem em velocidade normal. Assim o cinema consegue mostrar uma ação em movimento mais rápido do que na realidade aconteceu. O contrário do efeito de câmera lenta. Efeito obtido hoje principalmente por meios eletrônicos.

acessar • [TIC] Ato de obter acesso a um computador. Ver tb. logar-se.

acessibilidade • [ED][TIC] **1** Condição para utilização, com segurança e autonomia, total ou assistida, dos espaços, mobiliários e equipamentos urbanos, das edificações, sistemas e meios de comunicação e informação, por pessoa portadora de deficiência ou com mobilidade reduzida, de acordo com Resolução da Anatel nº 426, de 9/12/2005. **2** Parâmetro de projeto de um sistema de comutação, que representa a capacidade de tráfego de um grupo de canais determinada pelo número destes canais que podem ser atingidos pelas chamadas que ingressam no sistema de comutação. Esta é considerada constante quando é igual em todos os instantes, plena quando seu valor é constante e igual à quantidade de troncos do grupo de saída, e limitada em outra situação.

acesso • [TIC] **1** Processo de inscrever informações na unidade de armazenamento de um computador, ou de fazer com que uma consulta coincida com os itens armazenados, a fim de obter determinadas informações. Comunicação com uma unidade de armazenamento, na operação de um computador. **2** Permissão concedida ao usuário para entrada, e posterior utilização, de qualquer recurso em rede de computadores.

acesso múltiplo por divisão de tempo • [TIC] **1** Técnica de acesso de várias estações a um mesmo *transponder*, a um determinado intervalo de tempo, ciclicamente. **2** Tipo de sistema digital da telefonia celular baseado em TDM, em que os canais são divididos em períodos de tempo. Abrev.: ADMT ou TDMA; é mais usada esta última, em inglês (*time division multiple access*).

acrônimo • [TIC] Sigla ou abreviação das primeiras letras de uma palavra ou frase de uma conversa, ou de letras aproximadas, muito utilizada em mensagens de e-mail para economizar tempo e agilizar diálogos. Alguns exemplos de acrônimos: *AFAIK* (*As far as I know* – Até onde eu sei); *BBL* (*Be back later* – Estarei de volta mais tarde); *CUL* (*See you later* – Te vejo mais tarde); *FYI* (*for your information* – para sua informação); *IMHO* (*In my humble opinion* – Em minha humilde opinião); *ISTM* (*It seems to me* – Parece-me).

acta diurna • [JN] Registro afixado diariamente nos lugares públicos pelos romanos, a partir do século I a.C., para noticiar os principais acontecimentos (matrimônios, falecimentos, comícios, julgamentos etc.). Precursor do moderno jornal.

acústica • [TIC] **1** Parte da física que estuda os sons, suas propriedades e sua propagação em audiofrequências. **2** Qualidade de um recinto, no tocante às condições de propagação das ondas sonoras (diz-se, p. ex., que uma sala tem boa ou má acústica, conforme as condições boas ou más de propagação do som).

adaptação • [ED] **1** Transposição de uma obra para outro gênero ou veículo. Adequação de uma obra originalmente escrita na linguagem e na técnica de um determinado veículo (tv, rádio, cinema, teatro ou literatura), para códigos característicos de outro. **2** Argumento (para cinema, teatro, rádio, tv) cujo enredo ou ideia inicial foram extraídos de obra literária. • [MKT] V. quatro ás.

ADC • [TIC] V. conversor analógico-digital.

adenda • [ED] Complemento de uma obra. Matéria pouco extensa, que faz parte essencial do texto ao qual é acrescentada. V. apêndice, suplemento.

adendo • [ED] O mesmo que adenda.

adereço • [RTVC] V. objeto de cena.

ad lib • [RTVC] Improviso. Qualquer elemento, em uma apresentação, que não tenha sido especificamente escrito ou ensaiado. Palavras, ações ou execução musical feitas de improviso, sem referência ao roteiro, *script* ou partitura. Do lat. *ad libitum*, à vontade.

administração de *marketing* • [MKT] **1** Atividade composta pela "análise, o planejamento, a implementação e o controle de programas destinados a realizar as trocas desejadas com mercados-alvo com o propósito de atingir as metas da organização" (Kotler). **2** "Atividade de regular o nível, o tempo e o caráter da demanda, de tal modo que ajude a empresa a atingir seus objetivos" (Kotler).

administrador • [TIC] **1** Responsável pelo leiaute, confecção, editoração e distribuição das páginas de determinado site. Neste sentido, o mesmo que webmaster. **2** Coordenador de sistemas de uma rede que contenha sites.

adotante imediato • [MKT] Consumidor que tende a adotar novos produtos mais rapidamente do que outros. O adotante imediato é visado pelo especialista em *marketing* de novos produtos porque ele tende a apresentar liderança de opinião e pode influenciar consumidores potenciais.

afastar • [RTVC] O mesmo que abrir.

afiliada • [RTVC] Estação local de rádio ou tv, que se vincula a uma rede ou cadeia, para transmitir programas em comum, sem deixar de ser uma empresa independente.

agência corretora • [PP] **1** Agência de publicidade que, diversamente da agência plena, atua apenas como intermediária na contratação da mídia: o pagamento da veiculação é feito pelo anunciante diretamente a cada um dos veículos e estes repassam à agência a comissão correspondente.

agência de notícias • [JN] Empresa que elabora e fornece matérias jornalísticas para seus assinantes (órgãos de imprensa, instituições governamentais e privadas), transmitindo regularmente, a seus associados, noticiário geral ou especializado, fotografias, *features*, resenhas etc.

agência de propaganda • [PP] O mesmo que agência de publicidade.

agência de publicidade • [PP] Empresa de prestação de serviços, especializada no planejamento, organização e execução de programas de propaganda ou publicidade para seus clientes. Elabora campanhas, peças e planos promocionais, cria anúncios apropriados para os diversos veículos e cuida de suas publicações e transmissões. Com algumas variações em sua estrutura, as agências organizam-se normalmente nos seguintes departamentos ou serviços: atendimento, planejamento, criação, arte, produção, mídia, tráfego, controle. Eventualmente, a estrutura da agência inclui também departamentos de pesquisa, promoção de vendas e relações públicas.

agenciador de propaganda • [PP] Profissional vinculado aos veículos de divulgação e que a eles encaminha propaganda, por conta de terceiros, isto é, dos anunciantes. V. corretor e contato.

agência fotográfica • [JN] Empresa especializada no fornecimento, regular ou não, de material fotográfico a órgãos de imprensa, editoras, agências de publicidade etc.

agência plena • [MKT] [PP] **1** Agência de publicidade equipada para atender a um cliente em todas as atividades de comunicação, não restringindo-se aos serviços de propaganda. Além desses serviços, que envolvem criação, planejamento, produção e veiculação de mensagens publicitárias, a agência plena propõe-se a realizar, de forma direta ou terceirizada, serviços relativos a atividades de promoção de vendas, edição de relatórios anuais e publicações diversas, montagem e administração de estandes em feiras e exposições, divulgação, relações públicas e atividades específicas do *marketing*. **2** Agência de publicidade que assume em nome do cliente a responsabilidade pela veiculação de suas mensagens, junto aos diversos órgãos da mídia: recebe do anunciante o valor total referente às veiculações, retém a sua comissão e repassa os valores líquidos aos veículos. V. agência corretora.

agente literário • [ED] Pessoa física ou jurídica que atua como mediadora entre o titular da propriedade intelectual e o editor, promovendo a contratação dos direitos de tradução e/ou edição de uma determinada obra.

agradecimento • [ED] Manifestação a pessoas e instituições que, de maneira relevante, colaboraram para a elaboração de um trabalho, geralmente um livro. É opcional, escrito em página ímpar, na qual o autor indica o eventual apoio recebido de pessoas ou instituições para a execução da obra.

água-forte • [ED] **1** Reagente químico (solução de ácido nítrico) de ação corrosiva, usado em calcogravura para gravações em placas de metal (geralmente o cobre). **2** Técnica de calcogravura a traço mediante reação química de agente corrosivo (em geral ácido nítrico) sobre uma chapa de metal.

água-tinta • [ED] Designação genérica das técnicas de calcogravura cuja impressão resulta em estampas com aspecto de aguada.

álbum • [ED] **1** Volume, com páginas impressas ou não, destinado a colecionar fotografias, cartões-postais, selos, desenhos, figurinhas, versos, máximas, receitas, autógrafos, recortes, partituras, discos etc. V. porta-fólio. **2** Publicação não periódica, de formato ligeiramente maior que o dos livros e revistas comuns, com fotos ou ilustrações acompanhadas ou não de texto. • [RAV] Volume composto por disco(s) e sua respectiva capa.

alcance • [TIC] Área geográfica total em que os sinais (v. sinal) emitidos por uma emissora podem ser captados por determinados receptores. • [RTVC] [MKT] **1** Diz-se da área de captação de uma emissora por receptores domésticos. Diz-se tb. área ou área de serviço. **2** Distância máxima atingida por um determinado meio de comunicação. V. cobertura.

alceado • [ED] Diz-se do livro cujos cadernos estão colecionados em ordem, mas ainda não costurados, colados ou grampeados.

alcear • [ED] Dispor ou ordenar as folhas de um material impresso (livro, livreto, revista etc.) para as demais operações de acabamento. Fazer alceamento. Diz-se tb. alçar.

aldino • [ED] Expressão relativa aos caracteres tipográficos ou aos livros produzidos pelo tipógrafo italiano Aldo Manuzio. V. grifo.

álgebra de Boole • [TIC] Teoria matemática elaborada por George Boole em 1854, com fundamento na Lógica de Aristóteles. Baseada em elementos binários, aplica-se ao estudo das funções lógicas, expressas em termos das variáveis binárias. Diz-se tb. álgebra booliana. V. *bit*.

algol • [TIC] Abrev. de *algorithmic orientated language*. Linguagem de alto nível utilizada para programação de algoritmos e orientada para aplicações científicas.

algoritmo • [FTC] [TIC] Processo mecânico de cálculo matemático. Conjunto fixo de instruções; conjunto de operações elementares, sucessivas e discretas, previamente concebidas para a resolução de um determinado cálculo ou problema. São exemplos de algoritmos os cálculos para extração de raiz quadrada, as fórmulas algébricas, físicas, químicas etc. Códigos e processos algorítmicos, como regras operatórias, vêm sendo aplicados na organização de linguagens de programação para máquinas (v. algol). Em linguística, o conceito de algoritmo opõe-se ao da taxionomia. Enquanto este caracteriza um simples sistema de classificação e agrupamento de elementos, o algoritmo se constitui numa fórmula operatória, extraída da observação do comportamento desses elementos, destinada à viabilização automatizada de transformações linguísticas. Também a gramática pode ser vista como um processo algorítmico, visto ser um conjunto de instruções explícitas que permitem a produção de determinadas operações. O termo provém do lat. *algorismos*, *algorithmos*, algarismo, que, por sua vez, provém do gr. *arithmós*, número.

alias • [FTC] [TIC] **1** Nome fictício, e geralmente mais curto, escolhido pelo usuário como abreviatura para seu endereço de e-mail. Esta opção só é possível caso o programa armazenador de correio eletrônico utilizado a disponibilize.

alimentação • [FTC] [TIC] Introdução de informações ou dados na memória interna de um computador, através de periféricos de entrada. Em ing., *loading*. V. feedback e feedforward.

alinhamento • [ED] Ato ou efeito de alinhar. • [TIC] Conjunto de procedimentos que consistem no ajuste da pluralidade de componentes de um sistema de telecomunicações, para assegurar um correto desempenho tanto relativo quanto global.

alinhar • [ED] **1** Fazer com que as letras fiquem em disposição exata na linha tipográfica, como se a base de todas elas estivesse perfeitamente ajustada sobre uma reta ideal (alinhamento horizontal). **2** Colocar as linhas da página ou da coluna em disposição perfeita no sentido vertical (alinhamento vertical), à esquerda ou à direita. V. justificar. **3** Fazer com que linhas de texto, ilustrações e demais elementos gráficos fiquem perfeitamente dispostos num determinado sentido, seja em relação à cabeça, ao pé ou às margens (v. margem). Diz-se tb. paragonar ou parangonar.

all News • [JN] Diz-se de emissora de rádio ou televisão cuja programação é exclusivamente, ou quase exclusivamente, noticiosa.

alltype • [PP] Diz-se dos anúncios para mídia impressa, constituídos apenas de texto, sem ilustrações

almanaque • [ED] **1** Obra de periodicidade geralmente anual, ou sem periodicidade definida, constituída de textos de cunho informativo (sobre assuntos gerais ou especializados) e recreativo. Quando anual, inclui normalmente um calendário e informações sobre acontecimentos do período em curso e/ou do período anterior, efemérides etc. V. anais e anuário. **2** Edição especial de uma revista, publicada esporadicamente ou com periodicidade anual, em formato maior e contendo maior número de páginas, matérias especiais etc.

alta-fidelidade • [RAV] **1** Conjunto das técnicas eletroacústicas que propiciam gravação, recepção, amplificação e reprodução de sons, com larga faixa de frequências e sem distorção, isto é, sem alterar a qualidade do som original. **2** Diz-se dos equipamentos utilizados com esse objetivo. Do ing. *high fidelity*. Abrev.: *hi-fi*.

alta frequência • [TIC] Frequência superior a 20.000 Hz.

alto-contraste • [RAV] **1** Contraste acentuado entre os elementos claros e escuros de uma imagem. Pode chegar à eliminação total dos meios-tons. **2** Diz-se da reprodução fotográfica que resulta da técnica descrita no item 1.

alto-falante • [RAV] **1** Dispositivo eletroacústico, destinado a transformar um sinal de audiofrequência numa onda acústica. Estágio final dos aparelhos de reprodução sonora, que recebe o sinal saído do amplificador e o converte em sons audíveis. Parte dos receptores de rádio e televisão, pelo qual o som é reproduzido. **2** Meio de comunicação (serviço de alto-falantes) utilizado em substituição ao rádio, ou como recurso de amplificação do alcance de emissões radiofônicas, principalmente em cidades do interior. Instalado em pontos fixos (praças, ruas principais, estações rodoviárias, parques de diversões etc.) ou em automóveis, presta-se à divulgação de mensagens de utilidade pública, de propaganda e de entretenimento.

AM • [ED] Formato americano. Fórmula que indica, para o papel de impressão, o formato de 87 x 114 cm, o que permite um aproveitamento maior na produção de livros e de revistas. Uma folha de papel formato AM pode conter 64 páginas de livro formato 13,5 x 21,5 cm. V. formato. • [RTVC] Abrev. de amplitude modulada.

ambiente externo • [MKT] Conjunto de forças que influi em vários aspectos da vida de um produto ou de uma organização e não pode ser controlado pela empresa e nem por suas concorrentes. O ambiente externo é formado por dois grupos: os públicos da organização e o macroambiente. V. quatro ás e ecossistema social.

ambiguidade • [FTC] Fenômeno linguístico em que uma mensagem se presta a mais de uma interpretação, ou seja, diferentes significados são decodificados na recepção de uma dada mensagem. Segundo Mattoso Câmara Jr., "a boa manipulação da língua no discurso individual elimina a ambiguidade, criando contextos em que a homonímia ou a polissemia se anulam pela concatenação com outros termos, e jogando com a colocação, a concordância e a regência de maneira a suprir a deficiência existente" (v. redação). A ocorrência de ambiguidade pode ser intencional, nos discursos artístico, retórico, jornalístico etc. V. vício de linguagem.

amigável • [ED] Qualidade de uma interface, seja impressa, seja virtual, que permita ao usuário satisfazer suas pretensões de busca ou leitura. A arquitetura da informação tem o objetivo de tornar a interface mais *user-friendly*, o que seria traduzido como amigável.

amostra • [MKT] Subconjunto ou parte representativa de um todo ou de uma população, com base no qual se pressupõem as propriedades e características dessa população. V. amostragem. • [PP] [MKT] Miniatura ou porção de um produto, oferecida gratuitamente ao consumidor potencial por mala direta (via postal), em promoções porta a porta, em campanhas nos pontos de venda, em eventos ou anexada a anúncios de revista etc. Na propaganda de produtos farmacêuticos, as amostras promocionais oferecidas aos médicos, pelos propagandistas ou diretamente pelo laboratório, devem obrigatoriamente estampar na embalagem a expressão amostra grátis, impressa em destaque. V. promoção.

amostragem • [MKT] Ato ou processo de seleção e escolha dos elementos que irão constituir uma amostra e que serão considerados, para efeito de pesquisa, como representantes do conjunto da população à qual pertencem. Existem vários métodos de amostragem, empregados em pesquisas de mídia, de *marketing*, de opinião pública etc. Os mais frequentes são: *amostragem aleatória* – designa a amostragem feita ao acaso. Por esse processo, cada elemento da população tem igual probabilidade de ser escolhido para integrar a amostra. Diz-se tb. amostragem simples, acidental, ao acaso ou casual ou probabilística. *amostragem estratificada* – a população é dividida em subclasses, dentre as quais são recolhidos elementos para formar a amostra; *amostragem por estágios múltiplos* – chega-se à amostra definitiva após vários estágios de seleção, aplicando-se a cada estágio o mesmo tipo ou tipos diferentes de amostragem.

ampère • [FTC] Unidade de medida da intensidade de correntes elétricas, adotada pelo Sistema Internacional. Símb.: A.

ampliador • [RAV] Instrumento destinado à obtenção de reproduções fotográficas, em geral ampliadas, de negativos colocados em um suporte, sobre os quais incide um feixe de luz que projeta em papel fotossensível a imagem fotografada. V. papel fotográfico. O ampliador é constituído basicamente por: fonte de luz, condensadores para dirigir os raios luminosos, porta-negativos, objetiva de ampliador e sistema para variar a distância entre as lentes e o negativo e entre os negativos e o papel. Uma lente montada em estrutura móvel, ascendente ou descendente, permite graduar o tamanho da cópia desejada.

amplificador • [RAV] [TIC] Dispositivo eletrônico destinado a aumentar a força de um sinal (de áudio ou de vídeo), sem modificar a sua qualidade. Recebe um sinal elétrico na entrada e fornece-o, na saída, multiplicado por um fator que corresponde ao coeficiente de amplificação, ou ganho. Chama-se amplificador integrado ao amplificador e pré-amplificador acoplados em uma só unidade.

amplificador de potência • [TIC] Dispositivo que aumenta a potência do telefone celular, melhorando a qualidade das chamadas em áreas de difícil comunicação. Diz-se tb. *booster*.

amplitude modulada • [RTVC] Sistema de transmissão de sinais eletromagnéticos, pela modulação da amplitude (comprimento) das ondas, em frequências que variam de 550 a 1.600 kHz. Abrev.: AM. Por ser capaz de captar variações de amplitude, o receptor AM responde da mesma maneira aos ruídos produzidos naturalmente: raios, ignição de automóvel, interferências provocadas pelo homem etc. As transmissões em AM podem ser feitas por meio de ondas curta, médias e longas.

anagliptografia • [ED] **1** Sistema de escrita especial para cegos, criado pelo francês Louis Braille em 1835, que idealizou um sistema de pontos em relevo que pode ser lido pelo tato, em substituição ao alfabeto convencional. **2** Processo de gravação que ao ser reproduzido dá aparência de relevo. É usado principalmente na reprodução de moedas e de medalhas. V. impressão em relevo.

anais • [ED] **1** Publicação que registra os resultados das atividades de uma instituição, resoluções de convenções, congressos etc., ou progressos no campo das ciências, das artes e da literatura. **2** Publicação anual, que narra os principais acontecimentos históricos. V. anuário e almanaque.

análise • [MKT] V. quatro ás. • [TIC] Conjunto de operações que permitem definir os métodos de resolução de um dado problema por intermédio de um computador.

análise de valor • [MKT] Método de redução do custo de produção de um produto através do exame minucioso de seus componentes, procurando saber quais deles podem ser reprojetados, padronizados ou fabricados por um custo mais baixo.

analogia • [FTC] Mudança linguística em que ocorre, por associação de ideias, uma interferência do plano formal da língua na fonação de um vocábulo. Assim, os falantes tendem a: alterar palavras em função de formas fonológicas semelhantes (p. ex.: de *lista* para *listra*), ou criar novas palavras e frases em função de associações de som e sentido (p. ex.: o lat. *stella* acabou resultando no port. *estrela* por analogia semântica com o vocábulo *astro*). • [RTVC] V. montagem.

analógico • [TIC] Tipo de computador cujos dados são representados por outras grandezas, semelhantes aos mesmos, porém variáveis, que podem simular e resolver um problema específico. No computador analógico, um processo complexo é simulado por outro mais simples e estruturalmente semelhante ao primeiro. V. digital. • [FTC] V. analogia.

anamórfica • [RAV] [RTVC] V. objetiva.

anamorfose • [RTVC] Deformação óptica produzida por objetiva anamórfica.

âncora • [JN] [RTVC] Jornalista (homem ou mulher) que apresenta um programa noticioso. Mais do que um simples apresentador de telejornal, o âncora redige as notícias (ou participa de sua elaboração) e as apresenta com interpretação pessoal, acrescentando informações e angulações até por intermédio de recursos não verbais.

anglo-americano • [ED] Denominação do sistema de medidas tipográficas adotado oficialmente em 1886 pela United States Founders' Association e até hoje em vigor nos países de língua inglesa. A principal unidade de medida desse sistema é a paica, que equivale a aproximadamente 4,218 mm e corresponde a 12 pontos de 0,351 mm. V. Didot.

ângulo • [RTVC] Posição da câmera em relação ao tema. O ângulo geralmente confere à tomada um efeito expressivo, destacando e reforçando a ação. Em closes, o ângulo pode ser frontal, de perfil ou três-quartos (posição intermediária entre o frontal e o perfil), dependendo da forma como se enquadra o ator. Diz-se tb. angulação. V. câmera alta, câmera baixa e ângulos complementares.

ângulos complementares • [RTVC] Duas ou mais tomadas, cada uma focalizando um sujeito no ângulo contrário da outra. Utiliza-se ângulos complementares principalmente em closes de dois artistas, separadamente, com o mesmo enquadramento, para dar a impressão de que estão olhando um para o outro e conversando. V. campo e contracampo.

animação • [RTVC] Gênero cinematográfico baseado na filmagem quadro a quadro de desenhos ou bonecos decompostos em cada estágio do movimento. Na projeção, transmitem impressão de movimento contínuo. Pode ser produzido por diversos meios de expressão: **desenho animado** – feito com desenhos figurativos ou abstratos que adquirem vida através do movimento. Cada desenho representa uma fração do movimento desejado. Sua apresentação sucessiva, através da filmagem quadro a quadro, produz a ilusão de movimento; **silhuetas animadas** – consiste em movimentar bonecos de papel, cartolina etc., diante de uma câmera e filmar os movimentos quadro a quadro; **sombras chinesas** – variante das silhuetas animadas; empregam personagens em preto e branco sobre cenários coloridos que imitam baixos relevos; **animação multiplana** – em que são utilizados mais de um plano na apresentação dos desenhos, sombras etc., permitindo maior impressão de profundidade e utilização de jogos de luz; **bonecos animados** – marionetes articuladas em cenários de três dimensões e filmadas quadro a quadro. • [ED][RTVC] [TIC] Qualquer artifício destinado a causar ilusão de movimento parcial ou total de objetos inanimados, elementos gráficos e pictóricos, créditos etc., por meios manuais, mecânicos ou eletrônicos. • [RTVC] Ação de conduzir um programa de variedades em rádio ou tv, ou um *show* em casas de espetáculo. V. animador.

animador • [RTVC] **1** Aquele que, num programa de variedades em rádio ou TV, conduz e comanda o *show*, anuncia as atrações, mantém a continuidade, procura cativar a atenção e o entusiasmo dos ouvintes ou espectadores, imprimindo ao espetáculo seu cunho pessoal. Diz-se tb. mestre de cerimônias. V. apresentador.

2 Realizador ou desenhista especializado em cinema de animação.

anteportada • [ED] O mesmo que anterrosto.

anterrosto • [ED] Primeira página de grande parte dos livros, que precede imediatamente a página de rosto e onde vem impresso apenas o nome da obra. Em alguns casos, pode-se encontrar, no verso, alguma outra informação, como uma lista dos livros que compõem a série, ou uma relação das obras do autor. Diz-se tb. anteportada, falsa folha de rosto, falsa página de rosto, falso-título, olho, rosto falso.

antetítulo • [JN] Palavra ou frase em corpo menor do que o utilizado no título e colocada antes (geralmente acima) dele, para introduzi-lo, indicar o assunto ou a pessoa nele focalizada, ou localizar a posição geográfica e temporal. Ex.: Ministério muda outra vez (antetítulo); Governo faz nova composição entre partidos aliados (título). Diz-se tb. sobretítulo ou sutiã. V. título, subtítulo, entretítulo.

antivírus • [TIC] Programa desenvolvido para encontrar, combater e eliminar vírus de computador.

antologia • [ED] Coleção de trechos escolhidos, poéticos, prosaicos ou musicais, referentes a um só gênero ou autor.

anuário • [ED] Publicação editada anualmente, especializada ou não, com assuntos científicos, artísticos, literários, esportivos, comerciais ou de qualquer outro ramo ou atividade, referentes ao ano em curso ou anterior. V. anais e almanaque.

anunciante • [PP] "Entidade, firma, sociedade ou indivíduo que utiliza a propaganda" (definição expressa no Código de Ética dos Profissionais da Propaganda). Cliente de uma agência de publicidade. Pessoa ou organização que assina uma mensagem publicitária, autoriza a sua veiculação e é responsável pelo seu conteúdo e custos.

anúncio • [ED] Ato de informar ao público qualquer assunto, através de notícias jornalísticas, comunicados oficiais, mensagens publicitárias, avisos etc. • [PP] Mensagem de propaganda, elaborada e veiculada com finalidades comerciais, institucionais, políticas etc. Informação publicitária de uma marca, produto, serviço ou instituição, apresentada por meio de palavras, imagens, música, recursos audiovisuais, efeitos luminosos e outros, através dos veículos de comunicação. V. comercial, *spot*, *jingle*, *teaser*, *slogan*, matéria paga, campanha e mídia. • [RTVC] Menção ou aparição de um produto, serviço ou marca, no contexto de um filme cinematográfico ou de um programa de televisão, de forma não ostensiva e aparentemente casual, com propósitos de propaganda não declarados. V. *merchandising*.

anúncio aberto • [PP] Anúncio que traz a assinatura do anunciante. V. anúncio fechado.

anúncio classificado • [PP] V. classificados.

anúncio cooperativo • [PP] Anúncio cuja veiculação é custeada por mais de um anunciante. Esse tipo de acordo para publicidade conjunta é comum entre um fabricante e um revendedor de determinado produto (que dividem entre si o custo da inserção, ou entre fornecedores de um mesmo produto ou serviço, que se reúnem numa campanha conjunta de promoção. Neste caso, as diversas marcas podem ser citadas, ou não. V. varejo.

anúncio de sustentação • [PP] V. sustentação.

anúncio fechado • [PP] Classificado em que o anunciante não é identificado pelo público visado. Esse anúncio geralmente sugere ao interessado enviar seu currículo para um determinado endereço, às vezes do próprio jornal. Em contraposição, chama-se anúncio aberto ao anúncio que traz a assinatura do anunciante.

anúncio institucional • [PP] V. institucional.

anúncio luminoso • [PP] V. luminoso.

anúncio-sanduíche • [PP] Anúncio apresentado sob a forma de dois cartazes, justapostos, presos ao ombro de uma pessoa, um à frente e outro às costas. Diz-se tb., simplesmente, sanduíche. A pessoa encarregada de transportar esse tipo de anúncio e de exibi-lo pelas ruas é chamada de homem-sanduíche.

ao vivo • [RTVC] Transmissão direta, de estúdio ou de externa, não gravada ou filmada. Programa ou reportagem de rádio ou tv transmitidos no exato momento em que são produzidos.

ap. • [ED] Forma abreviada de *apud*.

apara • [ED] **1** Sobra de papel, cortada pela guilhotina, por exceder a linha de corte de um trabalho impresso. **2** Os três lados do livro por onde o papel foi cortado.

aparato crítico • [ED] Conjunto de informações que se acrescentam, geralmente sob a forma de notas, à edição de um texto, para fornecer maiores esclarecimentos ao leitor quanto a aspectos filosóficos, literários, estéticos ou históricos relacionados à obra em questão.

a pedidos • [JN] O mesmo que matéria ineditorial.

apelo • [MKT] Atração dominante de um produto, aos olhos do consumidor. Peculiaridade capaz de estimular o consumidor, através dos sentimentos ou da razão, para que ele adquira um produto ou faça uso de um serviço. V. argumento de venda, atributo, *plus* e proposição de compra.

apelo genérico • [MKT][PP] Tipo de apelo publicitário que focaliza uma determinada categoria de produto, sem menção a nenhuma marca em especial. P. ex., uma campanha que encoraje maior consumo de leite. Campanhas desse tipo podem ser patrocinadas por uma associação industrial que represente todos os produtores individuais do produto ou serviço, ou pelo principal produtor na indústria.

apelo lógico • [MKT][PP] Tipo de apelo que tenta criar maior aproximação junto ao consumidor, por meio de argumentos racionais, sugerindo ao consumidor que a escolha de determinado produto ou serviço é uma questão de lógica.

apelo negativo • [MKT][PP] Tipo de apelo que destaca aspectos negativos do concorrente, ou da vida do consumidor que não utiliza determinado produto ou serviço. Existe a clara intenção em aumentar a ansiedade dos consumidores, destacando a perda que eles experimentarão se não adquirirem o produto ou serviço anunciado.

apêndice • [ED] Parte anexa ou complementar a uma obra. Matéria suplementar, que não constitui parte essencial da obra, mas que é acrescentada ao fim do volume. Compreende notas do autor, citações, ilustrações, gráficos, tabelas ou mapas, correspondências, documentos e legislação de interesse, bem como quaisquer complementações do texto do autor consideradas importantes para melhor compreensão da obra, em seu conjunto ou em parte. A inserção de elementos em apêndice evita que o corpo da obra seja sobrecarregado. V. adenda e suplemento.

APL • [TIC] Abrev. de *A programming language*.

aplicação • [ED] Inclusão de qualquer elemento (marca, desenho, foto etc.) em uma arte-final. • [TIC] Em análise, é o conjunto de questões articuladas logicamente, de modo a permitir a execução de todas as ramificações possíveis num tratamento. Problema específico para cuja solução utilizam-se recursos computacionais.

aplicativo • [TIC] Programa utilizado para que determinada tarefa seja realizada no computador (ex.: planilha eletrônica, processador de texto etc.). Conjunto integrado de rotinas usadas para requisitar ações ao sistema operacional. Em ing., *application* (abrev. *app*). V. *applet* e utilitário.

apostila • [ED] Publicação avulsa para fins didáticos, de utilização restrita aos alunos de um curso ou de um professor. É constituída de pontos, notas de aulas, ou simples registros de palestras proferidas por um professor.

app • [TIC] **1** Abrev. de *application*. V. aplicativo. **2** Abrev. de *applet*.

applet • [TIC] Programa que, desenvolvido para rodar junto com outro aplicativo, foi escrito para disponibilizar um determinado tipo de recurso, como consulta bancária, processador de texto, reprodução de sons, animação de imagens etc. É comum que haja mais de um *applet* em um único documento, comunicando-se entre si enquanto trabalham. No acesso a determinadas páginas da web, são disparados diversos *applets* que, depois de cumprido o seu papel, são simplesmente descartados da memória.

apresentação • [ED] O mesmo que prefácio. • [RAV] Cada uma das encenações de um espetáculo. Esse termo é aplicável tanto a encenações teatrais quanto a eventos artísticos em geral, como espetáculos de dança, de música, de circo etc. • [RTVC] Trecho inicial de um programa de tv ou rádio, ou de um filme, no qual se exibem as principais informações sobre a obra: título, diretor, principais atores, patrocinadores etc. • [PP] **1** Exibição de uma proposta de campanha para o anunciante. **2** Exibição publicitária de um novo produto, serviço, campanha, marca etc. • [MKT] No processo de venda, etapa em que o vendedor fala ao cliente sobre o produto, enfatizando suas qualidades e vantagens.

apresentador • [RTVC] [RAV] Pessoa que apresenta as atrações em um programa de tv, rádio, ou em qualquer espetáculo. Profissional que introduz os tópicos principais do conteúdo de um programa de entrevistas, de debates, educativo etc., apresenta entrevistados, atua como entrevistador, anuncia os próximos segmentos do programa etc. V. animador e âncora.

A Programming Language • [TIC] Linguagem de programação orientada para uso interativo em terminais remotos ou locais. Abrev.: *APL*.

apropriação • [PP] **1** Aplicação da verba de propaganda reservada pelo cliente, para uma campanha específica ou para um período determinado. **2** Orçamento detalhado de mídia, contendo dados sobre a distribuição da verba aos diversos veículos, inclusive com indicação de formato ou tempo de cada anúncio, dias, horários e número de inserções, custo unitário e custo bruto por veículo, por áreas geográficas e por tipo de mídia (impressa, eletrônica etc.), custo bruto total, valor dos impostos devidos e da comissão da agência. Documento previamente submetido ao anunciante, para que este aprove, com sua assinatura, o desencadeamento da campanha. É comum empregar-se a abreviatura AP.

apud • [ED] Palavra latina que significa 'em, de entre, junto a', empregada para dar referência de conceito ou citação colhidos não diretamente na fonte (procedência da informação), mas em fonte intermediária. Abrev.: *ap*.

apuração • [IN] Investigação, levantamento e verificação dos dados e elementos de um acontecimento, para transformá-lo em notícia. V. cobertura e reportagem.

aquário • [RAV] Em um estúdio de gravação sonora ou de emissora de rádio, compartimento separado por divisórias de vidro, com isolamento acústico, reservado para o locutor ou para os operadores da mesa de som.

área crítica • [RTVC] Área limite da imagem de tv em relação aos receptores domésticos. Faixa de imagem determinada pela diferença entre a área de visão dos monitores da emissora e a área reproduzida nos receptores domésticos (nestes, geralmente a imagem é menor, em altura e largura). Diz-se tb. área a salvo.

arejar • [ED] Introduzir claros num texto composto, numa página diagramada ou em qualquer trabalho gráfico, de forma a conferir-lhe aspecto leve, atraente e não muito carregado. O arejamento pode ser feito com o branco, mas também através do uso do preto e do cinza ou das cores de fotos, ilustrações etc. V. diagramação.

argumentista • [RTVC] Aquele que cria uma situação, história ou ideia que será desenvolvida em roteiro para a produção de um filme, vídeo, peça teatral, programa de rádio ou de televisão.

argumento • [RTVC] **1** Trama de um filme ou de uma história de rádio ou TV. V. adaptação. **2** Ideia de enredo ou tema para obra cinematográfica ou de televisão. Não contém, inicialmente, qualquer indicação técnica e passa pelas fases de tratamento e decupagem antes dos trabalhos de filmagem e/ou de gravação. V. sinopse e roteiro. • [FTC] V. signo.

argumento de venda • [PP] Forma de transmitir para o público as qualidades e benefícios de um produto, através de anúncio ou promoção capazes de atrair a atenção do consumidor e de predispô-lo à compra. V. apelo e *plus*.

arial • [ED] Letra sem serifa, de *design* contemporâneo, muito utilizada em *softwares* de processamento de texto por sua grande legibilidade e versatilidade. Seu traçado aproxima-se de algumas características da letra humanística, o que lhe confere uma aparência mais elegante e menos mecânica do que o aspecto da maioria dos tipos não serifados. Caráter tipográfico criado em 1982 por Nicholas Robin e Patricia Saunders, para a Monotype Corporation, atual Agfa Monotype Corp.

armação • [ED] **1** Ato de reunir os elementos e soluções para o fechamento de uma página de jornal ou de qualquer outro trabalho gráfico-editorial, seja na fase de redação, seja na fase de diagramação. A armação é o momento imediatamente anterior ao fechamento. V. fechar.

armazenamento • [TIC] Processo que envolve a colocação e a retenção de dados ou documentos para uso subsequente. Diz-se tb. memorização. V. memória e suporte de dados.

arpejo • [RTVC] Frase musical que acentua ou realça determinada passagem do texto. Recurso expressivo, usado principalmente em radioteatro, para transmitir climas de suspense, surpresa, suavidade, romantismo, hilaridade etc., ou para dar ideia da passagem do tempo. Diz-se tb. harmônico.

arquitetura de informação • [TIC] **1** Conjunto de técnicas, utilizadas em páginas da internet, com o objetivo de organizar o conteúdo, oferecendo ao leitor facilidade de navegação (v. navegar), legibilidade, pesquisa de dados, interatividade etc. Estrutura de organização de um *site*, que permite as suas diferentes páginas se relacionarem entre si e atenderem às necessidades dos usuários. Termo cunhado pelo *designer* gráfico Richard Wurman. **2** Organização dos componentes de um *site*. Função do profissional de *web design*.

arquivo • [ED] Conjunto de registros afins, tratados como uma só unidade. • [TIC] Nome dado a um conjunto de informações armazenadas na memória de um computador, em dispositivos auxiliares (*CD*, *pen drive* etc.) ou na nuvem. Pode conter um programa ou textos, imagens, vídeo e som. Cada arquivo é um documento individual, identificado e localizado por um nome específico, que ele recebe no momento de sua criação, e por meio de sufixos (.doc, .txt, .exe, .gif etc) que designam o tipo de arquivo e o programa ao qual está associado. V. armazenamento. • [RTVC] V. plano de arquivo.

arranjo • [RAV] Adaptação de uma peça musical a um determinado estilo de interpretação. Criação de uma forma de apresentação de determinada composição musical, de acordo com os músicos que deverão executá-la.

arroba • [TIC] Sinal @ usado nos endereços de correio eletrônico, separando o nome do usuário do nome do provedor de acesso à rede. Foi adotado inicialmente pelo engenheiro norte-americano Ray Tomlinson (criador do sistema de correio eletrônico) como abreviatura da preposição inglesa 'at', com o sentido de 'em'. Esse sinal [grafado com um 'a' minúsculo dentro de um círculo aberto], foi usado originalmente no latim medieval para a preposição 'ad' ('a') e, posteriormente, na linguagem comercial para designar o valor unitário do elemento que o precede (10@3US$, ou seja, dez produtos a três dólares cada, ou dez medidas de peso a três dólares cada). A partir desse uso, foi interpretado como abreviatura da antiga medida de peso 'arroba' (usada para produtos agropecuários e equivalente a 15 quilos), passando-se a adotar esse nome para o novo uso em informática. Em inglês, usa-se a preposição at, quando se indica este sinal (at sign) em um endereço eletrônico.

arrolamento • [MKT] Pesquisa prévia de quantificação do mercado. Através de observação visual, o pesquisador enumera as atividades existentes em determinado local, com a finalidade de levantar dados para uma pesquisa posterior mais acurada.

arte • [PP] **1** Conjunto das atividades relacionadas à apresentação gráfico-visual de anúncios, publicações diversas, logotipos etc. **2** Em uma agência de publicidade, diz-se da atividade, setor, ou departamento, ou conjunto de profissionais encarregados da criação e produção de peças de propaganda impressa, a partir do desenvolvimento de ideias apresentadas pelo setor de criação. • [ED] **1** Qualquer trabalho de arte gráfica (desenho, fotografia retocada, charge, montagem etc.), em fase de leiaute ou de arte-final. **2** Efeito desse trabalho, no aspecto da peça já impressa.

arte-final • [ED] **1** Acabamento final de um trabalho destinado à produção gráfica, com indicações referentes a áreas de cor, fotografias, ampliações, reduções etc. **2** Qualquer trabalho (ilustração, anúncio, cartaz, página de jornal ou revista, capa de livro ou disco etc.) pronto para ser reproduzido. V. leiaute, rafe, diagramação.

artes gráficas • [ED] **1** Conjunto dos processos que abrangem a criação e a preparação de trabalhos destinados à reprodução (inclusive desenhos, projeto gráfico, leiaute e arte-final), bem como a produção gráfica propriamente dita, por meios mecânicos, eletrônicos ou artesanais (inclusive impressão, acabamento, encadernação etc.). **2** Conjunto das artes e técnicas que constituem a atividade gráfica.

articulação • [FTC] **1** Cada uma das fases de movimento dos órgãos fonadores, na emissão de um fonema. **2** Cada um dos elementos mínimos, nos planos da fonação e da forma, que caracterizam as formas linguísticas. Segundo o linguista francês A. Martinet, em sua teoria da dupla articulação, a linguagem verbal tem dois níveis interligados de organização: a primeira articulação, formada por uma série de unidades possuidoras de forma vocal e de um sentido, os monemas; e a segunda articulação, que diz respeito às unidades distintivas (unidades mínimas) da língua, com grau zero de significação, os fonemas. A combinação entre os dois polos caracteriza a linguagem verbal em relação aos outros códigos (visuais, gestuais etc.). **3** Pronunciação distinta das palavras. V. dicção.

articulista • [JN] Profissional que periodicamente escreve artigos assinados para jornais e revistas, onde opina pessoalmente sobre fatos econômicos, políticos e sociais. Pode ou não fazer parte do quadro funcional.

artigo • [JN] Texto jornalístico interpretativo e opinativo, mais ou menos extenso, que desenvolve uma ideia ou comenta um assunto a partir de determinada fundamentação. Geralmente assinado, o artigo difere do editorial por não representar necessariamente a opinião da empresa jornalística. V. coluna, crônica, *feature*, nota, notícia, reportagem, seção, *suelto*. • [MKT] O mesmo que item de produto. • [ED] Estudo científico ou técnico publicado em revista especializada, *website* ou anais de congresso ou evento semelhante em que tenha sido apresentado.

artigo de fundo • [JN] O mesmo que editorial.

ASA • [RAV] Abrev. de *American Standard Association*. Unidade de medida empregada para designar a sensibilidade de uma película fotográfica. Caracteriza a velocidade de impressão da película: um filme com índice *ASA* mais alto é capaz de registrar a imagem com menos luz, ou menor tempo de exposição. Os índices *ASA* são medidos em escala aritmética, ou seja, um filme 200 *ASA* é duas vezes mais rápido do que um filme 100 *ASA*.

ASCII • [TIC] Abrev. de *American Standard Code for Information Interchange*. Código padrão americano para representação e conversão de caracteres. Por este padrão, os caracteres são convertidos em códigos de controle de programa, de acordo com uma tabela de números, que varia de 0 a 256. O *ASCII* é o padrão de conversão utilizado pela maioria dos sistemas de computador.

assessoria de imprensa • [JN] [RP] Atividade que visa ao fortalecimento da imagem de uma organização, personalidade, marca, produto ou serviço, por meio da imprensa. O assessor de imprensa, jornalista especializado nessa atividade, cuida do relacionamento entre seu contratante e a mídia jornalística. As informações divulgadas por assessorias de imprensa devem ter interesse jornalístico, pois seu aproveitamento na mídia não se faz mediante compra de espaço, e sim como matéria editorial do veículo de comunicação. Em inglês, essa atividade é conhecida como *publicity*.

assessoria de relações públicas • [RP] Atividade que visa ao fortalecimento da imagem de uma organização por meio das técnicas e procedimentos de relações públicas. O trabalho do profissional de relações públicas envolve um conjunto de funções mais amplo do que as atividades típicas de uma assessoria de imprensa pois, além de informar através da mídia, desenvolvem estratégias de relacionamento com os diversos *stakeholders* da organização.

assinante • [MKT] Pessoa física ou jurídica que obtém, mediante pagamento, o direito de receber publicações periódicas, receber a programação de emissoras de televisão por assinatura, utilizar os serviços de uma empresa de telefonia ou de internet, assistir a uma série de espetáculos por um tempo determinado etc. • [JN] Órgão de imprensa ou qualquer outra instituição que contrata os serviços regulares de uma agência de notícias.

assinatura • [PP] **1** Em uma peça publicitária, identificação do anunciante por sua marca ou mesmo pela razão social completa, com endereço e telefone. **2** Identificação da agência de propaganda, em um anúncio por ela criado e veiculado. O nome da agência (ou às vezes apenas um número em código) é geralmente colocado em corpo pequeno, junto a uma das margens do anúncio. • [ED][MKT] **1** Ajuste comercial pelo qual se adquire o direito de receber regularmente, por tempo determinado, uma publicação periódica (jornal, revista etc.); conectar-se à internet por meio de um provedor de acesso; acessar determinado site restrito a assinantes ou utilizar serviços especiais. **2** Nome ou marca firmada geralmente na parte inferior de um escrito ou em um trabalho de arte (pintura, gravura, escultura etc.) para indicar sua autoria. **3** Marca (número, letra ou título da obra) impressa abaixo da última linha da primeira página de cada um dos cadernos de um livro, para indicar a ordem em que eles devem ficar no alceamento. • [JN] [RTVC] Citação do nome do autor em uma notícia ou artigo. Diz-se tb. crédito.

assinatura digital • [ED] [TIC] Versão digital da assinatura de uma pessoa, utilizada em documentos digitais ou comércio eletrônico, geralmente protegida por meio da criptografia, como forma de segurança contra adulterações.

assinatura musical • [PP] Frase musical (geralmente pequeno trecho de um *jingle* conhecido) capaz de trazer instantaneamente à memória do público (ouvinte ou telespectador) uma determinada marca ou produto. Alguns anúncios possuem apenas essa forma de assinatura, que funciona como um logotipo sonoro.

assincronismo • [RAV] [RTVC] Relativa independência entre a expressão sonora e a imagem. Contrário de sincronismo.

associação de marca • [MKT] Fenômeno pelo qual o consumidor associa (conscientemente ou não) determinada marca de produto à satisfação de algum desejo.

associação de palavras • [MKT] Técnica projetiva de pesquisa que consiste em pedir ao entrevistado que diga a primeira ideia que lhe vem à mente quando ouvir determinada palavra, ou ainda que complete frases inconclusas.

assunto • [RAV] [RTVC] Todo o conteúdo de um enquadramento, composto de um ou de vários objetos (animados ou inanimados). Motivo. V. objeto.

at • [TIC] V. arroba.

ata • [ED] Registro escrito das ocorrências e decisões tomadas durante uma reunião.

atalho • [TIC] Caminho rápido e abreviado para indicação de um comando ao computador.

atendimento • [PP] Prestação de serviços profissionais a um cliente ou grupo de clientes, por parte de uma agência de propaganda. Consiste em acompanhar e prestar assistência ao cliente, de forma constante, em tudo o que diz respeito às suas necessidades de propaganda, executando-se os serviços que forem necessários. Coordenação dos serviços que a agência presta ao cliente. O atendimento é uma das áreas (ou subdivisões) essenciais do esquema interno de uma agência de propaganda, assim como a criação, a produção, o tráfego e a mídia. Seus executores diretos são os contatos, cujos serviços são dirigidos, em geral, por um chefe de grupo, supervisor de atendimento, supervisor de conta ou diretor de atendimento. Os contatos (executivos de conta) e os supervisores de conta formam grupos de atendimento, de contato ou de serviço.

atingimento • [MKT] **1** Ato de atingir, ou seja, alcançar e obter a atenção de um consumidor ou potencial cliente por meio de uma mensagem publicitária. **2** Área geográfica ou fatia de mercado atingida ou coberta por veículo de comunicação.

ativação • [MKT] V. quatro ás.

atlas • [ED] **1** Volume formado por uma coleção de mapas ou de cartas geográficas. **2** Volume que traz ilustrações sobre determinado assunto (anatomia, botânica, zoologia etc.), com texto sintético e legendas. Pode acompanhar ou não uma obra impressa.

atlas linguístico • [FTC] Conjunto de mapas da distribuição geográfica de cada traço linguístico dialetal em determinado território.

atribuição • [JN] Ato de mencionar a fonte (procedência da informação), na redação de uma notícia.

atributo • [MKT][PP] Atração dominante ou qualidade de um produto, que represente uma vantagem aos olhos do consumidor. Característica responsável por incentivar o consumidor a adquirir um produto ou um serviço. V. apelo, *plus* e proposição de compra.

audiência • [MKT] [PP] Conjunto das pessoas que, em dado momento, são receptores de uma mensagem transmitida por determinado meio de comunicação. Total de pessoas que assistem a um programa de tv (ou a parte dele), que ouvem uma emissão de rádio, que leem um jornal ou revista, que veem um *outdoor*, um comercial, que acessam um *site* etc.

audiência acumulada • [MKT][PP] Soma das pessoas atingidas por uma mensagem repetida várias vezes em um veículo, ou por uma série de edições de um programa de tv, de um jornal, revista etc.

audiência cativa • [MKT] [PP] Audiência habitual de uma determinada emissora de rádio ou tv ou de um de seus programas, de uma publicação periódica (jornal, revista) ou de uma de suas seções etc. V. fidelidade de audiência.

audiência duplicada • [MKT] [PP] Conjunto de pessoas que recebem uma mensagem através de dois ou mais veículos. Esse fenômeno é chamado superposição ou duplicação. Alguns autores fazem distinção entre o conceito *intraduplicação* (leitura de dois números seguidos de uma revista, p. ex., pela mesma pessoa) e o conceito *interduplicação* (leitura de duas revistas diferentes pela mesma pessoa).

audiência líquida • [MKT] [PP] Total de pessoas que recebem pelo menos uma vez uma mensagem transmitida por um ou por vários veículos. Diz-se tb. audiência simples ou audiência não duplicada. V. audiência duplicada e audiência acumulada.

audiência média • [MKT] [PP] Número médio de pessoas que recebem uma mensagem transmitida em mais de um veículo, ou várias vezes em um mesmo veículo. Resultado da soma das audiências registradas nas várias emissões, divididas pelo número de emissões ou de veículos.

audiência primária • [MKT][PP] Parte da audiência que se liga diretamente à recepção da mensagem ou ao consumo do veículo de comunicação. As pessoas não incluídas nesta categoria são classificadas como audiência secundária. V. público-alvo.

audiência secundária • [MKT] [PP] 1 V. audiência primária. 2 Audiência adicional. Pessoas que entram em contato com o veículo sem serem seus consumidores diretos (leem o jornal ou a revista por empréstimo, assistem à tv na casa de outras pessoas etc.).

audímetro • [MKT][PP] Dispositivo utilizado para medição de audiência de programas de rádio e televisão.

áudio • [RTVC] 1 Parte sonora de filme ou de transmissão de tv. 2 Parte do script, roteiro ou story-board, que apresenta indicações referentes ao som (diálogos, locução, música e ruídos). V. vídeo. 3 Parte de um televisor destinada a captar e a reproduzir o som. • [RAV] 1 Transmissão e reprodução eletrônica de sons. 2 Equipamento usado para esses fins.

audio dubbing • [RTVC] Dispositivo do editor, responsável pela sonorização em vídeo. V. dublagem.

audiofone • [RAV] Dispositivo de escuta que combina um par de pequenos alto-falantes (geralmente de canais diferentes, em estereofonia), mantidos junto a cada um dos ouvidos por uma alça que fica por cima da cabeça do ouvinte. É comum dar-se o nome de headset ou headphones a esse conjunto de dois aparelhos de escuta, e earphone ou earpiece a cada um dos fones de ouvido, isolados ou em conjunto.

audiofrequência • [RAV] Frequência compreendida dentro da faixa audível para o ouvido humano normal (de 20 a 20.000 Hz). V. radiofrequência e frequência.

audiovisual • [RAV] 1 Qualidade de qualquer comunicação destinada simultaneamente aos sentidos da audição e da visão. 2 Qualidade de todo e qualquer meio que transmite mensagens através de som e imagem: cinema, televisão etc. V. multimídia.

auditagem de varejo • [MKT] Monitoramento contínuo de uma amostra representativa de varejos. Consiste em buscar, por meio de um serviço de pesquisa ou de análise especial, informações precisas relativas ao comportamento do produto no varejo, verificando-se as vendas diretamente nos pontos de venda (v. ponto de venda), assim como os estoques e os preços ao consumidor.

auditoria social • [MKT] [RP] Avaliação permanente do desempenho da organização (empresa, órgão de governo, associação de classe etc.) em termos de qualidade e utilidade dos produtos e serviços, atendimento, política de preços, política salarial e incentivos, condições de trabalho, relações com a comunidade, ações de comunicação etc. V. *ombudsman*.

autopen • [ED] Máquina que reproduz uma assinatura automaticamente e com exatidão. Destina-se a reproduzir com rapidez uma mesma assinatura em muitas cópias de um documento.

autor • [ED] Pessoa física ou jurídica que concebe e realiza obra literária, artística, didática ou científica. Escritor, compositor, inventor.

autoração • [TIC] [RTVC] **1** Criação de programas ou de bases de dados para aplicações de computador, como produtos multimídia. **2** Processo de *design* digital que utiliza *softwares* multimídia na criação de interfaces em *DVDs*, *websites* etc., como recursos de interatividade, *links*, menus e animações. **3** Conjunto de providências no processo de produção de um *DVD*, incluindo criação, edição, legendagem, dublagem, recursos de navegação, extras etc.

autoria • [ED] Qualidade ou condição de autor. V. direito autoral.

autorização • [PP] Documento expedido pelo anunciante ou pela agência para o veículo, referente à inserção de mensagens publicitárias, com indicações de tempo ou espaço, posição e preço. Diz-se tb. ordem de inserção.

avaliação • [MKT] V. quatro ás.

avant-garde • [ED] Família criada a partir do traçado da futura, por Herb Lubalin e Tom Camase, em 1959. Alterando critérios de espacejamento considerados tabus, a *avant-garde* apresenta novos relacionamentos entre as massas de branco do interior e do exterior dos caracteres e as massas de preto, e oferece várias alternativas de traçado para uma mesma letra, de forma a possibilitar inúmeras combinações. V. fonte.

avant-première • [RTVC] V. pré-estreia.

bB

b • [TIC] Abrev. de *bit*.

B • [ED] V. formato. • [TIC] Abrev. de *byte*.

B2B • [MKT] Abrev. de *business-to-business*, negócio a negócio. Transação de negócios que se realiza entre empresas.

B2C • [MKT] Abrev. de *business-to-consumer*, negócio a consumidor. Atividade de venda ou serviços de uma empresa diretamente para consumidores.

backdrop • [MKT] Pano de fundo, em tradução livre. Painel promocional usado como cenário de fundo para ações de *marketing* e outros eventos. Com o objetivo de valorizar as logomarcas de anunciantes e patrocinadores para a divulgação de uma marca ou serviço, está presente com frequência em eventos jornalísticos ou esportivos.

back light • [RAV] O mesmo que contraluz. • [PP] Tipo de painel luminoso com lona translúcida na parte frontal, pintada do lado avesso. Diz-se tb. *full light*.

back projection • [RTVC] Projeção de imagens realizada por meio de um aparelho projetor instalado atrás de uma tela translúcida, diante da qual estão os protagonistas de uma cena ou qualquer objeto. Este recurso permite focalizar, ao mesmo tempo, o assunto e a projeção, dando-se ilusão de cenas externas a filmagens feitas em estúdio (ex.: a paisagem que passa na janela de um trem em movimento). Em tv, este recurso é comumente utilizado na produção de telejornais: atrás do locutor são apresentadas, por meio de *back projection*, imagens em filme, vídeo ou *slide*, inclusive gráficos fixos ou animados sobre a notícia que está sendo lida. Efeito semelhante pode ser obtido também em *chroma key*. Diz-se tb. retroprojeção.

backup • [TIC] Cópia extra de arquivos, programas ou de qualquer trabalho realizado em computador.

baixa • [ED] V. caixa baixa.

balão • [RTVC] Recurso expressivo de história em quadrinhos. "Uma das principais características criativas dos quadrinhos", o balão apresenta "formato ligeiramente retangular, circular etc., cujo interior encerra diálogos, ideias, pensamentos ou ruídos" (Moacy Cirne). Normalmente utilizado para indicar as falas dos personagens de HQ ou fotonovelas, o balão possui, num dos seus lados, uma protuberância que indica o emissor.

banca de jornais • [ED] Ponto de venda de jornais, revistas e, eventualmente, de livros e outras publicações. V. capatazia e estante.

banco de dados • [TIC] **1** Coleção de arquivos onde se armazenam determinadas informações, para que fiquem disponíveis sempre que necessário. **2** Parte ou totalidade de qualquer coleção de dados, que seja suficiente para um determinado sistema de processamento. Em ing., *data base*. Esta expressão em inglês e a sua tradução literal em português (v. base de dados) são mais usadas na atividade de *marketing*.

banco de imagens • [ED] Coleção de documentos visuais (fotos, desenhos, trechos de filmes ou vídeos) disponíveis para utilização por editoras, agências de publicidade etc., geralmente mediante pagamento de direitos de reprodução.

banda • [TIC] Frequência de transmissão de sinais entre dois pontos definidos. Do ing. *band*, banda, faixa. O mesmo que faixa de frequências.

banda larga • [TIC] **1** Faixa de frequências com largura de banda suficiente para transportar sinais (v. sinal) de grande velocidade. Diz-se tb. faixa longa. **2** Transmissão de sinais de radiofrequência em canais separados para a recepção (*outbound*) e a transmissão (*inbound*), caracterizada pela alta velocidade dos sinais. As estações em uma rede de banda larga são conectadas por cabos coaxiais ou de fibras ópticas, que carregam dados, voz e vídeo simultaneamente por meio de múltiplos canais de transmissão distinguidos pela frequência. Pode também ser transmitida via satélite. O tráfego de uma rede não interfere no tráfego de outra, desde que as transmissões ocorram em frequências diferentes. Esse tipo de rede se baseia na mesma tecnologia das televisões a cabo.

bandas desenhadas • [ED] Expressão utilizada em Portugal, para designar as tiras de histórias em quadrinhos, e, p. ext., as próprias HQ. Tradução literal do fr. *bandes dessinées*. V. história em quadrinhos.

banda ultralarga • [TIC] Diz-se de qualquer tecnologia de transmissão de sinais de radiofrequência que utilize uma largura de banda superior a 500 MHz. Bastante utilizada em redes domésticas sem fio, para conexão entre computadores e seus periféricos (*mouse*, teclado, impressora etc.) a curta distância. Mais conhecida como *UWB*, acrônimo de *ultra-wideband*, essa frequência caracteriza-se pela transmissão de pulsos de duração muito curta, na faixa dos nanosegundos, sendo capaz de transmitir dados em velocidades de até 1 *gigabit* por segundo, com baixo consumo de potência e, portanto, sem interferência de outros aparelhos eletrônicos, como televisores e telefones celulares.

bandeira • [MKT] Diz-se da marca de uma distribuidora, exposta em postos de serviço e outros estabelecimentos, indicando que o ponto de venda está vinculado àquela empresa. Chama-se de bandeira branca ao ponto de venda que não tem exclusividade com nenhuma distribuidora e que pode revender produtos de diversas empresas.

bandeira branca • [MKT] V. bandeira.

bandeirola • [MKT] Diz-se do *banner* de pequenas dimensões.

banner • [PP] Bandeira, estandarte ou flâmula com mensagem publicitária. Confeccionados em papel, plástico ou tecido, impressos de um ou de ambos os lados, os *banners* são expostos na via pública ou em pontos de venda (v. ponto de venda), pavilhões de exposições etc. • [TIC] [PP] Pequena mensagem publicitária inserida em uma página de site ou blog, com hiperlink para a página do anunciante.

barra de ferramentas • [TIC] Faixa com ícones ou palavras que funcionam como botões, em programas que utilizam interface gráfica, cuja função é o acesso mais rápido às ferramentas de trabalho do *software*.

barra de menu • [TIC] Área que ocupa geralmente a parte superior da tela do computador, ou de uma janela, com palavras e/ou ícones indicando os recursos ou os conteúdos disponíveis em um site.

barra de rolagem • [TIC] Faixa vertical ou horizontal, na página de um site ou em qualquer arquivo, que serve para movimentar as informações da tela, geralmente acionada por setas comandadas pelo *mouse*. Em ing., *scroll bar*.

barriga • [JN] Diz-se de qualquer notícia inverídica publicada por órgão de imprensa. Resulta quase sempre de informação mal apurada, inidônea, e posteriormente desmentida pelos fatos, causando desgaste e descrédito à publicação.

base de dados • [MKT] [TIC] Sistema de armazenamento e organização das informações de interesse para a atividade de marketing. Tipo de banco de dados que pode incluir, conforme as necessidades e estratégias da empresa: dados detalhados sobre a clientela, os produtos ou serviços, as pesquisas de mercado, a performance da empresa, a concorrência, a tecnologia disponível ou em desenvolvimento, as redes de vendas, os preços e descontos etc.

Baskerville • [ED] V. família.

bastardinho • [ED] V. bastardo.

bastardo • [ED] **1** Qualquer versão modificada ou corruptela de uma família padrão. **2** Letra criada especificamente para um determinado trabalho gráfico mas que não constitui uma família, isto é, não possui todos os caracteres desenvolvidos. **3** Letra cujo traçado caracteriza-se por ligaturas arredondadas, talhe levemente inclinado e hastes cheias. Chama-se de bastardinho a letra originária desta família, que tem traçado mais corrente, próximo da letra cursiva comum.

bate-papo • [TIC] V. *chat*.

bater branco • [RTVC] Operação de estabilização de cores para câmeras eletrônicas de captação de imagens (vídeo). Consiste em balancear as três cores básicas da imagem de tv (vermelho, verde e azul), em função de uma fonte de luz. Para obter esse equilíbrio, focaliza-se com a câmera uma superfície branca que reflete a fonte de luz (natural ou artificial). Essa operação requer a utilização de filtros adequados para corrigir a temperatura de cor da fonte de luz de acordo com a temperatura de cor padrão da câmera.

batoque • [RTVC] Pequeno carretel de matéria plástica no qual é enrolado o material cinematográfico. A largura do batoque de filme cinematográfico corresponde à bitola do filme.

BB • [ED] Formato 2B (dois B). Fórmula que indica, para o papel de impressão, o formato 66 x 96 cm. Chama-se tb. formato germânia. Uma folha de papel formato BB pode conter 32 páginas de livro em formato 16,5 x 24 cm. V. formato.

benchmark • [MKT] V. *benchmarking*.

benchmarking • [MKT] Processo sistemático de avaliação de organizações, produtos e serviços, desenvolvido por meio de contínua pesquisa de informações do mercado, com o objetivo de identificar as melhores práticas ou os melhores níveis de performance e superá-los. Enquanto a palavra *benchmarking* refere-se ao processo que procura identificar os referenciais de excelência, o termo *benchmark* designa o próprio referencial de excelência (p. ex., uma determinada empresa é *benchmark* em sua área de atividades, tal produto é *benchmark* em seu mercado). Esse instrumento, aplicável em qualquer organização, pode ter diferentes focos: a) interno – comparação de práticas entre operações semelhantes dentro de uma empresa; b) competitivo – avaliação dos produtos, serviços, desempenho e processos de trabalho dos concorrentes, em relação aos da própria organização; c) funcional ou genérico – comparação entre procedimentos de duas ou mais organizações do mesmo setor ou de setores diferentes, para identificar as melhores práticas em determinadas funções.

berliner • [ED] [JN] V. jornal.

best-seller • [ED] Expressão inglesa usada internacionalmente para designar o livro que obtém grande sucesso de vendagem. V. encalhe(2).

BG • [RTVC] **1** Abrev. de *background*. Música, vozes ou ruídos ao fundo, em um filme, programa de rádio ou TV etc.

bibliografia • [ED] **1** Relação de referências bibliográficas (v. referência bibliográfica) contida no final de uma obra. **2** Lista das fontes em que o autor se baseou para a elaboração de trabalho científico ou literário. **3** Lista de obras recomendadas sobre um determinado assunto, ou de obras publicadas num país ou num idioma (pode ser geral ou específica de uma matéria). **4** Estudo dos textos impressos, com o fim de organizar serviços de consulta ou elaborar repertórios gerais ou especializados. Compreende as fases de pesquisa, transcrição, descrição e classificação desses textos. Os documentos classificados de acordo com as técnicas bibliográficas são agrupados segundo diversos critérios (tema, época, autoria, edição, procedência etc.), para facilitar a sua localização por parte dos interessados.

bibliologia • [ED] Conjunto de conhecimentos e técnicas relacionados à origem e evolução histórica do livro, à sua produção, à descrição dos seus componentes materiais (folhas, cartões, cola etc.) e dos seus elementos de representação simbólica (caracteres, ilustrações, tintas, recursos visuais e táteis), e à sua classificação, organização, conservação e restauração. Abrange, entre outras disciplinas, a bibliografia, a bibliotecnia e a biblioteconomia. V. editoração e documentação.

bibliônimo • [ED] Título de livro ou periódico.

bibliotecnia • [ED] "Corpo de técnicas e de conhecimentos relacionados com a produção do livro, do ponto de vista dos elementos materiais que o suportam (folhas, cartões, peles, linhas, cola) e dos elementos materiais que aperfeiçoam sua representação simbólica (tintas, furos, cores, manchas, medidas, formatos, ilustrações)" (Antônio Houaiss). V. editoração.

biblioteconomia • [ED] Conjunto de conhecimentos e técnicas referentes à organização e à administração de bibliotecas. V. bibliologia.

big close-up • [RTVC] O mesmo que primeiríssimo plano. V. plano.

billboard • [PP] O mesmo que outdoor, cartaz ou painel. • [TIC] V. micro-onda. • [RTVC] O mesmo que chancela.

bina • [TIC] Identificador de chamadas telefônicas recebidas e efetuadas. Sigla da frase "B Identifica Número de A". Dispositivo eletrônico criado no Brasil por Nélio José Nicolai e adotado nos sistemas de telefonia em todo o mundo.

binário • [TIC] Sistema de numeração com base no número 2 (dois) e cujos dígitos são representados apenas pelos algarismos zero e um. Pela simples alternativa de passagem ou não passagem de corrente elétrica simbolizável pelos dois valores 1 e 0, o computador pode realizar as mais variadas operações. "Quando, entre dois eventos, sabemos qual deles irá acontecer, temos uma informação", diz Umberto Eco. "A informação é a medida de uma possibilidade de escolha na seleção de uma mensagem." Segundo Décio Pignatari, "a escolha mais simples entre duas possibilidades iguais é a alternativa sim/não. Sirvam de exemplos o cara/coroa e o comutador de luz ligado/desligado". Essa unidade de informação, correspondente a uma escolha binária, chama-se bit (binary digit) ou dígito binário. Já que 1 bit = 1 escolha binária, temos 1 bit quando, entre dois eventos, sabemos qual deles irá verificar-se, se ambos os eventos têm a mesma possibilidade de ocorrência. Qualquer mensagem, expressa em qualquer linguagem, pode ser escrita em código binário, como uma série de sins e nãos, ou 1 e 0; diz-se o que é logicamente comunicável.

bit • [TIC] Unidade de medida de informação. Cada bit corresponde à menor quantidade de informação que pode ser transmitida por um sistema, ou seja, à quantidade de informação recebida ou produzida por uma escolha binária (do tipo sim/não, cara/coroa, ligado/desligado). Contração de binary unit ou binary digit. Dígito binário. Sinal binário. V. byte.

bitola • [RTVC] Medida reguladora usada em cinematografia. Designa, em milímetros, a largura do filme; consequentemente, determina as dimensões da imagem filmada. A bitola standard do filme cinematográfico é o formato imaginado por Edison: 35 mm de largura com uma imagem de 22 X 16 mm, numa relação altura por largura de 1,33 X 1, e uma superfície de 352 mm^2. Com o aparecimento de novas técnicas, o formato standard internacional deu lugar a diversos outros. • [ED] Largura das linhas na composição de um texto. V. coluna.

black on line • [RTVC] Sinal de vídeo, preto ou cinza, utilizado geralmente para iniciar ou finalizar programas de tv. É controlado pelo *fader*. Também chamado de base.

blind copy • [TIC] Expressão inglesa que significa cópia cega. Cópia de mensagem de correio eletrônico enviada a outra pessoa sem conhecimento do destinatário original.

blocar • [ED] V. justificar.

bloco • [RTVC] **1** Grupo de notícias, entrevistas, apresentações musicais etc., transmitidas durante uma mesma seção, sem intervalo, de um programa de rádio ou tv. **2** Grupo de anúncios transmitidos em um mesmo intervalo comercial. • [TIC] **1** Grupo de elementos considerados como unidade em virtude de terem sido armazenados em sequência na memória de um computador. **2** Registro físico, num suporte de dados, de um grupo de palavras ou de caracteres consecutivos, tomados como unidade devido a razões técnicas ou lógicas.

blog • [TIC] Palavra derivada de *weblog*, em que 'web' designa a rede da internet, e 'log' é o registro regular de uma atividade, como um diário de bordo, por exemplo. Originalmente chamado de *what's new page*, página sobre o que há de novo na rede, contendo links e comentários sobre outros *sites*, o *blog* é geralmente atualizado com frequência e organizado cronologicamente, e seu conteúdo mais recente costuma estar no topo da página inicial, logo abaixo do título. As informações postadas em um *blog* – chamadas de *posts* – podem ter formatos e gêneros diversos: textos (informativos, opinativos, literários, publicitários e outros), fotos, desenhos, vídeos, arquivos de áudio etc. Publicação *online*, editada por uma pessoa, grupo de pessoas, organização, movimento etc., com objetivos de entretenimento, profissionais, acadêmicos e outros, o *blog* é uma ferramenta interativa que dá suporte à comunicação de pequenos grupos por meio de um sistema simples e fácil de troca de mensagens. Diz-se tb. blogue.

blogar • [TIC] Ato de editar seu próprio *blog*.

blogosfera • [TIC] **1** Coletivo dos *blogs* no ciberespaço, que formam uma comunidade ou rede social de dimensões globais. **2** Comunidades de *blogs* de uma determinada área de interesse. P. ex., a blogosfera dos militantes ecológicos.

blogue • [TIC] Forma aportuguesada de *blog*.

blogueiro • [TIC] Usuário que constantemente publica, atualiza, compartilha e/ou acompanha *blogs* na internet, fazendo parte de uma comunidade interativa que tem interesses comuns.

bluetooth • [TIC] Tecnologia de comunicação sem fio que permite a troca de informações a curta distância, por meio de radiofrequência, entre dispositivos eletrônicos como *smartphones*, computadores e tablets, e a conexão destes com impressoras, mouses, teclados, fones de ouvido, câmeras digitais e outros acessórios. (marca registrada – origem do nome). O nome *Bluetooth*, marca registrada, refere-se ao atributo de unir diferentes dispositivos: é uma homenagem ao unificador dos países nórdicos da Europa, no século X, o rei Harald Blåtand (em inglês Harold Bluetooth, embora seu sobrenome em dinamarquês signifique 'de tez escura').

blue box • [RTVC] Cenário (ou telão) preparado em azul, para realização do *chromakey*.

blu-ray • [TIC] Do ing. *blue* (azul) e *ray* (raio). Tipo de disco óptico com grande capacidade de armazenamento de dados. Em vez do laser vermelho usado no *DVD* convencional, o sistema *blu-ray* utiliza laser azul-violeta, com menor comprimento de onda e maior precisão na gravação e na leitura das informações.

blurb • [ED] Termo usado por editores ingleses para designar pequena nota que resume o assunto de uma obra e a recomenda ao público. • [PP] **1** Pequena comunicação escrita de publicidade. **2** Anúncio bombástico.

boca a boca • [MKT] [PP] Diz-se da divulgação transmitida oralmente, pessoa a pessoa. V. *marketing viral.*

Bodoni [ED] V. família.

body-type • [ED] Texto simulado que se usa em leiautes para que se visualize o projeto gráfico mesmo antes de ser produzido um texto definitivo. É geralmente composto por palavras em latim, de modo a evitar que a leitura de um texto compreensível interfira na observação do leiaute, que deve limitar-se ao aspecto visual.

boletim • [ED] **1** Publicação periódica que se destina à divulgação de atos oficiais e governamentais, atividades de órgãos privados etc. **2** Texto de caráter noticioso, em poucas páginas, para distribuição interna em firmas, repartições etc., ou para comunicação pública. • [JN] **1** Coluna de jornal que apresenta uma resenha das principais manchetes do dia. **2** Breve edição informativa, geralmente sobre um assunto específico e apresentada a intervalos regulares em rádio ou tv.

bomba • [JN] No jargão dos jornalistas, notícia inesperada, importante, sensacional.

bon à tirer • [ED] Termo que designa, em gravura, a prova do impressor. Contém, geralmente, indicações ao impressor, de como estampar a matriz. Prova de grande valor, disputada pelos colecionadores por ser única. V. prova do artista.

boneca • [ED] Esquema de paginação e diagramação. Projeto gráfico de jornal, revista, livro ou qualquer outro trabalho de mais de duas páginas destinado a ser impresso. Confeccionada no mesmo formato em que se pretende imprimir o trabalho em questão, a boneca funciona como um leiaute e orienta o paginador ou o diagramador, com a disposição de cada página em relação a outra. Em se tratando de livro, a boneca é geralmente constituída de folhas em branco, para dar ideia do aspecto que terá o volume: V. espelho.

boneca branca • [ED] Volume formado por folhas não impressas, que simula um livro a ser produzido. V. boneca.

boneco • [RTVC] Representação da figura humana realizada por um caricaturista, cartunista ou desenhista de história em quadrinhos. O boneco é, quase sempre, a característica básica do estilo de um caricaturista. • [IN] Fotografia de pessoa, para ser publicada em jornal ou revista. • [ED] O mesmo que boneca.

bonificação • [PP] Gratificação, em dinheiro ou em crédito, concedida espontaneamente por um veículo a agências de publicidade que atingem determinados volumes de inserções (v. inserção) na propaganda de seus clientes. A bonificação é proporcional (e geralmente em porcentagens crescentes) ao volume de verbas que a agência encaminha ao veículo. V. bônus e desconto.

bônus • [PP] Prêmio ou vantagem concedida pelo veículo à agência ou ao cliente, na compra de tempo ou de espaço para inserção publicitária, de acordo com o volume da negociação. Pode ser concedido na forma de tempo ou espaço adicionais, colocações ou horários especiais, abatimento no preço unitário etc. Dá-se o nome de retorno ao bônus recebido na forma de tempo gratuito para novas veiculações. V. bonificação e desconto.

***book* fotográfico** • [RAV] Pasta ou álbum que reúne fotos de um(a) modelo. É utilizado como forma de apresentação de seu trabalho, geralmente junto a agências de publicidade. Equivale ao portfólio de desenhistas, fotógrafos, ilustradores etc. V. *videobook*.

booklet • [ED] O mesmo que folheto. • [ED] [MKT] Livreto de caráter técnico, publicitário ou comercial. Ex.: manual de funcionamento de um aparelho elétrico ou eletrônico.

boom • [RTVC] Tipo de girafa que efetua movimentos laterais, verticais etc., por meio de sistema de compressão de ar. • [MKT] **1** Crescimento rápido nos negócios ou na aceitação de um produto. **2** Propaganda intensiva.

bordão • [RTVC] Frase ou palavra característica repetida frequentemente por um personagem, para efeito cômico.

borderline • [RTVC] Diz-se da borda das letras ou dos recortes de um *chromakey*.

boxe • [ED] [IN] [PP] Espaço geralmente delimitado por fios que traz informações adicionais ao corpo de uma matéria jornalística, anúncio publicitário ou capítulo de um livro. O texto do boxe é quase sempre composto em fonte diferente do restante da matéria. No noticiário internacional de jornais ou revistas, por ex., é comum publicar em boxes, complementando a notícia, um relato retrospectivo sobre o fato, a situação do país, suas características geográficas, sociais etc. Em propaganda, costuma-se destacar em boxe as características especiais do produto anunciado. Nos livros destaca-se em boxe matéria específica sobre o assunto tratado no capítulo. Diz-se tb. quadro. Do ing. *box*, caixa.

brainstorming • [MKT] [PP] Técnica de geração de ideias desenvolvida por Alex Osborn em 1963 e que significa, literalmente, 'tempestade cerebral'. Consiste em reunir um grupo de pessoas em torno de um tema e deixá-las produzir o maior número possível de ideias, sem qualquer ou crítica, por mais absurdas que possam parecer. Posteriormente, o resultado do *brainstorming* é analisado e as boas ideias que surgiram são desenvolvidas.

brand • [MKT] [PP] V. marca.

branding • [MKT][PP] **1** Designação genérica para descrever a definição de marcas, logotipos ou nomes comerciais (v. nome comercial) para um produto ou serviço. **2** Estudos de mercado, posicionamento, design, consumidor e estética para aplicação na criação de uma marca.

briefing • [IN][PP] Fornecimento de instruções e diretrizes aos responsáveis pela execução de um determinado trabalho (projeto, campanha, texto, reportagem etc.), pelo cliente ou pela chefia de uma agência de propaganda, jornal etc. Chama-se de *brief* ao conteúdo dessas instruções, geralmente em forma re resumo escrito.

brifar • [IN][PP] Transmitir um *brief*, fazer *briefing*.

broadcast • [TIC] **1** O mesmo que radiodifusão. Neste sentido diz-se tb. *broadcasting*. **2** Equipe de uma estação de rádio ou de tv. **3** Programa de rádio ou de tv.

broadcaster • [TIC] **1** Empresa de radiodifusão, responsável pela produção de programas de rádio e de televisão e/ou sua transmissão para mais de um receptor e plataforma, como a internet. **2** Profissional de rádio ou televisão.

broadcasting • [TIC] **1** Transmissão de sinais de rádio ou tv para o público em geral (tv aberta), através de emissoras em sistema de radiodifusão. V. *broadcast*. **2** Ato de enviar, através de uma rede de computadores, uma única mensagem para diversas pessoas.

broadside • [ED][PP] Impresso de propaganda utilizado como peça de lançamento de um produto ou de esclarecimento acerca de uma campanha pública ou promoção de vendas. Destina-se geralmente a vendedores, revendedores ou a públicos especiais (jornalistas, políticos, acionistas etc.) para quem é necessário explicar motivos e intenções de uma campanha. Apresenta formato geralmente maior do que os folhetos comuns. V. fôlder.

brochura • [ED] **1** Sistema de acabamento que se caracteriza por uma capa mole (plastificada, envernizada ou sem proteção) que envolve os cadernos do livro. **2** Diz-se do livro confeccionado por esse sistema. **3** A própria capa, flexível, geralmente de cartolina ou de papel encorpado, utilizada nesse tipo de livro.

browser • [TIC] Programa que permite localizar e acessar páginas na internet. Do ing. *browse*, folhear livros, percorrer páginas a esmo. Diz-se tb. navegador.

bug • [TIC] Qualquer erro ou defeito em arquivos e/ou programas de computador. Palavra adotada quando se descobriu que um inseto (*bug*, em ing.) havia danificado os circuitos do primeiro computador digital.

bullet • [ED] Símbolo ou caráter especial usado para sinalizar os diversos itens de uma lista. O *bullet* (em ing., bala, projétil) é geralmente colocado à esquerda de cada item, para separá-lo de outros e, ao mesmo tempo, apresentá-lo como integrante daquele bloco de informações.

burn • [RTVC][RAV] Efeito utilizado em filmagem ou fotografia, em que a câmera focaliza um objeto com superexposição de luz.

A imagem tende a reter um brilho intenso, como uma segunda imagem superposta e que extrapola a original, pelo excesso de luz dentro da câmera. • [ED] Parte do processo de impressão em que a imagem é gravada numa placa.

busdoor • [PP] Cartaz, adesivo ou painel publicitário exposto em ônibus. V. outdoor.

BV • [PP] Abrev. de bonificação de volume. V. bonificação.

byte • [TIC] Série de bits processados por um computador como uma unidade de informação de memória. O termo byte é uma contração de bynary term e convencionou-se que corresponde a 8 bits, ou seja, é um número binário de oito algarismos. As combinações dos prefixos gregos quilo (k), mega (M), giga (G) e tera (T) ao bit e ao byte aumentam em aproximadamente mil, um milhão, mil milhões ou um bilhão, respectivamente, as quantidades de informações representadas por esses termos. Porém o uso generalizado desses prefixos pode levar a equívocos. O mega de megabyte, p. ex., não representa exatamente um milhão, mas sim 220 (=1.048.576) bytes.

cC

cabeça • [JN] **1** O mesmo que lide. **2** Conjunto formado pelo título (inclusive antetítulo e subtítulo, se houver), lide, quando composto em medida diferente do corpo do texto, e outros elementos introdutórios, na parte superior de uma notícia, reportagem, artigo etc. • [ED] Parte superior de livro, jornal ou qualquer outro impresso, oposta ao pé. • [PP] Abertura fixa, comum a várias peças publicitárias distintas, em uma mesma campanha. P. ex., num comercial de varejo para rádio ou tv, é gravada uma cabeça que poderá ser usada várias vezes, alterando-se apenas os produtos oferecidos.

cabeça de rede • [RTVC] Emissora responsável pela geração de programas transmitidos por mais de uma estação (v. rede), num sistema de radiodifusão.

cabeçalho • [ED] [JN] **1** Título de jornal, revista ou outra publicação periódica, com apresentação visual permanente que permita rápida identificação do periódico pelos leitores. Compreende, além do nome, data, número da edição, preço e outras informações essenciais. **2** Título destacado, em um artigo, notícia, seção, coluna ou anúncio. **3** Título de um capítulo de livro. **4** Conjunto de dizeres que encimam colunas e casas de uma tabela. **5** Linha superior constante em cada página de livro. Compreende, normalmente, título do livro, título do capítulo, nome do autor e número da página. Os cabeçalhos das páginas pares e das ímpares de um livro são, no mais das vezes, diferentes e complementares. **6** Título destacado de qualquer documento. • [TIC] Informações básicas – como origem, destino, endereço e, às vezes, descrição resumida de um conjunto de dados – que aparecem listadas no início de um documento ou página.

cabo • [RTVC] **1** Diz-se da transmissão de televisão, geralmente com programação especial, por intermédio de cabo coaxial em lugar de antena, em circuito fechado ou em sistema de televisão por assinatura. Diz-se tb. cabodifusão. **2** Qualquer fio de interligação do equipamento. Ex.: cabo de áudio, cabo de vídeo, cabo de alimentação elétrica, cabo de câmera, cabo de microfone etc.

cabo coaxial • [TIC] [RTVC] Cabo especial composto de um núcleo de fios de cobre revestido por materiais isolantes cujo objetivo é barrar interferências. Usado em ligações de áudio, de redes de computadores ou de sinais de radiofrequência para transmissores e receptores de rádio e tv. V. cabo.

cabodifusão • [RTVC] V. cabo.

cadeia • [RTVC] Conjunto de emissoras de rádio ou televisão pertencentes a uma mesma empresa ou afiliadas a uma empresa líder, reunidas para transmitir, em âmbito nacional ou regional, uma programação comum. V. rede. • [TIC] Conjunto de aparelhos empregados na transmissão de sinais radiotelefônicos ou de radiodifusão.

caderno • [JN] Cada uma das partes separadas de uma edição de jornal, geralmente destinados a determinados temas ou gêneros de seções e de matérias. V. suplemento. • [ED] **1** Diz-se da folha de impressão depois de dobrada, para integrar uma publicação juntamente com outras folhas. Dependendo de suas dimensões e do formato da publicação, resulta geralmente em 8, 16 ou 32 páginas. **2** Conjunto de páginas impressas a partir de uma mesma folha de papel ou de um mesmo grupo de folhas, formando partes de um livro, jornal, revista etc.

caixa alta • [ED] Letra maiúscula ou versal. As expressões caixa alta e caixa baixa têm origem na tipografia (os tipos maiúsculos eram colocados na parte alta da caixa utilizada em composição manual, por serem menos usados) e continuaram a ser empregadas nas sucessivas mudanças tecnológicas da produção gráfica. Diz-se tb., simplesmente, alta. Abrev.: c.a., C.A., Cx.A., ou Cx.a.

caixa alta e baixa • [ED] Característica de um texto em que as letras iniciais dos períodos (e tb. dos nomes próprios e de todos os outros casos previstos pelas normas de redação) sejam compostas em caixa alta e as demais em caixa baixa. Abrev: CAB, Cab, Cx.AB, ou Cx.Ab.

caixa baixa • [ED] Letra minúscula. Nas primeiras caixas de tipos, os minúsculos eram colocados na parte mais baixa, a fim de ficarem mais à mão. Diz-se tb., simplesmente, baixa. Abrev.: cb, c.b., ou cx.b. V. caixa alta.

caixa de diálogo • [TIC] Área na tela de um computador, *smartphone*, *tablet* ou qualquer sistema de interface gráfica (v. janela) cuja função é transmitir ao usuário alguma informação e/ou indicar a execução de um determinado comando.

caixa postal • [TIC] Recurso dos sistemas de correio eletrônico ou correio de voz, análogo à caixa postal do sistema de correio, que tem a função de receber e armazenar mensagens.

caixa preta • [TIC] Qualquer sistema cujas verdadeiras operações não são conhecidas e cujo funcionamento só pode ser estudado através das relações entre os valores de entrada (*inputs*) e de saída (*outputs*).

calcogravura • [ED] Qualquer processo de gravura a entalhe sobre matriz de metal.

calha • [ED] Parte anterior das folhas de um livro, oposta ao dorso e pela qual o livro se abre.

calhau • [JN] Diz-se da notícia, artigo ou qualquer matéria de importância relativa que, na falta de conteúdo melhor, serve para encher espaços que sobram na publicação. • [PP] Diz-se do anúncio pelo qual alguns veículos cobram preços abaixo da tabela, ou que é veiculado gratuitamente ou como permuta, para ser publicado quando houver sobra de espaço (em jornal, revista etc.) ou tempo (em rádio e tv).

call center • [MKT] [FTC] Centro de atendimento telefônico, equipado para atender automaticamente a maior parte das chamadas. Por meio de mensagens gravadas são respondidas as dúvidas mais frequentes ou a ligação é transferida para o setor responsável pelo assunto de interesse do usuário. O mesmo sistema pode também funcionar integrado à intranet ou internet, gerenciando informações via *chat* ou e--mail, realizando pesquisas de mercado, promoções de vendas, registrando reclamações, solicitações etc. V. URA.

calúnia • [JN] V. crime de comunicação.

câmera • [RAV] [RTVC] **1** Dispositivo usado para captação e registro de imagens únicas (fotográficas) ou em sequência que simula movimento (cinematográficas ou de vídeo), por sistema analógico ou digital, com ou sem som. Diz-se tb. câmara, termo derivado de 'câmara escura', caixa preta com um orifício por onde são captados os raios luminosos que formam a imagem, técnica descrita originalmente por Aristóteles, na Grécia Antiga. **2** Máquina fotográfica. **3** Filmadora. **4** Pessoa que opera câmeras de cinema ou de tv. Do ing. *cameraman*. Nesta acepção, diz-se comumente o câmera.

câmera alta • [RTVC] Ângulo obtido com a câmera filmando de cima para baixo. O objeto ou personagem filmado em câmera alta parece inferior ou dominado. Diz-se tb. *plongée* ou a forma aportuguesada plongê. V. câmera baixa.

câmera baixa • [RTVC] Ângulo obtido com a câmera situada num ponto mais baixo, filmando para cima. O objeto ou personagem filmado em câmera baixa parece superior, engrandecido, dominador. Diz-se tb. *contre-plongée* ou a forma aportuguesada contraplongê. V. câmera alta.

câmera contínua • [RTVC] Técnica narrativa característica das montagens (v. montagem) com pouco ou nenhum uso de cortes. Na linguagem da televisão, enquanto os cortes têm mais relação com o tempo, a câmera contínua (ou câmera na mão) tem mais relação com o espaço. É a chamada câmera subjetiva. V. plano-sequência.

câmera lenta • [RTVC] Técnica que consiste em filmar um assunto em velocidade alimentada e projetar a imagem em velocidade normal. Assim, é possível apresentar uma ação em movimento mais lento do que na realidade aconteceu. O contrário de câmera rápida ou aceleração. Em tv, é mais usual o termo ing. *slow motion*.

cameraman • [RTVC] V. câmera.

câmera subjetiva • [RTVC] V. câmera contínua.

caminhão de externa • [RTVC] Unidade móvel para transmissões externas. V. externa.

campanha • [PP] Conjunto de peças publicitárias, criadas, produzidas e veiculadas de maneira coordenada, de acordo com determinados objetivos de propaganda de um produto ou serviço, marca, empresa ou qualquer instituição, opção política etc. A escolha e a variedade dos recursos a serem utilizados em uma campanha variam de acordo com o tempo previsto, a verba disponível, a estratégia do cliente e o público que se deseja atingir. V. anúncio e agência de publicidade. • [JN] Série de reportagens, artigos, notas e outros tipos de matéria publicados por um órgão de imprensa, visando a determinados objetivos políticos, promocionais, comportamentais, de esclarecimento público etc. • [MKT][PP] Conjunto de atividades coordenadas em torno de um objetivo comum, durante a execução de um plano de comunicação. Recurso destinado a agilizar, em um determinado período, a conquista do julgamento da opinião pública ou de segmentos determinados do público, por variados meios (promoções, eventos, divulgação, entrevistas coletivas, *press releases*, anúncios, matérias pagas, publicações etc.).

campo • [RTVC][RAV] Espaço focalizado por uma câmera de cinema, fotografia ou televisão. Campo visual. V. contracampo. • [MKT] **1** Área pesquisada, em uma pesquisa de *marketing*. **2** Área geográfica em que o produto ou serviço é vendido. **3** Tipo de pesquisa (trabalho de campo), junto a clientes, consumidores finais etc., para obtenção direta de informações no mercado. • [RTVC] Área coberta durante uma varredura vertical de cena pelo feixe eletrônico explorador. O quadro (a imagem de tv) é dividido em dois campos, formados por uma série de linhas horizontais que contêm os elementos da imagem. Por este sistema, cada campo corresponde à metade da cena que está sendo televisada.

campo focal • [RAV] Distância que compreende a área na qual um objeto pode ficar mais próximo ou mais afastado da lente, sem, no entanto, ficar fora de foco.

canal • [FTC] Todo suporte material que veicula uma mensagem de um emissor a um receptor, através do espaço e do tempo. Meio pelo qual a mensagem, já codificada pelo emissor, atinge o receptor, que a recebe (em código) e a interpreta. Fenômeno físico que faz com que a mensagem se propague. O termo canal é amplamente utilizado em comunicação, e abrange três significados distintos: a) mecanismos de expressão da mensagem – são os canais naturais ou sensoriais; os próprios sentidos, o simples falar e ouvir, na comunicação interpessoal; a capacidade motora do emissor, seus mecanismos de expressão, e a capacidade sensorial do receptor, suas habilidades de ouvir, perceber gestos, compreender, são também considerados canais na comunicação humana; b) veículos ou processos pelos quais a mensagem é transmitida – são os fenômenos físicos que tornam possível a propagação da mensagem como ondas sonoras, ondas luminosas etc.; c) meios pelos quais os fenômenos físicos se desenvolvem na transmissão da mensagem – a propagação de ondas sonoras, p. ex., somente é possível se houver um suporte como o ar, a água etc., que, neste sentido, são também considerados canais. Percebe-se sem esforço uma inevitável interdependência entre os aspectos acima relacionados: as ondas sonoras produzidas a partir de um aparelho de som só podem ser percebidas pelo receptor mediante sua capacidade de audição. Podemos também distinguir os canais *naturais* ou *sensoriais* (em que o homem é o receptor imediato da informação) dos canais *artificiais* ou *técnicos*, ou *canais de transporte* das mensagens. Estes podem ser *espaciais* (os que levam a mensagem de um lugar X a um lugar Y, como o telefone, o rádio, a televisão) e *temporais* (que transportam a mensagem de uma época a outra, como o disco, a fotografia, o cinema). • [RTVC] Faixa de frequências reservada para uma determinada estação de radiodifusão (rádio ou tv) e dentro da qual a emissora deve manter seus sinais (v. sinal) para evitar interferências com as estações dos canais adjacentes. As bandas de frequência são subdivididas em canais numerados, e a amplitude do canal *standard* determina, portanto, o número de canais que a banda pode admitir. • [RAV] Percurso pelo qual os sinais podem transitar. Qualquer via de som, num equipamento de reprodução sonora. • [TIC] **1** Conjunto dos meios necessários para assegurar uma transmissão unilateral. Vários canais podem compartilhar uma via comum, como nos sistemas de *ondas portadoras* (v. onda). Neste caso, a cada canal é atribuída uma faixa particular de frequências, que lhe é reservada. **2** O mesmo que *link* de comunicação. • [ED] **1** Claro entre duas colunas de texto, quando não separadas por fio. **2** Espaço formado entre palavras ao longo de várias linhas contíguas de um texto, semelhante a uma risca branca, reta ou fracamente irregular. Diz-se tb. rua, rio ou caminho de rato.

canal de distribuição • [MKT] Trilha percorrida pelo produto, do produtor ao consumidor, com participação ou não de intermediários. "Estrutura formada por unidades organizacionais dentro da empresa e pelos agentes e clientes que se encontram fora dela (atacadistas e varejistas) através dos quais se distribui uma mercadoria, produto ou serviço" (American Marketing Association), V. distribuição.

canoa • [ED] Processo de grampeamento em que o grampo é colocado no dorso do livro ou revista (exatamente na dobra).

canibalização • [MKT] Consequência negativa do lançamento de uma nova marca, dentro de uma categoria específica de produtos. Embora não haja concorrência entre os produtos, há ocasiões em que o novo produto tomará a fatia de mercado da marca anterior, como no caso p. ex., da *diet soda* lançada a partir de uma linha já existente de soda. A *diet soda* competirá com a primeira linha de refrigerante e, eventualmente, corroerá o lucro que existia para o primeiro tipo de soda; daí o nome canibalização. Este fenômeno é também comum quando ocorre a queda das vendas de determinado produto em alguns pontos de venda; como consequência da abertura de um novo ponto; que poderá diminuir muito as vendas dos anteriores.

capa • [ED] **1** Proteção exterior de um impresso, geralmente confeccionada em papel ou outro material, flexível ou rígido. V. encadernação, brochura e cartonado. Como embalagem de um produto editorial (livro, revista, jornal etc.), é o primeiro contato visual do consumidor com o produto, motivo pelo qual é promocionalmente utilizada para atrair a atenção, informando sobre seu conteúdo e distinguindo-o dos demais nos pontos de venda. "A capa assume, inclusive, função de *display* ou cartazes, por si mesma, e tem todos os compromissos inerentes a essas peças promocionais" (Fernando Almada).

2 Página inicial de uma publicação impressa ou digital.

capa dura • [ED] Capa de um livro cartonado ou encadernado (v. encadernação). O contrário de brochura.

capataz • [MKT] V. capatazia.

capatazia • [MKT] Conjunto das bancas de jornais (v.banca de jornais) de uma mesma localidade (bairro, rua, zona da cidade, conforme a densidade) lideradas e representadas pelo proprietário de uma, de algumas ou de todas as bancas participantes. O capataz centraliza a busca de jornais e de revistas nas distribuidoras (v. distribuidor), as compras, as prestações de contas, o controle das vendas etc.

capitular • [ED] **1** Letra de corpo bastante superior ao restante do texto, empregada no princípio de um artigo ou dos capítulos de um livro. Geralmente ocupa a altura de várias linhas do texto normal. **2** Diz-se da página inicial de um capítulo.

capítulo • [ED] Cada uma das divisões sucessivas de um livro, lei, tratado, monografia etc. É geralmente numerado e intitulado. • [RTVC] Cada uma das partes sucessivas de uma novela, minissérie etc.

caractere • [ED] [TIC] V. caráter.

caráter • [ED] [TIC] **1** Qualquer sinal usado na escrita. Cada uma das letras, algarismos de numeração decimal, sinais de pontuação ou outros que formam textos em publicações, arquivos digitais, telecomunicações etc. **2** Forma gráfica de cada um dos símbolos (letras, acentos, sinais de pontuação, sinais especiais etc.) usados na escrita, seja manual, mecânica, eletrônica etc. V. tipo. • [ED] [TIC] **1** Em processamento de dados, cada membro de um conjunto de elementos, previamente convencionados, utilizados para organização, controle e representação de dados. V. dígito. **2** O menor elemento que pode ser isolado, numa dada linguagem, para registro gráfico de expressões dessa linguagem. (Plural: *caráteres* ou *caracteres*).

caráter tipográfico • [ED] **1** Cada uma das letras de um texto graficamente produzido. **2** V. letra de fôrma.

caricatura • [ED] **1** Em sua acepção primeira, a caricatura é a representação da fisionomia humana com características grotescas, cômicas ou humorísticas. A forma caricatural não precisa estar ligada apenas ao ser humano (pode-se fazer a caricatura de qualquer coisa), mas a referência humana é sempre necessária para que a caricatura se realize. Assim como, segundo Bergson, "não existe o riso fora do humano", também não é possível que haja a caricatura sem que se tome o humano como referencial. Entre as outras formas de arte, a caricatura apresenta a peculiaridade de ter um objeto específico: o artista estará realizando uma caricatura sempre que sua intenção principal for representar qualquer figura de maneira não convencional, exagerando ou simplificando os seus traços, acentuando de maneira despropositada um ou outro detalhe característico, procurando revelar um ponto não percebido, ressaltar uma má qualidade escondida, apresentar uma visão crítica e quase sempre impiedosa do seu modelo, provocando com isso o riso, a mofa ou um momento de reflexão no espectador. A arte do caricaturista – observou Bergson – é a de apreender aquele movimento imperceptível em que se esboça uma deformação preferida, tornando possível a todos os olhos, por aumentá-lo, esse ponto em que se rompe o equilíbrio de uma face ou atitude. O caricaturista "adivinha, sob as harmonias superficiais da forma, as revoltas profundas da matéria". O termo caricatura provém do italiano, possivelmente do verbo *caricare* (fazer carga) e apareceu pela primeira vez numa série de desenhos dos irmãos Caracci, de Bolonha, Itália, em fins do século A característica de exagerar as feições humanas, ridicularizá-las ou fazê-las cômicas, porém, vem de épocas imemoriais. Nas pinturas rupestres, estudiosos acreditam descobrir nos artistas das cavernas intenções de caricaturar as figuras com que representavam seus inimigos. As máscaras do teatro grego, também, já eram caricaturais pelo seu exagero expressivo. **2** A arte de caricaturar. Designação geral e abrangente da caricatura como forma de arte que se expressa através do desenho, da pintura, da escultura etc. e tem por fim o humor. Nesta acepção, são subdivisões da caricatura: a charge, o cartum, o desenho de humor, a tira, a história em quadrinhos de humor e a caricatura propriamente dita (a caricatura pessoal). V. humor.

carisma • [FTC] Capacidade de brilho pessoal, poder de persuasão e de atração, de que certas pessoas são dotadas. Força de sugestão e de simpatia que desencadeia a afiliação e a devoção da massa em relação a um líder. A relação baseada no poder carismático concentra-se principalmente no lado emocional dos indivíduos que estão interagindo. Termo originário do gr. *chárisma*, dom.

carregar • [TIC] **1** Ler (arquivo de dados ou programa) em um dispositivo de armazenamento e copiar as informações na memória do computador, para que elas sejam processadas ou executadas. **2** Transferir (dados ou instruções) de um suporte de memória externa para a unidade de memória interna do computador. **3** Transferir dados de um computador local para outro computador, um site ou um servidor remoto. Nesta acepção, diz-se tb. 'fazer *upload*' ou subir. V. download.

carrinho • [RTVC] Plataforma com rodas, colocada geralmente sobre trilhos, na qual a câmera é conduzida para tomadas em *travelling*. V. *dolly* e grua. • [RAV] Parte do tripé constituída por pequenas rodas, para movimentação da câmera.

cartão • [ED] **1** Folha de papel encorpado, moldada diretamente na máquina ou composta de várias camadas de papel coladas entre si. Conforme a espessura, classifica-se como cartolina (o cartão mais fino) e papelão (geralmente com mais de meio milímetro de espessura). **2** Página (ou quarto de folha, compreendendo quatro páginas) colocada num livro já impresso, para completar ou substituir alguma página errada. **3** Pequeno retângulo de cartolina impresso para fins sociais ou profissionais (cartão de visita, cartão comercial etc.).

cartão-postal • [ED] Cartão retangular, cuja remessa postal dispensa o uso de envelope. Uma das faces traz uma foto de paisagem turística ou qualquer outra ilustração e, a outra, espaço reservado para correspondência, selo e endereçamento.

catalogação na fonte

cartaz • [ED] [PP] Anúncio impresso em papel, de um só lado e geralmente a cores. Próprio para ser afixado em ambientes amplos ou ao ar livre, em paredes ou armações próprias de madeira ou de metal. Embora haja registros sobre o uso de cartazes desde a antiga Mesopotâmia, esse recurso de comunicação consagrou-se principalmente a partir do século 19, com o desenvolvimento das artes gráficas. Exemplos expressivos desse período são os cartazes criados por Toulouse-Lautrec, Bonnard e Chéret, reconhecidos hoje como legítimas peças de arte. Atualmente, os cartazes de grandes dimensões constituem a forma mais comum de *outdoor*, impressos em várias folhas que são, depois, montadas lado a lado nos locais apropriados, para formar a imagem completa. É chamado de *indoor* o cartaz próprio para afixação em ambientes fechados, inclusive no interior de pontos de venda.

cartilha • [ED] Livreto de caráter pedagógico, publicitário ou institucional, com noções introdutórias sobre determinado tema.

cartonado • [ED] Livro encadernado com lâminas de papelão (nas faces e no dorso) sobre as quais é colada uma capa impressa em papel de baixa gramatura.

cartonagem • [ED] Sistema de acabamento que se caracteriza por uma capa rígida, de papelão, colada ao dorso do livro e revestida com papel impresso. O livro cartonado pode também ser reforçado com uma lombada de pano. V. encadernação e brochura.

cartum • [ED] Narrativa humorística, expressa através da caricatura e normalmente destinada à publicação em jornais ou revistas. O cartum é uma anedota gráfica; seu objetivo é provocar o riso do espectador. E como uma das manifestações da caricatura, ele chega ao riso através da crítica mordaz, satírica, irônica e principalmente humorística, do comportamento do ser humano, das suas fraquezas, dos seus hábitos e costumes. Muitas vezes, porém, o riso contido num cartum pode ser alcançado apenas com um jogo criativo de ideias, por um achado humorístico ou por uma forma inteligente de trocadilho visual. Na composição do cartum podem ser inseridos elementos da história em quadrinhos, como balões, subtítulos, onomatopeias, e até mesmo a divisão das cenas em quadrinhos. O termo cartum origina-se do ing. *cartoon*, "cartão, pequeno projeto em escala, desenhado em cartão para ser reproduzido depois em mural ou tapeçaria". A expressão, com o sentido que tem hoje, nasceu em 1841 nas páginas da revista inglesa *Punch*, a mais antiga publicação de humor do mundo. No Brasil, foi na revista *Pererê*, de Ziraldo, edição de fevereiro de 1964, que se lançou o neologismo cartum. A charge e a tira cômica podem ser consideradas subdivisões do cartum. V. humor, caricatura, charge, tira e desenho de humor.

case • [MKT][RP][PP] Relato de um trabalho durante ou após a sua execução. Consiste em uma análise da situação anterior, incluindo pontos positivos e negativos, providências tomadas, resultados atingidos e avaliação da eficácia das operações. Forma abreviada de *case history*.

casual • [MKT] V. amostragem.

catalogação na fonte • [ED] Preparo da ficha catalográfica antes da publicação do livro. A ficha é geralmente impressa no verso da folha de rosto ou do anterrosto, mas pode também acompanhar o livro na forma de ficha solta. V. ISBN.

catálogo • [ED] **1** Lista de nomes, títulos ou objetos, geralmente em ordem alfabética, acompanhada de algum elemento descritivo ou informativo sobre cada item Apresentado sob a forma de livro, folheto, arquivo digital etc., um catálogo pode ter conteúdo comercial, bibliográfico, científico, artístico etc. **2** Numa biblioteca, relação, em ordem alfabética, das publicações disponíveis, segundo os autores, os títulos ou as matérias (v. índice, 1). Catálogo bibliográfico. **3** Relação e mostruário das fontes (diferentes famílias, com todas as suas variantes e corpos) disponíveis para a editoração de textos. **4** Mostruário das fotos e outras figuras disponíveis em um banco de imagens. **5** Álbum promocional dos produtos ou serviços oferecidos por uma empresa. Mostruário.

catarse • [FTC] Descarga de tensões emocionais, experimentada pelos espectadores de uma representação dramática (ou, p. ext., de outros tipos de mensagem), através de qualquer meio de comunicação. Do gr. *kátharsis*: purgação ou purificação das paixões. Conceito utilizado por Aristóteles para designar o efeito produzido no espectador pela tragédia: "A tragédia é a imitação de uma ação virtuosa e realizada que, por meio do temor e da piedade, suscita a purificação de certas paixões" (Poética). Freud desenvolveu esse conceito no tratamento das psiconeuroses, encorajando o paciente a revelar tudo o que lhe viesse à mente, para obter a libertação e descarga adequada do material reprimido que seria a causa dos sintomas.

CATV • [RTVC] **1** *Cable* TV. Televisão a cabo. V. cabo. **2** Abrev. de *community antenna television*. Antena especial que alimenta os receptores de determinada área. Antena única para os vários aparelhos de tv de um edifício ou de um bairro.

cavalo de Troia • [TIC] Programa do tipo *malware* (programa malicioso) que, à semelhança do lendário cavalo de Troia, entra no computador e libera uma porta para uma possível invasão. Não é considerado um vírus porque não cria réplicas de si, ou seja, não se reproduz, mas pode provocar danos ao computador ou prejuízos ao seu usuário. É usado geralmente para obter informações, como senhas, ou executar instruções na máquina onde se instalou, muitas vezes disfarçado de um programa legítimo. Diz-se tb., em ing., *Trojan*.

CCC • [TIC] Sigla de central de comutação e controle, Conjunto de equipamentos de telefonia celular, responsável pelo gerenciamento do sistema, que recebe e encaminha chamadas. V. célula.

CCTV • [RTVC] Abrev. de *closed circuit television*. V. circuito fechado.

CCU • [RTVC] Abrev. de *camera control unit*. V. câmera.

CD • [TIC] Do ing. *change directory*, ou mudar de diretório. Comando usado para mudar o diretório em que o usuário está trabalhando e/ou exibir o diretório em que o mesmo está no momento. Este comando é usado no DOS e em sistemas Unix. • [RAV] Abrev. de *compact disc*. Tipo de disco digital cuja leitura é feita por um feixe de raio *laser*. Em vez de sulcos existentes nos discos de vinil, apresenta uma trilha formada por bilhões de covas microscópicas. A superfície gravada é metalizada com uma camada de prata, como um espelho, protegida por acrílico transparente. Diz-se também disco a *laser*, *compact disc*; digital *disc*, disco de áudio digital. V. CD-ROM e DVD.

CDMA • [TIC] Do ing. *code division multiple access*, acesso múltiplo por divisão de códigos. Tipo de sistema digital da telefonia celular (v. celular) que permite que todos os telefones móveis transmitam seus sinais (v. sinal) ao mesmo tempo e nas mesmas frequências portadoras. As ligações vêm embaralhadas no mesmo canal e são ouvidas apenas pelos aparelhos codificados para isso. Cada um dos elementos desse sistema possui um código exclusivo a fim de diferenciar um receptor do outro.

CD-R • [TIC] Sigla de *compact disc-recordable*, disco compacto gravável. CD que aceita gravação de informações digitalizadas (textos, imagens, vídeo e som) por parte do usuário.

CDR • [TIC] Acrônimo de *call detail record*, registro de detalhes de chamada. Arquivo no qual são automaticamente registrados os dados necessários à tarifação de uma chamada telefônica. Consta de informações como: números de origem e de destino, tipo de chamada, data e horário, duração e custo.

CD-ROM • [TIC] Sigla de *compact disc read only memory*, disco compacto apenas com memória de leitura. Utilizado em computador para disponibilizar aplicativos e recursos multimídia, assim como a gravação de textos, imagens e sons, é semelhante ao CD de áudio, pois ambos consistem de três camadas: uma camada superior (à qual se aplica um rótulo contendo informações que identificam o CD), uma fina camada intermediária de composição metálica e uma camada inferior feita de plástico transparente. É a camada metálica que confere aos CDs o seu brilho característico. Ao microscópio, vê-se que ela contém uma enorme quantidade de 'valetas' (*pits*, em inglês) de mesma largura, mesma profundidade e comprimentos diferentes. Essas valetas estão alinhadas e formam uma longa trilha espiral que se estende das proximidades do orifício central do CD até quase a sua borda. Os dados que tornam o CD um instrumento de lazer (música, jogos) ou de trabalho (aplicativos) estão codificados nessa trilha de valetas.

célula • [TIC] Subdivisão geográfica da região atendida pelo serviço móvel celular. Cada célula dispõe de um conjunto de transmissores, receptores e antenas que recebem e transmitem os sinais (v. sinal) de telefones celulares naquela região.

celular • [TIC] **1** Sistema de telefonia estruturado em células. É composto por uma central de comutação e controle (v. CCC), por estações rádio-base (v. estação rádio-base) e estações móveis (v. estação móvel), e possibilita a comunicação entre estações móveis ou entre estas e a rede telefônica pública comutada. **2** O serviço que utiliza esse sistema (serviço móvel celular). **3** Cada aparelho utilizado pelos usuários para este sistema de telefonia. Em Port., diz-se telemóvel. V. *smartphone*.

cena • [RTVC] **1** Unidade de narrativa em teatro, cinema, programa de TV, vídeo etc.

Caracteriza-se geralmente pelo mesmo cenário e personagens (v. personagem). Em cinema, abrange uma série de planos ligados à mesma ação ou situados num mesmo ambiente. V. plano e sequência. **2** A arte do teatro e dos espetáculos, de modo geral.

cenário • [RTVC] **1** Conjunto dos elementos visuais que compõem o ambiente de um espetáculo teatral ou musical, cinematográfico, programa de TV, jogo eletrônico etc. **2** Paisagem natural ou ambiente construído artificialmente, dentro ou fora de um estúdio ou de uma casa de espetáculos, e que serve de fundo ou ambientação para qualquer evento, representação, gravação etc. Em fr., *décor*. Em ing., *set*. V. locação. **3** Lugar, real ou fictício, onde ocorre uma ação que está sendo narrada em qualquer forma de expressão, inclusive literatura, novela radiofônica etc. • [MKT] [RP] Cada uma das hipóteses de futuro possível (desejável ou não), que se deduz a partir da análise de determinados contextos e tendências para a definição de estratégias. Projeção de uma determinada conjuntura que pode ocorrer a médio ou longo prazo, construída entre outras alternativas e que serve como ferramenta de gestão, reduzindo o impacto de surpresas por meio do estudo prévio das decisões que podem ser tomadas em cada caso.

cenografia • [RTVC] Arte e técnica de conceber e projetar cenários, além de supervisionar sua execução e instalação. V. cenotécnica.

cenógrafo • [RTVC] Profissional que cria, projeta e supervisiona a realização e montagem de todas as ambientações e espaços necessários às cenas de uma obra. É responsável também pela programação dos cenários e pela determinação dos materiais necessários a eles.

cenotécnica • [RTVC] Técnica de execução, composição e funcionamento de um cenário e de um material cênico.

cenotécnico • [RTVC] Profissional que planeja, coordena, constrói, adapta e executa todos os detalhes de material, serviço e montagem dos cenários, segundo maquetes, croquis e plantas fornecidos pelo cenógrafo.

censura • [FTC] **1** Ação de proibir, no todo ou em parte, uma publicação ou representação. Supressão deliberada de determinado material de comunicação, do fluxo normal de informação, de forma a influir na opinião e na ação do público ao qual se dirige a mensagem. "Política de restrição da expressão pública de ideias, opiniões, sentimentos e impulsos que têm, ou se supõe terem, capacidade para abalar a autoridade do governo ou a ordem social e moral que esta mesma autoridade se considera disposta a proteger" (Harold Lasswell). **2** Repartição pública que tem a atribuição de examinar obras artísticas, jornalísticas etc., e poder para autorizar ou vetar a sua difusão.

centimetragem • [PP] **1** Área total de um anúncio publicado em veículo impresso. Equivale à multiplicação da altura em centímetros pela largura, expressa em número de colunas. **2** Volume total ocupado por um anunciante em um veículo, ou por todas as inserções (v. inserção) em um ou mais jornais e/ou revistas, durante um período determinado.

central de comutação e controle • [TIC] V. celular e CCC.

central de vídeo • [RTVC] Parte da instalação de uma emissora de tv, onde são observados, corrigidos e ajustados os níveis das imagens provenientes das câmeras e de outros equipamentos.

centralizar • [ED] Diagramar um texto com margens irregulares à esquerda e à direita, geralmente sem quebrar palavras, dispondo todas as linhas regularmente em relação a um eixo central (conforme exemplificado neste verbete). V. alinhar e justificar.

cerquilha • [TIC] **1** Sinal (#) usado em linguagem de programação como operador de divisão ou como sinal de comentário. **2** Sinal usado em teclados alfanuméricos (p.ex., em aparelhos telefônicos), geralmente como elemento adicional de determinados códigos. Popularmente chamado de jogo da velha. V. *hashtag*.

cf. • [ED] Abrev. do lat. *confer*, 'confira, confronte, compare, verifique', empregada antes de referências bibliográficas ou em verbetes de dicionários, para sugerir ao leitor que confronte determinadas ideias ou palavras.

chamada • [JN] **1** Pequeno título e/ou resumo de uma matéria, publicado geralmente na primeira página de jornal ou na capa de revista, com o objetivo de atrair o leitor e remetê-lo para a matéria completa, apresentada nas páginas internas. **2** Resumo de uma notícia, lido pelo locutor antes ou ao início de um programa jornalístico, para atrair o público. Este recurso pode ser utilizado também ao final de cada segmento, antes de um intervalo comercial, para anunciar as notícias ou atrações do próximo bloco e 'segurar' a audiência. • [PP] Mensagem publicitária, geralmente curta, em que se anuncia um evento a ser promovido pelo próprio veículo (um programa de rádio ou tv, uma determinada atração a ser apresentada no programa, uma edição especial a ser lançada em breve etc.). Como instrumento de mídia interna, é uma forma de autopromoção do veículo.

chancela • [PP] [RTVC] **1** Referência que se faz ao patrocinador, na abertura e no encerramento de um programa de televisão. Menção ligeira do patrocinador de um programa. Em ing., *billboard*. **2** P. ext., o mesmo que patrocínio.

chapa • [ED] Peça de metal flexível, geralmente alumínio ou zinco, onde são gravadas as imagens destinadas à impressão ofsete. • [PP] Cada uma das folhas metálicas de que é feito um painel. V. *outdoor* • [PP] Diz-se de cada fotografia tirada com um filme ou com outro material fotossensível.

charge • [JN] [RTVC] Cartum cujo objetivo é a crítica humorística imediata de um fato ou acontecimento específico, em geral de natureza política. O conhecimento prévio do assunto de uma charge por parte do leitor é, quase sempre, fator essencial para sua compreensão. Uma boa charge, portanto, deve procurar um assunto momentoso e ir direto aonde estão centrados a atenção e o interesse do público leitor. A mensagem contida numa charge é eminentemente interpretativa e crítica, e, pelo seu poder de síntese, pode ter às vezes o peso de um editorial. Alguns jornais chegam mesmo a usar a charge como editorial, sendo ela, então, intérprete direta do pensamento do veículo que a publica. A charge usa, quase sempre, os elementos da caricatura. O termo vem do fr. *charge*, carga. V. humor.

chat • [TIC] Conversa em tempo real entre duas ou mais pessoas via rede de computadores.

chavão • [JN] O mesmo que clichê.

checar • [JN] Confirmar uma notícia ou qualquer informação apurada, antes de publicá-la.

check list • [RP][PP] Relação das providências que devem ser tomadas na realização de um evento, programa ou projeto. Serve como base para a verificação minuciosa da realização de um seviço.

chicote • [RTVC] **1** Panorâmica muito rápida, geralmente utilizada na transição de uma cena para outra. **2** Movimento rápido da câmera em sentido horizontal. Inicialmente usado para encobrir uma troca de lentes na torre, tornou-se recurso expressivo típico da linguagem televisiva.

chip • [TIC] Fração de lâmina de semicondutor (geralmente silício), medindo cerca de 1,5 x 1,5 mm, que pode conter desde um simples dispositivo funcional até um microprocessador ou uma unidade de memória.

chromakey • [RTVC] Processo eletrônico pelo qual a imagem captada por uma câmera pode ser inserida sobre a imagem de outra câmera, como se fossem, respectivamente, primeiro plano e fundo. Para isso, usa-se geralmente o azul nas áreas de vídeo que serão anuladas (chamadas de *key video*) e sobre as quais será projetada uma segunda imagem. Muito utilizado em telejornais (v. telejornal) e telenovelas, o *chromakey* substitui com vantagens (por ser mais prático e versátil, na maioria dos casos) a técnica de retroprojeção. Abrevia-se CK ou *chroma*.

ciber- • [TIC] Do gr. *kyberne*, pilotar, governar. Elemento usado como prefixo em inúmeras expressões, conduzindo seus significados para o âmbito da cibernética e do ciberespaço. É o caso de *cibercafé*, *cibersexo*, *ciberpirata*, *ciberpunk* etc.

ciberespaço • [TIC] Do ing. *cyberspace*, espaço cibernético. Universo virtual formado pelas informações que circulam e/ou estão armazenadas em todos os computadores e servidores ligados em rede, especialmente a internet. Espaço virtual onde circulam e podem ser acessadas informações de todo tipo, e que torna possível a interação entre pessoas, ou simplesmente entre dispositivos eletrônicos, de todas as partes do planeta. A palavra *cyberspace* foi utilizada inicialmente por William Gibson (no livro *Neuromancer*, publicado em 1984), designando "uma representação gráfica de dados abstraídos dos bancos de dados de todos os computadores do sistema humano. Uma complexidade impensável. Linhas de luz alinhadas que abrangem o universo não espaço da mente; nebulosas e constelações infindáveis de dados". Ele imaginou que seria possível não só entrar nesse espaço imaginário criado por uma rede universal de computadores, contendo todo tipo de informações, como também explorar os dados com os nossos diversos sentidos, e até mesmo transmitir informações diretamente para o computador. O conceito de ciberespaço é mais amplo que a *web* e a internet. O espaço/tempo virtual proposto por Gibson tornou-se realidade inclusive no campo multissensorial, com o desenvolvimento de ferramentas interativas baseadas no conceito de realidade virtual, permitindo a comunicação interpessoal em ambientes virtuais. Compartilhado hoje por milhões de pessoas de todo o planeta, o ciberespaço adquire uma significação política e cultural de dimensões globais. Em manifesto publicado pela revista *Wired*, em 1996, o suíço John Perry Barlow proclama o ciberespaço como "a nova morada da mente", independente dos governos e das fronteiras.

cibernética • [FTC][TIC] Termo empregado por Norbert Wiener para definir a teoria do funcionamento de certo tipo de sistemas naturais ou artificiais, caracterizados pela autorregulação obtida por meio de comunicação, controle e *feedback*. A origem da palavra é grega: *kybernetiké* foi definida por Platão como "ciência utilizada pelo timoneiro para pilotar navios" e designava também, p. ext., a ciência de governar, "a ciência dos órgãos diretores do governo da cidade que, em última análise, também não deixa de ser uma máquina: e 'máquina administrativa'" (Paul Idatte). Para Abraham Moles, a "cibernética se apresenta como uma ciência geral dos organismos, independentemente da natureza física dos mesmos. Seu objeto é encontrar as propriedades que resultam da sua reunião, já que no todo encontramos mais que a soma das partes". Cibernética e informática (é necessário não confundir os dois conceitos: o primeiro é mais abrangente) articulam-se intimamente com a teoria da informação, em geral, e com a teoria matemática da informação, em particular.

cícero • [ED] **1** Medida tipográfica equivalente a 12 pontos do sistema Didot (aproximadamente 4,512 mm) e cuja quantidade determina a largura de uma coluna (uma coluna-padrão, na diagramação de jornais, mede 10 cíceros). V. paica. **2** Antiga denominação dos caracteres corpo 12.

cilindro • [ED] Cada uma das peças cilíndricas que desempenham, geralmente por movimentos rotativos, determinadas funções em máquinas impressoras e em máquinas de fabricar papel.

cinejornal • [RTVC][JN] Noticiário produzido especialmente para apresentação em cinemas, geralmente como complemento de filmes em circuito comercial. Diz-se tb. atualidades ou jornal da tela. V. jornal.

cinema • [RTVC] **1** Forma de narrativa que tem como base o registro de imagens em fotogramas que são projetados em sequência de modo a produzir sensação de movimento (v. persistência de visão), geralmente acompanhadas por sons que são decodificados e reproduzidos por meio de amplificador e alto-falante. O mesmo que cinematografia. **2** Conjunto dos métodos e técnicas empregados para este fim. **3** Arte de criar, compor e realizar filmes cinematográficos. Formulado pelos irmãos Lumière, o vocábulo *cinématographe* (do gr. *kínema*, movimento, e *graphos*, do verbo *gráphein*, escrever, registrar, descrever) passou ao português no início do séc. 20 como cinematógrafo. Há milhares de anos, os chineses já faziam o jogo das sombras, projetando sobre paredes figuras humanas ou de animais em movimento. No início do séc. 18, a ciência ocidental observou o fenômeno da persistência de visão. Na mesma época, o francês Louis Daguerre criava suas primeiras máquinas fotográficas (v. fotografia). Décadas mais tarde, várias experiências ligando fotografia, projeção e movimento eram realizadas pelos cientistas. As imagens registradas no início do cinema – cenas cotidianas – abriram caminho para um espetáculo de arte, com a introdução de elementos básicos da narrativa linear: preparação, trama, clímax e desenlace. Filho da revolução industrial, o cinema se consagrou então como divertimento de massas, herdeiro da ópera, do teatro e do folhetim. **4** Atividade artística, técnica, editorial, industrial ou comercial no campo da cinematografia. **5** Exibição de obra cinematográfica através de equipamentos de projeção. **6** Casa de espetáculos, onde se projetam filmes cinematográficos. **7** Conjunto das produções cinematográficas de um autor, de um povo ou de uma época.

cinemateca • [RTVC] **1** O mesmo que filmoteca. **2** Local onde são colecionados e conservados filmes cinematográficos, especialmente aqueles considerados de valor artístico, científico ou cultural.

cinematografia • [RTVC] V. cinema.

circo • [RTVC] **1** Casa de espetáculos autônoma, tradicionalmente itinerante e desmontável, de forma circular, coberta e cercada de lona. **2** Gênero artístico característico desse tipo de espaço cênico.

circuito • [RTVC] Rede de salas de projeção, geralmente pertencentes ou arrendadas a um mesmo exibidor, que apresenta simultaneamente o mesmo filme. V. distribuição.
• [TIC] Conjunto de dois canais (v. canal) associados de maneira a assegurar uma transmissão bilateral entre dois pontos.

circuito aberto • [RTVC] Sistema de radiodifusão em que os programas são transmitidos para recepção de qualquer ouvinte ou telespectador que esteja dentro da área de alcance da estação. V. televisão aberta.

circuito fechado • [RTVC] **1** Sistema de televisão que transmite imagens exclusivamente para receptores especiais, utilizado para fins de controle e segurança, informação, publicidade e entretenimento. **2** Diz-se da emissão de TV dirigida a público específico e que não pode ser captada com receptores comuns. V. televisão fechada.

circuito integrado • [TIC] Dispositivo miniaturizado, composto por material semicondutor, capaz de executar uma série funções em equipamentos eletrônicos. V. *chip* e microprocessador.

circulação • [JN] Total dos exemplares efetivamente distribuídos de cada edição de determinado periódico (jornal, revista) ou de qualquer publicação. Diferença aritmética entre a tiragem e o encalhe de uma edição. • [RTVC] Percurso de um filme em exibição, pelas salas de um circuito ou pelos cinemas do país. V. distribuição.

circulação fracionada • [JN] Veiculação de anúncios em apenas determinado número de exemplares de uma edição de jornal ou revista. Utiliza-se como teste de anúncio, ou quando o anunciante tem interesse em atingir apenas determinadas regiões cobertas pelo veículo.

circulação verificada • [JN] Circulação auditorada por uma empresa especializada (como o IVC, Instituto Verificador de Circulação) ou por uma forma de auditoria contábil.

circular • [FTC] "Comunicação sobre determinado assunto, transmitida simultaneamente por escrito a todos ou a determinados membros de uma comunidade, organização etc." (ABNT, TB-49)

citação • [ED][JN] Menção ou transcrição de textos, a fim de exemplificar, ilustrar ou tornar mais inteligível um texto ou discurso. "É a menção de uma informação obtida de outra fonte." (ABNT, Proj. 14: 02. 02-002); a citação pode ser direta (transcrição, cópia literal de um texto), indireta (reprodução fiel das ideias de um autor citado, sem transcrição) ou citação de citação (menção de um documento ao qual não se teve acesso). O conceito de citação não deve limitar-se aos textos verbais: são também comuns as citações visuais, musicais etc. (um desenho, uma cena cinematográfica ou alguns compassos de uma composição musical, p. ex., lembrando intencionalmente algum trecho de outra obra anterior).

claque • [RTVC] Torcida organizada. Reunião de pessoas contratadas ou combinadas para aplaudir um programa ou um determinado artista. Em certos espetáculos, a claque pode também rir, vaiar etc., sob a regência de um maestro de claque.

claquete • [RTVC] Pequeno quadro em que são indicados o nome do filme e os números da sequência, da tomada e da cena. A claquete é filmada no início de cada tomada para facilitar a sua identificação posteriormente, no trabalho de montagem. Ao início de cada tomada, no caso de som direto, costuma-se bater a matraca contra a claquete para assinalar o ponto de sincronismo entre a imagem e o som.

clareamento • [RTVC] V. *fade-in*.

classificação de segurança • [ED] "Grau de sigilo atribuído ao relatório técnico científico, de acordo com a natureza de seu conteúdo, tendo em vista a conveniência de limitar sua divulgação." (P. ex.: reservado, secreto, confidencial etc.) (ABNT, TB-49)

classificados • [JN][PP] Anúncios de oferta e procura de bens, utilidades e serviços, publicados por particulares ou empresas em seções (v. seção) especializadas de jornais, revistas ou *sites*. Os anúncios classificados, geralmente de pequeno formato, têm baixo custo e prestam-se principalmente à divulgação de mensagens de compra, venda ou aluguel de imóveis, veículos e móveis, oferta de serviços profissionais e de empregos etc.

clearance • [ED] **1** Conjunto de procedimentos utilizados para a liberação, remunerada ou gratuita, dos direitos de reprodução de conteúdo de autoria de terceiros (texto, desenho, foto, cena de vídeo, áudio, música etc.), assim como a exposição da imagem de uma pessoa, em determinada publicação impressa ou digital, programa de TV ou rádio, filme cinematográfico, espetáculo teatral ou musical etc. A atividade de *clearance* envolve desde os contatos com os autores ou seus representantes até a assinatura dos documentos necessários. **2** Diz-se de cada documento, ou conjunto de documentos, que assegura a utilização de conteúdo alheio, de acordo com as leis de propriedade intelectual.

clichê • [ED] **1** Placa de metal gravada fotomecanicamente, cuja superfície apresenta, em relevo e em sentido inverso à imagem original, todos os pontos que devem deixar impressão no papel. Técnica hoje em desuso, utilizada em antigas impressoras tipográficas. **2** Em sentido figurado, palavra, expressão ou frase cujo sentido esvaziou-se ou vulgarizou-se pelo uso repetido. Diz-se tb. chavão ou lugar-comum, geralmente na mesma acepção. M. Câmara Jr. distingue estas duas expressões: "No chavão, revela-se a impotência de um esforço estilístico" (houve tentativa de maior expressividade, embora frustrada). "Quando não há esse esforço, mas apenas o displicente emprego de uma palavra ou construção, usual e inexpressiva, tem-se o lugar-comum." Em literatura ou qualquer outra forma narrativa, consiste na repetição abusiva de determinada fórmula, empregada anteriormente pelo mesmo ou por outro autor. Na comunicação de massa, é comum o apelo a clichês, como ingredientes de maior audiência e de maior aceitação por parte do público.

clímax • [RTVC][FTC] **1** Momento culminante de uma narração caracterizada pela sequência de ideias, argumentos ou ações dramáticas em gradações ascendentes ou descendentes (como conto, poesia, teatro, artigos jornalísticos, discursos de oratória, *script* de rádio, TV ou cinema etc.). Geralmente acontece próximo ao fim, assinalando o momento de maior tensão narrativa e prenunciando o desfecho. **2** Em retórica, o clímax é considerado uma 'figura de adição'. Consiste na concatenação de frases sucessivas, iniciando-se cada uma pela repetição de uma palavra ou conjunto de palavras da frase anterior.

clipart • [TIC] **1** Coleção de imagens (ícones, desenhos, vinhetas etc.) para uso editorial ou publicitário, disponíveis em catálogos eletrônicos ou impressos. **2** Cada imagem obtida por esse processo.

clipboard • [TIC] Área de passagem de dados (sons, imagens, comandos etc) entre um aplicativo e outro, dentro de interfaces gráficas. O *clipboard* armazena esses dados e os transfere ao aplicativo para serem executadas.

clipe • [RTVC] V. videoclipe.

clipping • [JN][RP] **1** Serviço de apuração, coleção e fornecimento de matérias publicadas em jornais, revistas e *sites* sobre determinado assunto, sobre as atividades de uma empresa ou instituição, sobre determinada pessoa etc. É realizado geralmente pelo setor de comunicação da organização, pela agência de relações públicas ou de publicidade que atende à empresa ou por uma agência especializada nesse tipo de serviço, conhecida como agência *clipper*. **2** Cada matéria jornalística ou o conjunto de matérias que se obtém por esse tipo de serviço.

close-up • [RTVC] V. plano.

cloud computing • [TIC] V. computação em nuvem.

cobertura • [JN] Trabalho de apuração de um fato no local de sua ocorrência, para transformá-lo em notícia. A cobertura pode ser individual (feita por um só repórter) ou em equipe (vários repórteres, encarregando-se, cada um, de um aspecto ou de um local envolvido no acontecimento). V. apuração e reportagem. • [TIC] Área servida por um sistema destinado à transmissão de ondas de rádio. V. onda.

cobertura de rede • [MKT] Medida utilizada para cobrir o alcance de audiência de uma região, de determinados segmentos do público ou o número de pessoas atingidas por determinados meios de comunicação. Alta cobertura de rede é desejável quando do lançamento de um novo produto, ou quando a mensagem de propaganda não requer muitas repetições.

codificação • [FTC] Ato de transformar uma mensagem de acordo com regras predeterminadas, para convertê-la a outra linguagem. Operação que reduz uma mensagem a sinais (v. sinal) aptos para transmissão por determinado canal. "Tradução [da mensagem] numa linguagem particular adaptada ao canal para aumentar o seu rendimento informativo" (Moles). V. comunicação. • [TIC] Processo de adaptação de um programa a determinado código, a fim de torná-lo aceitável e compreensível por um sistema cibernético.

codificação de caracteres • [TIC] V. encoding.

codificador • [FTC] Aquele que, na qualidade de emissor em um processo de comunicação, dá forma a uma mensagem, de acordo com um código determinado, visando transmiti-la através de um canal para que ela chegue a um receptor. V. comunicação.

código • [FTC] Conjunto finito de signos simples ou complexos, relacionados de tal modo que estejam aptos para a formação e transmissão de mensagens (v. mensagem). "Chaves previamente estabelecidas para a estruturação e posterior decifração de uma mensagem" (J. Coelho Netto). Sistema de signos (verbais e não verbais) destinados a representar e a transmitir a informação entre a fonte — ou emissor — dos signos e o ponto de destino — ou receptor. Integrado no processo de comunicação, o código é um sistema de transformação da forma de uma mensagem numa outra forma, que permite a transmissão da mensagem. "Os códigos verbais ou extraverbais, linguísticos ou semiológicos, complexos ou simples, são o conjunto de regras disposto para a comunicação geral (código verbal e, em menor medida, gestual) ou específica (código de sinais de trânsito, semafóricos, telegráficos etc.)" (Luiz Costa Lima).

código de barras • [TIC] Padrão de representação por meio de traços para reconhecimento óptico. Sistema utilizado para identificação de produtos industrializados. Cada um dos traços do código corresponde a um número. No Brasil, o código é formado por treze dígitos: três identificam o país, quatro o fabricante e cinco o produto, além de um dígito verificador. Ao passar pelo caixa de uma loja, p. ex., o código do produto marcado é lido por uma caneta óptica ou leitor óptico a *laser*, que faz a decodificação, evitando a manipulação de cada unidade. A leitura remete a uma lista guardada na memória da máquina, que automaticamente identifica o produto, registra seu preço e atualiza o estoque.

código de máquina • [TIC] Tipo de código utilizado para representar as instruções básicas ou jogo de instruções que o computador é capaz de executar.

código-fonte • [TIC] Texto em linguagem de programação de computador, que após interpretado gera aplicativos e utilitários.

colaborador • [JN] Pessoa que desenvolve trabalho jornalístico, habitualmente (com contrato de trabalho) ou não (como *freelancer*), sem pertencer ao quadro de jornalistas do veículo.

coleção • [ED] Série de publicações, agrupadas sob um título coletivo, segundo determinados pontos em comum: tema, autoria, origem, estilo, gênero literário, faixa de público etc.

colofão • [ED] Último elemento impresso no miolo da maioria dos livros. Geralmente contém a referência do estabelecimento gráfico onde a obra foi impressa e a data em que foi montado o último dos cadernos que a constituíam. As informações do colofão podem também ser colocadas no verso do frontispício, junto com os créditos.

coletiva • [JN] V. entrevista coletiva.

color bar • [RTVC] Sinal de vídeo destinado ao ajuste dos equipamentos de tv a cores. Compõe-se de sete barras verticais nas cores básicas, cobrindo todo o vídeo.

coluna • [ED] Cada uma das divisões verticais, geralmente padronizadas, de uma página (de jornal, livro, revista, folheto etc.) ou de tabela, separadas por fio de coluna ou canal. • [JN] Seção especializada de jornal ou revista, publicada com regularidade e geralmente assinada, redigida em estilo mais livre e pessoal do que o noticiário comum. Compõe-se de notas, sueltos, crônicas, artigos ou textos-legendas (v. texto-legenda), podendo adotar, lado a lado, várias dessas formas. As colunas mantêm um título ou cabeçalho constante e são diagramadas costumeiramente em posição fixa e sempre na mesma página, o que facilita sua localização imediata pelos leitores habituais.

colunista • [JN] Responsável por uma coluna em jornal ou revista. Conforme o gênero da coluna, o colunista pode ser um cronista, um comentarista, um crítico etc. Determinadas colunas especializadas são frequentemente entregues a profissionais de outras especialidades, e não a jornalistas (médicos, advogados, cientistas etc.).

comentário • [ED] "Documento que apresenta observações, críticas, ponderações ou explicações sobre determinado assunto." (ABNT, TB-49) • [JN] Gênero jornalístico opinativo (sem o rigor de análise que caracteriza a crítica), sobre qualquer fato, evento ou assunto.

comercial • [PP][RTVC] Anúncio gravado ou transmitido ao vivo. Qualquer mensagem publicitária em televisão ou rádio nos intervalos da programação ou durante um programa.

comics • [FTC][ED] V. história em quadrinhos.

compactação • [TIC] Redução do tamanho de um arquivo através de *softwares* específicos, chamados compactadores, que utilizam algoritmos matemáticos para esse processo, sem perda da informação original. V. *zip*.

compact disc • [RAV] V. *CD*.

compacto • [RAV] Disco de vinil, de formato menor que o *long-play*, geralmente com apenas 3 a 6 minutos de duração em cada face. Chama-se *contacto simples* ao que possui em cada lado um fonograma, e *compacto duplo* ao que tem mais tempo de gravação, com dois fonogramas de cada lado. • [RTVC] Edição reduzida e sucinta de um programa de rádio ou televisão.

compêndio • [ED] **1** Publicação que resume uma doutrina ou determinado ramo do conhecimento. **2** Livro de texto para fins didáticos.

compensação • [PP] Repetição de um anúncio, sem nova cobrança de inserção pelo veículo, por ter a primeira transmissão saído defeituosa ou fora das características especificadas ao veículo (defeito na reprodução, colocação, data, horário, duração etc.).

composição • [ED] **1** Ato ou efeito de produzir graficamente os textos de uma determinada publicação. **2** Arranjo estético e harmonioso dos vários elementos que integram um trabalho de *design* gráfico. • [RAV][RTVC] Ato e efeito de elaborar uma obra artística (musical, literária, fotográfica, cinematográfica, de artes plásticas etc.).

composite • [ED][RAV] V. *book* fotográfico.

composto de *marketing* • [MKT] O mesmo que *marketing mix*.

composto de produto • [MKT] Conjunto de linhas de produto oferecido ao mercado por uma determinada empresa ou unidade empresarial.

composto promocional • [MKT] Conjunto de ações promocionais relativas a um produto e/ou serviço. Pode incluir, convergindo para uma estratégia comum, diversas ferramentas e técnicas de promoção (como patrocínio, produção de eventos, concursos, campanhas de estímulo de vendas junto a vendedores ou revendedores etc.), assim como de outras áreas da comunicação, como publicidade, imprensa, ações de relações públicas, *telemarketing* etc. Diz-se tb. *mix* de promoção. V. *marketing mix*.

comprador de mídia • [PP] Funcionário do departamento de mídia de uma agência de publicidade, encarregado de negociar e de comprar espaço ou tempo nos veículos de divulgação. V. comprador de tempo.

comprador de tempo • [PP] Numa agência, elemento encarregado de contratar a veiculação de anúncios nas emissoras de rádio e de televisão. Nesses veículos, o custo da publicidade é calculado em segundos, e o preço varia de acordo com os horários de maior ou menor audiência. V. comprador de mídia.

computação em nuvem • [TIC] Sistema que permite o acesso a dados armazenados remotamente e a utilização de *softwares* compartilhados e interligados por meio da internet. O conceito foi apresentado pela primeira vez em 1961, pelo especialista em inteligência artificial John McCarthy, na forma de um modelo de computação que ofereceria um serviço semelhante ao de distribuição de energia: o processamento e o armazenamento de dados seriam fornecidos por algumas centrais, para as residências e as empresas. Na década de 1990 esse modelo começou a ser usado comercialmente, vindo a tornar-se conhecido a partir de 2006, pelo então CEO da Google, Eric Schmidt, que durante uma palestra sobre gerenciamento de *data centers* usou a expressão *cloud computing*. Esta expressão foi adotada por causa dos desenhos de nuvem, muito comuns nos esquemas de redes de telecomunicações, indicando uma ideia de abstração já que o foco não era descrever as características de cada rede de computadores e sim a tecnologia que permite a conexão entre elas. Com o desenvolvimento dessa ideia, a nuvem de informação passou a ser vista como uma nova fronteira da era digital. "O computador do futuro é a internet", afirmava Schmidt, referindo-se à facilidade de se utilizar, em qualquer lugar, uma grande variedade de aplicações sem que elas precisem estar instaladas em nosso próprio computador. O sistema oferece uma série aplicações utilizadas diariamente por milhões de pessoas em todo o mundo, como os serviços de *webmail*, redes sociais, *sites* de armazenamento e compartilhamento de fotos ou vídeos, discos virtuais etc.

computação gráfica • [ED] [TIC] [RTVC] Termo que designa o conjunto das atividades de projeto (*design*), criação e produção (v. produção gráfica) de trabalhos de artes gráficas e artes visuais com recursos informatizados, como, p. ex., *softwares* de animação, editoração eletrônica etc.

computador • [TIC] Aparelho eletrônico de processamento de dados capaz de efetuar toda sorte de operações lógicas e aritméticas durante o seu funcionamento. Em linhas gerais, o computador é capaz de fazer três tipos de operações: a) entrada de dados; b) processamento de dados de acordo com regras pré-estabelecidas; c) saída com os resultados das operações solicitadas.

comunicação • [FTC] **1** A palavra comunicação deriva do latim *communicare*, cujo significado seria 'tornar comum', 'partilhar', 'repartir', 'associar', 'trocar opiniões', 'conferenciar'. Comunicar implica participação (*communicatio* tem esse sentido), interação, troca de mensagens, emissão ou recebimento de informações (v. informação) novas. "A comunicação é o processo da partição da experiência para que se torne patrimônio comum. Ela modifica a disposição mental das duas partes associadas. A sociedade não só continua a existir pela transmissão, pela comunicação, como também se pode perfeitamente dizer que ela é transmissão e comunicação" (J. Dewey). "Comunicação não se refere somente à transmissão verbal, explícita e intencional de mensagens. (...) O conceito de comunicação inclui todos esses processos por meio dos quais as pessoas influenciam outras pessoas. (...) Esta definição se baseia na premissa de que todas as ações ou eventos têm aspectos comunicativos, assim que são percebidos por um ser humano; implica, além disso, que tal percepção modifica a informação que o indivíduo possui e, por conseguinte, influencia esse indivíduo" (J. Ruesch e G. Bateson). **2** Conjunto dos conhecimentos (linguísticos, psicológicos, antropológicos, sociológicos, filosóficos, cibernéticos etc.) relativos aos processos da comunicação. **3** Disciplina que envolve esse conjunto de conhecimentos e as técnicas adequadas à sua manipulação eficaz. **4** Atividade profissional voltada para a utilização desses conhecimentos e técnicas através dos diversos veículos (impressos, audiovisuais, eletrônicos etc.), ou para a pesquisa e o ensino desses processos. Neste sentido, a comunicação abrange diferentes especializações (jornalismo impresso, jornalismo audiovisual, publicidade e propaganda, *marketing*, relações públicas, editoração, cinema, televisão, teatro, rádio etc.), que implicam funções, objetivos e métodos específicos.

comunicação de crise • [FTC] Conjunto de procedimentos previamente planejado por uma organização para a contingência de situação crítica, seja ela previsível ou não, pequena ou grande. Diz-se tb. gestão de crise.

comunicação de massa • [FTC] Comunicação dirigida a um público (relativamente numeroso, heterogêneo e anônimo), por intermediários técnicos sustentados pela economia de mercado, e a partir de uma fonte organizada (geralmente ampla e complexa). A caracterização dessa fonte é importante para delimitar as fronteiras que separam a comunicação de massa da comunicação que não é de massa: a) em primeiro lugar, a utilização dos veículos de massa (impropriamente chamados meios de comunicação de massa) implica organizações, geralmente amplas, complexas, com grande número de profissionais, extensa divisão de trabalho e correspondente grau de despesas. O fato de ser bastante onerosa a manutenção de uma organização de comunicação de massa faz com que essas organizações dependam, para sobreviver ou para se expandir, dos imperativos do consumo (máxima circulação, no caso de livros e filmes, garantia de audiência e venda de publicidade, no caso de jornais, revistas, rádio e tv.); b) uma segunda característica básica dos meios de comunicação de massa (MCM) é o fato de que eles necessariamente envolvem máquinas na mediação da comunicação: aparelhos e dispositivos mecânicos, elétricos e eletrônicos possibilitam o registro permanente e a multiplicação das mensagens impressas ou gravadas em milhares ou milhões de cópias; a produção, transmissão e recepção das mensagens audiovisuais de modo a atingir milhares ou milhões de aparelhos receptores; o registro permanente de mensagens em filmes cinematográficos e a projeção destes para grandes audiências; c) outra especificidade dos MCM é a possibilidade de atingir simultaneamente uma vasta audiência, ou, dentro de breve período de tempo, centenas de milhares ou milhões de ouvintes, de espectadores, de leitores. Essa audiência, além de heterogênea e geograficamente dispersa, é, por definição, constituída de membros anônimos para a fonte, mesmo que a mensagem (em função dos objetivos do comunicador, ou da estratégia mercadológica do veículo) seja dirigida especificamente para uma parcela determinada de público (um só sexo, uma faixa etária, um grupo de determinada escolaridade etc.); d) por fim, dentre as características mais importantes para a caracterização dos MCM, está o fato de que são, esses veículos, sistemas de comunicação num só sentido (mesmo que disponham de vários *feedbacks*, como índices de consumo ou de audiência, opiniões do público etc.). "Aquilo que obtemos através dos MCM não é, afinal de contas, comunicação. Comunicação é via em dois sentidos" (Morgan). Esses comentários deixam entrever a impropriedade da expressão meios de comunicação de massa. Charles Wright relaciona quatro objetivos das atividades da comunicação de massa (CM), a saber: a) detecção prévia do meio ambiente (coleta e distribuição de informes sobre os acontecimentos do ambiente); b) interpretação e orientação (seleção e avaliação de notícias ou eventos, feitas, p. ex., pelos editoriais e pela propaganda, visando prescrever a conduta em resposta a tais eventos); c) transmissão de cultura (comunicação de informações, dos valores e normas sociais de uma geração à outra ou de membros de um grupo para novos membros); d) entretenimento (atos comunicativos com intenção de distrair, divertir o receptor).

comunicação de retorno • [FTC] O mesmo que *feedback*.

comunicação dirigida • [RP] Conjunto de mensagens (v. mensagem) transmitidas pela instituição a públicos específicos, como p. ex., ao público interno ou a determinados segmentos do público externo.

comunicação empresarial • [MKT] [RP] Conjunto de métodos e técnicas de comunicação dentro de uma empresa, dirigidos ao público interno (funcionários) ou ao público externo (clientela, fornecedores, consumidores etc.). V. quatro cês.

comunicação institucional • [RP] Conjunto de procedimentos destinados a difundir informações de interesse público sobre as políticas, práticas e objetivos de uma instituição, interna e externamente, de modo a tornar compreensíveis e aceitáveis essas proposições.

comunicação social • [FTC] V. comunicação de massa. • [RP] Expressão cunhada e inicialmente adotada pelo Vaticano, empregada no Brasil geralmente para designar o objeto da interação de determinadas fontes organizadas de informação (como as assessorias de relações públicas) e a comunidade. Tendência recente (em empresas e órgãos governamentais) é a criação das chamadas assessorias de comunicação social, cujos níveis de atuação ampliaram-se e aprofundaram-se no universo da atividade de relações públicas.

comunicação visual • [ED][FTC] Conjunto das técnicas, conhecimentos e procedimentos que buscam maior eficácia na transmissão visual de mensagens (v. mensagem) verbais ou não verbais através dos diversos meios de comunicação (v. meio de comunicação). V. programação visual e identidade visual.

comunicado • [JN] **1** Informação, aviso ou declaração oficial, de instituição pública ou privada, transmitida oralmente ou por escrito. V. nota. **2** Aviso de interesse público. Anúncio. **3** O mesmo que *release*.

comunicador • [FTC] **1** Elemento que desempenha funções de sujeito em um processo de comunicação. Fonte, emissor ou mediador da mensagem. **2** Profissional de comunicação, especializado na elaboração e na transmissão de mensagens para determinados públicos. • [RTVC] Apresentador

conselheiro técnico

de programa de rádio ou de televisão. Animador, locutor, *disc joquey*.

comunidade virtual • [TIC] Grupo de pessoas ligadas por interesses comuns, que se reúnem no ciberespaço, frequentam os mesmos *sites* e redes sociais.

concha acústica • [RAV] Edificação em forma de concha, complementada por um anfiteatro geralmente ao ar livre e destinada à apresentação de espetáculos. Caracteriza-se por oferecer boas condições de propagação do som. É arquitetada de forma a concentrar em direção a plateia o som produzido no espaço.

concisão • [FTC] [JN] V. redação.

condensar • [FTC] [JN] Reduzir um original escrito, suprimindo tudo o que se considere supérfluo ou desnecessário aos objetivos da publicação. Abreviar um texto conservando apenas os dados fundamentais. "Reproduzir, de maneira breve e fiel, o essencial de um texto longo, respeitando o ponto de vista do autor e as articulações lógicas de seu estilo" (M. Sodré e M. H. Ferrari). O texto jornalístico informativo dos atuais veículos de massa apresenta um mínimo de redundância e um máximo de informações 'objetivas'. Na edição de jornais ou de revistas, o grau de condensação das diversas matérias varia de acordo com a importância jornalística de cada notícia e com a disponibilidade de espaço.

conferência • [ED] "Texto de palestra proferida." (ABNT, TB-49) • [TIC] Palestra, debate ou reunião à distância, em tempo real, por internet ou telefone, envolvendo mais de dois participantes. V. *chat*, teleconferência e videoconferência.

conferência de imprensa • [JN] O mesmo que entrevista coletiva.

configuração • [TIC] **1** Ajuste de um computador em relação aos seus *softwares* e seus periféricos. **2** Cada uma das opções para funcionamento do sistema de acordo com as necessidades do usuário. **3** O conjunto desses ajustes e opções, em um determinado sistema.

congelar • [RTVC] Fixar a imagem de um quadro durante o tempo desejado. Em cinema, obtém-se pela repetição sucessiva de um fotograma.

conotação • [FTC] Sentido, de uma palavra ou expressão, constituído por elementos subjetivos, variáveis conforme o contexto. A significação neste caso sofre variações particulares de um indivíduo para o outro, ou entre diferentes grupos da comunidade, ganhando valores secundários, basicamente simbólicos. Valor semântico suplementar da palavra. Opondo-se à denotação, significação de base e comum a todos os falantes, a conotação abrange o conjunto de significações associadas que a palavra desperta num indivíduo, grupo, classe ou comunidade. O valor conotativo incorpora significações produzidas pelo tratamento poético da palavra.

conselheiro técnico • [RTVC] Especialista em determinado assunto, contratado para orientar a realização de um filme no que se refere a certos detalhes relativos à sua área de atividade (p. ex.: um médico será conselheiro técnico num filme em que a ação se desenvolva num hospital).

conselho editorial • [ED] Grupo de profissionais ligados a uma editora (consultores, coordenadores de coleção ou de editorias, leitores críticos, técnicos e gerentes da própria editora etc.), que se reúnem ou são consultados com o objetivo de definir uma linha editorial e acompanhar o seu desenvolvimento cultural e comercial, redirecionando-a se necessário. Os integrantes do conselho editorial opinam sobre novos originais (v. original) apresentados para publicação e sobre a programação editorial. V. leitor, linha editorial e política editorial.

consórcio • [PP] Grupo de agências de propaganda, associadas em termos operacionais, no atendimento a um cliente ou grupo de clientes. Modalidade comum em contas de órgãos governamentais.

consultor • [MKT] [RP] Profissional qualificado, em razão de sua experiência e formação especializada, a quem os clientes recorrem para consultas sobre problemas de relações públicas, ou para solicitar a elaboração de diagnósticos, planos, programas e políticas de comunicação.

consumidor • [MKT] Aquele que faz uso de um produto ou serviço. Agente final, elemento decisivo do processo econômico. As atividades de produção, comércio e distribuição constituem apenas meios cujo fim, em si, é a satisfação das necessidades (ou aspirações) do consumidor. As técnicas de propaganda, *marketing* e afins procuram influir sobre essas aspirações e sobre as preferências do consumidor com relação a diferentes bens de consumo. Em *marketing*, os consumidores são classificados nas seguintes categorias, de acordo com a frequência na compra de determinados bens: a) *heavy user* ou grandes consumidores — compradores mais assíduos de um produto ou serviço (representam parcela numericamente minoritária do mercado, mas de maior consumo); b) *medium users* ou consumidores médios — atuam de forma menos frequente na aquisição e consumo de um produto ou serviço, mas representam ainda parcela significativa no volume total de vendas; c) *light users* ou consumidores menores — compradores eventuais e esporádicos. As campanhas de propaganda ou as promoções de vendas (v. promoção de vendas) podem concentrar-se prioritariamente em um desses três grupos (v. público-alvo), conforme os objetivos e a estratégia de *marketing*. V. customização.

conta • [PP] **1** Contrato de atendimento entre uma agência e seu cliente. **2** Do ponto de vista da agência ou dos veículos, diz-se do anunciante ou de um determinado produto anunciado. Esta expressão pode designar, conforme o caso, toda a empresa anunciante ou apenas um dos seus produtos (p. ex.: a empresa x é uma boa conta de propaganda; esta agência ganhou a conta do produto y). • [TIC] Registro do usuário em uma rede de computadores, ou cadastro na internet. Após o registro consumado, a pessoa recebe um nome de usuário, pelo qual pode ser encontrado na rede e pode ter acesso a diversas informações e serviços.

contágio • [PP] V. propaganda política.

contato • [PP] **1** Profissional que representa a agência junto ao cliente, atuando como elemento de ligação entre as duas partes, no atendimento de uma conta de publicidade. É o executivo da conta que: supervisiona o planejamento, a execução, a distribuição e o controle dos serviços prestados ao cliente (anúncios, campanhas etc.) pelos diversos departamentos da agência; transmite a sua agência as intenções do cliente, suas determinações, problemas e objetivos relacionados à propaganda; acompanha de perto a elaboração das campanhas ou de quaisquer outros serviços e, depois de prontos, apresenta-os ao cliente para aprovação; cuida de toda a administração comercial da conta, desde a aprovação de verbas pelo cliente até o momento de remeter à contabilidade as informações para faturamento. O levantamento e a conquista de novos clientes (novas contas) são, também, atribuições do contato de agência. Em ing., *contact* ou *account executive*. V. atendimento. **2** Profissional que representa um determinado veículo de divulgação (jornal, revista, emissora de tv ou rádio etc.) junto às agências e anunciantes. Sua função é promover o veículo e vender espaço ou tempo para inserções (v. inserção) publicitárias.

conteudista • [ED] Pessoa responsável pela elaboração, organização ou adequação do conteúdo de uma determinada obra, programa, roteiro, projeto, evento etc.

conteúdo • [FTC] V. forma • [ED] Conjunto de informações transmitidas pelos textos e imagens, em qualquer veículo editorial (impresso, eletrônico, multimídia etc.). Todo e qualquer material – de cunho jornalístico, cultural, artístico, de entretenimento etc. – que se veicula por uma meio de comunicação.

continuidade • [RTVC] Conjunto de providências necessárias para conferir lógica à sucessão de cortes visuais e sonoros numa filmagem, conservando unidade de expressão e movimento de um plano para outro (detalhes de vestuário, apresentação dos atores, cenário, ritmo etc.). • [ED] Encadeamento lógico das cenas e sequências, no desenvolvimento de uma narrativa.

contracampo • [RTVC] Plano filmado de um ponto de vista contrário ao ponto de vista da cena anterior. Campo e contracampo (diz-se tb. plano e contraplano) são recursos de enquadramento utilizados comumente em cenas dialogadas: a câmera focaliza alternadamente um e outro ator. Assim, o personagem que, no campo, está de frente para a câmera, é visto de costas no contracampo, e vice-versa. V. campo.

contracapa • [ED] Cada um dos lados internos da capa de um livro, livreto ou revista. Segunda e terceira capas. É frequente, porém incorreto, o uso desta palavra para designar a quarta capa.

contraluz • [RAV] **1** Feixe de luz dirigido ao objeto e situado atrás dele. Serve para destacá-lo em relação ao fundo acentuando o efeito de profundidade, ou para produzir silhuetas contornadas por uma aura de luz. Diz-se tb. *back light*. **2** Efeito obtido posicionando-se a câmera contra o sol ou qualquer outra fonte de luz, de maneira que a figura fotografada ou filmada apareça em forma de silhueta.

contraplano • [RTVC] O mesmo que contracampo.

contraprogramação • [RTVC] Apresentação de programas por uma emissora de rádio ou tv, em gêneros inteiramente diferentes dos apresentados no mesmo horário por estações concorrentes, como opção de audiência (p. ex., apresentação de filmes de ação ou programas esportivos no horário em que o canal de maior audiência oferece telenovelas).

contrapropaganda • [PP] V. propaganda política.

contrarregra • [RTVC] **1** Técnico encarregado de acompanhar o desenvolvimento de um programa, de rádio ou tv, de uma filmagem, de um espetáculo teatral, de um *show* etc. Cabe ao contrarregra providenciar e manter à mão todos os objetos de cena, adereços, acessórios e pertences necessários a cada momento do espetáculo; controlar as entradas e saídas dos atores; supervisionar o trabalho da equipe técnica etc. Orienta-se por um roteiro em que consta a relação de todas as ocorrências do espetáculo (este roteiro é chamado, em teatro, libreto de contrarregra). **2** Diz-se tb. do técnico especializado em criar e produzir ruído de sala para ilustração de cenas. V. sonoplastia.

contraste • [RAV] [RTVC] Maior ou menor variação entre os elementos claros e escuros da imagem. Razão entre os valores máximos e mínimos nas tonalidades de luz e sombra, claro e escuro, zonas opacas e transparentes, numa imagem de televisão, cinema ou fotografia (cada parte distinguível, em qualquer imagem, é resultado de um contraste entre os valores de tonalidade). O contraste depende do tipo de objeto fotografado, da escala de brilhos, do filme utilizado, do processamento e da cópia. Nas reproduções em alto-contraste, a acentuada diferença entre os elementos claros e escuros pode chegar à eliminação total dos meios-tons.

contrato de edição • [ED] Acordo firmado entre o autor ou autores de obra literária, científica, musical, artística etc. (ou o detentor dos direitos autorais) e um editor, para publicação, reprodução ou difusão dessa obra.

contre-plongée • [RTVC] O mesmo que câmera baixa.

controle-mestre • [RTVC] Centro através do qual são feitas a comutação, distribuição, monitorização e o registro de transmissões. Ponto central de controle em uma estação de rádio ou tv, o controle-mestre recebe todos os sons e/ou imagens produzidos pela emissora, para serem finalmente levados ao ar. Dentre os vários estúdios que, em geral, funcionam simultaneamente numa estação (um em gravação, outro em ensaios ou preparando-se para entrar com o programa no ar, outro transmitindo ao vivo naquele momento etc.), o controle-mestre permite que saia para a transmissão apenas o controle de estúdio selecionado.

conveniência • [MKT] V. quatro cês.

convergência das mídias • [FTC] Integração dos diversos meios de comunicação. Uso de diferentes veículos como portas de entrada para a mesma base de conteúdos. É o caso, p. ex., do uso de um televisor doméstico acoplado a recursos de computador conectado à internet, ou um *smartphone* funcionando como câmera e transmissor-receptor de sinais de tv, além de acessar matérias de jornais, *sites* e redes sociais, livros eletrônicos etc. V. transmídia.

conversor analógico-digital • [TIC] Dispositivo que converte um sinal analógico para sua forma digital. Diz-se tb. ADC, acrônimo de *analog-to-digital converter*.

cookie • [TIC] Tipo de arquivo criado por servidores de internet com objetivo de registrar determinadas informações a partir dos computadores dos usuários. São utilizados para agilizar o acesso do usuário às suas páginas preferidas, inclusive memorizando sua senha, ou para manter configurações pessoais em determinado *site* (p. ex., os temas que gosta de ler em um jornal online, as cores de fundo que prefere etc. O uso desse nome tem origem na expressão *magic cookies* (em ing., biscoitos mágicos), que designa, em um *software*, a parte capaz de reter informações sobre o computador onde foi instalado.

coordenada • [JN] Diz-se de matéria vinculada a outra, sem ser subordinada a ela. V. sub-retranca.

cópia • [ED] Reprodução de um original, sobre qualquer suporte, obtida por intermédio de qualquer sistema de impressão, reprografia, fotografia, gravação digital etc. • [RAV] [RTVC] Qualquer reprodução de um filme, fotográfico ou cinematográfico.

copião • [RTVC] Cópia positiva de todos os planos de um filme, destinada ao manuseio durante a montagem, para que sejam estabelecidos todos os pontos de corte, sonorização, dublagem etc. Comumente, o copião tem uma marcação de luz geral para todas as cenas.

copidescar • [RTVC] Reescrever, melhorar a redação de um texto. V. enxugar.

copidesque • [JN] **1** Em sua acepção original (do ing. *copy desk*), designa "a mesa ao redor da qual sentam-se os reescrevedores (*rewriters*), os reledores (*copyreaders*) de matérias, preparando-as para publicação" (N. Norberto). **2** Redação final, melhorada, de uma matéria jornalística, ou de qualquer texto escrito. V. redação. **3** Redator (ou corpo de redatores) que faz esse trabalho.

copy • [ED] **1** O mesmo que texto. Qualquer original para publicação. **2** Qualquer reprodução fiel de um original (mediante processos de composição, impressão, reprografia etc.). Cópia. **3** Cada exemplar de uma edição ou número de uma publicação(2). **4** Forma reduzida de copidesque. • [PP] Redator de anúncios. Abrev. de *copyman* ou *copywriter*.

copy desk • [JN] V. copidesque.

copy editor • [ED] O mesmo que editor de texto.

copy left • [ED] **1** Prática de compartilhamento aberto de informações e produções artísticas, como textos, filmes e músicas, por meio do uso de um *software* livre. Trocadilho derivado de *copyright*, o direito de autor, em que *right*, no sentido de 'direito' é substituído pelo oposto de *right* significando 'direita', ou seja, *left* 'esquerda', e tb. 'deixado, permitido'. **2** Também chamado de General Public License (GPL), criada pela Free Software Foundation em 1989, para garantir que um arquivo possa ser livremente copiado, distribuído e alterado, além de proibir a interrupção desta cadeia. Uma cláusula prevê a divulgação de qualquer alteração no código-fonte dos programas, ou seja, a licença estabelece um acordo entre os programadores baseado na livre e permanente disponibilidade do código-fonte, tornando-o sempre aberto – *open source*.

copy platform • [PP] Fundamentação básica do tema central escolhido para uma campanha em fase de criação. É preparado pela agência de propaganda que, através dele, apresenta um relato sintético dos argumentos de venda e das principais características do produto a ser anunciado, além de objetivos da campanha, *slogans*, dados essenciais etc.

copyright • [ED] [JN] Direito exclusivo de reproduzir por qualquer meio material, publicar ou vender obra literária, artística, técnica ou científica. O *copyright* é um direito desfrutado pelo autor ou seus descendentes, mas pode ser negociado ou cedido a um editor ou a qualquer outro beneficiário. Abrevia-se com o símbolo ©, ou com a frase: Todos os direitos reservados, seguindo-se o nome do beneficiário e a indicação do ano da primeira edição (em livros, essa indicação é estampada no verso da folha de rosto). Usa-se tb. a forma aportuguesada copirraite V. direito autoral, propriedade intelectual e *royalty*.

copy testing • [PP] Pesquisa cuja finalidade é verificar o impacto produzido no público por determinada campanha de propaganda. Estudo da eficácia relativa de um anúncio ou campanha, a fim de colher orientação (*feedback*) para anúncios ou campanhas futuras.

copywriter • [FTC] [PP] Criador e redator de textos de propaganda. Escritor de anúncios publicitários.

corpo • [ED] Distância entre as faces anterior e posterior de um tipo, medida em pontos tipográficos que correspondem, pelo sistema Didot, a 0,376 mm cada ponto; assim, p. ex., um tipo corpo 6 (o menor usualmente empregado em impressos) terá a altura de 2,256 mm (0,376 x 6).

corpo de texto • [JN] Parte mais desenvolvida do texto de uma notícia. Tudo o que vem abaixo da cabeça ou do lide. "Sendo o corpo o arremate da narrativa, aqui vamos documentar as afirmativas feitas no primeiro parágrafo [no lide]; vamos dar ao leitor uma melhor compreensão do acontecimento. Cada elemento básico da cabeça pede, no corpo, novos elementos que o noticiarista vai juntando em seções harmônicas, obedecendo à ordem de importância ou cronológica, de acordo com a natureza do assunto, o seu valor jornalístico, a técnica de redação utilizada, a ressonância que julga irá alcançar no espírito público e, naturalmente, o espaço de que dispõe para atender aos leitores mais meticulosos e que dedicam mais tempo à leitura" (Luiz Beltrão). • [ED] Termo usado para pedir a composição no mesmo corpo do restante do texto.

corpo do livro • [ED] O mesmo que miolo.

correção de foco • [RTVC] Regulagem de foco da objetiva com a câmera em funcionamento, a fim de manter nítido o assunto que está em movimento.

correio de voz • [TIC] **1** Sistema de gravação, armazenamento e reprodução de mensagens, que para essa função centraliza o gerenciamento dos telefones de um grande número de usuários, ou funciona por meio de um dispositivo individual (secretária eletrônica) para um determinado telefone ou central telefônica. Em ing., *voice mail*. **2** Sistema de correio eletrônico que permite ao usuário enviar e receber mensagens gravadas em arquivo de áudio.

correio eletrônico • [TIC] Tradução literal da expressão inglesa *e-mail*, largamente utilizada no Brasil. Tecnologia que possibilita a troca de correspondência via computadores ligados em rede.

correspondente • [JN] Repórter encarregado de fazer a cobertura de determinada cidade ou região, dentro ou fora do país, e de enviar regularmente notícias e artigos para um jornal, agência de notícias, emissora de rádio ou tv). Jornalista que presta serviços regulares a uma empresa jornalística, como empregado ou colaborador, em local distante de sua sede. O correspondente mantém domicílio na região que é encarregado de cobrir, e neste aspecto se diferencia do enviado especial. Chama-se correspondente de guerra o repórter encarregado de cobrir, *in loco*, os acontecimentos de uma guerra ou revolução.

corretor • [PP] "Indivíduo registrado no veículo de divulgação, onde funciona como intermediário da publicidade remunerada, estando sujeito à disciplina e hierarquia do veículo" (Código de Ética dos Profissionais de Propaganda). Profissional autônomo que agencia anúncios para um veículo ou conjunto de veículos.

corte • [RTVC] **1** Mudança instantânea de uma imagem para outra, de uma tomada para outra, na edição de um filme, ou de uma câmera para outra, num programa de tv. **2** Ato ou efeito de interromper a tomada durante filmagem, montagem ou gravação. **3** O mesmo que *switch*. • [RAV] Mudança instantânea de um som para outro (entre várias gravações ou canais disponíveis), na edição de documentos sonoros, no trabalho de sonoplastia ou na montagem de trilhas sonoras. • [ED] **1** Supressão de qualquer trecho de obra literária, cinematográfica, musical, programa de rádio ou tv, texto ou ilustração de jornal, revista etc., por decisão do autor, do editor ou de produtor, em face de problemas técnicos, falta de espaço ou de tempo, ou imposição da censura. **2** Trabalho feito com a guilhotina, para separar as várias partes (publicações diferentes ou páginas de um mesmo trabalho) impressas numa só folha de papel, ou aparar as bordas de uma pilha de folhas de modo que formem uma superfície lisa.

corte à frente • [RTVC] Diz-se do corte que quebra a continuidade da ação do tempo, fazendo com que se passe de uma parte da ação para outra futura

corte local • [PP] [RTVC] Janela destinada à inserção de anúncios locais e da identificação da emissora, numa transmissão em cadeia.

corte-metralhadora • [RTVC] Imagem característica de sequências de corte acelerado que resultam, para o telespectador, em "pedaços de uma cena em rápida sucessão, montando um painel de mosaicos que dá a impressão de muitas coisas acontecendo ao mesmo tempo" (Décio Pignatari). Esse tipo de sequência, segundo Pignatari, mostra claramente que o corte (recurso essencial para a <u>montagem</u>) tem mais relação com o tempo do que com o espaço. V. <u>câmera contínua</u>.

cortina • [RTVC] **1** Efeito visual utilizado para pontuar uma mudança de tema, tempo ou lugar: a imagem surge ou sai da tela através de diversas formas (círculo, estrela, leque, quadriculado etc.) ou sentidos (vertical, horizontal, oblíquo etc.) que abrem e fecham a imagem. **2** Breve trecho musical que assinala a separação entre duas seções de um <u>programa</u>, duas notícias de <u>radiojornal</u> ou determinadas cenas de <u>radioteatro</u>. **3** Breve mensagem publicitária que consiste geralmente numa frase musical ou pequeno trecho de um *jingle* ou *spot*.

cotejar • [ED] Comparar duas versões de um mesmo <u>original</u>, ou uma tradução com o original, para detectar saltos, omissões, checar eventuais impropriedades etc.

coverage • [FTC] [PP] V. <u>alcance</u>.

cozinha • [JN] Trabalho de reescrever (adaptar, atualizar, <u>copidescar</u> ou <u>condensar</u>) textos originais (v. <u>original</u>) ou ficados para publicação. Para designar a ação de fazer esse trabalho, diz-se fazer a cozinha, e não cozinhar. V. <u>suíte</u>.

CPU • [TIC] Abrev. de *central processing unit*, unidade central de <u>processamento</u>. Unidade de um sistema de computação, composta de circuitos que controlam a interpretação e a execução das instruções programadas.

cracker • [TIC] Em ing., quebrador. V. <u>hacker</u> (2).

crédito • [ED] Referência, numa publicação, ao autor de um texto, foto, desenho etc. Menção aos executores de atividades técnicas ou artísticas destinadas à produção de uma obra. • [RTVC] **1** Identificação dos participantes (atores, músicos, diretores, produtores, técnicos, redatores), exibida no princípio e/ou fim de um filme, programa de rádio ou tv etc. <u>Ficha técnica</u>. **2** Texto impresso em cartela, para ser focalizado pela câmera de cinema ou televisão, com os nomes dos participantes do filme ou programa exibidos. • [JN] O mesmo que <u>assinatura.</u>

crescimento diversificado • [MKT] Estratégia de crescimento baseada no aproveitamento das oportunidades empresariais que possam advir da diversificação de linha de produtos oferecida pela empresa.

crescimento intensivo • [MKT] Estratégia de crescimento baseada na intensificação do trabalho de *marketing* dirigido para o produto ou o mercado em que a empresa vem atuando. O crescimento intensivo representa uma oportunidade quando a empresa considera que ainda não explorou totalmente as possibilidades do mercado ou do produto atuais. Ansoff classifica três tipos de oportunidades de crescimento intensivo: penetração de mercado, desenvolvimento de mercado e <u>desenvolvimento de produto</u>.

criação • [PP] Atividade ou setor de uma <u>agência de publicidade</u>, relacionada com a elaboração de mensagens publicitárias – anúncios de mídia impressa ou eletrônica, folhetos, cartazes etc. Este serviço costuma ser realizado por duplas de criação, com o seguinte esquema: cada dupla é formada por um redator e um desenhista, que trabalham na invenção dos anúncios, simultaneamente em seus aspectos redacionais e de apresentação gráfico-visual. Essas ideias são desenvolvidas a partir de *briefings* e *brainstormings*. Após a criação, o anúncio é submetido à aprovação de cliente e passa, em seguida, aos cuidados do pessoal de arte e de produção.

crime de comunicação • [JN] Delito praticado por órgão de comunicação (jornal, revista, tv, rádio etc.) ou profissional integrante dele. Os crimes de comunicação classificam-se como: crimes de informação (que correspondem a tipos de comportamento delitivo relacionados com o conteúdo da comunicação, i.e., com a mensagem) e crimes de telecomunicação (que dizem respeito aos veículos de comunicação em si mesmos). Na Lei de Imprensa (Lei nº 5250, de 9/2/1967) configuram-se como crimes de comunicação os "abusos no exercício da liberdade de manifestação do pensamento e informação", tais como: propaganda de guerra, de processo para subversão da ordem política e social ou de preconceitos de raça ou classe; notícia ou informação sigilosa, de interesse da segurança nacional; notícias falsas ou fatos verdadeiros truncados ou deturpados, que provoquem: perturbação da ordem pública ou alarma social, desconfiança no sistema bancário, perturbações no mercado financeiro, prejuízo ao crédito da União, do estado, do Distrito Federal, do município, ou de qualquer empresa etc.); crimes contra a honra, como calúnia, difamação e injúria. De acordo com o Código Penal (Decreto-lei 2 848, de 7/12/1940), são crimes de comunicação: "a violação de direito autoral (de obra literária, científica ou artística) e a usurpação de nome ou pseudônimo alheio". V. retratação e direito de resposta.

criptografia • [TIC] Recurso usado para transformar mensagens de correio eletrônico, correios de voz, programas ou arquivos em sinais cifrados, com objetivo de impedir o acesso de pessoas não autorizadas. Feita através de programas de proteção, é muito utilizada na internet para proteger informação.

crítica • [JN] [RTVC] **1** Discussão fundamentada e sistemática, a respeito de determinada manifestação artística emitida por jornalista, professor, escritor ou por outros especialistas, em geral vinculados ao veículo como colaboradores regulares. Apreciação estética e ideológica, desenvolvida a partir de um ponto de vista individual, em que entra a experiência prática e/ou teórica do crítico, a respeito de trabalho literário, teatral, cinematográfico, de artes plásticas etc. O exercício da crítica implica a compreensão de tudo o que participa do processo de criação de uma obra artística, suas técnicas, significados, propostas e importância no âmbito de um contexto cultural. "A crítica visa ao conhecimento e valoração da obra, tendo em mira orientar o gosto e a curiosidade do leitor" (Massaud Moisés). Elaborada a partir de um padrão – moderno ou acadêmico – de proposta artística e pela comparação dos valores e informações da obra com o ideal estético daquele que analisa e opina, a crítica é também uma atividade criativa, na medida em que reinterpreta intelectualmente o objeto examinado e propicia ao leitor um conjunto de impressões, ideias e sugestões que, inclusive, enriquecem a informação original. V. *media criticism*. **2** Conjunto dos profissionais que exercem a função de críticos. • [ED] "Documento no qual é julgado ou apreciado o mérito de obra literária, artística, científica etc." (ABNT, TB-49) V. comentário.

crônica • [JN] Texto jornalístico desenvolvido de forma livre e pessoal, a partir de fatos e acontecimentos da atualidade, com teor literário, político, esportivo, artístico etc. Segundo Muniz Sodré e Maria Helena Ferrari, a crônica é um meio-termo entre o jornalismo e a literatura; "do primeiro, aproveita o interesse pela atualidade informativa, da segunda imita o projeto de ultrapassar os simples fatos". O ponto comum entre a crônica e a notícia ou a reportagem é que o cronista, assim como o repórter, não prescinde do acontecimento. Mas, ao contrário deste, ele 'paira' sobre os fatos, "fazendo com que se destaque no texto o enfoque pessoal (onde entram juízos implícitos e explícitos) do autor". Na crônica, porém, o juízo de valor confunde-se com os próprios fatos expostos, sem o dogmatismo do editorial, no qual a opinião do autor (representando a opinião da empresa jornalística) constitui o eixo do texto. V. notícia, reportagem nota, *suelto*, artigo, editorial, coluna, *feature* e seção.

cross-fade • [RAV] [RTVC] O mesmo que fusão.

cross-mídia • [TIC] [PP] [MKT] **1** Utilização simultânea de vários recursos de comunicação (internet, jornais, revistas, televisão, rádio, *outdoor*, evento, promoção etc.) a fim de promover uma determinada marca. Divulgação multimídia. Este conceito surgiu nos anos 1990, inicialmente ligado à veiculação publicitária em múltiplos canais, e passou a envolver também estratégias de *marketing* e relações públicas. Além disso, a evolução da internet ampliou as possibilidades de comunicação *online* (*website*, *hotsite*, portal, *blog*, redes sociais etc.) como recursos de *cross media*. **2** Uso de diversos meios e plataformas de comunicação *online* e *offline* para a distribuição de conteúdo comercial, institucional, cultural etc.

cultura de massa • [FTC] V. comunicação de massa.

cultura empresarial • [MKT] Conjunto de valores, crenças e hábitos comportamentais que permeiam as atividades de uma determinada empresa.

cupom • [MKT] Certificado promocional que geralmente oferece, como apoio de venda, determinadas vantagens na compra de um produto (desconto especial, participação em sorteio de prêmios, direito a brinde especial etc.). Pode ser remetido pelo correio (v. mala direta), incluído em outro produto, entregue de porta em porta ou inserido num anúncio para ser preenchido pelo consumidor e remetido a empresa (no caso de venda pelo correio) ou para ser trocado na rede varejista ou em postos especiais (no caso de desconto ou brinde).

curador • [RAV] **1** Pessoa responsável pelo acervo de bens de arte **2** Organizador e administrador de galerias, museus etc., responsável pela coordenação de exposições de artes plásticas. **3** Profissional responsável pela seleção de obras de qualquer gênero artístico (cinema, música, teatro, dança, teatro, pintura, escultura etc.) e pela forma como serão apresentadas, na organização de um determinado evento: festival, mostra, espetáculo, livro de arte etc.

curadoria • [RAV] Cargo ou função do curador.

cursiva • [ED] Termo que designa o tipo de letra ou a maneira de escrever usados correntemente em manuscritos. Empregada desde 200 a.C., a escrita cursiva nasceu das exigências de uma escrita mais rápida e corrente. Caracteriza-se pelo emprego de caracteres diminutos (minúsculas e maiúsculas), ligados entre si. V. serifa.

curta-metragem • [RTVC] Filme curto, com duração máxima de 30 minutos, geralmente apresentado em sessões de cinema como complemento de um filme longo. Documentários, desenhos animados (v. desenho animado) e filmes experimentais são gêneros de cinema produzidos comumente em curta-metragem. V. média-metragem e longa-metragem.

custo absoluto • [MKT] [PP] Valor, em dinheiro, da unidade de espaço ou de tempo de um veículo. Corresponde ao preço pago ao veículo, acrescido da comissão da agência.

custo gráfico-editorial • [ED] Total das despesas realizadas com a produção gráfica, incluindo-se custos de fotolitos, papel, impressão e acabamento (custo gráfico), somados às despesas de tradução, copidesque, revisão, preparação de originais, programação visual, ilustrações (v. ilustração), arte-final etc.

customer oriented • [MKT] Do ing., orientado para o cliente. Estratégia de *marketing* direcionada para os anseios e necessidades da clientela.

customização • [MKT] Ato ou efeito de se desempenhar qualquer atividade profissional de acordo com as necessidades e os desejos do cliente.

customizar • [MKT] Direcionar o *marketing* da empresa (ou de um produto, serviço, projeto, área de atividades etc.) para os anseios e necessidades da clientela.

customized marketing • [MKT] Modalidade de *marketing* inicialmente restrita a produtos ou serviços de alto preço, elaborados com características específicas para um cliente individual, como os clientes de uma empresa construtora de casas ou de iates. Com a evolução das estratégias de satisfação do cliente como principal foco da atividade de *marketing*, o conceito de *customized marketing* tornou-se mais amplo, podendo ser aplicado a todos os tipos de produto ou serviço, assim como a estratégias, programas, campanhas etc.

custo por milheiro • [MKT] Medida padrão utilizada na comparação de custos de mídia, em relação à audiência. Calcula-se o custo por milheiro dividindo-se o preço de uma inserção (em veículo impresso ou audiovisual) pelo total do público-alvo (pessoas ou lares) expresso em milhares. Existem outros cálculos de custo relativo, como o custo GRP (ou por impacto), e o custo por cobertura: todos seguem o mesmo raciocínio da divisão do preço de inserção pelo total da audiência, em números absolutos ou em porcentagem. É muito comum o uso da forma abrev. CPM.

cut • [TIC] Do ing., cortar, recortar. Comando em determinados programas de editoração eletrônica que permite selecionar texto ou imagem em certo ponto de um documento e retirá-lo daquele local, como se o recortasse com uma tesoura.

dado • [FTC] **1** Informação na qual se baseia a comprovação ou refutação de uma hipótese, a resolução ou discussão de problemas, a formação de um conhecimento. A concepção do que constitui um dado depende do objetivo e da orientação teórica do estudo científico, assim como os procedimentos de coleta mais adequados (gravação de entrevistas, conversas dirigidas, aplicação de testes, questionários). **2** Cada um dos fatos coletados, analisados e interpretados pelos cientistas sociais. Um conjunto de dados é designado data (do lat. *data*, pl. de *datum*, dado). • [TIC] **1** Elemento numérico, conhecido ou obtido por método de coleta apropriado, que serve de base para um processo de análise. **2** Representação de fatos, conceitos ou instruções, através de sinais de uma maneira formalizada, passível de ser transmitida ou processada pelos seres humanos ou por máquinas, como os computadores. V. processamento, banco de dados e informação.

dália • [RTVC] *Script* colocado à frente do intérprete para ajudá-lo a dizer o texto de sua responsabilidade, quando não foi possível decorá-lo. Em cinema ou televisão, pode ser camuflada em partes do cenário ou em objetos de cena. Em televisão, principalmente para orientação de apresentadores, locutores de telejornal etc., costuma ser colocada ao lado da câmera.

dália eletrônica • [RTVC] V. *teleprompter*.

day-glo • [PP] Espécie de tinta luminosa, reflexiva, utilizada em material de propaganda e promoção, especialmente na pintura de painéis. V. painel.

DDD • [TIC] Sigla composta pelas iniciais de discagem direta à distância (originariamente, em ing., *direct distance dialling*), e utilizada como indicativo de chamadas automáticas de longa distância (entre áreas numéricas distintas).

DDI • [TIC] Sigla composta pelas iniciais de discagem direta internacional, e utilizada como indicativo de chamadas internacionais automáticas.

deadline • [JN] [PP] V. fechamento.

dealer help • [PP] Material de propaganda que um fabricante fornece ao varejista (*dealer*) para auxiliar as vendas do seu produto. Material de ponto de venda.

decalcar • [ED] **1** Confrontar uma prova revisada com uma nova prova, já emendada, colocando uma sobre a outra (de maneira a superpor o mais exatamente possível a composição nelas impressa) e levantando rapidamente a de cima com uma das mãos, a cada emenda, para examinar se foram feitas corretamente. Diz-se tb. bater e cotejar. **2** Tirar uma contraprova.

decalcomania • [ED] **1** Processo que permite transpor, para outras superfícies lisas (papel, porcelana etc.), imagens impressas em papel ou em película plástica especial. **2** Pequeno recorte de plástico transparente, geralmente impresso com mensagens de propaganda, emblemas de clubes, escolas ou outros desenhos e dizeres, que se destaca (por umedecimento) de uma folha protetora de papel, e adere em qualquer superfície lisa (vidros, paredes etc.) para fins promocionais ou decorativos. Tb. se diz decalque.

decalque • [ED] **1** Cópia de um desenho, feita em papel transparente sobre o original ou por algum processo análogo. **2** O mesmo que plágio. **3** O mesmo que decalcomania.

decibel • [RAV] Unidade de medida relativa entre dois níveis de potência. Embora possa ser empregado para mensurar qualquer forma de energia (como a luz ou o calor), o decibel (décima parte do bel) é usado com mais frequência para exprimir diferenças de nível em acústica e eletrônica. Para medir o som, costuma-se adotar como ponto de referência (pois o decibel é apenas uma medida relativa) o limiar de audição, isto é, a mínima potência acústica perceptível ao ouvido humano normal.

decodificação • [FTC] Interpretação de uma mensagem, pelo receptor, de acordo com um código predeterminado.

decodificador • [FTC] Aquele que, na qualidade de receptor, processa a decodificação de uma mensagem. • [TIC] Dispositivo destinado a converter os sinais (v. sinal) de um certo código em sinais para uma determinada função, indicada pela expressão original codificada.

décor • [RTVC] Termo utilizado em cinema para designar o cenário construído artificialmente.

decriptar • [TIC] Ato ou efeito de fazer decriptação.

decriptação • [TIC] Tradução ou decifração de dados ou códigos cifrados ou criptografados, utilizando para isso programas de computador capazes de remover ou contornar proteções anticópia, destinadas a manter a segurança autoral de filmes, músicas e jogos eletrônicos, entre outros produtos distribuídos por meios digitais.

decupagem • [RTVC] Processo de elaboração e análise técnica do roteiro de um filme ou programa de tv. Consiste na indicação de todos os detalhes necessários à filmagem ou à gravação das cenas (planos, ângulos, ordem e duração das tomadas, cenário, efeitos, diálogos, movimentos de câmera, lentes, música e ruídos). O roteiro decupado serve de guia para a equipe técnica durante toda a realização. Do fr. *découpage*.

decupar • [RTVC] Fazer a decupagem de roteiro ou *script*.

dedo-duro • [JN] Na gíria de algumas redações, remissão para matéria vinculada (de assunto próximo) em outra parte da mesma edição do jornal ou revista.

default • [TIC] Do ing., por falta. Configuração padrão de um computador, cujos programas, aplicativos e todos os recursos disponíveis que vieram com ajuste estabelecido de fábrica e não tiveram seus atributos modificados pelo usuário. O *default* pode ter sua configuração alterada, de acordo com a vontade de quem utilizar a máquina.

defesa • [ED][JN] Termo que designa o claro colocado no início e/ou no fim de uma mancha de texto (à esquerda e/ou à direita da coluna) para que um trecho determinado fique mais estreito que a medida geral. Usa-se a defesa principalmente para dar destaque a citações e transcrições em meio a um texto maior. Em jornais, toda uma notícia pode ser composta com defesa, para aumentar os claros entre as colunas.

definição • [RAV][RTVC] Grau de clareza ou nitidez de uma imagem de tv, cinema ou fotografia. Em tv, a definição depende do número de elementos de imagem (v. elemento de imagem) e de linhas que o feixe eletrônico deve percorrer para formar todo o quadro e do tempo (velocidade desse processo). V. varredura. Em cinema e fotografia, a definição depende da capacidade da emulsão em tomar nítidos os detalhes e acentuar os contrastes. V. resolução. • [ED] **1** Enunciação clara e exata dos atributos e das qualidades essenciais, genéricas e diferenciais de uma coisa material ou imaterial, que a torne conhecida e inconfundível com outra. **2** Ato ou efeito de determinar e fazer conhecer exatamente a extensão e a compreensão de um conceito.

deixa • [RTVC] Qualquer sinal (visual, verbal etc.) que indica ao ator o momento do início de uma fala ou ação. Num diálogo, p. ex., a última palavra da fala de um ator é que 'dá a deixa' para o início da fala do outro.

deletar • [TIC] Comando que permite eliminar, apagar definitivamente informações de um computador. Sejam arquivos, imagens, texto, programas etc. Neologismo derivado do ing. *to delet*.

demanda • [MKT] Procura de um produto ou serviço por parte do consumidor, em determinada época. Força proveniente de um conjunto de consumidores que, embora apresente diferentes preferências, compartilha uma mesma necessidade. A demanda depende de uma série de fatores interligados: da parte do consumidor, suas preferências, expectativas, desejos, necessidades, poder de compra etc.; da parte do fornecedor do produto ou serviço, o preço, a qualidade, a disponibilidade etc. Os níveis de demanda variam continuamente e diferentes técnicas de *marketing* são utilizadas para influenciá-la positivamente.

demanda conjunta • [MKT] Procura de bens ou serviços complementares entre si, quando a demanda de um gera automaticamente a demanda do outro. P. ex.: pão e manteiga, radinhos portáteis e pilhas, lápis e borracha.

demanda inter-relacionada • [MKT] Tipo de relação que se estabelece entre dois produtos da mesma empresa quando o preço de um afeta a demanda por outro. P. ex., se um fabricante de microcomputadores baixar o preço de um determinado modelo, a demanda pelo modelo inferior cairá. Embora o fator de inter-relacionamento da demanda mais comum seja o preço, em certas condições pode ser qualquer dos elementos do composto de *marketing*.

demo [RAV] [RTVC] [TIC] Forma abrev. de demonstração. Produto disponível no todo ou em parte, para demonstração, divulgação ou publicidade.

denotação • [FTC] Significação básica da palavra. Em oposição à conotação, o valor denotativo de uma palavra é comum a todos os usuários da língua, pois reflete a compreensão solidificada que a comunidade linguística tem do mundo exterior e interior. Fundamentalmente referencial, a denotação independe de interpretações individuais da linguagem poética (metáforas, metonímias etc.).

densidade • [RAV] Grau de escurecimento ou opacidade de uma imagem, que depende da quantidade e qualidade da luz incidente (iluminância), da relação entre o tempo de exposição e a abertura do diafragma e da sensibilidade ou capacidade de um material em absorver a luz. Áreas de alta densidade absorvem grandes quantidades de luz e aparecem bem escuras, enquanto as de baixa densidade absorvem pouca luz e aproximam-se do branco (teoricamente possuem densidade zero). • [MKT] Medida da proporção de clientes ou clientes em potencial, em determinada área geográfica, comparada à população total dessa mesma área.

desconto • [PP] Qualquer forma de abatimento no custo da mídia, para o anunciante. Os tipos usuais de desconto são os seguintes: a) desconto de frequência — concedido pelo veículo ao anunciante, em função da frequência com que o anúncio será veiculado; b) desconto de volume — concedido pelo veículo ao anunciante, em função do valor total da programação; c) desconto para pagamento à vista — concedido pelo veículo à agência quando a fatura é paga de imediato, ou num período curto, e creditado pela agência ao anunciante, se este já houver efetuado o pagamento; d) desconto progressivo — redução do custo unitário da veiculação (em coluna, página, segundo), proporcionalmente maior quanto maior for a verba da campanha para um veículo ou grupo de veículos. V. bonificação.

descrição • [FTC] [RTVC] Enumeração das características próprias de seres (animados ou inanimados) ou de coisas, lugares, ambientes, costumes sociais, sensações físicas e psicológicas etc, com a explicação de suas diversas partes, qualidades ou circunstâncias. A descrição não se realiza necessariamente por meio de palavras. O cinema e a história em quadrinhos apresentam exemplos expressivos de descrição visual.

desenho animado • [RTVC] V. animação.

desenho de humor • [JN] [RTVC] Designação que se atribui ao cartum cuja finalidade principal não é conseguir o riso, mas representar, com os elementos da caricatura, um momento do ser humano que seja visto sob o prisma do humor. "No desenho de humor, em geral, considera-se o desenho como obra de arte em si, sem separá-lo, contudo, do seu objeto principal que é o humor" (Ziraldo). V. humor.

desenho industrial • [ED] V. *design*.

desenvolvimento de mercado • [MKT] Oportunidade de crescimento intensivo que consiste em ampliar a atuação da empresa através da conquista de novos mercados para seus produtos atuais. O

desenvolvimento de mercado pode ser feito por meio da exportação, da utilização de mídias diferentes que atinjam novos segmentos do mercado etc.

desenvolvimento de produto • [MKT] Oportunidade de crescimento intensivo que consiste no lançamento de produtos especialmente desenvolvidos para o mercado em que a empresa vem atuando.

desfocar • [RAV] [RTVC] Tirar uma imagem de foco, de modo que fique borrada e indistinta, sem definição. No cinema e na televisão, esse efeito pode ser usado como transição de uma cena para outra ou para indicar sonho, recordação etc.

design • [ED] **1** Atividade que abrange o projeto e o desenvolvimento de produtos manufaturados, com ênfase nas características de uso e/ou perceptivas dos objetos. Em seu conjunto de técnicas, conceitos e procedimentos, o *design* considera os materiais utilizáveis, os meios de produção, as embalagens etc., tendo em vista não apenas as necessidades de produção em massa, mas também os aspectos funcional, estético e cultural. **2** Especialidade profissional voltada para essa atividade. Diz-se tb. desenho industrial.

***design* gráfico** • [ED] [MKT] [PP] Projeto de representação visual de uma ideia ou mensagem, como p. ex., publicidade impressa em periódicos, ou pacote de publicidade via mala direta, incluindo todos os aspectos de imagem final em relação ao produto desejado, tais como ilustrações, escolha da família e do corpo, do tipo, arranjo dos elementos na página, cores, papel, processo de impressão etc. Em produções gráficas ligadas ao *marketing*, p. ex., o *design* deve incorporar os objetivos e a estratégia, a capacidade de produção e as limitações de orçamento da empresa. Serviços de *design* gráfico podem ser providos por estúdios especializados, bureau, artistas gráficos *freelance*, agências de publicidade etc. V. editoração e editor visual.

***design* sonoro** • [RAV] [TIC] Processo técnico e criativo para a sonorização de um ambiente, filme, programa de rádio ou TV, *software*, jogo eletrônico, ou qualquer dispositivo multimídia.

designer • [ED] Profissional de *design*.

desktop • [TIC] Em ing., mesa de trabalho. **1** Computador de mesa. **2** Em determinados programas, a imagem da tela do computador, onde estão dispostos, na forma de ícones, janelas, caixas de diálogo etc., os recursos disponíveis para trabalho, que podem ser modificados e reorganizados pelo usuário.

destacar • [ED] [JN] Dar ênfase a palavra ou frase de um texto.

destaque • [ED] [JN] V. destacar.

destinatário • [FTC] Aquele a quem se destina determinada mensagem. Receptor. V. comunicação.

detalhamento • [MKT] [PP] Análise pormenorizada de um orçamento relacionado a serviços ou a projetos de propaganda ou de *marketing*, com a relação discriminada dos custos e dos diversos itens da programação.

detector de anúncios • [MKT] Instrumento de pesquisa de comunicação, semelhante ao detector de mentiras, destinado a verificar eletronicamente as variações emocionais de uma pessoa exposta a várias mensagens publicitárias. Eletrodos são presos às palmas das mãos do respondente, e o detector registra as mudanças na quantidade de transpiração enquanto ele vê ou ouve diversos textos de propaganda. A eficiência do anúncio é avaliada de acordo com a emoção acusada pelo aparelho no momento da sua apresentação.

determinado • [PP] Diz-se do comercial cuja posição é determinada no ato da compra do tempo ou do espaço pelo anunciante ou pela agência de propaganda.

diafilme • [RTVC] Tira de filme em 35 mm, geralmente composta de 20 a 50 fotogramas, destinada à projeção de imagens fixas, com auxílio de um projetor especial. A apresentação de diafilmes pode ser sonora quando sincronizada a gravação de textos narrativos, música ou efeitos sonoros.

diafonia • [RAV][TIC] Perturbação de ruído, que se caracteriza pela mistura confusa de vozes (ou de outros sons) causada por interferência prejudicial no acoplamento de circuitos de comunicação. Pode ocorrer, p. ex., em aparelhagem de som (amplificador, rádio, gravador etc.), em um recinto onde várias pessoas falam ao mesmo tempo (numa festa ruidosa), em telecomunicações (v. telecomunicação) (o fenômeno de linhas cruzadas, no telefone) etc.

diafragma • [RAV][RTVC] **1** Na câmera, o mecanismo de lâminas finas, geralmente situado entre as lentes, que se abre a partir do centro e controla a quantidade de luz que se quer. A abertura do diafragma é indicada por números f e pode ser controlada automaticamente ou manualmente. **2** No microfone ou no alto-falante, o disco vibrátil que transforma a variação das ondas sonoras em variações de controle elétrico ou vice-versa.

diagrama • [TIC] Representação gráfica esquemática de uma sequência de operações ou da estrutura de um sistema. • [RTVC] Cenário em miniatura, usado em filmagens de estúdio quando é impossível ou muito difícil colher determinadas imagens em ambientes ou paisagens reais.

diagramação • [ED] Ato ou efeito de diagramar. Projeto gráfico.

diagrama de fluxo • [TIC] O mesmo que fluxograma.

diagramador • [ED] Jornalista, publicitário, artista gráfico ou tipógrafo que faz diagramação.

diagramar • [ED] Criar e executar, segundo as linhas fundamentais de um projeto gráfico e de acordo com critérios editoriais, jornalísticos, publicitários e artístico-visuais, a distribuição dos elementos visuais em um meio impresso ou eletrônico. É uma das principais atividades do *design* gráfico.

dial • [RTVC] Dispositivo que serve para graduar e determinar a sintonia, em um receptor de rádio. É constituído por um controle e por um mostrador onde aparecem os números e letras equivalentes aos diferentes comprimentos de onda ou frequência de uma emissora.

dial up • [TIC] Expressão inglesa que significa acesso discado. Acesso à internet feito via conexão discada, utilizando linhas telefônicas ligadas a um *modem*.

diálogo • [RTVC] Conversação. Intercâmbio verbal e dramático entre dois ou mais personagens (v. personagem). Constitui o elemento básico das artes representativas.

diapositivo • [RAV] Imagem estática e transparente, que pode ser projetada. Em ing., *slide*. V. *slide* e transparência.

diatribe • [FTC][JN] Crítica severa e amarga, contra pessoas ou instituições. Texto ou discurso violento, áspero, injurioso, às vezes satírico. Em jornalismo, a diatribe é característica da imprensa marrom ou de determinadas situações de polêmica, em que um jornal se envolve e toma partido, de forma veemente.

dicção • [FTC][RTVC] **1** Arte de falar corretamente, com aproveitamento adequado dos recursos da voz. Método de articulação precisa e clara das palavras, para aperfeiçoamento da comunicação oral (nos trabalhos de teatro, oratória etc.). Dicção (do lat. *dictione*). **2** Maneira de dizer. **3** Vocábulo. Cada palavra de uma língua.

dicionário • [ED] Obra de referência em que são arroladas em ordem alfabética as palavras existentes em um idioma ou em determinado ramo do conhecimento, seguidas dos respectivos significados, esclarecimentos gramaticais e outros, ou dos termos correspondentes em outro idioma. Designação genérica que abrange as seguintes modalidades: vocabulário, glossário, léxico e índice.

Didot • [ED] Denominação do sistema de medidas tipográficas criado por François-Ambroise Didot (1730-1804), que aperfeiçoou o sistema de Fournier e adotou o cícero de 12 pontos tomando como base o 'pé de rei', medida tipográfica então vigente na França. Pelo sistema Didot, um ponto mede aproximadamente 0,376 mm e um cícero 4,5126 mm. Um milímetro corresponde a 2,66 pontos Didot. A altura do tipo Didot está fixada em 62 pontos e 2/3, ou 23,566 mm. Esse sistema foi adotado nas fundições tipográficas de todo o mundo, exceto nos Estados Unidos e na Inglaterra, onde o ponto tipográfico está baseado na polegada.

diegese • [RTVC] Conteúdo ficcional. Tudo o que diz respeito à história, ao universo proposto por qualquer narrativa (filme, romance, telenovela etc.). V. narração.

difamação • [JN] V. crime de comunicação.

diferencial • [MKT] Atributo que distingue um produto dos oferecidos pelos concorrentes. Funciona como um apelo para que o consumidor tenha preferência por uma determinada marca. Esse 'algo mais' não reside necessariamente na essência do produto: pode estar na embalagem, na cor, no preço etc. Tb. chamado de *plus*.

difusor • [RAV][RTVC] Pequena tela translúcida usada em iluminação para suavizar a luz dos refletores ou para produzir efeito de luz difusa. • [RAV] Cada um dos painéis dispostos em posições diferentes, próximo à fonte sonora, que acrescentam uma reverberação e certa 'vivência' ao som de um ambiente amplo. Utiliza-se em acústica de auditórios e de estúdios de gravação.

difusora • [RTVC] V. emissora.

digitação • [TIC] Ato ou efeito de digitar.

digital • [TIC] **1** Tipo de sinal em que os dados são transmitidos mediante representações discretas em voltagem ao invés de frequência, como no sinal analógico. **2** Tipo de processamento de informação feita pelo computador, baseado no sistema binário de sinais: o dígito 1, que significa um sinal de 'ligado' e o 0 (zero), ausência de sinal, ou 'desligado'. **3** Relativo a dígitos, ou à representação de dados ou informações por meio de dígitos.

digitalização • [TIC] Conversão de textos, sons, fotografias e filmes em sinais digitais (v. digital), de forma a possibilitar o arquivamento em memória de computador.

digitalizador de imagens • [RTVC] Equipamento eletrônico que transforma em informações digitais os pontos que formam a imagem televisiva. Dessa forma, se cada ponto é transformado em um sinal, o computador pode inseri-lo onde se desejar. P. ex., para expandir a imagem, basta aumentar a distância entre os pontos; e para fazer um objeto girar na tela basta programar esse movimento no computador.

digitar • [TIC] Inserir informações no computador utilizando a pressão dos dedos sobre as letras do teclado.

dígito • [TIC] V. caráter.

digressão • [FTC] V. redação.

DIN Abrev. de *Deutsche Industrie-Normenausschutz*. • [RAV][ED] **1** Unidade de medida alemã empregada para designar a sensibilidade da emulsão fotográfica. V. *ASA*. **2** Sistema internacional de padronização de formatos de papel. **3** Sistema de normas relativas às características de qualidade de equipamentos eletroacústicos.

dinâmica • [RAV] Distância entre o som mais fraco e o som mais forte de uma mensagem sonora. É medida em decibéis (v. decibel) e utilizada para controle do volume de gravação ou amplificação. Diz-se tb. alcance dinâmico ou *audioperformance*.

diorama • [RTVC] **1** Representação tridimensional de uma cena, montada geralmente em um palco em miniatura, com emprego de livres perspectivas para dar ilusão de locais amplos que não podem ser obtidos num estúdio. **2** Quadro cênico de grandes dimensões, pintado e iluminado de forma a produzir efeitos ópticos.

direção • [RTVC] V. diretor, diretor de tv, diretor de produção, diretor de estúdio.

direito de arena • [RTVC] V. direitos conexos.

direito de resposta • [JN] Faculdade assegurada por lei a qualquer pessoa ou organização acusada ou ofendida por mensagem veiculada em algum meio de comunicação impressa ou eletrônica, que lhe confere a possibilidade de contestá-la ou ratificá-la no mesmo espaço e com a mesma dimensão. V. crime de comunicação e retratação.

direitos artísticos • [ED] Direitos usufruídos por um artista, estabelecidos em contrato com gravadoras de discos, emissoras de tv, companhias teatrais etc. V. direitos autorais e direitos conexos.

direitos autorais • [ED] Direitos de um autor ou de seus descendentes sobre sua obra intelectual (literária, musical, de artes plásticas, teatral, cinematográfica, fonográfica, arquitetônica, coreográfica, científica etc.), no que se refere a publicação, reprodução, adaptação, execução, exibição, tradução, distribuição, venda etc. Abrange também a criação de projetos culturais, campanhas publicitárias, programas de computador (*softwares*) e a 'topografia' de circuitos integrados ou *chips*. Para qualquer desses casos, o direito autoral pode ser negociado ou cedido pelo seu detentor. A expressão plural – direitos autorais – refere-se geralmente ao percentual que cabe, por lei, a um autor, sobre o aproveitamento de sua obra. V. propriedade intelectual, propriedade industrial, *copyright* e direitos conexos.

direitos conexos • [ED] Direitos usufruídos por artistas – intérpretes ou executantes –, produtores de fonogramas e organizações de radiodifusão, sobre a renda proveniente da execução pública de obras musicais, literárias ou científicas, programas e transmissões. Incluídos na legislação pertinente ao direito autoral, os direitos conexos são distintos e não se confundem com os da obra originária. Como um dos direitos conexos, a lei define também o direito de arena, que consiste na remuneração devida a artistas e a atletas por toda e qualquer utilização de seu trabalho relativamente a interpretações ou exibições públicas (ao vivo, com entrada paga), as quais só podem ser fixadas, reproduzidas, transmitidas ou retransmitidas com permissão das entidades responsáveis pelo espetáculo.

diretor • [RTVC] Realizador, cineasta. Responsável pela criação e pela elaboração artística de um espetáculo cinematográfico. Supervisiona o roteiro (quando não é o próprio roteirista), comanda os atores e a equipe técnica nas filmagens e conduz os trabalhos de montagem. Concebe e executa o filme, dando-lhe ritmo, continuidade, e imprimindo nele o seu estilo e gosto pessoais.

diretor de animação • [RTVC] Aquele que planeja a animação do filme, leiautes de cena, guias de animação, movimentos de câmera. Supervisiona também o processo de produção.

diretor de arte • [RTVC] Aquele que planeja e supervisiona a produção e/ou composição de todos os elementos visuais de um filme. Seu trabalho corresponde, em cinema, ao do diagramador em produção gráfica. • [ED] V. editor visual. • [PP] Profissional (geralmente integrante de uma dupla de criação, ao lado do redator) a quem compete bolar o anúncio em termos gráficos. Responsável pelos aspectos de comunicação visual na criação de uma peça publicitária. Em agências de grande porte supervisiona um *staff* de artistas gráficos, que preparam os leiautes das peças publicitárias. O diretor de arte deve sempre ter à mão uma relação de *freelancers*, ligados a artes gráficas, tais como fotógrafos, *designers* gráficos (v. tb. *design* gráfico) etc., para casos de emergência.

diretor de atendimento • [PP] V. atendimento.

diretor de dublagem • [RTVC] Profissional que assiste ao filme e sugere a escalação do elenco para a dublagem. Esquematiza a produção, programa os horários de trabalho, orienta a interpretação dos dubladores e o sincronismo labial que deve existir entre as imagens dos personagens e as falas dubladas.

diretor de efeitos especiais • [RTVC] Aquele que elabora, planeja e coordena a execução de efeitos especiais necessários às exigências da obra. Supervisiona a montagem e a operação dos mecanismos técnicos.

diretor de estúdio • [RTVC] Profissional responsável pela coordenação de todos os movimentos no estúdio, durante a realização de um programa de tv. De acordo com as orientações do diretor de tv, avisa ao apresentador para que comece a falar, dá os sinais de tempo, comanda as entradas em cena etc.

diretor de fotografia • [RTVC] Técnico responsável pela perfeição e nitidez da imagem relativamente ao aspecto fotográfico, em uma filmagem cinematográfica. Determina a composição de luz dos planos, segundo as orientações do diretor do filme, regula a iluminação das cenas e cuida dos efeitos fotográficos de laboratório.

diretor de produção • [RTVC] **1** Aquele que representa o produtor executivo durante a realização de uma filmagem, reúne e contrata profissionais, supervisiona os trabalhos, consegue autorizações de filmagem etc. **2** Profissional responsável por todos os detalhes de produção de um programa de rádio ou de tv.

diretor de segunda unidade • [RTVC] Diretor encarregado da realização de cenas de menor importância, nas quais, em geral, não há participação de atores. Essas cenas (paisagens, trânsito etc.) são geralmente utilizadas para dar continuidade à trama. Função exercida, comumente, pelo diretor de fotografia ou pelo operador de câmera.

diretor de som • [RTVC] Profissional responsável pelo controle e supervisão da qualidade sonora e do desempenho de todos os equipamentos de som (gravação, amplificação ou reprodução sonora) na produção de programas de rádio ou tv, espetáculos teatrais etc. Em tv, diz-se supervisor de áudio.

diretor de texto • [ED] O mesmo que editor de texto.

diretor de tv • [RTVC] Profissional encarregado de comandar e orientar a equipe técnico-operacional durante a realização de um programa de tv (gravação ou transmissão direta). Da sala de controle, mantém contato permanente com o diretor de estúdio e com câmeras, microfonistas, iluminadores etc., acompanha as imagens pelos monitores, efetua os cortes etc. Diz-se tb. *switcher* ou cortador.

diretório • [TIC] **1** Estrutura de armazenamento em mídia eletrônica que contém arquivos diversos. **2** Cada uma das subdivisões de um meio de armazenamento (*HD, CD, pen drive* etc.) para organização de arquivos. Diz-se tb. pasta.

diretor responsável • [JN] Pessoa que dirige uma empresa jornalística ou um dos veículos mantidos pela empresa e assume, como editor, responsabilidade sobre as matérias publicadas. V. editor responsável.

disc jockey • [RTVC] Radialista que apresenta, durante um programa radiofônico, números musicais selecionados por ele ou pelos programadores da emissora. A atuação não se limita à escolha e veiculação das músicas, mas está ligada às atividades de divulgação de lançamentos musicais. P. ext., o termo designa hoje, um artista profissional que seleciona as músicas que serão tocadas em festas, boates, clubes e outros eventos, também conhecido como DJ. Do ing. *disc jockey*.

disco • [TIC][RAV][RTVC] Designação genérica dos suportes em formato de chapa circular, para gravação ou armazenamento digital de áudio, vídeo ou dados em geral. V. CD, CD-ROM, disquete, *DVD* e mídia removível.

discografia • [RAV] Lista descritiva e sistemática dos discos de uma determinada categoria; compositor, intérprete, gravadora etc.

disco rígido • [TIC] Disco fino de metal não flexível revestido por uma película magnética que permite a gravação magnética de dados digitais. É hermeticamente fechado, para evitar a entrada de umidade. Tem como principais características uma grande capacidade de armazenamento (hoje em torno de 1 TB, ou seja, 1 terabyte) e uma alta velocidade de acesso (entre 7.200 e 5.400 rpm). Diz-se tb. *hard disk*, HD ou ainda *winchester*, nos primórdios da informática. Do ing. *hard disk*. V. disco.

discoteca • [RAV][ED] **1** Coleção de discos, dispostos ordenadamente para fins de estudo e/ou recreação. **2** Lugar onde esses discos são colecionados, geralmente equipado com aparelhagem de som e cabinas especiais para que possam ser ouvidos por estudiosos e interessados.

discurso • [FTC] **1** Toda prática expressiva de linguagem que vise à produção e à circulação social do sentido. **2** Peça oratória. composição oral ou composição escrita destinada a ser proferida em público (ou escrita como se tivesse esse objetivo).

disparador • [RAV] [RTVC] Dispositivo da câmera fotográfica ou cinematográfica que, acionado, coloca a câmera em funcionamento. Pode ser de comando manual, localizado na própria câmera ou à distância, ou automático (aqueles que são programados para funcionar sem auxílio do operador).

disparador de cabo • [RAV] Dispositivo de acionamento do obturador à distância, por intermédio de um cabo ligado à câmera. Usado para reduzir as vibrações da câmera, sobretudo nos casos em que a máquina é montada sobre um tripé e em que o fotógrafo recorre a exposições longas.

display • [MKT] [PP] Peça de propaganda ou promoção de vendas, usada para exibir determinados produtos e atrair a atenção do comprador. Qualquer tipo de material utilizado em pontos de venda (v. ponto de venda) para expor um ou mais produtos aos olhos do consumidor.

disquete • [TIC] Tipo de disco, hoje em desuso, usado como dispositivo de memória externa.

dissertação • [ED] **1** Exposição sistemática desenvolvida a partir de um tema surgido em ambiente acadêmico, como resultado de pesquisas e investigações de cunho científico. A dissertação é defendida pelo próprio autor perante uma banca examinadora, como requisito de sua candidatura a título de nível superior (mestrado). V. tese. **2** Exposição escrita ou oral, sobre matéria doutrinária, científica ou artística. Preleção.

distância focal • [RAV] Distância existente entre o centro óptico da objetiva e o plano no qual é registrada a imagem de um objeto focalizado no infinito (chapa). Quanto menor a distância focal, mais largo será o campo enquadrado, e vice-versa. A nitidez da imagem fotografada (v. foco) depende da relação entre: a) a distância entre a objetiva e o filme; b) a distância do objeto em relação à câmera. Diz-se tb. comprimento focal.

distância hiperfocal • [RAV] [RTVC] Distância entre a objetiva focalizada no infinito e o limite mais próximo da zona de nitidez da imagem. A focalização (v. foco) de uma objetiva em distância hiperfocal aumenta a profundidade de campo, pois todos os objetos posicionados entre o infinito e a metade da distância hiperfocal estarão nítidos.

distorção • [RAV]Alteração, intencional ou não, no som de instrumentos musicais, de gravações ou em reprodução sonora. Alteração da qualidade de um sinal que atravessa um amplificador. • [RTVC] Qualquer alteração na forma e nas proporções de uma imagem, de modo a conseguir uma representação mais agradável ou dramática de uma cena. Não são consideradas distorções os efeitos de perspectiva (exagero aparente das proporções relativas dos objetos próximos à câmera).

distribuição • [MKT] Conjunto das operações mediante as quais produtos e serviços são colocados, na hora e no lugar em que se façam necessários, à disposição dos consumidores. V. quatro pês. • [ED] [JN] Conjunto das operações comerciais destinadas a encaminhar um jornal, revista ou qualquer outra publicação, às bancas e livrarias. • [RTVC] **1** Fase de comercialização dos filmes, entre a produção e a exibição. V. circuito e circulação. **2** Ramo da indústria cinematográfica formado por empresas especializadas em alugar filmes para serem exibidos em salas de projeção. **3** Emissão de sinais (v. sinal) para serem captados pelos receptores domésticos de televisão.

distribuição aberta • [MKT] Distribuição do mesmo produto dentro de uma área por diferentes negociantes. Neste tipo de distribuição, negociantes podem trabalhar com linhas competitivas e não há nenhuma restrição quanto à variedade de produtos ou marcas que o negociante pode vender, oferecer para venda ou entregar a revendedores. V. distribuição exclusiva.

distribuição de frequências • [MKT] Divisão dos dados alusivos à frequência, em diversos segmentos do público exposto a uma determinada mensagem publicitária. Cada segmento distingue-se dos demais pelo maior ou menor grau de exposição à mídia.

distribuição direta • [TIC] [RTVC] Transmissão de imagens de tv (v. distribuição) diretamente de um satélite de telecomunicações para os receptores domésticos, sem necessidade de uma estação intermediária. O sistema é tecnicamente possível, mas sua adoção não foi aprovada em razão do veto de vários países, que preferem controlar a informação, em âmbito nacional, mediante distribuição indireta.

distribuição exclusiva • [MKT] Política de distribuição utilizada quando o fabricante deseja exercer maior controle sobre os preços dos intermediários, suas políticas de propaganda, promoção, crédito etc. Neste caso, ele concede ao revendedor o direito exclusivo de distribuir o produto da empresa em troca do poder de ingerência sobre seus negócios. Embora a exposição do produto fique bastante limitada, a distribuição exclusiva pode aumentar o prestígio da marca.

distribuição indireta • [RTVC] Transmissão de imagens de tv mediadas por uma estação intermediária entre o satélite de telecomunicações que as emite e os receptores domésticos. V. distribuição direta.

distribuição intensiva • [MKT] Política de distribuição utilizada quando o fabricante deseja intensa cobertura de mercado. Consiste em colocar seus produtos no maior número possível de pontos de venda.

distribuição seletiva • [MKT] Política de distribuição utilizada quando o fabricante deseja ganhar cobertura de mercado sem arcar com os altos custos da distribuição intensiva. Consiste em selecionar os intermediários e negociar com eles um esforço de vendas superior à média em troca de uma espécie de semiexclusividade.

distribuidor • [ED] [MKT] [RTVC] Pessoa ou empresa responsável pela colocação de produtos (publicações, filmes etc.) nos pontos de venda ou salas de exibição, à disposição do consumidor. V. distribuição.

diversificação concêntrica • [MKT] Tipo de crescimento diversificado que consiste no lançamento de produtos que apresentam sinergia tecnológica com os atualmente produzidos, com a finalidade de conquistar novas faixas de consumidores. Seria o caso, p. ex., de uma fábrica de utensílios domésticos de plástico que aproveitasse sua capacidade de trabalhar este material para produzir brinquedos.

diversificação conglomerada • [MKT] Tipo de crescimento diversificado que consiste no lançamento de produtos que não têm relação com a tecnologia desenvolvida pela empresa, nem com os produtos ou mercados habitualmente atingidos por ela, visando conquistar novas classes de consumidores. Seria o caso, p. ex., de uma indústria química que, aproveitando uma oportunidade ambiental, resolvesse investir na distribuição de automóveis.

diversificação horizontal • [MKT] Tipo de crescimento diversificado que consiste no lançamento de produtos não relacionados com a linha atual da empresa, dirigidos a seus consumidores habituais. Seria o caso, p. ex., de uma cadeia de lojas de roupas femininas que aproveitasse seu conhecimento sobre esta classe de consumidores para lançar uma revista de moda, uma linha de cosméticos etc.

divulgação • [PP] Ato ou efeito de tornar público ou levar ao conhecimento do maior número possível de pessoas um determinado produto ou serviço, de caráter comercial ou não, assim como um evento, obra literária, artística, musical etc. O conjunto de técnicas utilizadas por um divulgador varia de acordo com o objeto a ser divulgado e com o público-alvo em questão. Pode incluir redação e envio de *press releases*, contatos telefônicos ou pessoais, programação e viabilização de eventos, ou a utilização de qualquer outro recurso jornalístico, publicitário, de *marketing*, promoção ou relações públicas.

divulgador • [PP] Profissional encarregado da divulgação.

DJ • [RAV] Abrev. de *disk jockey*. V. disc joquey.

dobra • [ED] **1** Redução de uma folha impressa ao formato previsto para publicação, por meios manuais ou mecânicos. Sobreposição das páginas e organização do caderno. Dobragem. **2** Parte de uma folha que fica voltada e sobreposta a outra. **3** O mesmo que vinco.

dobrador • [ED] **1** Operário que realiza a dobragem manual ou que opera a máquina dobradora. **2** Aparelho, máquina ou lâmina que servem para dobrar papel ou papelão. Dobradora. Dobradeira. Dispositivo das rotativas que dobra as folhas à medida que são impressas.

documentação • [ED] Conjunto de técnicas destinadas a pesquisa, coleção, armazenagem, classificação, seleção, disseminação e utilização de informações contidas em qualquer tipo de documento. A documentação abrange todas as formas de registro da informação, como a bibliografia, a museologia, a discografia, a filmografia etc. Os diversos tipos de documentos são armazenados, preservados e colocados à disposição dos interessados, em repositórios especiais como: bibliotecas, discotecas, fonotecas, filmotecas, fototecas, pinacotecas, grafotecas, gliptotecas etc.

documentário • [RTVC] Filme baseado em situações verídicas, aspectos da natureza e da vida humana, realizado com objetivos principalmente científicos, culturais, informativos e didáticos. O documentário é o mais antigo gênero cinematográfico e não se limita simplesmente ao registro dos fatos, ambientes ou situações que lhe servem de tema; pode também comentar, opinar, propor interpretações sociológicas, psicológicas, políticas etc.

documentarista • [RTVC] Cineasta especializado em documentários.

documento • [ED] **1** Base de um conhecimento, um documento pode ser qualquer meio material que comprove a existência de um dado ou de um fato, como livros, periódicos, manuscritos, fotografias, selos, moedas, filmes, discos, fitas magnéticas, monumentos, coleções de história natural (jardins botânicos, zoológicos etc.), entre outros. **2** Qualquer informação escrita, objeto ou fato registrado materialmente, suscetível de ser utilizado para estudo, consulta ou prova. Podem ser classificados quanto à sua dimensão conceitual e permitem a configuração do conteúdo. • [TIC] **1** O mesmo que arquivo. **2** Arquivos gerados por determinados programas ou pacotes, tais como editores de texto (v. editor de texto), planilhas eletrônicas, programas de apresentação, programas gráficos etc.

dolly • [RTVC] Qualquer suporte equipado com rodas ou roldanas para facilitar a movimentação da câmera ou do *boom*. V. carrinho, grua e *travelling*.

dominical • [JN] **1** Diz-se de qualquer edição, seção ou suplemento publicado aos domingos. **2** Diz-se da matéria criada com antecedência de uma semana e elaborada com tratamento mais aprofundado (independentemente do dia em que seja publicada).

domínio • [TIC] **1** Na internet, é a identificação única de um computador, a partir da qual se podem acessar as páginas e serviços na *web* da pessoa ou instituição que o possui. Os domínios têm um nome e uma terminação que indica sua atividade e procedência territorial. Existem vários tipos de terminações de domínios, tb. chamadas de zonas ou de domínios de primeiro nível (DPN). No Brasil, alguns dos DPNs mais comuns são '.com.br' ou '.net.br', destinados às instituições comerciais; '.org.br', destinado às organizações não governamentais e sem fins lucrativos; '.gov.br', destinado aos governos federal, estadual ou municipal; e '.mil.br', destinado aos órgãos militares. **2** Em uma rede de dados, são os recursos que estão sob o controle de um ou mais processadores associados.

domínio público • [ED] **1** Liberdade de reprodução, apresentação ou exploração, por qualquer pessoa, de uma obra artística, invenção, desenho industrial etc., por encontrar-se extinto o prazo de proteção da propriedade intelectual (direito autoral ou propriedade industrial). **2** Conjunto das obras intelectuais que podem ser livremente difundidas a partir da expiração do prazo de proteção pelas leis que regulam os direitos autorais. São também consideradas como domínio público as obras de autores desconhecidos, transmitidas pela tradição oral. **3** Conjunto das invenções, modelos de utilidade, desenhos industriais e marcas não protegidas pelo direito de propriedade industrial. • [JN] Diz-se de um fato que já é do conhecimento geral e que, por isso, deixa de ser notícia.

DOS • [TIC] Abrev. de *disk operating system*, sistema operacional de disco. Software controlador de todas as operações relacionadas com o disco.

douração • [ED] Processo de impressão em baixo-relevo, que consiste em reproduzir no suporte, através de pressão e calor, a expressão, título ou texto a ser impresso. Em lugar de tinta, utiliza uma fita impregnada de pigmento que, por meio do calor, é transferido para o suporte. A douração é comumente usada para imprimir títulos e/ou subtítulos em lombadas e capas duras (v. capa dura e cartonado). Recebe esse nome por ser mais usado o pigmento de cor dourada; porém são também utilizados pigmentos de outras cores, como prata, vermelho, amarelo etc.

download • [TIC] Do ing. *to download*, descarregar. Ato de receber dados digitais (arquivos, *softwares*, aplicativos etc.) provenientes de outros computadores, pela internet. Diz-se 'fazer *download*' ou baixar. V. *upload*.

DPI • [TIC] Abrev. do ing. *Dots Per Inch*, pontos por polegada. Medida de resolução, utilizada em sistemas de digitalização de imagens, que indica quantos pontos podem ser contidos em uma polegada linear. Quanto maior a quantidade de pontos, melhor definição terá a imagem impressa. V. resolução (2).

drive-in • [RTVC] Cinema ao ar livre, visto pelo público de dentro de seus próprios automóveis.

drop • [MKT] Pequenas peças de promoção de produtos via sistema postal. É usualmente planejado para coincidir com datas propícias a compras, como o Natal, produzindo excelentes resultados. Também chamado *drop date*.

dublador • [RTVC] Ator que grava a fala do personagem no processo de dublagem.

dublagem • [RTVC] Processo de sonorização (sincronizada aos movimentos labiais) das falas dos personagens de um filme, desenho animado ou programa gravado. Conforme a finalidade, a voz para dublagem pode ser ou não no idioma original e gravada pelo próprio ator ou por outro.

dublê • [RTVC] Pessoa contratada para substituir um ator em circunstâncias diversas (tais como filmagens [v. filmagem] muito distantes, em que o ator não é necessário, ou cenas em que o personagem se mantém de costas para a câmera etc.). Alguns dublês são especializados em substituir atores em cenas perigosas, como acidentes de carro, quedas de grandes alturas, mergulhos colossais etc.). Do fr. *doublé*. • [ED] O mesmo que bicromia.

dupla central • [ED] Página dupla que coincide com as páginas centrais de um jornal ou de uma revista tipo canoa.

dupla de criação • [PP] V. criação.

dupla exposição • [FTC] Exposição de duas imagens no mesmo filme ou na mesma cópia. A maioria das câmeras modernas dispõe de travas para evitar dupla exposição involuntária. Pode ser também realizada durante a ampliação. V. fotomontagem.

dupla falsa • [ED] Página dupla que não incide sobre o centro da revista ou jornal, mas possui, como a dupla central, uma mancha inteiriça.

dupla imagem • [RAV] Defeito no negativo ou na cópia, provocado por movimento inadequado do ampliador durante a ampliação, ou da câmera ao se acionar o obturador, e que é caracterizado pelo aparecimento de imagens duplas.

dupla leitura • [JN] Recurso editorial que consiste em oferecer num texto sintético uma primeira ideia do conteúdo da matéria, de modo que o leitor, através da leitura de algumas frases, tenha o seu interesse despertado para uma segunda leitura, mais demorada e profunda. Nos jornais, o emprego de boxes e de textos complementares destina-se a propiciar a dupla leitura e tornar as matérias mais atraentes.

DVD • [TIC] Sigla da expressão ing. *Digital Versatile Disk*, disco digital versátil. Disco com alta capacidade de armazenamento de informações, largamente utilizado para gravação de vídeos e filmes de longa metragem, entre outras funções. V. mídia removível. V. *blu-ray*.

eE

e- • [TIC] Abrev. de *electronic* (do ing., com pron. "i"), aplicada a diversas expressões que desta forma assumem a condição de produtos, serviços ou atividades realizados ou disponíveis eletronicamente, geralmente via internet. É o caso de *e-book*, *e-business*, *e-commerce*, *e-letter*, *e-mail*, *e-procurement*, *e-zine* etc.

e-book • [ED] [TIC] Em ing., abrev. de *electronic book*, livro eletrônico. **1** Livro em mídia eletrônica digital, convertido para esse tipo de mídia ou elaborado originalmente nessa forma, e distribuído via internet, ou por outros suportes digitais. **2** Dispositivo especial para visualização desse tipo de livro. Portáteis, às vezes em formato que lembra um livro impresso, permitem que o leitor, com um simples toque, mude as páginas que surgem na tela, além de oferecerem interatividade, com recursos como o hipertexto. Alguns modelos de e-book podem ser conectados à internet para recepção (v. *download*) das obras solicitadas pelo usuário; outros dependem de conexão com o computador, podendo armazenar um ou mais livros em sua memória; e outros dependem de suportes digitais que funcionam como memória auxiliar.

e-business • [MKT] [TIC] Em ing., abrev. de *electronic business*, negócio eletrônico. Atividade negocial que se realiza por meio da internet. V. *e-commerce*.

e-commerce • [MKT] [TIC] Em ing., abrev. de *electronic commerce*, comércio eletrônico. Atividade de comercialização por meio da internet. As expressões *e-commerce*, *e-business* e *e-marketing* são frequentemente usadas com o mesmo sentido.

ecossistema social • [FTC] [MKT] [RP] O conjunto dos agentes sociais ligados por inter-relações de dependência mútua. A expressão é mais abrangente do que ambiente externo, uma vez que este se limita às forças que influem diretamente na vida do produto ou da organização, mas não inclui a relação de dependência mútua entre os elementos do ecossistema.

edge • [TIC] Em ing., acrônimo de *Enhanced Data rates for GSM Evolution*. Tecnologia digital para telefonia celular, que permite uma melhor transmissão de dados.

edição • [ED] **1** Conjunto das atividades relativas à reprodução, publicação e distribuição de textos, peças musicais, desenhos etc., na forma de livros, jornais, revistas, catálogos, filmes e outros veículos. Ato ou efeito de editar. V. editoração e editoração eletrônica. **2** Conjunto dos exemplares de uma obra, obtidos em uma ou em várias tiragens (v. tiragem), desde que não haja modificações substanciais de uma para outra. **3** Conjunto dos exemplares tirados a partir de uma mesma matriz, ou resultantes do mesmo material de composição. **4** Unidade de periodicidade de uma publicação (cada número de jornal, revista ou qualquer outro periódico). • [JN] Conjunto dos exemplares de uma única tiragem de jornal ou revista, ou cada emissão de um noticiário de rádio, tv, cinema etc. (p. ex.: edição dominical de um jornal impresso, edição extraordinária de um telejornal). • [RTVC] **1** O mesmo que montagem. **2** Reunião de textos ou cenas já gravadas, na elaboração de programas jornalísticos, de documentários etc. **3** Ato de editar, em computador, imagens e sons digitalizados.

edição abreviada • [ED] Diz-se da edição cujo texto foi resumido ou parcialmente suprimido, em partes consideradas não essenciais à compreensão da obra.

edição ampliada • [ED] Diz-se da edição à qual são acrescidas novas matérias, inexistentes nas edições anteriores.

edição anotada • [ED] Diz-se da edição que inclui notas e comentários destinados a esclarecer, complementar ou atualizar o texto.

edição apócrifa • [ED] Edição não autêntica, não autorizada, de autor incerto, ou que estampa o nome de outro autor.

edição atualizada • [ED] Diz-se da edição que sofreu modificações ou acréscimos em relação às anteriores, para atualização do texto de acordo com novas descobertas ou acontecimentos na matéria tratada.

edição autorizada • [ED] Diz-se da edição que é impressa e comercializada mediante autorização expressa do autor ou do detentor dos direitos editoriais.

edição clássica • [ED] Edição de texto antigo ou moderno, apresentada de modo a ser aceita correntemente como modelo. V. edição definitiva.

edição comemorativa • [ED] Edição impressa e lançada especialmente para comemorar alguma data ou acontecimento.

edição compacta • [ED] Diz-se da edição produzida em composição cerrada, caracteres pequenos e margens (v. margem) reduzidas, para redução do número de páginas e do custo.

edição completa • [ED] Edição que compreende todas as obras de um autor.

edição crítica • [ED] Edição que se procura estabelecer o texto original do autor ou sua melhor versão, comparando-se diversas edições anteriores ou, se possível, examinando-se os originais (v. original), no caso de uma obra que nos chegou adulterada ou que teve adições discordantes.

edição de bibliófilo • [ED] Edição de luxo, impressa em papel especial, tiragem reduzida e exemplares numerados, geralmente assinados pelo autor, editor e/ou ilustrador, às vezes com ilustrações originais. V. edição de luxo.

edição de bolso • [ED] V. livro de bolso.

edição definitiva • [ED] Diz-se da edição cujo texto passou por uma revisão considerada derradeira, por parte do autor ou do editor, e que deverá servir de modelo para futuras reedições. Diz-se tb. edição *ne varietur* e edição clássica.

edição de luxo • [ED] Edição impressa geralmente em papel de alta qualidade e preço, formato maior, margens (v.margem) amplas, trabalho tipográfico esmerado e, às vezes, composta com tipos especiais. Pode conter ilustrações (v. ilustração) originais e apresentar encadernação suntuosa.

edição de texto • [ED] Atividade desempenhada pelo editor de texto.

edição digital • [RTVC] V. edição eletrônica.

edição diplomática • [ED] Edição que reproduz fielmente, *ipsis litteris*, uma edição anterior (geralmente de manuscritos antigos), conservando medidas, estilo tipográfico, ortografia, abreviaturas e mesmo erros de revisão porventura existentes.

edição eletrônica • [ED] [TV] Ato de editar, em computadores, imagens e sons digitalizados, para produção de programas televisivos, vídeos e obras cinematográficas. Diz-se tb. edição digital.

edição especial • [ED] Diz-se da edição que apresenta qualquer melhoramento formal (ilustrações, nova paginação, papel, composição ou encadernação) que a diferencia das edições comuns da mesma obra. • [JN] Número de jornal ou revista ou emissão de informativo radiofônico ou televisado, dedicados a um assunto especial ou acontecimento de relevo. V. edição extraordinária.

edição exegética • [ED] Diz-se da edição cujo texto vem acompanhado de comentários históricos, literários etc.

edição expurgada • [ED] Diz-se da edição que teve passagens censuradas e suprimidas, por motivos éticos, políticos ou religiosos.

edição extraordinária • [JN] Publicação especial (realizada além das edições comuns) de um jornal, revista, informativo de rádio ou tv etc., ante um acontecimento de excepcional importância e atualidade. Edição extra.

edição fac-símile • [ED] Diz-se da edição que reproduz fielmente o texto de uma edição anterior, inclusive quanto a formato, composição, papel, ilustrações etc. V. fac-símile.

edição limitada • [ED] Edição constituída por reduzido número de exemplares, geralmente numerados.

edição local • [JN] Edição de jornal, revista, noticiário de rádio, tv etc., que inclui páginas ou seções exclusivas referentes ao local onde é veiculada.

edição melhorada • [ED] Diz-se da edição que, em relação às anteriores, sofreu correções ou quaisquer melhoramentos no texto. Diz-se tb. edição revista.

edição numerada • [ED] Diz-se da edição que tem todos os seus exemplares marcados, para fins de controle, com uma série sucessiva de números.

edição paleográfica • [ED] Edição que reproduz fielmente um manuscrito, obedecendo com absoluto rigor à grafia e à pontuação do original e apresentando geralmente entre colchetes (ou segundo um sistema de convenções prévias) os acréscimos e esclarecimentos julgados necessários.

edição pirata • [ED] Edição impressa e vendida sem autorização do autor, do detentor dos direitos autorais ou do editor legítimo. Diz-se tb. edição clandestina, espúria, fraudulenta ou ilícita.

edição póstuma • [ED] **1** A primeira edição de uma obra publicada pela primeira vez somente após a morte do autor. **2** A primeira edição de uma ou de várias obras de um autor, publicada após sua morte.

edição *princeps* • [ED] A primeira edição ou a edição mais remota de uma obra. Diz-se também edição príncipe e edição original.

edição revista • [ED] V. edição melhorada.

edição *variorum* • [ED] Edição de autor clássico, com notas de vários comentadores.

edição visual • [ED] Atividade desempenhada pelo editor visual.

edital • [ED] Ato oficial, de caráter administrativo, pelo qual se dá publicidade a algum assunto de interesse público ou privado, como concursos, licitações, tomadas de preço, entre outros.

editar • [ED] **1** Fazer a edição de. **2** Publicar (livro, revista, jornal). **3** Editorar. • [JN] **1** Manter e produzir determinada publicação jornalística. **2** Ser responsável pela emissão de programa noticioso (em televisão, rádio ou cinema). • [RAV][RTVC] **1** Gravar e tirar cópias de (disco, fita magnética). **2** Montar (v. montagem) (programa de rádio ou de tv). Selecionar, cortar e emendar trechos gravados ou filmados. Alterar criativamente a ordem de gravação original de imagens e de sons em filme ou fita magnética. Mixar (sons ou imagens). V. montagem. • [TIC] **1** Ato de rearranjar dados ou informações (v. informação), implicando eliminação, seleção, alteração ou inserção. **2** Selecionar por não igualdade (dados não homogêneos). **3** Depurar erros, verificar erros em um documento.

editor • [ED] **1** Pessoa ou instituição responsável pelo lançamento e, frequentemente também, pela comercialização de um livro. Este conceito corresponde ao ing. *publisher*, ao passo que os conceitos expressos em ing. por *editor* e *chief editor* correspondem, em port., a editor de texto ou diretor de texto. **2** Pessoa ou instituição que atua como elemento intermediário entre o autor e o público consumidor de obras literárias, científicas, artísticas, musicais etc., reproduzidas por meio de um suporte posto à disposição do usuário, número de exemplares. V. edição. **3** Pessoa ou instituição que cria e mantém (do ponto de vista econômico e jurídico) uma ou várias publicações periódicas. **4** Profissional de editoração que cuida das tarefas relacionadas à adequação e organização de originais (v. original) para publicação, marcações, revisões, supervisão da diagramação e da produção gráfica etc. V. editoração, editorar e preparação de originais. • [JN] **1** Pessoa que dirige e coordena uma publicação periódica. V. editor responsável. **2** Pessoa responsável pela edição de determinado setor, em determinado veículo ou numa empresa editorial. v. editoria. **3** Pessoa encarregada de esquematizar e supervisionar a edição de noticiários de rádio, tv ou cinema. • [RTVC] **1** Principal aparelho de uma ilha de edição. V. edição eletrônica **2** Profissional encarregado de editar, montar (v. montagem) ou mixar um filme um programa de rádio ou de televisão, por meio de cortes e emendas dos vários elementos visuais e sonoros previamente gravados. • [TIC] Rotina que realiza o rearranjo de dados em um arquivo. V. editar.

editora • [ED] Empresa ou organização (pública ou privada) que se dedica à edição de veículos impressos (livros, jornais (v. jornal), revistas etc.), digitais (*e-books*) e outros produtos editoriais. • [RAV] **1** Empresa especializada em publicação de partituras. Editora musical. **2** Empresa que edita discos fonográficos. V. gravadora. **3** Empresa que administra os interesses de autores ou titulares dos direitos autorais de composições musicais.

editoração • [ED] Atividade que consiste na organização de elementos textuais e gráficos, com a finalidade de produzir uma publicação seriada ou não. Com a aplicação dos recursos da informática à atividade editorial, consagrou-se o uso do termo editoração eletrônica, para o conjunto de tarefas relacionadas à preparação de originais para publicação, incluindo digitação (v. digitar) e formatação, além da edição visual, paginação e outros detalhes de produção gráfica anteriores à impressão. Além disso, o conceito de editoração estendeu-se para todos os meios ou canais virtuais de comunicação, como *sites* da internet, programas multimídia etc.

editoração eletrônica • [ED] V. editoração.

editorar • [ED] **1** Reunir, organizar, anotar e, eventualmente, prefaciar, posfaciar ou copidescar textos de um ou de vários autores, para publicação. V. edição e editar. **2** Elaborar tecnicamente um original para publicação.

editor de arte • [ED] Profissional responsável pela programação visual e gráfica de uma determinada publicação. V. projeto gráfico e editor visual.

editor de conteúdo • [ED] [TIC] Pessoa responsável pela seleção, organização, adequação, formatação e veiculação das matérias (textos e imagens) que integram o conteúdo de qualquer publicação, especialmente *sites* da internet. V. editoração, conteúdo e *webmaster*.

editor de som • [RAV] Profissional responsável pela seleção, corte, mixagem e gravação de materiais sonoros (músicas, ruídos, diálogos, narrações, discursos, entrevistas etc.), a serem publicados em documentos fônicos, transmitidos como programas radiofônicos ou sincronizados às imagens de um filme, espetáculo teatral, programa de tv ou outros veículos audiovisuais (v. audiovisual). • [RTVC] Montador (v. montagem) especializado em trilhas sonoras (v. trilha sonora).

editor de texto • [ED] **1** Pessoa encarregada de preparar, organizar e revisar, para publicação, os originais (v. original) de uma obra, na qual teve ou não participação como autor. V. editoração e preparação de originais. **2** Pessoa que reúne, organiza e, às vezes, prefacia, textos de um ou de vários autores, para publicação. Diz-se tb. editor literário. V. editor. • [TIC] Dispositivo que, acoplado a um computador, produz textos conforme programação determinada (cartas, relatórios etc.). Dispõe de recursos para organização do texto em períodos, acentuação de palavras, divisão silábica, espacejamento etc. • [RTVC] Profissional responsável pela redação e coordenação da montagem de determinado programa jornalístico ou reportagem de televisão.

editoria • [ED][JN] Cada uma das seções (v. seção) de uma empresa editorial, de um órgão de imprensa, de uma obra de referência etc., sob a responsabilidade de um editor especializado. Ex.: editoria econômica, editoria política, editoria de artes, editoria de esportes etc.

editorial • [JN] Texto jornalístico opinativo, escrito de maneira impessoal e publicado sem assinatura, referente a assuntos ou acontecimentos locais, nacionais ou internacionais de maior relevância. Define e expressa o ponto de vista do veículo ou da empresa responsável pela publicação (jornal, revista etc.) ou emissão (programa de televisão ou de rádio). O editorial pode aparecer, em casos especiais, na primeira página do jornal, mas na maioria dos casos aparece ao lado de outras matérias, em uma página interna predeterminada e habitual. A página editorial é uma página nobre do jornal, onde figuram, geralmente, além dos editoriais, colunas de notas e sueltos, cartas dos leitores, charges, artigos importantes e o expediente do jornal. V. artigo, crônica, nota, suelto, notícia, reportagem, coluna, *feature* e seção. • [ED] Relativo a editor ou a editora.

editorialista • [JN] Jornalista encarregado da redação de editoriais (v. editorial).

editor literário • [ED] O mesmo que editor de texto.

editor musical • [ED] [RAV] Profissional que cuida dos interesses dos compositores, representando-os junto às gravadoras e entidades de arrecadação de direitos autorais. Além disso, providencia o registro das composições e as divulga entre os intérpretes. V. editora.

editor responsável • [ED] Pessoa que assume, para efeitos jurídicos, responsabilidade total ou parcial sobre o conteúdo de uma publicação.

editor visual • [ED] Profissional de *design* gráfico, responsável pela criação e produção da linguagem visual em veículos impressos, audiovisuais e eletrônicos. V. linguagem visual, diagramação, editoração e editor de texto.

efeito • [RTVC] Toda impressão visual e acústica produzida artificialmente (em cinema, rádio, teatro, televisão, reprodução sonora etc.), com o uso de recursos técnicos que imitam ou modificam a realidade. V. trucagem e efeito especial.

efeito especial • [RTVC] Efeito visual ou sonoro produzido (por meios mecânicos, eletrônicos, fotográficos, de miniaturização, simulação etc.) na produção de obras cinematográficas, programas de rádio ou tv, espetáculos teatrais etc. Em cinema, o efeito especial (visual) diferencia-se de trucagem por ser esta mais especificamente fotográfica e realizada em laboratório por meio da truca.

eixo óptico • [RAV] Linha imaginária que passa pelo centro óptico das duas superfícies de uma lente. Um raio de luz que penetra a lente, seguindo o eixo óptico, emergirá sem ter sido refratado.

elemento de imagem • [RTVC] Elemento básico (partícula mínima) da imagem de televisão, constituído por uma pequena área de luz ou de sombra. O conjunto dos elementos de imagem contém a informação visual da cena. Cada uma das imagens televisionadas contém um número diferente de elementos, e quanto maior o número de elementos em que se divida o quadro, mais fiel será a sua reprodução.

elepê • [RAV] V. *long-play*.

eletropsicógrafo • [PP] Aparelho utilizado em pesquisa de comunicação para medir as reações emocionais das pessoas quando leem títulos ou apreciam ilustrações (v. ilustração) (de anúncios, jornais, revistas etc.). V. pesquisa.

elipse • [FTC] Omissão de um ou mais elementos de uma construção sintática, sem prejuízo da compreensão, por serem subentendidos pelo contexto ou pela situação no discurso. P. ex.: Nada a declarar, isto é, "eu não tenho nada a declarar". Como recurso estilístico, a elipse é uma característica marcante na literatura e em todas as narrativas de comunicação de massa. V. figura de linguagem.

e-mail • [TIC] **1** O mesmo que correio eletrônico. **2** A mensagem enviada por esse sistema. **3** O endereço de correio eletrônico de um usuário.

e-manager • [TIC] Abrev. de *electronic manager*, administrador eletrônico. Ferramenta que permite identificar domínio, origem, conteúdo e destino de cada e-mail enviado ou recebido por aquela conta, evitando spam e outras mensagens indesejáveis, de modo geral.

e-marketing • [MKT] [TIC] Em ing., abrev. de *electronic marketing*, marketing eletrônico. O conjunto das atividades e técnicas de marketing que se realizam pelos diversos meios eletrônicos de telecomunicação, especialmente a internet. V. *e-commerce* e telemarketing.

embalagem • [MKT] Recipiente ou invólucro, cuja finalidade não se resume a acondicionar uma mercadoria, para a sua proteção, transporte e estocagem, como também a promover a sua venda e consumo. Em muitos casos, é o principal recurso para identificar, diferenciar e exibir um produto aos olhos do consumidor, nos pontos de venda (v. ponto de venda).

embargo • [JN] **1** Acordo entre a fonte e os órgãos de imprensa para que uma informação seja divulgada apenas depois de um determinado dia e/ou horário. Procedimento usado, p. ex., para determinados documentos, estudos, pesquisas etc., que precisam de tempo para serem transformados em matéria jornalística, mas não podem vir a público antes de seu lançamento oficial. **2** Em algumas empresas jornalísticas, condição de uma notícia que depende da aprovação da direção, ou do editor, para ser publicada.

emenda • [ED] **1** Ato ou efeito de emendar. Correção. **2** Cada um dos erros indicados na prova pelo revisor.

emendar • [ED] **1** Corrigir os erros cometidos na composição de um texto e assinalados pelo revisor na prova tipográfica. **2** Efetuar qualquer acréscimo, supressão ou alteração de palavras em um original.

ementa • [ED] Resumo de estudos, cursos, leis e documentos em geral.

ementário • [ED] Coletânea de ementas em forma de publicação.

emissão • [FTC] Envio de mensagens (v. mensagem), em comunicação interpessoal ou em comunicação de massa. • [TIC] Propagação, pelo espaço, de ondas radioelétricas geradas para efeito de telecomunicações (v. telecomunicação). V. emissora.

emissor • [FTC] Um dos protagonistas do ato da comunicação: aquele que, num dado momento, emite uma mensagem para um (ou mais de um) receptor ou destinatário. • [TIC] Equipamento para produção e envio de sinais (v. sinal), num sistema de telecomunicações. V. transmissor.

emissora • [TIC] **1** Centro de produção de programas de rádio ou de tv. **2** Empresa e/ou unidade que produz e transmite mensagens (v. mensagem) de comunicação de massa por meio de sinais (v. sinal) de radiodifusão. V. estação, transmissor e canal.

emoticon • [TIC] Neologismo em ing., derivado das palavras *emotion* (emoção) e *icon* (ícone). Signo não verbal, largamente utilizado em correio eletrônico e redes sociais (v. rede social). Imagem que traduz uma determinada emoção ou estado de espírito, por meio de um desenho simples, geralmente pequeno, ou mesmo por um conjunto de letras e sinais do teclado comum, em mensagens de texto. Sinais de parêntesis e dois pontos, p. ex., podem transmitir a ideia de sorriso,:), ou tristeza,:(. Milhares de *emoticons* estão disponíveis na internet, representando os mais diversos estados psicológicos: raiva, choro, inveja, amor, carinho, desconfiança, euforia, timidez etc. V. *smiley*.

empastelar • [ED] **1** Misturar ou dispor desordenadamente os tipos, títulos, linhas de composição etc., na montagem ou na paginação. **2** Invadir ou assaltar oficina ou redação de jornal (um grupo organizado, uma multidão, a polícia etc.), inutilizando o trabalho que está sendo feito ou danificando as máquinas e materiais diversos. **3** Imprimir com excesso de tinta ou erro de registro, provocando confusão de cores e de formas.

encadernação • [ED] Operação que consiste em reunir os cadernos que compõem um livro (ou mesmo folhas de papel manuscritas, desenhadas, datilografadas ou impressas), colar os seus dorsos para mantê-los unidos, formando a lombada do livro, e costurá-los ou simplesmente grampeá-los, recobrindo-os com uma capa resistente (placas de papelão rígido, em geral cobertas de couro, percalina ou plástico).

encalhe • [ED] Quantidade de exemplares de qualquer publicação (livro, jornal, revista) devolvida ao editor por não ter sido vendida. O encalhe nos pontos de venda (v. ponto de venda) (bancas, livrarias) é previsto e, em certa medida, considerado necessário pelas técnicas de circulação para garantir uma distribuição que atenda suficientemente à demanda. **2** Diz-se da publicação que não obteve boa vendagem. O oposto de *best-seller*.

encarte • [ED] [JN] **1** Folha ou conjunto de folhas, com anúncio, matéria paga, matéria especial etc. (em duas ou mais páginas), geralmente impressas em papel diferente do que é usado no miolo da revista ou jornal, e inseridas (com ou sem grampeamento ou colagem) entre as folhas normais da publicação. **2** Operação de intercalar, entre os cadernos de uma publicação, uma ou mais folhas, geralmente impressas em papel ou em cor diferente, contendo anúncio, matéria especial, ilustrações, mapas, informações etc.

enciclopédia • [ED] **1** Obra de referência que trata geralmente de todos os ramos do conhecimento humano. Normalmente apresenta forma análoga à do dicionário, com os verbetes dispostos em ordem alfabética. Na definição clássica de Malclés, a enciclopédia "é um inventário da civilização numa determinada época. Marca os conhecimentos humanos desse momento histórico. E dessa forma — pois a enciclopédia reflete as correntes de ideias e opiniões — sobrevive como documento das aspirações e tendências, bem como das realizações desse século". **2** Qualquer obra desse gênero, embora abrangendo apenas um ou alguns ramos do conhecimento (p. ex., uma enciclopédia de Ciências Humanas). Nesta acepção diz-se tb. ciclopédia.

encoding • [TIC] Em ing., codificação de caracteres. Processo de codificação de padrões de dados, no qual a informação da fonte é convertida em símbolos para facilitar o seu armazenamento ou transmissão.

encriptar • [TIC] V. criptografia.

endereçamento • [TIC] Processo de atribuir um endereço a uma determinada informação. Ação de endereçar (identificar por um código específico) um registro ou um dispositivo onde se armazena uma informação. Em ing., *addressing*.

endereço • [TIC] Código, geralmente numérico, que identifica e permite localizar uma informação armazenada na memória eletrônica de um computador ou em qualquer outro ponto de origem ou destino dos dados. Símbolo pelo qual se localiza uma célula. Em ing., *address*.

endereço eletrônico • [TIC] Localização de cada servidor ou usuário dentro de um sistema eletrônico de comunicação. O endereço eletrônico permite identificar desde caixas postais (v. caixa postal) de correio eletrônico até *sites* e páginas da *web*. Endereços de *e-mails* são formados pelos seguintes elementos: nome do usuário, partícula @, simbolizando a preposição ing. *at*, cuja tradução literal é "em" (v. arroba); nome do provedor de acesso à rede (p. ex., alternex) tipo de provedor (p. ex., .com ou .gov); abreviatura do país (.br, .pt etc.).

O endereço eletrônico de uma *homepage* reúne indicações diversas.

endomarketing • [MKT] **1** Trabalho interno da empresa que consiste em aplicar uma visão de *marketing* a todas as rotinas da organização e a todos os aspectos do ambiente humano na empresa. O *endomarketing* considera que todos os funcionários da empresa são clientes e fornecedores internos e que a empresa em si se constitui em um microssistema de *marketing*. **2** Modalidade de *marketing* voltado para todos os segmentos de público diretamente envolvidos com a empresa e que podem funcionar como mensageiros da imagem institucional. Por meio de ações de comunicação interna, o *endomarketing* procura fixar positivamente a imagem corporativa junto a seus funcionários, fornecedores, prestadores de serviço, acionistas, revendedores, franqueados etc., gerando um clima propício ao melhor desempenho, qualidade e produtividade. Diz-se tb. (nas duas acepções) *marketing* interno. V. *marketing* institucional.

e-news • [MKT] Em ing., abreviatura de *Eletronic Newsletter*. Software gerador de newsletter, que permite ao usuário definir o conteúdo e exportá-lo em vários formatos, como o HTML. Geralmente fornece um modelo básico de newsletter e outras possibilidades de personalizar o boletim.

enlatado • [RTVC] Termo utilizado pejorativamente para designar filmes produzidos para tv em escala industrial, geralmente seriados. Produto típico da cultura de massa, fornecido em lotes e a baixo custo para diversas emissoras de televisão.

enquadramento • [RAV][RTVC] Delimitação da imagem isolada pela câmera. Ato ou efeito de dispor e limitar, no visor, o assunto que se deseja fotografar ou filmar. V. campo, ângulo de vista e plano.

enquete • [JN] Coleta de testemunhos de certo número de pessoas sobre determinado assunto da atualidade, geralmente promovida por jornal, emissora de rádio etc., com a finalidade de se registrarem as diferenças de opinião do público ou do grupo entrevistado e de se avaliar, grosso modo, uma média de opiniões. Do fr. *enquête* (pron.: anquêt).

enredo • [RTVC] Conjunto de incidentes, situações e eventos, arranjados em sequência temporal ou conforme a vontade do autor, que constituem a ação de uma obra de ficção. Diferencia-se sutilmente da intriga por esta referir-se mais ao essencial dessa totalidade.

ensaio • [ED] Texto teórico, de interpretação ou análise de determinado tema (artístico, filosófico, científico etc.), menos rigoroso do que o tratado, em sua elaboração formal.

ensaio fotográfico • [RAV] Conjunto de fotos, de um mesmo autor ou de um grupo de autores, com características de inovação, experimentação ou interpretação em relação à técnica fotográfica, à concepção estética ou ao conteúdo das imagens registradas.

entrada • [TIC] **1** Qualquer sinal ou informação externos, introduzidos em um determinado sistema. Diz-se tb. *input*. **2** Qualquer mudança de origem externa em um determinado sistema. **3** Operação pela qual se introduzem informações num computador. • [RAV][TIC] Parte de um circuito eletrônico que recebe um sinal externo para transformá-lo. • [RP] Qualquer informação introduzida em uma organização e processada pelo setor de relações públicas. As informações de entrada (ou, em ing., os *inputs*) são essenciais ao funcionamento da organização e à elaboração das informações, programas, serviços ou produtos (*outputs*, saídas) necessitados pelo ambiente com o qual a organização interage. • [ED] **1** Páginas iniciais de um livro, que vêm antes do texto propriamente dito e compreendem anterrosto, rosto, dedicatória, prefácio, índices. **2** Espaço em branco que se costuma deixar no alto da página, em começo de capítulo ou no início da primeira linha de cada parágrafo. **3** Expressão ou palavra que encabeça uma ficha catalográfica ou referência bibliográfica, iconográfica etc., para indicar o aspecto (autor, título, assunto) sob o qual um determinado item entrou em índice ou foi catalogado, e como pode ser localizado. • [FTC] Primeiras palavras de um texto. Modo de começar a redação de um texto.

entrelinha • [ED] **1** Espaço entre duas linhas consecutivas de um texto. **2** Claro adicional que se deixa entre uma linha e outra, em uma mancha de texto. **3** Linha escrita ou impressa, geralmente em corpo menor, entre duas linhas de um texto. **4** Mensagem subentendida, não manifesta no texto. Falar nas entrelinhas, ler nas entrelinhas.

entrelinhamento • [ED] Ato ou efeito de criar entrelinha.

entretítulo • [JN] **1** Cada um dos títulos que subdividem um texto extenso (notícia, artigo, entrevista etc.). A divisão da matéria em vários trechos destacados por entretítulos é um recurso gráfico-visual destinado a tornar o texto mais atraente, menos cansativo e mais fácil de se ler. **2** Trecho curto, composto em corpo menor e colocado geralmente entre parênteses, no meio do título de uma matéria jornalística. Intertítulo.

entrevista • [JN] **1** Trabalho de apuração jornalística que pressupõe contato pessoal entre o repórter e uma ou mais pessoas, de destaque ou não, que se disponham a prestar informações (v. fonte) para a elaboração de notícias. Na entrevista jornalística, a informação é transformada em notícia, para ser levada ao conhecimento do público. O tratamento da entrevista apresenta características distintas, conforme o veículo: enquanto na imprensa escrita (jornal, revista) ela é relatada sempre de forma indireta, na tv e no rádio assume uma dimensão mais afetiva, já que estes veículos possibilitam também a transmissão dos estímulos não verbais do entrevistado, dando margem a uma comunicação mais ampla. **2** Tipo de matéria jornalística redigida sob a forma de perguntas e respostas. Reproduz o diálogo mantido entre o repórter e o entrevistado.

entrevista coletiva • [JN] Tipo de entrevista em que a personalidade atende à imprensa em conjunto, respondendo às perguntas dos repórteres de diversos veículos de comunicação. Dependendo da organização da entrevista, as perguntas podem ser feitas de improviso ou têm de ser previamente levadas ao conhecimento do entrevistado, para que este as estude com antecedência (geralmente com auxílio de assessores).

entrevista exclusiva • [JN] Tipo de entrevista que é concedida a apenas um repórter e que só pode ser divulgada pelo veículo de comunicação que ele representa.

entropia • [FTC] Na teoria da informação, grau de incerteza dentro de um processo de comunicação, determinado pela quantidade de dados disponíveis. Quanto menos informações, maior a entropia. V. código, redundância, ruído e informação.

enviado especial • [JN] Repórter que viaja para locais distantes da sede da empresa jornalística, com a missão de realizar reportagens especiais sobre determinados acontecimentos. V. correspondente.

enxugar • [FTC] Aperfeiçoar a redação de um texto, eliminando elementos supérfluos ou indesejáveis, para conferir-lhe clareza, concisão, densidade, simplicidade e naturalidade. V. redação e copidesque.

epígrafe • [ED] Citação, normalmente com identificação de autoria, que inicia um livro, monografia, capítulo, discurso acadêmico ou político, conto, artigo etc., relacionada ao tema tratado na obra. Quando se refere à obra como um todo, ocupa uma página exclusiva anterior ao sumário; quando é epígrafe de seção, ocupa uma posição de destaque introduzindo a parte do texto que se inicia.

epílogo • [ED][RTVC] Encerramento de uma obra literária ou audiovisual, em que se recapitula ou se tira conclusões do que foi dito. Fecho de uma narrativa, onde geralmente são esclarecidos o conteúdo e a intenção da obra.

equalização • [RAV] Correção eletrônica de sinais na gravação ou na reprodução sonora, para compensar as deformações na intensidade das frequências, de modo a diminuir a distorção e fazer com que o som reproduzido se assemelhe ao original.

ERB • [TIC] V. estação rádio-base.

errata • [ED] **1** Lista de retificação de erros que saíram impressos em uma publicação. A errata é geralmente impressa em página separada (colada no início ou no fim do exemplar, ou simplesmente encartada solta) e em papel diferente do que foi usado na publicação. Traz a indicação dos erros, o número das páginas onde se encontram e as formas corrigidas. **2** Cada um dos erros relacionados nessa lista.

esboço • [ED] Traços iniciais de uma obra, que já deixam ver sua concepção ou composição.

escada • [RTVC] Diz-se do ator coadjuvante que dá as deixas ou propicia maior efeito às falas ou *gags* de outro ator.

escanear • [TIC] **1** Do ing. *to scan*, examinar, explorar, percorrer uma superfície com os olhos. Fazer varredura em um conjunto de dados. (Ex.: escaneamento de arquivos por um antivírus, ou decodificação de um código de barras.) **2** Digitalizar informações por meio de escâner. Ao serem lidas por um escâner ou dispositivo análogo, informações analógicas são convertidas em dados digitais, para serem armazenados e trabalhados em computador.

escâner • [TIC] Do ing. *scanner*. Aparelho que, por meio de varredura com feixe de luz, converte em código digital os elementos formadores de uma imagem. Diz-se tb. *escaneador* (neologismo mais correto do que escâner, mas pouco usado).

escravo • [RAV] [RTVC] Diz-se de qualquer aparelho ou dispositivo que seja comandado por outro aparelho. P. ex.: câmeras de TV que recebem sinais eletrônicos de sincronismo de uma câmera líder.

escrita • [ED] **1** Representações de ideias, palavras ou sons por meio de sinais. **2** Ato de escrever. **3** Aquilo que se escreve. V. texto e redação. **4** Tipo de sinais (v. sinal) ou caracteres adotado em um determinado sistema de escrita. **5** Maneira ou estilo pessoal de escrever.

escritor fantasma • [ED] V. *ghost writer*

espectro • [TIC] Gama completa das frequências luminosas e das massas sonoras. Chama-se espectro visível à faixa de frequências que podem ser captadas pela vista humana. A luz visível, situada entre o infravermelho e o ultravioleta, compreende as cores do arco-íris (vermelho, alaranjado, amarelo, verde, azul e violeta), em gradação contínua. Chama-se espectro de áudio a faixa contínua de frequências que o ouvido humano pode captar (audiofrequências).

espelho • [ED] Esquema ou roteiro de uma página diagramada (de livro, revista, jornal etc.), para orientar a paginação. Esse termo é usado em tipografia, pelo fato de ser invertida, em relação ao esquema, a colocação dos elementos tipográficos na rama. V. diagramação e diagrama. • [JN] [RTVC] **1** Esquema de uma página de jornal ou revista, contendo uma relação das seções (v. seção) que deverão compor a página e as diversas matérias, com suas respectivas retrancas, para orientar o diagramador e o paginador (v. paginar). **2** Relação das matérias de um telejornal, na sequência em que serão apresentadas.

espetáculo • [RTVC] Qualquer apresentação pública de números artísticos (música, dança etc.), exibição de cinema, *show* de televisão etc.

estação • [RTVC] Centro emissor de televisão e rádio. V. emissora. • [TIC] Conjunto de equipamentos e instalações destinados a emitir (estação emissora), retransmitir (estação retransmissora ou repetidora) ou receber (estação receptora) os sinais (v. sinal) de telecomunicações (v. telecomunicação).

estação de trabalho • [TIC] **1** Equipamento com capacidade de processamento maior que a de um computador de uso doméstico. Em termos de recursos técnicos, situa-se entre o computador de grande porte e o computador pessoal. **2** P. ext., cada unidade da rede de computadores a serviço de uma organização, inclusive *home offices*. Diz-se tb. em ing., *workstation*.

estação móvel • [TIC] Cada aparelho telefônico operado pelos usuários de telefonia celular. Usa-se tb. a sigla EM.

estação rádio-base • [TIC] No sistema de telefonia celular (v. celular), estação que dá suporte a uma célula, compreendendo um conjunto de equipamentos que fazem conexão, por ondas de rádio, com os telefones celulares: uma antena, transmissores-receptores de baixa potência e uma unidade de comutação móvel. Tb. conhecida pela sigla ERB ou, em ing., *cell site*. As informações transmitidas pelos telefones celulares são enviadas, pela ERB, para a central de comutação e controle (CCC), onde está a 'inteligência' do sistema celular.

estampa • [ED] **1** Figura; imagem impressa em qualquer suporte, por qualquer processo de impressão. **2** Ilustração à parte do texto, em folha de papel especial, geralmente impressa de um lado só, não incluída na paginação e frequentemente com numeração própria. **3** O mesmo que gravura.

estande • [MKT] Recinto reservado a cada participante de uma exposição ou feira. Confeccionado geralmente em madeira compensada, acrílico, metal e outros materiais leves, facilmente desmontável, destina-se principalmente à exibição de produtos, maquetes, painéis fotográficos, filmes e audiovisuais (v. audiovisual), com objetivos comerciais ou institucionais. Do ing. *stand*.

estante • [ED] Cada uma das bancas de jornais (v. banca de jornais), na linguagem dos distribuidores.

estenografia • [ED] Método de transcrição a partir de um código de escrita simplificada e abreviada que permite a agilização do registro do que se fala. A notação estenográfica era originalmente baseada na pronúncia das palavras e foi recentemente reformada com o objetivo de aproximar-se mais de sua grafia.

estenógrafo • [ED] Quem domina a estenografia, estando habilitado a fazer transcrições por esse código ou a decifrá-las.

estenotipia • [ED] Método usado para se registrar o que é falado a partir do código estenográfico através de uma máquina, o estenótipo. O suporte computacional para a decodificação da escrita estenotípica é um recurso de agilização desse processo, buscando aproximá-lo ao máximo da produção em tempo real.

estenótipo • [ED] Aparelho que possibilita o registro mecânico da transcrição estenográfica. Através desse instrumento, as letras são impressas simultaneamente, com posicionamento fixo, e não podem ser apagadas; o papel move-se verticalmente durante a impressão. Com um único toque pode-se escrever várias palavras e o processo de escrita envolve apenas os dedos do operador, cansando-o menos do que a taquigrafia.

estereofonia • [RAV] Técnica de gravação ou transmissão e de reprodução de sons, destinada a produzir o efeito de relevo acústico. Caracteriza-se por reconstituir a distribuição espacial das fontes sonoras, através da emissão de sons em dois canais (v. canal) para dois ou mais alto-falantes distintos, que devem ser instalados em posições adequadas. A estereofonia procura dar ao ouvinte uma percepção da direção das fontes sonoras e, para isso, baseia-se na diferença das intensidades dos sons que chegam aos dois ouvidos e na diferença de suas fases.

estereografia • [ED] Designação genérica dos sistemas de impressão que utilizam matriz em relevo. Pode receber tinta nas partes salientes (relevo tintado) ou não (relevo seco) e transferir, por pressão, a imagem para o papel. • [RAV] Conjunto dos processos e técnicas envolvidos na reprodução de imagens estereoscópicas. Pode ser relacionada a diversos campos como, p. ex., a computação gráfica, a matemática, a pintura e a fotografia. V. estereoscopia.

estereograma • [RAV] **1** Par de imagens (geralmente fotografias) que podem ser vistas por meio de um estereoscópio, produzindo a sensação de tridimensionalidade quando observadas no ângulo de convergência correto. **2** Conjunto de pontos em uma única imagem bidimensional, dispostos de modo a produzir sensação de profundidade quando focalizados adequadamente, inclusive a olho nu, revelando em alguns casos uma figura tridimensional anteriormente invisível. Nesta acepção, diz-se tb. autoestereograma. V. estereoscopia.

estereoscopia • [RAV] [RTVC] Processo de registro fotográfico obtido por meio de uma câmera especial, equipada com duas objetivas que, afastadas uma da outra em ângulo e distância semelhantes ao dos olhos humanos, reproduzem duas imagens ligeiramente diferentes do mesmo objeto, de modo a produzir sensação de relevo (terceira dimensão). A câmera estereográfica filma ou fotografa o objeto, simultaneamente, em duas perspectivas distintas.

estereoscópio • [RTVC] Instrumento binocular apropriado para a observação simultânea de duas fotografias quase idênticas e que, dispostas lado a lado, criam a percepção de uma única imagem tridimensional com pequena variação de perspectiva, tal como as imagens captadas pelos dois olhos humanos. V. estereografia e estereoscopia.

estilo • [ED][JN][RTVC] **1** Marca da individualidade do autor na forma que realiza para comunicar seu pensamento. **2** Maneira como o autor dispõe dos recursos possíveis num determinado meio de comunicação (seja pela linguagem — escrita, oral, jornalística, publicitária ou literária, seja pelo cinema, tv, rádio, artes plásticas etc.) para transmitir sua mensagem. • [FTC] Maneira de se expressar, característica de um grupo social, de uma classe, profissão etc.

estourar • [ED] **1** Exceder (qualquer matéria) o espaço disponível no fechamento da página ou de toda a edição, seja na fase de redação, diagramação, ou paginação (ou montagem). **2** Ampliar excessivamente qualquer elemento gráfico: fotografia, ilustração a traço, fio, retícula etc. • [RTVC] **1** Ato ou efeito de ultrapassar o limite de luminosidade que assegura perfeita nitidez à imagem, provocando distorções. **2** Diz-se, na gíria televisiva, quando determinada matéria, programa ou telejornal ultrapassa o tempo pré-estabelecido pela direção de programação da emissora.

estrangeirismo • [FTC] Elemento linguístico, geralmente de natureza vocabular, proveniente de uma língua estrangeira e incorporado por outra língua.

estratégia • [MKT] Planejamento e execução de operações de marketing com o objetivo de alcançar posições favoráveis no mercado.

estratificada • [MKT] V. amostragem.

estrela • [RTVC] Atriz que alcançou o estrelato. Feminino de astro (embora o termo *estrela* seja usado também para atores). Em ing., *star*.

estrelato • [RTVC] Condição de que desfrutam os astros e estrelas do rádio, cinema, teatro e tv que sobressaíram pelo talento, ou que foram trabalhados pela publicidade.

estroboscópio • [RAV] Dispositivo de controle e regulagem da luz, com ritmo intenso de acender e apagar, que é utilizado para produzir efeitos especiais de iluminação (luz estroboscópica), entre os quais a impressão de estar imóvel

estúdio • [RAV][RTVC] **1** Recinto fechado, no qual programas ou números musicais são preparados e gravados. **2** Sala especial para transmissão ao vivo ou não de programas de rádio e televisão. **3** Edifício, sala ou pavilhão equipado especialmente para filmagens de cenas cinematográficas. **4** Ateliê de artista (desenhista, fotógrafo, pintor, escultor etc.).

et alii • [ED] Expressão latina que significa e outros, empregada em referências bibliográficas para indicar que uma obra possui vários autores além do citado. P. ex.: Peirce, Charles S., *et alii*. Abrev.: *et al*.

ethernet • [TIC] Tipo de arquitetura de rede local que permite conexão entre computadores que estejam localizados a pequena distância uns dos outros. A transmissão de informações na ethernet atinge taxas de transferências de dados acima de 10 *MB*/s. Para conectar-se à internet de dentro de uma rede ethernet, usa-se o protocolo *TCP/IP*. V. protocolo.

eufemismo • [FTC] Substituição de uma palavra ou expressão por outra, menos grosseira ou inconveniente e de sentido mais agradável ou atenuado (ex.: enriquecer por meios ilícitos em vez de roubar). Bastante frequente na língua falada e escrita, o eufemismo é recurso necessário e útil à comunicação, pois facilita a aceitação da mensagem por parte do receptor, desde que seu uso não seja excessivo.

evento • [MKT] [RP] Acontecimento que se aproveita para atrair a atenção do público e da imprensa sobre a instituição. Pode ser criado artificialmente, pode ser provocado por vias indiretas ou pode ocorrer espontaneamente. Em geral, é programado, em todos os detalhes, no planejamento de comunicação, assim como em uma campanha de *marketing* ou de propaganda.

exclusividade • [JN] **1** Condição de uma cobertura que é feita exclusivamente por um determinado órgão de comunicação (jornal, emissora de rádio etc.). **2** Condição de uma entrevista ou qualquer informação que é prestada exclusivamente a um veículo de imprensa ou a um determinado jornalista. • [PP] **1** Compra total de blocos de tempo (intervalos comerciais ou programas de rádio ou tv) ou de espaço (posições preferenciais em revista ou jornal, *site*, painéis de um evento etc.) por um anunciante exclusivo. **2** Compra de tempo ou de espaço em mídia eletrônica ou impressa, com a condição especial de não haver nenhuma propaganda concorrente naquele horário ou naquele espaço. V. patrocínio, patrocínio americano. **3** Aplicação de toda a verba de um anunciante num só veículo.

executivo de conta • [PP] **1** O mesmo que contato. **2** Executivo designado por um bureau de serviços ou outro fornecedor para servir de ligação com cada cliente e ajudá-lo a utilizar os serviços disponíveis na empresa. **3** Em agência de propaganda pessoa responsável pela supervisão do planejamento de anúncios para um ou mais clientes, dependendo do porte da agência. Seu trabalho é analisar a publicidade e problemas com a mercadoria do anunciante, oferecer soluções para estes problemas, transmitir os planos da agência para aprovação do cliente; trazer para a agência qualquer sugestão ou crítica do cliente e fazer relatório de publicidade e mercadoria do cliente para o supervisor de conta.

exemplar • [ED] Unidade de tiragem. Cada uma das cópias da edição. Unidade de um impresso, jornal, revista livro, gravura etc., que se obtém da reprodução de um original.

exibição • [RTVC] Apresentação de filme ou programa em salas de projeção ou na tv. • [PP] **1** Período em que uma peça de *outdoor* permanece exposta ao público. V. cartaz e colagem. **2** Transmissão de um anúncio em tv ou cinema. **3** Tempo de transmissão de um comercial de tv ou cinema.

exibidor • [RTVC] Responsável pela exibição de filmes cinematográficos. Dono de um cinema ou de uma cadeia de cinemas.

expandido • [ED] Diz-se do tipo que, respeitando o desenho básico de sua família, sofre ligeiro alargamento de sua forma ou dos claros entre as letras. Do ing. *expanded*.

expediente • [ED] Quadro de identificação que jornais e revistas, por exigência legal, publicam em todas as suas edições. Traz, normalmente, nome completo, endereço e telefone da empresa jornalística responsável, do estabelecimento gráfico onde é impresso e das sucursais, preço de assinatura e de venda avulsa, nomes das cidades onde mantém correspondentes e das agências de notícias contratadas, além dos nomes dos diretores, do editor-chefe e de outros profissionais importantes na publicação.

exportar • [TIC] Enviar determinadas informações de um aplicativo para outro, formatando-se automaticamente o arquivo original para ser compatível com as configurações do aplicativo de destino.

exposição • [RAV] Ato de permitir a passagem da luz através de uma objetiva, para impressionar o material sensível, durante o intervalo de tempo determinado pela abertura do diafragma e pela velocidade do obturador. O tempo de exposição necessário à fixação da imagem, tanto ao fotografar quanto ao ampliar, depende do material utilizado e das condições de luz existentes no momento da operação. • [MKT] Exibição pública de produção artística ou industrial, com fins comerciais ou não.

expressão de opinião • [JN] [MKT] Tipo de matéria paga, em forma de comunicado, que contém texto opinativo, expressando posicionamento de uma entidade (associação de classe, empresa, personalidade etc.) relacionado à defesa de seus interesses. Geralmente dirigido a autoridades do poder público, a formadores de opinião e ao público em geral, como uma carta aberta.

extensão da marca • [MKT] Estratégia de conquista de novos segmentos de mercado ou da manutenção dos atuais, quando ameaçados pela concorrência, e que consiste na multiplicação da marca.

exterior • [RTVC] **1** Indicação feita no roteiro para qualquer cena que deva acontecer ao ar livre. **2** Qualquer cena que pareça ter sido rodada ao ar livre.

externa • [RTVC] **1** Qualquer captação, gravação ou emissão de imagens realizada fora do estúdio (reportagens, locações de telenovela, programas esportivos etc.). **2** Conjunto de equipamentos necessários para essa transmissão. V. caminhão de externa.

extra • [RTVC] O mesmo que figurante. • [JN] V. edição extraordinária.

extranet • [TIC] Rede de computadores utilizada para a comunicação de uma empresa com seus clientes, fornecedores, rede de vendas e outros parceiros preferenciais. Sistema híbrido entre a intranet e a internet, da qual é um desdobramento corporativo.

e-zine • [ED] V. fanzine.

fF

fã • [RTVC] Admirador entusiasta de determinado(s) artista(s) ou, p. ext., de qualquer personalidade. Expressão derivada do ing. *fanatic*, fanático.

faca • [ED] **1** V. chapa de corte. **2** Lâmina de aço disposta tangencialmente à superfície do cilindro-matriz das rotativas de rotogravura, que retira todo o excesso de tinta da chapa (correspondente às áreas que não devem marcar na impressão)

fachada • [ED] O mesmo que página de rosto.

facing • [MKT] **1** Exibição de um determinado produto. **2** Cada exemplar exposto, de um mesmo produto, em um ponto de venda.

fac-símile • [ED] Reprodução de um documento gráfico (texto ou imagem), por meios fotoquímicos, fotomecânicos, eletrostáticos, eletrônicos etc. V. fax.

fade • [RTVC] Efeito que consiste no aparecimento ou desaparecimento gradual da imagem ou do som. V. fusão. • [TIC] Diminuição ou elevação da força de um sinal recebido, devido a interferências nas ondas de radiodifusão, sem que nenhuma alteração tenha sido feita na potência transmitida ou nos controles do receptor.

fade-in • [RTVC] **1** Aparecimento gradual da imagem. Diz-se tb. claramente. **2** Elevação gradual do volume de um som (música, fala ou ruídos). **3** Em textos de radioteatro, a rubrica indicativa do momento em que o ator, durante sua fala, deve aproximar-se do microfone.

fade-out • [RTVC] **1** Desaparecimento gradual da imagem, por escurecimento. **2** Diminuição gradual do volume de um som. **3** Em radioteatro, a rubrica indicativa do momento em que o ator, durante sua fala, deve afastar-se do microfone.

fader • [RTVC] Dispositivo, existente em mesas de controle, em mesas de mixagem, em algumas câmeras cinematográficas etc., que permite obter efeitos de *fade-in* e *fade-out*.

fair trade • [MKT] Comercialização de produto politicamente correto. Expressão criada a partir de movimentos de boicote a produtos fabricados em condições socialmente injustas (como a exploração da mão de obra infantil, p. ex.) ou prejudiciais ao meio ambiente (fábricas poluidoras, p. ex.).

fait-divers • [JN][FTC] Em fr., fatos diversos. Diz-se de notícia que desperta interesse do leitor por implicar rompimento insólito ou extraordinário do curso cotidiano dos acontecimentos. Assim, o crime passional, a briga de rua, o atropelamento, o assalto são *fait-divers*, narrativas típicas do jornalismo sensacionalista e popularesco.

faixa de frequências • [TIC] Conjunto de frequências situadas entre dois limites (superior e inferior) específicos. Porção do espectro de frequências compreendida por duas frequências-limite. Diz-se tb. banda de frequências ou banda. Chama-se de largura de banda a diferença entre duas frequências-limite, independentemente de onde elas estão no espectro. No Brasil, as faixas de frequência destinadas à telefonia celular foram divididas em dois blocos: banda A e banda B (ver esses verbetes). V. faixa de radiodifusão e faixa de radiofrequência.

faixa de radiodifusão • [TIC] Qualquer das diversas faixas de radiofrequência utilizadas na radiodifusão ao público. P. ex., radiodifusão por modulação de amplitude (AM; v. amplitude modulada): 550 a 1.600 kHz; radiodifusão por modulação de frequência (FM; v. frequência modulada): 88 a 108 MHz; televisão (canais 14 a 83): 420 a 890 MHz.

faixa de radiofrequência • [TIC] Faixa de frequências limitada pelo Regulamento de Radiocomunicações da UIT — União Internacional de Telecomunicações. P. ex., faixa 2, **ELF**: frequências extremamente baixas, ondas megamétricas (30 - 300 Hz); faixa 3, **ILF**: frequências infrabaixas, audiofrequências (300 - 3.000 Hz); faixa 4, **VLF**: frequências muito baixas, ondas miriamétricas (3 - 20 kHz); faixa 5, **LF**: frequências baixas, ondas quilométricas (30 - 300 kHz); faixa 6, **MF**: frequências médias, ondas hectométricas (300 - 3.000 kHz); faixa 7, **HF**: frequências altas, ondas decamétricas (3 - 30 MHz); faixa 8, VHF: frequências muito altas, ondas métricas (30 - 300 MHz); faixa 9, *UHF*: frequências ultra-altas, ondas decimétricas (300 - 3.000 MHz); faixa 10, **SHF**: frequências super-altas, ondas centimétricas (3 - 30 GHz); faixa 11, EHF: frequências extremamente altas, ondas milimétricas (30 - 300 GHz); faixa 12: ondas decimétricas (300 - 3.000 GHz ou 3 tHz).

faixa dinâmica • [TIC] Faixa de frequências situada entre o nível de ruído mais baixo de um sistema de transmissão e o seu nível mais alto.

faixa longa • [TIC] O mesmo que banda larga.

fala • [FTC] Emprego da língua. Utilização do código linguístico pelos falantes. Ato individual de seleção e atualização que atua sobre a língua. Roland Barthes distingue dois elementos que constituem a fala: 1) "as combinações pelas quais o falante pode usar o código da Língua para expressar o seu pensamento pessoal"; 2) "os mecanismos psicofísicos que lhe permitem exteriorizar essas combinações". V. língua/fala. • [RTVC] Diz-se do trecho do texto que cabe a um reporter de televisão em determinada matéria jornalística.

falar • [RTVC] Linguajar. Peculiaridade expressiva própria de uma pequena região, que se distingue de outros falares por oposições superficiais dentro de um sistema geral e comum (a língua).

falso rosto • [ED] O mesmo que anterrosto.

família • [ED] Conjunto ou coleção de tipos cujo traçado, em qualquer corpo (tamanho) ou variante (claro/negrito, redondo/itálico, com serifa/sem serifa, largo/estreito etc.), apresenta as mesmas características estruturais e cujo desenho básico é conhecido por um nome, que pode ser o do seu criador, alusivo à sua origem ou arbitrário. Estudos comparativos do desenho básico dos caracteres de cada família permite classificá-las segundo seus elementos estruturais, dentro do contexto histórico em que elas foram aparecendo. São eles: a) o **gótico** (v. gótica), ao qual pertencem os primeiros caracteres tipográficos usados em obras impressas e que imitavam a escrita manual; b) o tronco **romano**, ao qual pertencem as famílias cujo desenho se caracteriza pelo contraste entre as espessuras de seus elementos, finos e grossos, arrematados por serifas em forma de cunha; c) o tronco **grotesco** tem caracteres de traçado uniforme, com elementos da mesma espessura e sem serifas. Fornecedores norte-americanos empregam largamente a denominação *gothics* para as famílias deste tronco. Futura, helvética e kabel representam bem esse tronco; d) **egípcio** engloba as famílias de desenho semelhante ao do tronco anterior, porém arrematadas com serifas quadradas, da mesma espessura dos demais traços; e) o tronco **manuscrito** reúne famílias de traçado inspirado na escrita manual. Esses tipos apresentam um número pequeno de variedades e foram mais divulgados na Inglaterra e Estados Unidos; f) finalmente, um grupo de famílias, pelo seu traçado exótico ou alegórico, não atendem às características dos troncos já enumerados. Constituem não propriamente num tronco, mas se agrupam sob a denominação clássica de caracteres de fantasia. Além da classificação acima, que é a mais conhecida e aceita nos meios profissionais ligados às artes gráficas, vale registrar a classificação tipográfica proposta pelo editor francês Maximilien Vox (1894-1974), adotada em 1962 pela Association Typographique Internationale, sediada na Suíça, e que é constituída pelos seguintes troncos: a) **gótico** (v. gótica); b) **humanístico**; c) **garaldo** ou **garaldino**; d) **real**; e) **didoniano**; f) **inciso**; g) **mecanal**; h) **lineal**; i) **caligráfico**; j) **manuário**. Além das classificações quanto ao traçado característico que distingue uma das outras, as famílias admitem, ainda, uma série de variantes em seu desenho básico: são variações quanto ao peso, à inclinação e à largura dos caracteres. V. fonte.

fantasia • [MKT] Diz-se dos nomes comerciais criados especialmente para designar um novo produto, serviço, empresa etc., sem nenhuma significação anterior. Geralmente são nomes curtos e fáceis (Omo, Fanta), que permitem à marca uma extensão mais de campo visual e favorecem a leitura à distância, a memorização e a imediata identificação entre outros produtos. Muitas vezes contêm a sugestão ou a própria ideia da utilidade ou do *plus* de um produto (Bom-bril, Kibon, Q-Lustro, Memoriol). V. marca. • [ED] **1** Designação geral dos tipos que, por seu traçado especial (estilizados, alegóricos, figurativos, sombreados, contornados, em negativo, grisados, inspirados em alfabetos exóticos etc.), não podem ser enquadradas nos principais grupos de letras existentes. V. família. **2** Fios ou filetes de traçado especial, usados em cercaduras e trabalhos ornamentais. V. vinheta.

fantasma • [RTVC] Interferência na recepção de tv, caracterizada por duplicação da imagem, por motivo de reflexão da onda eletromagnética sobre um obstáculo externo (edifício, elevação etc.). No caso, tanto a onda direta quanto a onda refletida alcançam a antena do receptor, o que resulta na produção de duas imagens, uma principal e uma 'fantasma'.

fanzine • [ED] [JN] Expressão derivada de *fan* (v. fã) e magazine. Publicação de imprensa alternativa, inicialmente dedicada a assuntos musicais (especialmente no âmbito do rock) e a outras manifestações culturais. Nascidos com o movimento punk inglês, entre 1975 e 1976, os fanzines são descendentes das publicações underground da década de 1960. Podem ser produzidos de forma rudimentar, como uma simples folha desenhada, escrita a mão, xerocada ou impressos na forma de jornal ou revista. Nos anos 1990, com os recursos gerados pelo avanço da informática, surgem os e-zines ou *web-zines*, versões eletrônicas dos fanzines, que circulam pela internet. Diz-se tb. zine.

fascículo • [ED] [JN] **1** Cada uma das partes de uma obra impressa, composta de um ou mais cadernos, publicadas sucessivamente, com periodicidade regular ou não. Compõe-se, em geral, de um caderno a ser reunido aos demais pelo colecionador, encadernando-se posteriormente o conjunto, de modo a formar um só volume. **2** O mesmo que número.

fase • [RAV] Termo utilizado para descrever o processo de "colocação em fase" (ou polarização) de caixas acústicas ou microfones. Quando os componentes estão 'fora de fase' ocorre cancelamento parcial ou total do sinal. Em ing., *phasing*. • [PP] **1** Período ou duração de uma campanha de propaganda. **2** O mesmo que bloco. V. programação em blocos. • [RTVC] Termo utilizado para designar a posição correta dos sinais de cor em tv (cor certa = cor em fase).

fax • [TIC] Forma abreviada de fac-símile. **1** Sistema de telecomunicação pelo qual são transmitidas imagens (fotografias, desenhos etc.) e texto impresso ou manuscrito, por ondas de rádio ou telefone, para receptores eletrônicos que as reproduzem em papel ou tela de computador, conservando exatamente a forma original. V. fac-símile. **2** Aparelho eletrônico capaz de transmitir e receber mensagens, conforme definido em fax. Este dispositivo traz acoplada a função de telefone e, por isso, é também conhecido como telefax. V. fax-modem. **3** Qualquer documento transmitido via fax. (Nesta acepção, plural: faxes).

fax-*modem* • [TIC] Tipo de *modem* que possibilita, em um computador, a transmissão e a recepção de material gráfico, do computador para um aparelho de fax, ou vice-versa, por meio de sinais enviados por linhas telefônicas.

feature • [JN] Qualquer matéria sobre assuntos variados, cujo o valor jornalístico não está necessariamente ligado ao dia de sua ocorrência. O *feature*, geralmente uma matéria de entretenimento, é menos perecível que a notícia comum. Pode ser guardado por vários dias, sem perder o interesse, para ser publicado de acordo com o espaço disponível e a programação do veículo. São classificados como *features* notícias, notas, crônicas ou artigos de variedades, como tiras de história em quadrinhos, colunas de passatempo, conselhos médicos, decoração, receitas culinárias, xadrez, bridge, curiosidades etc. Palavra inglesa que significa 'feição fisionômica'. V. notícia, nota, *suelto*, artigo, crônica, editorial, coluna e seção.

fechamento • [ED] Conclusão dos trabalhos de redação e diagramação ou de composição e paginação de uma ou de todas as páginas de um jornal, revista ou livro. V. fechar. • [PP][JN] Prazo máximo e final (dia ou hora) para aceitação de matérias ou de anúncios (autorizações [v. autorização] ou arte-finais [v. arte-final]) a serem incluídos em uma publicação impressa (jornal, revista) ou veiculados pela televisão, rádio etc. Data de fechamento. Usa-se tb., neste sentido, o termo em ing. *deadline*. • [MKT] No processo de venda, etapa em que o vendedor trata do pedido a ser feito pelo cliente. V. prospecção, abordagem, apresentação e *follow-up*.

fechar • [ED] Completar a redação, a diagramação ou a paginação de toda a edição de jornal, revista ou livro, ou de uma de suas páginas ou partes. • [RAV][RTVC] Ato ou efeito de aproximar a câmera do assunto, geralmente por meio de zum ou do carrinho (em cinema e televisão), para obter menor amplitude de enquadramento (p. ex., fechar uma tomada em close-up). Diz-se tb. aproximar e *dolby-in*. • [TIC] Comando utilizado para retirar da tela do computador informações contidas em arquivo ou programa de computador ou para encerrar tarefas que estejam sendo executadas em determinado momento.

fee • [PP][RP] Honorários fixos, previamente estipulados, cobradas ao cliente por uma agência ou por um profissional de *marketing*, relações públicas ou de propaganda, pela prestação de serviços de consultoria, assessoria, planejamento, criação etc. Em alguns casas, o pagamento periódico de um *fee* a uma agência de propaganda substitui a forma usual de remuneração (comissão de agência).

feed • [RTVC] Do ing. *feed*, alimentar. Transmissão de um sinal de áudio ou de vídeo para outra estação ou para uma rede de rádio ou televisão. [TIC] **1** Lista de atualização de conteúdos armazenados na internet. Permite que o usuário acompanhe (por meio de links) os itens publicados em um *site* ou *blog* sem precisar acessá-los. **2** Sistema de distribuição padronizada e prática do conteúdo de *sites* de notícias, vídeos, gravações musicais etc. V. *podcasting*.

feedback • [FTC] Indícios informativos (percebidos pelo emissor) da reação do receptor ante a mensagem que lhe foi transmitida. No processo comunicacional, o *feedback* estabelece a comunicação biunívoca, fazendo prosseguir o fluxo de mensagens Tal como ocorre nos processos cibernéticos, também na comunicação interpessoal o *feedback* ajuda a fonte a apurar os resultados obtidos na transmissão da mensagem, em relação aos seus objetivos iniciais. No relacionamento entre pessoas, 'damos' *feedback* a alguém quando oferecemos ao outro oportunidade para explorar alternativas sobre o que percebemos a respeito dele, e 'recebemos' *feedback* ao percebermos como o outro reage a nós. Neste sentido, o *feedback* nos permite ver, como num espelho, em um enfoque crítico, a adequação ou a inadequação de nossas ideias, sentimentos ou ações.

Em contraposição ao *feedback* surgiu o conceito e a prática do *feedforward*, que ao invés de se referir a reações e a realimentação do que já foi apresentado, refere-se à coleta de informação, opinião, conselho etc. que visam ainda o desenvolvimento futuro e aberto de uma ideia, projeto etc. V. comunicação.

feedforward • [FTC] V. *feedback*.

feira • [MKT] Exibição pública, constituída de vários estandes, geralmente montados em pavilhões especiais, para promoção e venda de produtos ou serviços. A realização de feiras, periódicas ou não, reúne os fabricantes, produtores ou comerciantes de determinado ramo produtivo ou de determinada região, para contato direto com os consumidores ou com outros empresários e autoridades. Diz-se tb. exposição ou salão.

festival • [RTVC] **1** Mostra, geralmente competitiva, de trabalhos cinematográficos, teatrais, musicais e outros, previamente selecionados e quase sempre inéditos, com o objetivos de divulgá-los ou promovê-los comercialmente. **2** Retrospectiva das obras cinematográficas de determinado ator, época ou país.

fibra óptica • [TIC] Filamento finíssimo, de quartzo ou de plástico, pelo qual deslizam sinais (v. sinal) luminosos capazes de transmitir simultaneamente milhares de informações (v. informação). A fibra óptica é utilizada em telefonia e outros sistemas de transmissão de dados.

ficha catalográfica • [ED] Conjunto de dados técnicos resumidos a respeito de uma obra, apresentados em forma de ficha, que permitem a sua identificação bibliográfica, de acordo com norma de catalogação. A ficha catalográfica fica normalmente localizada na página de créditos de uma publicação.

ficha técnica • [RTVC] V. crédito.

fidelização • [MKT] Conjunto de atividades de marketing (especialmente *marketing de relacionamento*) que buscam assegurar a manutenção do cliente e sua fidelidade a uma determinada marca ou produto.

figuração • [RTVC] **1** Conjunto de pessoas que tomam parte em uma ação dramática no teatro, cinema ou televisão, geralmente dando ideia de povo, multidão etc. **2** Ato de figurar em um espetáculo teatral, cinematográfico ou televisivo como figurante.

figura de linguagem • [ED] [FTC] Recurso linguístico de efeito expressivo que consiste em apresentar uma ideia por meio de palavras ou de construções incomuns, isto é, tidas como desvios ou alterações em relação à estrutura sintática ou à significação normalmente aceitas. As figuras de linguagem costumam ser classificadas em: a) tropos ou figuras de palavras (figuras em que a palavra muda de sentido): metáfora, metonímia, hipérbole, catacrese etc.; b) de sintaxe, ou de construção frasal (disposição anormal das palavras na frase: anacoluto, elipse, zeugma, hipérbato etc.; c) de retórica, ou de pensamento (o enunciado expressa um sentido diferente – às vezes até oposto – do que sua forma parece indicar): antítese, antífrase, ironia, eufemismo, prosopopeia etc.

figurante • [RTVC] Pessoa que participa de uma encenação, em teatro, cinema ou te-

levisão, sozinho ou misturado a um grupo de pessoas. Diz-se tb. extra e ponta. V. figuração.

figurinista • [RTVC] Profissional que cria e confecciona trajes e complementos usados pelo elenco e pela figuração. Elabora o projeto e indica os materiais a serem utilizados. Acompanha, supervisiona e detalha a execução do projeto.

figurino • [RTVC] Conjunto de vestimentas utilizadas pelo elenco de uma peça teatral, filme, programa de tv etc. O mesmo que guarda-roupa. • [ED][IN] Seleção de páginas editadas em um veículo impresso (especialmente jornal ou revista), que se destacam por sua criatividade e qualidade editorial e passam a servir de modelo ou de inspiração para editores e diagramadores.

filete • [ED] **1** V. fio. **2** V. serifa.

filetista • [RTVC] Desenhista que, na produção de um desenho animado, transfere para o acetato as imagens traçadas inicialmente sobre papel. O trabalho de colorir e finalizar os desenhos no acetato é feito pelo finalista.

filmadora • [RTVC] Câmera cinematográfica.

filmagem • [RTVC] Ato ou efeito de filmar.

filmar • [RTVC] Registrar imagens (v. imagem), em movimento ou não, de modo digital ou analógico, para fins comerciais ou uso privado. V. câmera.

filme • [RAV][RTVC] Película de acetato ou celuloide, preparada com emulsão especial, na qual são gravadas imagens fotográficas ou cinematográficas em positivo ou negativo. • [RTVC] **1** Sequência de imagens obtidas por uma câmera cinematográfica analógica ou digital. **2** Qualquer obra cinematográfica, exibida no cinema, em tv ou em qualquer mídia.

filmete • [PP] Filme curto, de propaganda (comercial ou institucional), para cinema ou televisão. Sua duração é geralmente de 15, 30 ou 60 segundos.

filmoteca • [ED] **1** Coleção de documentos filmados (filmes cinematográficos, diafilmes ou microfilmes). **2** Lugar onde esses documentos são guardados, preservados e consultados.

filtro • [RAV] **1** Lâmina colorida e transparente, adaptável à objetiva de uma câmera para modificar ou corrigir o colorido da imagem, eliminar reflexos, modificar a intensidade de luz ou corrigir distorções cromáticas provocadas por iluminação inadequada. Pode ser de vidro plástico ou gelatina prensada. **2** Lâmina colocada na frente dos refletores para modificar a coloração da luz. Existem também aquelas que podem ser colocadas nos vidros de janelas para igualar a luz do interior e a do exterior em um cenário. **3** Recurso eletrônico, disponível em câmeras digitais para a produção de efeitos semelhantes aos obtidos por filtros fotográficos convencionais, além de novos efeitos antes inviáveis. • [ED] Recurso eletrônico, análogo aos filtros fotográficos, utilizado em computação gráfica para alteração de cores, contrastes e padrões em imagens. • [TIC] Recurso que permite exportar e importar informações de diferentes tipos (p. ex., imagens e textos) entre arquivos e programas diferentes. Praticamente todos os programas de uso profissional utilizam o filtro como recurso, que é opcional e permite ser utilizado em combinação com outros programas. • [RAV] Circuito que, utilizado em sintonizadores ou em amplificadores, remove frequências indesejáveis, como ruídos parasitas (chiados, *rumble*, zumbidos etc.).

finalização • [PP][RTVC] Processo de aperfeiçoamento de um trabalho cinematográfico, televisivo ou publicitário – filme, vídeo, programa de tv, comercial, anúncio impresso, cartaz etc. – por meio de efeitos especiais (v. efeito especial) obtidos principalmente com recursos de computação gráfica. • [ED] Conjunto das providências finais de preparação de um trabalho gráfico antes das etapas de fotolito e impressão. Envolve, entre outros detalhes, a arte-final e a preparação de arquivos digitais para fotolito eletrônico.

fio • [ED] **1** Lâmina, geralmente de latão ou chumbo, com espessura variável (de 1 a 12 pontos), utilizada em tipografia para produzir traços lisos ou de fantasia (empregados em separação de colunas, contornos de quadros ou ilustrações, efeitos ornamentais etc.), ou para picotar cortar e vincar o papel, na máquina impressora. Conforme a sua utilidade, espessura ou traçado, os diversos tipos de fio recebem nomes específicos, como: fio de corte, de dobra ou de vinco, de picote, de cercadura, de coluna, de soma, de nota, duplo, fino, ondulado, de fantasia, pontilhado, preto, sombreado, tracejado, tremido etc. **2** Traço impresso, produzido por essa lâmina em tipografia ou, em outros processos de impressão, por diversos outros meios. **3** P. ext., traço produzido por qualquer processo (tinta nanquim, caráter transferível, editoração eletrônica etc.) para trabalho gráfico em mídia impressa ou eletrônica.

firewall • [TIC] Tipo de bloqueador, constituído do conjunto de *hardware* e *software*, usado para filtrar acessos em redes de computadores.

fita • [RTVC] O mesmo que filme (2). • [RAV] [RTVC] O mesmo que fita magnética.

fita cassete • [RAV] Fita magnética de áudio, disponível em chassi do tipo cassete.

fita demo • [RAV] V. demo.

fita magnética • [RAV][RTVC] Fita de matéria plástica revestida com material magnético, sobre a qual é possível armazenar informações (v. informação) (dados, sinais (v. sinal) de vídeo e de áudio) sob a forma de pontos magnetizados.

flanqueamento • [MKT] Termo do *marketing* de guerra utilizado para descrever um tipo de investida na guerra ofensiva, que consiste em direcionar os esforços de *marketing* para os pontos fracos do produto concorrente. As maneiras de realizar o flanqueamento são tantas quantas podem ser as falhas da concorrência. Mas, as mais comuns são: a) com preço baixo – quando a empresa consegue produzir objetos de consumo similares ao da concorrência com custos reduzidos e assim pode oferecê-los ao mercado por um preço mais baixo sem afetar significativamente sua margem de lucro. b) com preço mais alto – quando a empresa percebe que o preço é um fator de status para o produto. c) com distribuição

– quando a empresa encontra canais de marketing ainda não explorados pela concorrência. d) com inovações no produto – quando, através de uma pequena inovação, a empresa consegue diferenciar seu produto dos demais.

flash • [RAV] **1** Iluminação artificial intensa e instantânea que permite fotografar em ambientes com pouca luz. Serve também como fonte auxiliar de luz, mesmo em fotografias à luz do dia, para atenuar sombras. **2** Aparelho, geralmente sincronizado à câmera fotográfica, dotado de pilhas ou baterias e de lâmpadas ou cubos descartáveis, para produzir a iluminação descrita no item 1. • [RTVC] Cena muito curta, instantânea. Plano brevíssimo. • [JN] **1** Nota breve sobre algum acontecimento. Pode parecer isoladamente ou como parte de um conjunto de notinhas do mesmo gênero, publicadas ao lado de uma notícia maior, para destacar certos pormenores do fato. **2** Primeiro anúncio de um acontecimento importante, imediatamente difundido nos despachos de uma agência de notícias, mesmo que interrompa qualquer despacho normal que esteja sendo transmitido. Utiliza poucas palavras e é redigido de forma semelhante ao lide. Qualquer despacho que esteja sendo levado ao ar é sujeito a interrupções para a transmissão de *flashes* de uma notícia importante e recém ocorrida. Na internet, os *sites* noticiosos costumam reservar um espaço próprio para os *flashes*, que se sucedem na tela paralelamente aos textos maiores.

flashback • [RTVC] Qualquer imagem que se refere a uma época anterior à da narrativa.

flash forward • [RTVC] Qualquer imagem que indica uma ação futura. O contrário de *flashback*.

flash mob • [FTC] [MKT] Movimentos ou gestos previamente combinados por pessoas reunidas em um mesmo lugar, quase sempre convocadas pela internet.

flog • [TIC] O mesmo que *fotoblog*.

fluxograma • [TIC] **1** Diagrama em que se utilizam símbolos convencionados para representar as operações, os dados, o equipamento, as ocorrências etc., para definição, análise ou solução, de um problema. Diz tb. diagrama de fluxo. **2** Representação gráfica de um programa ou de uma rotina.

FM • [TIC] [RTVC] Abrev. de frequência modulada.

foca • [JN] Jornalista novato. Repórter sem experiência na profissão.

foco • [RAV] **1** Ponto para onde convergem ou de onde divergem as direções de raios luminosos paralelos, após incidirem em um sistema óptico. **2** Distância entre a superfície de trás das lentes e o plano onde corre o filme, dentro da câmera. **3** Ajustamento óptico de uma câmera ou lente, a fim de obter-se uma imagem nítida. Existem câmeras de foco automático, foco fixo e foco variável. **4** Plano em que se forma a imagem nítida do que está sendo fotografado.

fôlder • [ED] [PP] Volante, prospecto ou folheto constituído por uma só folha impressa, com duas, três ou mais dobras. Usa-se mais comumente a grafia em ing., *folder* (que dobra). No plural, é preferível a forma aportuguesada, 'fôlderes'.

folha de créditos • [ED] V. crédito.

folha de guarda • [ED] V. guarda.

folha de rosto • [ED] Folha inicial de um livro, só precedida pelo anterrosto e, em alguns casos, pela primeira folha de guarda. Contém as informações já apresentadas na capa, além de outros detalhes identificadores da obra. No anverso da folha de rosto, chamado simplesmente de rosto ou página de rosto, constam geralmente as seguintes informações: autor(es) da obra, título e subtítulos, número de volume (se houver), nome do tradutor (quando se trata de tradução) e, na parte inferior da página, a imprenta (cidade onde aquela edição é produzida, nome da editura e ano da publicação). No verso da folha de rosto, chamado de página de créditos, costumam ser estampadas as seguintes informações: indicação de copyright (titularidade dos direitos autorais daquela edição), nome completo, endereço e outros dados da editora, equipe editorial, ficha catalográfica e número de ISBN.

folheteria • [ED][MKT] Conjunto de impressos, especialmente folhetos, usados na publicidade de um determinado produto, serviço, organização, evento etc.

folhetim • [ED] [RTVC] Novela ou romance divididos em partes sucessivas e publicadas periodicamente. Essas partes podem constituir pequenos volumes ou capítulos nas páginas de um determinado jornal ou revista. Embora o termo folhetim (do fr. *feuilleton*) date de 1790, só se tornou popular depois de 1840, quando passou a designar as narrativas publicadas em jornais para conquistar clientela. V. literatura de massa e novela.

folheto • [ED] 1 Publicação não periódica, com número limitado de páginas (mínimo de 5, máximo de 48, excluídas as capas). Diz-se tb. livreto ou *booklet*. V. livro, prospecto, volante, fôlder e boletim. 2 Folha avulsa impressa em substituição a outra onde foram encontrados erros em um livro já pronto. 3 O mesmo que prospecto. 4 O mesmo que fôlder.

fólio • [ED] 1 Numeração das páginas de uma publicação. A numeração deve ser feita em algarismos arábicos; as páginas dos elementos pré-textuais (p. ex., capa, folha de rosto, dedicatória, agradecimentos, sumário, prefácio), bem como as capitulares, não recebem numeração. 2 Publicação numerada por folha, geralmente livro comercial.

follow-up • [MKT] 1 Em um plano de marketing, passo seguinte à implementação de uma campanha publicitária ou introdução de um novo produto no mercado, a fim de avaliar resultados. 2 Última etapa do processo de venda, que corresponde à participação do vendedor nas atividades de pós-venda. • [RP] Ato de se dar continuidade a um contato, para buscar informações sobre uma atividade ou decisão acertada para aquele prazo, ou para reatar um processo de comunicação.

fone de ouvido • [RAV][TIC] Dispositivo de qualquer receptor de som (rádio, telefone etc.) ou equipamento de reprodução sonora, que se leva ao ouvido para escutar o som. V. *headphones*.

fonograma • [RAV] Registro sonoro (de obra musical, literária, científica etc.), gravado em suporte material (digital ou analógico) para reprodução. Som gravado, para fins comerciais ou não.

fonoteca • [ED] **1** Coleção de documentos de áudio. V. documentação. **2** Lugar onde esses documentos são guardados, preservados e, em muitos casos, oferecidos para consulta.

fonte • [FTC] Indivíduo, máquina, organização, instituição de onde provém a mensagem no processo comunicacional. Elemento que, numa cadeia comunicativa, seleciona de um conjunto a mensagem a ser emitida. V. comunicação. • [ED] Conjunto de caracteres de uma família tipográfica, em um ou vários corpos e variantes (redondo, grifo, caixa alta e baixa etc.), que integram um catálogo de tipos, uma caixa tipográfica, uma coleção de matrizes de máquinas compositoras, um *software* ou arquivo destinado a editoração eletrônica etc. Interessante notar que a palavra fonte, nesta acepção, tem origem no lat. fundere, que significa fundir, derreter; ou seja, mesmo nos processos digitais de editoração usa-se uma expressão típica dos primeiros tempos da tipografia. • [IN] Origem da informação. Todos os documentos e pessoas de onde um autor de trabalho jornalístico, literário, técnico ou artístico extraiu informações para sua obra. Na linguagem jornalística, especificamente, distinguem-se as expressões fonte, porta-voz e informante. A fonte, em princípio, é qualquer pessoa usada por um repórter na sua busca de informação. Ela pode ser oficial (ou formal, geralmente situada nas assessorias de imprensa e de relações públicas das instituições) e não autorizada (oficiosa ou não, às vezes, importantíssima para obtenção em caráter informal de uma informação que não pode ser formalizada através dos canais oficiais). Chama-se fonte autorizada à pessoa que substitui o porta-voz nos casos em que o governante ou a alta autoridade não pode pessoalmente formalizar e oficializar a informação ou a opinião do seu governo, embora muita vezes tenha interesse em torná-la conhecida do público. Em respeito a princípios internacionais que regem a matéria, a lei assegura aos jornalistas o direito de manter sigilo quanto às fontes ou a origem de informações recebidas.

força de vendas • [MKT] O conjunto dos vendedores de uma empresa.

forma • [FTC] Modo pelo qual uma mensagem (em qualquer meio de comunicação: visual, musical, literário, publicitário etc.) se organiza e se expressa. Maneira pela qual se manifesta a essência ou a substância de uma coisa, segundo Hegel, e que coincide com a própria essência. No campo da análise do discurso, considera-se a forma não como simples invólucro de um conteúdo, mas sim uma integridade dinâmica e concreta que tem conteúdo nela própria. Assim, o conteúdo (relacionado a essência, matéria, fundo, mensagem) somente se caracteriza em função da forma. • [ED] Pron.: fôrma. **1** Todo conjunto de composição que entra de cada vez em uma máquina impressora. **2** Espaço a ser ocupado por um determinado conteúdo, determinado pelo editor e pelo diagramador no início da elaboração editorial de uma publicação.

formatar • [TIC] Preparar disco, disquete ou fita magnética para posterior gravação

formatação

de arquivos e programas. • [ED] No trabalho de editoração eletrônica, adequar o material a ser editado (textos, ilustrações etc.) conforme a disposição visual desejada. V. projeto gráfico.

formatação • [ED] [TIC] Ato ou efeito de formatar.

formato • [ED] **1** Dimensões de um veículo impresso. Tamanho e forma de uma publicação. Altura e largura (indicados atualmente por suas medidas em centímetros), números de páginas e aparência geral de volume. **2** Tamanho (altura e largura) de uma folha de papel de impressão. Os papéis para impressão são fornecidos geralmente em formatos básicos padronizados, produzidos em grandes quantidades. Os formatos de papel mais empregados na produção de livros, revistas, jornais etc., são os seguintes: AA (dois A) com 76 x 112 cm; BB (dois B), com 66 x 96 cm; AM (americano), com 87 x 114 cm; francês, com 76 x 96 cm. **3** Indicação do tamanho (medida de largura e altura) de um desenho, folheto, anúncio, leiaute etc. • [PP] **1** Dimensões da peça de propaganda em mídia impressa, geralmente calculado por centímetros de coluna ou por páginas. **2** P. ext., duração de *spot* ou comercial em rádio ou televisão, calculado em segundos. • [RTVC] Estrutura de uma programação de rádio ou televisão, geralmente representada graficamente por um esquema a ser seguido pelos roteiristas e programadores. Na elaboração do formato característico de uma determinada emissora, a programação poderá estar, p. ex., dividida em módulos com um tempo exato de duração e no qual deve ser incluído um certo número de números musicais, de comerciais (v. comercial), de notas informativas etc.

formato padrão • [ED] [IN] V. jornal.

formato *standard* • [ED] [IN] V. jornal.

formato tabloide • [ED] [IN] V. jornal e tabloide

fotoblog • [TIC] *Blog* geralmente gratuito disponível na internet em que predomina a publicação de fotos, com opção de legendas. Tem a interatividade como característica e pode receber comentários de outros internautas. Na maioria das vezes, é pessoal e usado como álbum de fotos, mas pode ser comunitário, quando um grupo de pessoas, autorizadas pelo administrador, pode contribuir com fotos num mesmo fotoblog. V. tb. *flog*.

fotocomposição • [ED] **1** Sistema de composição mecânica, a frio, que emprega matrizes planas gravadas em filme, fita magnética, fita perfurada, disco etc. e produz, por meios fotográficos ou fotoeletrônicos, textos destinados à impressão, fornecidos em suporte de filme ou papel. Fabricadas comercialmente a partir de 1950, as máquinas de fotocomposição substituíram o emprego do chumbo fundido ou de outros metais, tendo sido depois substituídas pelos sistemas de editoração eletrônica. **2** Trabalho de composição executado por esse sistema.

fotografia • [RAV] **1** Arte e técnica de formar e fixar imagens, que compreende, em sua técnica convencional (anterior à imagem digitalizada), duas fases distintas: por meio de um sistema óptico, a luz impressiona uma emulsão fotossensível e deixa gravada a imagem do objeto; em seguida, a emulsão impressionada é banhada em reagentes químicos que revelam e fixam a imagem. A história da fotografia passa por conhecimentos ópticos que remontam à Antiguidade e pelas descobertas no campo da química, que se sucederam a partir do séc. 17. O surgimento da fotografia, no entanto, é frequentemente associado ao nome do francês Louis Daguerre e ao ano de 1839, embora o trabalho desse pesquisador francês não tenha sido o único e tampouco pioneiro. A partir daí o desenvolvimento técnico da fotografia não parou mais, crescendo junto com sua popularidade. A câmera foi diminuindo de tamanho e a qualidade das fotos, melhorando. Surgiram os filmes de rolo, as cores, as várias lentes, objetivas e filmes para situações específicas, e constituía-se também a base para o surgimento do cinema. Atualmente a fotografia é mais comumente obtida por processos eletrônicos e digitais. **2** Imagem obtida por esse processo. Cada imagem ou composição de imagens que resulta de um trabalho fotográfico. Neste sentido, usa-se mais frequentemente a forma abrev. 'foto'. V. retrato.

fotografia de cena • [RTVC] Ato ou efeito de fotografar as cenas no momento em que são filmadas, para registrar a posição dos objetos e dos atores no cenário, de maneira que seja possível recompor, em outro dia de filmagem, uma imagem semelhante. A fotografia de cena é utilizada também com fins publicitários, para ilustrar os anúncios do filme. Em ing., *still*.

fotograma • [RTVC] **1** Unidade mínima do filme cinematográfico; cada fotografia que o integra. Em ing., *frame*. A velocidade de projeção em filmes de 35mm é de 24 fotogramas por segundo. **2** Diz-se de cada quadro de um filme (negativo ou *slide*).

fotogravura • [ED] **1** Qualquer processo fotomecânico destinado à produção de clichês, fotolitos, chapas e outros tipos de matriz, mediante gravação (em relevo, a entalhe ou em plano) da imagem a ser reproduzida. Na fotogravura em relevo estão compreendidos os processos de produção de clichês (a traço) e autotipias (em retícula). Na fotogravura a entalhe, a produção de placas e cilindros de cobre utilizados em heliogravura plana ou rotativa (rotogravura). A fotogravura em plano compreende os processos de fotolitografia, fototipia etc. (superfícies impressoras sem relevo ou entalhe). **2** Clichê, chapa, placa ou cilindro obtido por qualquer desses processos (especialmente pelo processo em relevo). **3** Imagem impressa obtida por esses processos. **4** Oficina ou local de oficina gráfica onde se realiza esse tipo de trabalho.

fotojornalismo • [JN] **1** Trabalho jornalístico realizado pelo repórter fotográfico. V. jornalista. **2** Gênero de jornalismo em que o material fotográfico é o principal elemento informativo. V. fotorreportagem.

foto-legenda • [JN] Fotografia acompanhada de um texto-legenda, para publicação em jornal ou revista.

fotolito • [ED] **1** Película transparente, de acetato, onde se registra, por meios fotomecânicos, a imagem (texto, foto, desenho etc.) que se deseja imprimir. Filme (positivo ou negativo) ou jogo de filmes que reproduz textos e ilustrações e serve de matriz para gravação de chapas destinadas a impressão pelo sistema ofsete, ou ao preparo de telas destinadas à serigrafia etc. Diz-se tb. filme e acetato. A palavra fotolito tem origem no gr. *photós* (luz) e *lithos* (pedra). O seu significado mais exato é, portanto, matriz para litografia, ou até, p. ext., a chapa metálica de zinco para ofsete. Assim, a matriz de película transparente, conforme descrevemos acima, seria mais propriamente chamada de filme. No entanto, está consagrada pelo uso, entre os profissionais de produção gráfica, a designação fotolito para este caso. V. matriz. **2** P. ext., qualquer suporte utilizado com essas funções. V. transparência.

fotomacrografia • [RAV] Processo de fotografar, em tamanho grande, objetos muito pequenos, mas não microscópicos (insetos, flores etc.). Efetuado com o auxílio de lente de aproximação, tubo de extensão, macrozum etc. Diz-se tb., impropriamente, macrofotografia.

fotomanchete • [JN] Manchete cujo texto é conjugado a uma fotografia ou a qualquer outra ilustração, constituindo um só elemento visual.

fotômetro • [RAV] Instrumento que mede a intensidade da luz incidente ou refletida por um objeto a ser fotografado, além de indicar as graduações adequadas de exposição do filme. Pode ser ou não integrante da própria câmera. V. abertura.

fotomicrografia • [RAV] Processo através do qual se obtêm fotografias de objetos diminutos com o emprego de uma câmera acoplada a um microscópio. Esse processo equivale, em cinema, à cinemicrografia ou microcinema.

fotomontagem • [RAV] **1** Técnica de combinar duas ou mais imagens separadas para produzir uma nova composição. Pode ser feita por meio de técnicas fotográficas convencionais (duas ou mais exposições [v. exposição] no mesmo filme, ou projeção de vários negativos sobre o mesmo papel fotográfico, entre outros processos) ou recursos de fotografia digital e computação gráfica. **2** Imagem fotográfica obtida por esse processo.

fotonovela • [RTVC] Forma de narrativa, geralmente romântica, apresentada através de fotografias, sobre as quais são aplicados balões (v. balão) para os diálogos e legendas (em textos sucintos). Nascida na Itália, depois da Segunda Guerra Mundial, como um subproduto do cinema (na forma de revistas com resumos de filmes, que logo depois evoluíram para 'cinerromances sem cinema'), a fotonovela transformou-se num produto industrial reproduzido em série e em uma forma de literatura de massa.

fotorreportagem • [JN] Reportagem que tem nas fotografias o seu principal elemento informativo. Resulta numa matéria jornalística em que as fotos são acompanhadas somente de legendas ou de breve texto explicativo.

fototeca • [ED] Coleção de fotografias. V. documentação.

fractal • [FTC][TIC] Forma que, ao se fracionar infinitamente, mantém a mesma estrutura do todo. Produção de imagens a partir de cálculos matemáticos gerados por meio de computador, que determinam a fórmula estrutural de cada elemento. Padrão simples que, ao se repetir, compõe imagens complexas, como os fragmentos de uma gota d'água ao cair no chão, nuvens, montanhas e todas as formas naturais ou criadas pelo homem. O formato de todas as árvores de uma espécie como os pinheiros, p. ex., tem semelhanças estruturais com a forma de cada um dos seus galhos, que por sua vez apresentam uma estrutura semelhante às folhas que o constituem. Estas contêm características que se repetem nos seus pequenos fragmentos, que por sua vez repetem a mesma estrutura em seus detalhes minúsculos. Se essa estrutura for expressa em uma fórmula matemática, poderão ser criadas digitalmente imagens de uma floresta de pinheiros, com padrões infinitos e variados formatos.

fragmentação • [TIC] Armazenamento de informação nos espaços livres de um disco. No decorrer de um certo tempo de uso, o acesso a esses dados torna-se mais lento devido à grande quantidade de documentos gravados. Para reestabelecer a facilidade de acesso aos dados, é necessário fazer uma desfragmentação, ou seja, uma reorganização dos dados que se agrupam aleatoriamente.

frame • [TIC] **1** Em ing., quadro. Forma de codificação de pacote via rede. Composto de cabeçalho, conteúdo de informação e fecho. **2** Em sistemas de hipertexto, divisão da tela em áreas distintas. • [RTVC] V. quadro.

francês • [ED] [JN] V. jornal.

franchise • [MKT] V. franquia.

franchising • [MKT] Licenciamento da marca, dos produtos e da tecnologia de negócios de uma empresa (chamada 'franqueadora', v. franquia), para terceiros (franqueados). Sistema de distribuição de bens ou serviços através de empresas licenciadas. O contrato de *franchising*, ou franquia, geralmente prevê o cumprimento de determinadas condições (qualidade, supervisão técnica, identidade visual etc.), além do pagamento de determinadas taxas e percentuais. Chama-se de *franchising* de negócios (*business format franchising*), o sistema formatado que uniformiza os detalhes operacionais, administrativos, os instrumentos de marketing e o padrão de identidade visual da rede de franquias. Chama-se de *franchising* de marca (*product and trade mark franchising*) o licenciamento do uso de uma marca na fabricação ou comercialização de determinados produtos.

franquia • [MKT] **1** Contrato de *franchising* entre o franqueador e o franqueado. **2** Loja que funciona pelo sistema de *franchising*. Unidade franqueada. Diz-se também *franchise*. **3** O mesmo que *franchising*.

freelance • [ED] Trabalho avulso, encomendado a qualquer profissional, sem vínculos empregatícios. Trabalho extraordinário, bico, biscate. Trabalho desempenhado por um profissional autônomo. Diz-se também frila (fazer um frila).

freelancer • [ED] Pessoa que faz *freelance*, trabalhando por conta própria (como redator, repórter, fotógrafo, modelo fotográfico, desenhista, arte-finalista, compositor de *jingles*, roteirista etc.) e fornece seus serviços profissionais, sem vínculo empregatício, para uma ou diversas organizações (editoras, jornais, agências de propaganda, emissoras de tv ou rádio etc.). Diz-se tb. frila (trabalhar como frila).

freeware • [TIC] [MKT] Diz-se de software distribuído livremente, sem a obrigatoriedade de pagamento. Palavra derivada da expressão *free software*.

frequência • [TIC] Número de oscilações ou vibrações de um movimento periódico, numa determinada unidade de tempo. Número de vibrações por segundo, de uma onda ou corrente alternada, medido em hertz (1 Hz = 1 ciclo por segundo), quilo-hertz (1 kHz = 1.000 Hz), mega-hertz (1 MHz = 1.000.000 Hz) e giga-hertz (1 GHz = 1.000.000 Hz). • [PP] **1** Termo numérico que expressa quantas vezes ocorre um determinado fenômeno, numa experiência de observação, em cada um dos subconjuntos da população observada (p. ex., classes sociais) ou em toda a população. V. amostragem e pesquisa. **2** Número de vezes que cada indivíduo ou grupo familiar é exposto a uma mensagem publicitária, durante determinado período de tempo. P. ex., suponha-se que a programação de mídia para o anúncio de certo produto determina uma inserção por dia, no horário nobre (hora de maior audiência, geralmente a partir do início da noite) de uma emissora de tv. Pois bem, no período de uma semana, alguns telespectadores terão visto o anúncio todas as sete vezes, enquanto outros o viram duas, três, quatro vezes, e outros não chegaram a vê-lo em nenhuma das apresentações. Na avaliação da eficácia da mídia, a frequência é analisada pelos critérios de distribuição de frequência e da frequência média. **3** Periodicidade, intensidade, ou número de inserções de um anúncio num determinado veículo (jornal, revista, emissora de rádio ou de tv etc.). • [ED] O mesmo que periodicidade.

frequência de imagem • [RTVC] Número de imagens (quadros ou fotogramas) que se sucedem por segundo. Em televisão, corresponde ao número de vezes, por segundo, em que uma imagem completa é explorada (v. varredura): 30 quadros p/s no regime de 60 ciclos e 25 quadros p/s no regime de 50 ciclos. No cinema sonoro, a frequência de imagem é de 24 quadros p/s. Em ing., *field frequency*, *frame frequency* ou *picture frequency*.

frequência média • [PP] [RTVC] Número médio de vezes em que indivíduos ou famílias, situados na área de alcance de um veículo, foram expostos (ou tiveram oportunidade de ser expostos) a uma determinada mensagem de propaganda ou programação de mídia, durante um período de tempo considerado.

frequência modulada • [RTVC] Sistema de transmissão de sinais (v. sinal) eletromagnéticos (v. radiodifusão), conhecido pela sigla FM e baseado na modulação da frequência das ondas (e não na variação do seu comprimento ou amplitude, que caracteriza as transmissões em amplitude modulada ou AM). Utiliza receptores especiais e permite uma recepção em alta-fidelidade, inclusive estereofônica (v. estereofonia), livre de ruídos e de quaisquer interferências atmosféricas ou locais. Seu alcance, no entanto, é bastante limitado em relação à amplitude modulada. V. faixa de frequências.

fria • [JN] Diz-se da matéria jornalística sem compromisso exato com atualidade, e que por isso não precisa necessariamente ser publicada imediatamente. V. quente, gaveta, calhau e *stand-by*.

frila • [ED] V. *freelance* e *freelancer*.

frontispício • [ED] O mesmo que página de rosto.

frontload • [MKT] [PP] Planejamento do volume de orçamento de publicidade para um período específico. P. ex., se o planejamento de campanha determina a veiculação de um anúncio durante 13 semanas, o tipo de *frontload* determinado poderá ser de 70% gastos em mídia nas primeiras 5 semanas, e os 30% restantes gastos nas semanas subsequentes.

frontprojection • [RTVC] Projeção de filmes ou de diapositivos sobre uma tela situada ao fundo do estúdio, sem que a imagem projetada venha a ser refletida nas pessoas ou objetos situados entre o projetor e a tela. Processo criado para substituir, com o mesmo efeito, a *back projection*. Uma placa de vidro fino, com 50% de reflexão, é colocada em ângulo de 45° em relação ao projetor, à câmera e a uma tela especial, de alta luminosidade, de modo que a imagem emitida pelo projetor seja refletida pelo espelho e finalmente projetada na tela. Por ser muito tênue, a projeção não se faz sentir em objetos colocados sobre os quais incide, tornando-se visível apenas quando encontra a tela, no fundo. Situada atrás do vidro, a câmera registra o conjunto da cena (apresentador em primeiro plano e imagem projetada ao fundo).

FTP • [TIC] Acrônimo em ing. de *file transporter protocol*, protocolo de transferência de arquivo. Padrão de intercâmbio de dados utilizado na internet, tanto para download, quanto para upload de arquivos, ou seja, para gravar no computador pessoal um arquivo disponível na rede ou vice-versa.

fulfillment • [MKT] Em ing., execução, realização. Processo utilizado na comercialização de produtos e serviços via *marketing* direto, integrando um conjunto de tarefas. Conforme o produto ou serviço que é comercializado, incluindo assinaturas, catálogos de mala-direta e *merchandising*, há diferentes tipos de sistemas *fulfillment*: se a venda é imediata ou envolve serviços que se prolonguem após a venda; se houve a venda de um único exemplar ou de um número maior; se foi à vista ou a crédito; quais são os procedimentos de entrega; qual tipo de informação estatística que deve ser compilada etc.

full run • [PP] Ordem de publicação de um anúncio em todas as edições (v.edição) regionais de um jornal que circulem em um mesmo dia.

funções da linguagem • [FTC] Atividades inerentes ao ato de comunicar, que se caracterizam pelas seguintes funções, segundo Roman Jakobson: a) **referencial** – a informação é apresentada de maneira objetiva, sem comentários ou quaisquer juízos de valor (ex.: a notícia de jornal, o comunicado oficial etc.); b) **expressiva** – a presença do emissor é flagrante no texto, ou seja, a personalidade do autor é manifestada através de opiniões particulares ou sentimentos próprios (ex.: crônica, editorial, comentário etc.); c) **conativa** – o receptor da mensagem está em primeiro plano, e o texto contém apelos diretos ao interlocutor, ao leitor (ex.: textos publicitários, que visam convencer ou seduzir.); d) **fática**

– facilitação ou reforço no envio da mensagem, através de sinais ou de quaisquer elementos destinados a chamar a atenção ou manter contato (ex.: indagações eventuais, como o 'está ouvindo?', ou 'entende?', no meio de um discurso oral, ou, no texto impresso, os modernos recursos gráficos, os artifícios de diagramação, o uso de palavras curtas e simples, a construção de frases curtas e bem articuladas); e) **metalinguística** – nível da linguagem que fala dela própria, textos explicativos ou didáticos sobre os códigos da própria linguagem. V. metalinguagem; f) **poética** – a forma da mensagem predomina sobre o conteúdo informativo, como tendo um valor intrínseco, como sendo um fim. Embora apareça por vezes na crônica jornalística, a função poética é típica da literatura. V. redação.

fundo infinito • [RAV][RTVC] V. infinito(2).

fundo musical • [RTVC] Conjunto dos efeitos musicais que acompanham a ação básica em um filme, programa de rádio ou de tv, espetáculo teatral etc. V. trilha sonora música-tema e sonoplastia.

funéreo • [JN] Na gíria das redações de jornais, o mesmo que obituário.

furo • [JN] Notícia importante publicada em primeira mão por um jornal ou por qualquer outro meio de comunicação de massa. • [ED] Medida tipográfica equivalente a 48 pontos ou 4 cíceros (pelo sistema Didot, aproximadamente 18 mm), em largura e comprimento. • [RTVC] Diz-se da luz que, por descuido técnico, se projeta de um refletor sobre os olhos dos espectadores, ou, em televisão, é captada pela câmera.

fusão • [RAV][RTVC] **1** Desaparecimento gradual de uma imagem, com aparecimento de outra, simultaneamente. Efeito de transição, produzido pela superposição de duas tomadas (uma em *fade-in*, outra em *fade-out*). Em ing., *dissolve* ou *cross-fade*. **2** Mistura de dois temas musicais diferentes, ou de vozes, ruídos etc., indicativa de mudança de ambiente, de tempo ou de situação.

gG

gag • [RTVC] Qualquer efeito cômico, geralmente muito breve, inserido numa representação, em cinema, tv, rádio, teatro etc. É expresso pelo ator por meio de palavras, gestos ou pela própria situação.

galã • [RTVC] Ator ou personagem masculino, característico de determinados gêneros em cinema, teatro, telenovela ou fotonovela. Explora principalmente o seu tipo físico e geralmente representa o papel de apaixonado, herói de boa aparência e bom caráter, inteligente e corajoso (a figura do anti-herói tende a alterar completamente esses estereótipos do galã).

galhardete • [PP] Tipo de bandeirola, com duas pontas em sua parte inferior, utilizada em eventos promocionais.

gancho • [JN] Início de uma matéria jornalística, escrito de maneira a prender a atenção do leitor e a interessá-lo pelo restante do texto. • [RTVC] Tipo de promoção, utilizada principalmente em programas de rádio, para levantar os índices de audiência, em que são oferecidos prêmios a ouvintes que ligarem para a emissora. • [MKT] Brinde oferecido a um cliente em potencial, na compra de produto ou serviço, com o intuito de estimular o consumo.

gatefolder • [ED][PP] Encarte desdobrável (v. fôlder), cujo formato, quando aberto, geralmente é maior do que o formato da revista que o contém. É mais comum situar-se entre as páginas centrais da revista (como anúncio, poster etc.), em formato equivalente a oito páginas. Dá-se este nome tb. à capa múltipla, com dobras, de efeito semelhante ao encarte.

gatekeeper • [JN] No jargão da teoria do jornalismo, profissional influente que articula politicamente a agenda noticiosa dos veículos onde trabalha. • [RP] Diz-se do intermediário no processo de comunicação interpessoal. Transmitida de pessoa a pessoa, a mensagem sofre alteração em seu conteúdo, desde sua origem até o destino final, por ação e características dos intermediários.

gateway • [TIC] Equipamento cuja função é servir de ponto de acesso de um computador a uma rede ou, de redes de computadores entre si. A tradução literal da palavra ing., *gateway* é ponte ou via de acesso.

gaveta • [JN] Diz-se da matéria jornalística atemporal, que pode ser guardada para publicação quando conveniente (matéria de gaveta). Matéria fria.

gazeta • [JN] V. jornal.

genlock • [RTVC] Dispositivo utilizado para sincronização de sinais de vídeo entre uma ou mais câmeras. Liga-se à mesa de controle. Acrônimo da expressão inglesa *generator locking*.

gerador • [RTVC] Fonte portátil produtora de energia, que assegura força e luz para uma equipe fazer uma filmagem ou uma transmissão de tv fora do estúdio, ou para iluminar um palco ao ar livre, em casos de inexistência de luz natural suficiente.

gerador de caracteres • [RTVC] Dispositivo eletrônico utilizado em tv, para superposição de textos (títulos, legendas, créditos etc.) sobre qualquer outra imagem que estiver sendo apresentada. O texto pode ser digitado no momento da transmissão. Diz-se tb. *teleprinter*.

geral • [JN] Diz-se da reportagem, ou da seção de um jornal ou revista, que não se dedica normalmente a nenhum setor ou assunto especializado. A equipe de jornalistas a serviço da reportagem geral encarrega-se da cobertura de acontecimentos variados, que não sejam da alçada de outros departamentos ou editorias (econômica, política, esportiva etc.). V. setor e cobertura.

gerência de *marketing* • [MKT] Conjunto de atividades de *marketing* dirigidas para o atendimento das necessidades do cliente, tendo em vista seu bem-estar e o sucesso da organização.

gerência de produto • [MKT] Atividade de *marketing* que consiste em supervisionar e coordenar praticamente todos os procedimentos que, a partir da produção, se destinam a auxiliar a venda de um produto específico. O gerente de produto participa nas várias áreas de *marketing* (pesquisa de mercado, planejamento, determinação de preços, propaganda, promoção de vendas e distribuição), como responsável por um produto específico.

germânico • [ED] [JN] V. jornal.

ghost writer • [ED] [FTC] [RTVC] Do ing., escritor fantasma. Redator contratado para elaboração de obra intelectual mediante encomenda do solicitante que assina a obra como autor. O *ghost writer* (diz-se tb., simplesmente, *ghost)* costuma guardar sigilo sobre as obras que produz, sendo a autoria do texto assumida totalmente por quem o contratou, tanto para efeitos de direitos autorais quanto direitos morais e todas as responsabilidades advindas dessa autoria.

gHz • [TIC] Abrev. de giga-hertz. V. frequência.

gibi • [ED] Revista destinada à publicação de história em quadrinhos. Gibi era o nome da mais famosa revista de HQ do Brasil, nos anos 1940. A palavra significa 'menino preto, negrinho', tal qual o personagem que figurava nas capas da revista. Foi tão grande a sua popularidade, que o nome gibi passou a designar qualquer revista do gênero. V. tira e história em quadrinhos.

gigabyte • [TIC] V. *bit* e *byte*.

gilete-press • [JN] Expressão que indica pejorativamente o hábito de produzir notícias à base de *releases* ou de matérias prontas, extraídas de outras publicações, recortando-se e colando-se em laudas o texto original (aproveitado *in totum* ou com algumas supressões e modificações superficiais). Sistema de tesoura e cola.

gimmick • [FTC] [PP] Recurso, artifício, macete, bossa, destinados a atrair a atenção do público. Qualquer truque ou efeito, que faz com que determinado anúncio, programa ou texto se destaque dos demais por sua originalidade e desperte interesse do ouvinte, do espectador ou do leitor.

girafa • [RTVC] Dispositivo móvel, semelhante a um guindaste, que suspende o microfone (que acompanha as falas dos artistas) ou a fonte de luz (refletor ou *flash*), de maneira a mantê-los fora de enquadramento. V. *boom*.

gíria • [FTC] **1** Peculiaridades e modificações produzidas na língua nacional por um determinado grupo, como mecanismo de coesão e defesa desse grupo em relação aos demais. A gíria dos malandros e marginais, p. ex., e a dos adolescentes são os casos mais expressivos observados em nossa sociedade: em ambos os casos, a gíria funciona como um código que serve para identificar o grupo e para impedir a compreensão de suas mensagens por elementos alheios a ele. As manifestações mais comunicativas de gíria acabam assimiladas e adotadas pela linguagem coloquial de todas as camadas sociais, perdendo-se então a sua função e o seu valor primitivo. Isto provoca geralmente, no grupo de origem, a substituição da gíria desgastada por uma nova expressão. **2** Linguagem especial. Linguagem (muitas vezes técnica) peculiar àqueles que exercem a mesma profissão ou arte. Jargão.

glifo • [ED] Signo visual arbitrário, convencionado pela comunidade que o usa, associado a um conteúdo semântico, mas não necessariamente a uma só forma verbal, de modo a ser compreendido independentemente do idioma ou do domínio do código verbal (ou seja, decodificável por pessoas de diferentes países e inclusive por analfabetos). Exemplos bastante conhecidos desses símbolos são as figuras de homem e de mulher que designam os banheiros masculinos e femininos, os glifos representativos das diversas modalidades esportivas e alguns sinais de trânsito, inclusive com códigos de cores já consagrados, como o vermelho e o verde, associados respectivamente à negação e à permissão. O termo provém do gr. *glyphé*, gravura. V. signo.

glossário • [ED] **1** Dicionário de termos especiais (técnicos, científicos, poéticos etc.) ou de termos obscuros. **2** Relação elucidativa das palavras especiais, obscuras ou desusadas, contidas em uma obra. É normalmente publicado como apêndice, para facilitar a leitura e a compreensão do texto.

goodwill • [MKT] Imagem de boa-vontade (social) provocada por ação promocional ou de patrocínio, que pode trazer reflexos institucionais positivos para o conceito de uma empresa e também reflexos comerciais, ajudando a expandir o potencial de vendas de um produto ou serviço. A principal razão para a utilização de atividades que levem à construção de uma imagem de boa-vontade é a de se estabelecer uma imagem corporativa favorável, que sirva como lastro na preparação de um caminho positivo para as atividades empresariais.

gôndola • [MKT] [PP] Estante ou conjunto de prateleiras de supermercado. Serve como suporte para exibição de mercadorias em pontos de venda (v. ponto de venda). V. *display*.

gossip • [JN] Mexerico, fofoca, boato. Informação de caráter pessoal e privado, sobre nomes conhecidos do público, veiculada pela imprensa principalmente em colunas sociais ou em seções dedicadas aos bastidores da política ou de qualquer outra atividade, ou por revistas dedicadas especialmente a esse gênero jornalístico.

gótica • [ED] Gênero de escrita caracterizada por letras angulosas e de linhas quebradas, que se formou progressivamente mediante um fraturamento dos traços da minúscula carolíngia. A forma perfeita e acabada de letra gótica recebeu o nome de letra de fôrma, e foi imitada nas primeiras obras impressas. A escrita gótica não foi criada pelos godos, como seu nome parece indicar: essa denominação refere-se apenas ao estilo em voga na Europa, do séc. 12 à Renascença.

grade • [RTVC] Esquema da programação semanal ou mensal de uma emissora de rádio ou tv. V. formato.

gráfica • [ED] Empresa econômica e legalmente responsável pela impressão e/ou acabamento de livros, revistas, jornais ou quaisquer publicações. Participa total ou parcialmente do processo industrial de sua elaboração, utilizando recursos ou sistemas técnicos adequados a essa produção, tais como: composição manual ou mecânica (linotipia e monotipia), fotocomposição, fotorreprodução, impressão e acabamento de qualquer natureza. V. editora.

gráfico • [ED] **1** O que diz respeito à grafia. **2** Diz-se de tudo o que se relaciona às artes gráficas. **3** Profissional de artes gráficas, especialmente quando vinculado à indústria gráfica. **4** Representação gráfica (por desenho, figuras geométricas ou recurso análogo) de fenômenos físicos, econômicos, estatísticos, sociais etc. • [TIC] Padrão de qualidade de imagens exibidas na tela do computador. A boa qualidade, nitidez, apuro no desenho das formas determina a excelência de um gráfico, p. ex., num jogo de computador. • [PP] Ilustrações formadas por *design* manual, gravuras, desenhos ou computador que representa a maioria dos elementos visuais na produção de publicidade e trabalhos de arte audiovisual, todo tipo de trabalho com objetivo de um produto final da mais clara expressão visual. V. *design* gráfico. • [RTVC] Em televisão, toda preparação visual para produção, incluindo (*camecards*) *slides*, títulos, legendas (*lettering*), ilustrações, diagramas símbolos e letras eletrônicas, assim como todos os quadros, mapas, cartazes e gráficos. Virtualmente cada programa de televisão faz uso de um tipo de gráfico diferente.

grafito • [ED] Inscrição ou desenho, geralmente de autor anônimo, rabiscado em paredes, monumentos, banheiros públicos etc. Apresenta frequentemente caráter satírico, caricatural, pornográfico, poético, político ou publicitário. A origem dos grafitos remonta às inscrições rupestres das cavernas pré-históricas. Ao longo do tempo, em todas as épocas, o homem tem utilizado diferentes formas de expressão mural. Em nossos dias, os grafitos tornaram-se frequentes na paisagem urbana, como meio de comunicação utilizado (geralmente de maneira clandestina) por determinados indivíduos ou grupos. A palavra grafito provém do italiano, *graffito*, pl. *graffiti*. No Brasil, é comum a forma original *graffiti*, muitas vezes usada impropriamente também para o singular. Preferimos a forma aportuguesada e seu plural grafitos. V. pichação.

gramatura • [ED] Peso, em gramas, de um m² de determinado papel. Não tem, necessariamente, relação com a espessura do papel, pois depende das matérias-primas empregadas em sua fabricação.

grampeadora • [ED] Máquina utilizada em gráficas e em oficinas de encadernação para brochar volumes diversos por grampeamento.

grampeamento • [ED] Ato ou efeito de grampear. Forma de acabamento em brochura, por meio de um ou mais grampos. Utilizado principalmente em revistas e em livros com poucas páginas e sem lombada. Diz-se tb. grampação, grampagem, grampeação e grampeagem. V. canoa.

grampear • [ED] Prender com grampos os cadernos ou as folhas de revista, jornal, livro, folheto, ou papéis diversos. V. grampeamento. • [TIC] Adaptar sistemas de escuta em aparelhos telefônicos. Diz-se que um telefone está grampeado quando suas conversações estão sendo vigiadas e, geralmente, gravadas por órgãos de espionagem. Esta prática é considerada ilegal.

grampo • [ED] Peça de metal que serve para prender folhas de papel em um só volume. Pequeno pedaço de arame fino, cujas pontas são dobradas pela grampeadora ou pelo grampeador manual, para o grampeamento de papéis impressos ou não.

grande-angular • [RAV] V. objetiva.

grande imprensa • [JN] Conjunto dos principais órgãos de imprensa, editados por empresas de médio e grande porte. Possuem tiragens (v. tiragem) expressivas e exercem significativa influência política, econômica e social junto à comunidade. V. imprensa alternativa.

grande plano geral • [RTVC] V. plano.

grande público • [FTC][MKT][PP][RP] Diz-se do público não segmentado, formado pela massa da população ou pelo conjunto de todos os indivíduos que se deseja atingir ou atingidos por uma mensagem ou por um veículo.

granulação • [RAV] Efeito fotográfico, intencional ou não, que confere à imagem aparência porosa, arenosa, especialmente perceptível nas áreas de tom uniforme muito ampliadas. Na técnica convencional, era geralmente causada pela concentração dos grãos de haleto de prata, formadores da imagem. O uso de filmes rápidos, a revelação prolongada, a superexposição e a ampliação excessiva para as condições do filme, entre outros fatores, aumentam a granulação.

gravação • [ED][RAV][RTVC] **1** Ato ou efeito de gravar. **2** Som ou imagem gravados por processos magnéticos ou mecânicos ou digitais. V. fonograma e videoteipe.

gravador • [RAV][RTVC] **1** Aparelho do gravação e reprodução sonora ou visual, por processos eletromagnéticos. Gravador de fita. Em som, diz-se tb. magnetofone. Para ser gravado, o som ou a imagem são convertidos em sinais (v. sinal) elétricos por meio de um microfone ligado a um amplificador, ou por meio de uma câmera, no caso da televisão, ligada ao gravador de videoteipe. Esses sinais geram variações na intensidade de um campo magnético, e são gravados em uma fita de plástico revestida por uma camada de óxido de ferro, que é magnetizada ao longo de sua extensão. Para reproduzir os sons ou as imagens, faz-se passar a fita por uma cabeça magnética reprodutora, na mesma velocidade empregada para a gravação. O magnetismo armazenado na fita induz oscilações de tensão na bobina do eletroímã da cabeça, produzindo sinais elétricos que são reconvertidos em som ou em imagem, respectivamente por meio de um alto-falante ou de um televisor. V. *tape deck*. **2** V. cabeça. • [ED] Artista ou artesão que grava (v. gravar), em placas de material duro, desenhos destinados ou não à reprodução. O trabalho de tirar cópias, a partir da matriz produzida pelo gravador, cabe ao impressor. A gravação e a impressão podem ser feitas pelo mesmo artista.

gravadora • [RAV] Editora com estúdios e instalações industriais (v. prensagem) próprios ou não, responsável pela gravação e pela publicação de fonogramas. V. produtor.

gravar • [RAV] [RTVC] Registrar sons e/ou imagens sobre um suporte material (disco, fio ou fita magnética) por meio de processos magnéticos ou mecânicos ou digitais. • [ED] Fazer imagens em metal, madeira, pedra, vidro, osso e outros suportes duros, através de corte, incisão, sulco ou talhe, produzidos com instrumento cortante (buril, ponta, faca, goiva, cinzel, ponteiro etc.) ou por meio de reagente químico. Entalhar, abrir, incisar, esculpir, insculpir, fixar ou fazer corroer, em materiais diversos (mais usualmente metal, madeira e pedra), desenhos ou letras, para tirar cópias ou não. V. gravura.

gravura • [ED] **1** Arte, ato ou efeito de gravar. **2** Placa de metal, prancha de madeira, pedra ou outro material duro, em que se gravou. Matriz. A obra gravada nem sempre destina-se à reprodução. Pode ser peça única de gravura, como p. ex., os vidros gravados, inscrições em cartões de metal, pedras preciosas etc. **3** Cópia ou estampa resultante de qualquer um desses processos. A reprodução se dá por meio de impressão (com prelo ou prensa) ou mesmo por pressão exercida pelas próprias mãos do artista (em casos de impressão em relevo, como a xilogravura), o que valoriza a cópia. Considera-se **gravura de arte** original "aquela em que o artista que cria o desenho é o mesmo que faz a gravação, e possivelmente também a impressão. **Gravura de reprodução** é, como o nome indica, aquela que copia uma pintura, desenho, escultura, e até uma outra gravura" (Orlando da Silva).

grifa • [RTVC] Peça que compõe tanto a câmera cinematográfica quanto o projetor e cuja função é controlar o movimento do filme, encaixando-se em suas perfurações.

grifar • [ED] Destacar determinado trecho ou todo o texto em grifo.

grifo • [ED] Designação do tipo inclinado, intermediário entre o redondo e o manuscrito, inspirado na letra cursiva romana manuscrita e introduzido na França por Francisco Griffi, a quem se deve inclusive o seu nome atual. Esse tipógrafo trabalhou sobre o tipo itálico ou aldino, criado anteriormente pelo célebre tipógrafo italiano Aldo Manúcio e publicado pela primeira vez em 1501, na edição do Virgilius. A letra grifada surgiu como uma família independente, mas foi depois adotada como variante em qualquer família de tipos, com exceção, geralmente, dos fantasia que muitas vezes não suportam a inclinação, devido a características específicas. É normalmente empregado em meio a um texto de tipos redondos, para dar ênfase a determinadas palavras e expressões, para distinguir palavras de outros idiomas, termos de gíria, palavras de acepção especial, citações, títulos de obras diversas, nomes de navios, nomes latinos de espécies zoológicas e botânicas, sumários, alíneas etc. Em alguns casos, pode também ser usado para compor artigos ou páginas inteiras. Sua inclinação geralmente aumenta a velocidade de leitura, mas o recurso deve ser usado com cuidado, pois, dependendo da família, do corpo da letra e do tamanho do texto, pode prejudicar a legibilidade.

grisê • [ED] Efeito de meio-tom obtido através de retículas. Do fr. *grisé*. Diz-se tb. grisado (pouco usado).

grosso • [ED] **1** Designação que se dá aos fios mais pretos, aos tipos em negrito, ou aos pontos mais fortes que o normal. **2** Cada um dos traços mais encorpados de uma letra.

GRP • [PP] Abreviatura da expressão inglesa *gross rating points*, que designa a audiência bruta acumulada, ou seja, a soma, em porcentagens, dos pontos brutos de audiência. Uma unidade GRP é igual a 1% de audiência. Para calcular a audiência bruta de um anúncio apresentado três vezes, sabendo-se que esse anúncio obteve 35% de audiência na primeira inserção, 55% na segunda e 40% na terceira, basta somar essas porcentagens e obter, como resultado, 130 GRPs. Por este exemplo, pode-se observar que a soma dos pontos de audiência, para contagem dos GRPs, pode ser superior a 100%. Quando esse total é apresentado em números absolutos (quantidade de pessoas) e não em porcentagem, utiliza-se a expressão impactos em vez de *GRP*. V. impactos, frequência, frequência média, distribuição de frequências e audiência.

grua • [RTVC] Equipamento que traz em sua extremidade uma plataforma na qual são suspensos a câmera, o seu operador e o diretor, para determinadas tomadas. Movimenta-se em todas as direções. É utilizado em grandes estúdios ou em exteriores.

grupo-alvo • [MKT] **1** Parcela do mercado, identificada através de pesquisa, que é visada por uma oferta específica. **2** V. segmento-alvo.

grupo de pressão • [MKT] [RP] Grupo constituído por líderes de pensamento de uma comunidade, por uma determinada organização ou qualquer combinação de organizações, ou por um conjunto de indivíduos unidos em torno de objetivos comuns, que, ocasionalmente, procura exercer influência sobre outro grupo, no sentido de forçar uma mudança de atitude. Os grupos de pressão diferenciam-se quanto a sua natureza (profissional, empresarial, ideológica, política etc.), quanto aos meios de ação (mobilização da opinião pública, propaganda, negociações etc.) e quanto aos métodos utilizados (persuasão, reivindicações, *lobbying*, sabotagem etc.). Cada um desses grupos representa um determinado segmento da comunidade, com grande força na formação da opinião pública e nas decisões governamentais.

GSM • [TIC] Sigla inglesa para *Global System for Mobile Communications* ou sistema móvel para comunicações globais. Sistema telefônico para comunicação móvel que emprega a técnica de múltiplo acesso por divisão em tempo como forma de acesso com canais de largura de faixa de 200 kHz, de acordo com a Agência Nacional de Telecomunicações. Com a vantagem de que sua cobertura internacional possui os mesmos padrões de conexão em mais de 170 países, suporta comunicação de dados e voz, que podem ser usadas por meio de um único número telefônico válido internacionalmente. Ver tb. *roaming*.

guarda • [ED] Cada uma das folhas de papel, branco ou ornamental, dobradas ao meio e cosidas ou coladas no começo e no fim de um livro encadernado. Reforça a junção da capa ao volume e confere bom acabamento à encadernação.

guarda-roupa • [RTVC] V. figurino.

guarnição • [ED] **1** Barra de ferro ou madeira (material branco) usada na imposição e no engradamento da forma tipográfica e para preenchimento dos espaços que devem formar claros maiores na paginação. Serve também como base sobre a qual são colocados os clichês. Neste caso, a guarnição é maciça, e sua altura mais a altura do clichê somam a mesma altura atingida pelo olho das linhas de composição, dos fios etc. **2** O mesmo que quadro. **3** Folhas de papel colocadas sob a blanqueta e a chapa, para ajustar com precisão a pressão entre os cilindros de uma impressora ofsete.

guia • [ED] **1** Publicação que contém informações práticas para orientar habitantes ou visitantes de uma determinada região ou cidade, como localização de ruas e logradouros diversos, horários e linhas de transporte, atrações turísticas, principais repartições, instituições e organizações etc. **2** Publicação que contém instruções práticas sobre uma atividade ou profissão qualquer. V. manual. • [RAV] Dispositivo de material não magnético (normalmente borracha) que conduz a fita magnética na posição correta e com a tensão adequada para gravação ou reprodução.

guião • [RTVC] O mesmo que roteiro. Roteiro técnico. Termo em desuso, de origem espanhola: *guión*.

guilhotina • [ED] Máquina dotada de lâmina especial para cortar folhas de papel, papelão etc.

hH

habilitar • [TIC] Tornar ativo e/ou disponível recurso de *software* ou de *hardware* no computador.

hacker • [TIC] **1** Gíria que vem do ing. e quer dizer entalhador, cortador. Usuário ou programador com grande conhecimento sobre o funcionamento de computadores e sistemas de rede. **2** Pessoa que pratica fraudes e violações, penetrando em computadores e sistemas de rede, como a internet. Neste sentido, é mais apropriada a palavra *cracker*. Pirata (v. pirataria).

halo • [RAV] [RTVC] Forte contraste entre um objeto fotografado, filmado ou televisado e a área ao seu redor. Apresenta-se geralmente como uma auréola negra em torno de um objeto muito claro e brilhante.

hard disk • [TIC] V. disco rígido.

hard offer • [MKT] Tipo de promoção utilizada em *marketing* direto, em que uma ordem de pagamento acompanha encomenda de produto ou serviço. Apesar da oferta feita há o direito de retorno, por parte do consumidor, da mercadoria não desejada por reembolso.

hardware • [TIC] Complexo físico das instalações de um sistema informático. Conjunto dos elementos mecânicos, elétricos, eletrônicos e magnéticos que constituem a máquina do computador. V. *software*.

hashtag • [TIC] Palavra ou frase após uma cerquilha (#), usada para marcar mensagens ligadas a um determinado tema, funcionando como ***link*** em redes sociais. V. *tag*.

HD • [TIC] Do ing. *hard disk*. V. disco rígido. **2** Do ing. *high density*, alta densidade. Capacidade de armazenamento de informações de um disquete.

HDTV • [RTVC] V. televisão de alta definição.

headphones • [RAV] V. audiofone.

hebdomadário • [ED] Semanário. V. periodicidade.

heliografia • [ED] Qualquer processo de decalque fotográfico de textos e desenhos a traço, utilizado em plantas, mapas etc.

heliogravura • [ED] **1** Processo de fotogravura a entalhe obtida por meio fotomecânico, baseado no endurecimento da gelatina bicromada sob a ação da luz. A imagem original é reproduzida fotograficamente num papel-pigmento marcado anteriormente com uma retícula de linhas transparentes e pontos opacos. O papel-pigmento é colocado sobre a gelatina e deixa marcadas, em sua superfície, as áreas que deverão ser impressionadas pela luz. Aplicada sobre uma chapa ou cilindro revestidos de cobre, a gelatina oferece resistência variável – em suas partes mais ou menos endurecidas – à ação de elementos corrosivos que provocam o entalhe de pequenos pontos destinados a receber a tinta no momento da impressão. O processo heliográfico de maior utilização é a rotogravura. **2** Placa ou estampa obtidas por esse processo.

hemeroteca • [ED] **1** Coleção de revistas e jornais. V. documentação. **2** Seção da biblioteca, onde estão colecionados jornais e revistas.

hertz • [TIC] Unidade de medida de frequência equivalente a um ciclo por segundo. Numa frequência de 80, p. ex., a corrente oscila (muda de direção) 80 vezes por segundo.

heurística • [FTC] Procedimento que, por meio de regras e comportamentos definidos, busca levar o operador (pesquisador, administrador etc.) à descoberta da solução de um problema determinado. A heurística pressupõe que a resolução de problemas pode ser alcançada pela aplicação formal de uma técnica baseada em determinados treinamentos e exercícios lógicos. A partir da teoria da informação, os defensores desse método procuram explicar os conceitos de criatividade, originalidade, invenção e novidade, com base em medidas estatísticas de frequência. O termo provém do gr. *heurisco*, achar.

HF • [TIC] Abrev. do ing. *high-frequency*, alta frequência. V. faixa de frequências.

hi-fi • [RAV] Abrev. de *high fidelity*. V. alta-fidelidade.

high fidelity • [RAV] V. alta-fidelidade.

highlight • [ED] **1** Recurso de edição de texto e edição visual para ressaltar informações importantes, palavras-chaves ou frases de destaque em um texto ou imagem, por meio de recursos gráficos tais como flechas, botões especiais, boxes, *bullets* etc. **2** Área mais clara em uma imagem, estilo meio-tom, impresso em área com menor quantidade de pontos. Diz-se também da área mais clara de um tom original.

hipérbole • [FTC] Exagero deliberado de significação, para mais ou para menos. Ex.: O público morreu de rir da piada; A comida não encheu nem o buraco do meu dente.

hiperficção • [ED] **1** Gênero de literatura digital, caracterizado pelo uso de *links* de hipertexto que permite a falta de linearidade na narrativa intertextual e a interatividade. O leitor geralmente escolhe *links* para mudar de texto e leva a história a uma espiral de outras potenciais histórias. **2** Livros cuja narrativa não linear e interativa pode ser alcançada por referências internas e comandos de texto.

hiperlink • [TIC] O mesmo que link, nos sistemas de hipermídia ou hipertexto.

hipermédia • [TIC] V. hipermídia.

hipermídia • [TIC] **1** Recurso multimídia em linguagem *HTML*. Mais abrangente do que o hipertexto, por incluir sons e imagens, inclusive vídeos, dispõe de *links* que permitem acessos de um documento para o outro. Diz-se tb. (em Portugal) hipermédia. V. *hiperlink*. **2** Diz-do suporte de informação que conta com esse tipo de recurso.

hipertexto • [TIC] **1** "Modo de organização e acesso a informações operacionalizado por meio da linguagem de programação *HTML*. Na *web*, cada documento (seja ele texto, imagem ou som) pode conter *links* (vínculos) que levem a outros documentos, que por sua vez conduzem a mais outros e assim por diante. Em uma estrutura hipertextual, o usuário não tem o compromisso de seguir a ordem 'começo, meio e fim', podendo traçar a sua ordem particular, navegando através dos documentos interligados" (Luís Monteiro). **2** Modalidade de hipermídia, na qual a informação está sob a forma de texto, em linguagem *HTML*.

história em quadrinhos • [ED] Forma de narração, em sequência dinâmica, de situações representadas por meio de desenhos que constituem pequenas unidades gráficas sucessivas (quadrinhos) e são geralmente integrados a textos sintéticos e diretos apresentados em balões (v. balão) ou legendas. A origem das histórias em quadrinhos remonta à Pré-história, mas começaram a se apresentar em sua forma atual no fim do século XIX, nas páginas de jornais norte-americanos. A partir do sucesso das tiras seriadas diárias, dos suplementos dominicais e das páginas de quadrinhos publicadas em vários países, surgiram por volta de 1930 as primeiras publicações exclusivamente dedicadas ao gênero (que no Brasil ganharam o nome de gibis). São conhecidas nos países de língua inglesa pela expressão *comics*, por ter sido humorística a sua primeira função manifesta um humor facilmente acessível a todas as classes sociais e que assegurou a sua difusão. Na Itália, *fumettis*, em alusão aos balões, pequenas 'nuvens' que contêm o diálogo dos personagens. Na França, *bandes dessinées*, que encontra equivalente em Portugal, com suas bandas desenhadas. No Brasil, diz-se tb., HQ ou simplesmente, quadrinhos. V. tira, gibi, revista, quadrinho, cartum, charge, fotonovela.

histotipia • [ED] Arte de imprimir em tecidos.

hit • [RTVC] O mesmo que sucesso. Diz-se de uma música que tenha alcançado grande índice de popularidade ou de vendagem de discos. • [TIC] Unidade de medida de audiência na internet, que indica o número de visitas a uma *homepage* ou a setores da mesma. Esse sistema de contagem, no entanto, registra 1 *hit* para cada um dos arquivos de uma página acessada pelo internauta. Portanto, se a página contiver quatro imagens e um texto, o total de seis *hits* será computado cada vez que essa página for acessada.

holofote • [RAV] [RTVC] Refletor de grande potência, destinado à iluminação de objetos a grande distância.

holografia • [RAV] [RTVC] Processo fotográfico pelo qual, com o uso de raios *laser* e sem emprego de lentes, é possível obter sobre uma emulsão plana o registro da luz refletida por todas as partes visíveis de um objeto, formando-se uma imagem não pictórica, que, após um método adequado de reprodução, pode ser vista em três dimensões. As imagens tridimensionais obtidas por holografia não são projetadas sobre uma tela plana: são apresentadas no espaço, pela reconstrução de frentes de onda que se interferem, reproduzindo a imagem do objeto fotografado. Seu princípio básico foi descoberto em 1948 pelo físico húngaro Dennis Gabor. O termo provém do gr. *hólos*, inteiro, e *gráphos*, escrita.

holograma • [RAV] Chapa fotográfica em que se registram imagens obtidas por holografia. No holograma, a imagem não é visível diretamente, sendo necessário reconstruí-la em três dimensões por meio de um feixe de luz coerente de raio *laser* (holograma de transmissão). Novas técnicas permitem a decodificação da imagem holográfica (fixada com raios *laser* em placa especial) pela simples incidência de luz natural ou artificial diretamente sobre o holograma (holograma de reflexão).

home office • [TIC] Ambiente de trabalho domiciliar, equipado com os recursos necessários à atividade profissional. V. soho e estação de trabalho.

homepage • [TIC] Forma básica de organização de informações na internet, pela tecnologia *world wide web* (ou *www*). Página ou conjunto de páginas criadas a partir de linguagem de hipertexto (*HTML*), que pode conter som, imagem, texto e movimento. Forma de comunicação mais difundida na grande rede, a ponto de ser confundida com a mesma.

homem-sanduíche • [PP] V. anúncio-sanduíche.

host • [TIC] Computador que permite o acesso de vários usuários, simultaneamente, a uma rede de computadores. V. internet; intranet.

hotsite • [TIC][MKT] Site, em geral com poucas páginas e duração determinada, que segue uma finalidade específica de *marketing*, como a divulgação de um novo produto ou serviço.

hotspot • [TIC] 1 Local público ou privado com tecnologia wi-fi disponível para conexão com a internet, como cafés, restaurantes, hotéis e aeroportos. 2 Área clicável de um *site*, programa ou aplicativo, que reúne um grupo de instruções a serem executadas.

house • [MKT][PP][RP] 1 Designação abreviada de house organ. 2 Designação abreviada de house agency.

house agency • [PP] Agência de propaganda mantida pelo próprio anunciante, para a criação e veiculação de seus anúncios. A *house agency* é, na realidade, um departamento da empresa anunciante, criada exclusivamente para atender à sua conta.

house organ • [RP] Veículo impresso ou eletrônico, periódico, de comunicação institucional, dirigido ao público interno (funcionários e seus familiares) e/ou a determinados segmentos do público externo (revendedores, acionistas, clientes, fornecedores, autoridades, imprensa etc.). Podemos classificar quatro funções principais das mensagens mais frequentemente veiculadas pelos jornais e revistas de empresa: a) **informação** – notícias sobre a companhia, sua performance, planos e políticas, explicações sobre condições de trabalho, novas técnicas, procedimentos administrativos etc.; b) **integração** – mensagens destinadas a promover um sentimento comunitário entre os participantes da organização, e em mantê-los coesos e harmonizados em torno de objetivos comuns; c) **educação** – mensagens sobre prevenção de acidentes, direitos trabalhistas, relações humanas, cultura etc.; d) **motivação** – estímulos a maior eficiência e produtividade, valorização do pessoal, apelos a um comportamento positivo no ambiente de trabalho.

HQ • [ED] Abrev. de história em quadrinhos.

HTML • [TIC] Sigla em ing. de *Hypertext Markup Language*. Linguagem de hipertexto, constituída de códigos que ativam links, usada para fazer páginas da web.

HTTP • [TIC] Sigla de *hyper text transport protocol*, literalmente *protocolo de transporte de hipertexto*. Protocolo padrão para a comunicação na web. A partir de um critério único de localização dos sites e de transferência de informações, permite a vinculação entre as páginas de internet por meio de hiperlinks. V. endereço eletrônico e URL.

hub • [TIC] Em ing., ponto central, eixo. Aparelho que funciona como elemento central de uma rede local, recebendo e redirecionando os sinais entre os diversos segmentos ou pontos da rede.

humor • [FTC] [ED] [JN] [RTVC] Gênero de criação intelectual que utiliza as mais diversas formas de arte para se expressar. O humor pode ser a própria essência desta criação intelectual ou pode ser uma de suas características. A obra de Carlos Drummond de Andrade, p. ex., é plena de humor: neste caso, ele é a característica de uma obra literária. Na obra de Millôr Fernandes, por outro lado, o humor é a própria essência, o gênero (e esta mesma obra pode ser citada também como exemplo do uso de diversas formas de arte, por um autor, para criar seu humor: teatro, literatura, pintura, desenho etc.). Em sua acepção original, a palavra latina humor, *humoris*, significava 'umidade, elemento líquido' de toda espécie e, a partir daí, qualquer elemento líquido contido em um corpo organizado e, mais especificamente, no corpo humano. Segundo a antiga medicina romana do tempo de Galeno, o organismo humano era regido por humores que percorriam o corpo: o sangue, a fleuma (secreção pulmonar), a bile amarela e a bile negra. A predominância de um desses humores no organismo determinava o homem sanguíneo, o fleumático, o colérico ou o melancólico. O homem que possuísse todos esses humores em perfeito equilíbrio no corpo seria um bem-humorado, um homem de bons humores. Essas expressões persistem até hoje sem que, ao empregá-las, sejamos conscientemente remetidos às suas origens. Segundo uma das mais antigas definições, a do *Oxford English Dictionary*, humor é a faculdade de perceber o que é ridículo ou divertido em um fato e a capacidade de transmitir essa percepção através da conversação, da escrita ou de qualquer outra forma de expressão. "O humor é uma forma criativa de descobrir, revelar e analisar criticamente o homem e a vida. É uma forma de desmontar, através da imaginação, um falso equilíbrio anteriormente sustentado pela própria imaginação. Seu compromisso com o riso está na alegria que ele provoca pela descoberta da verdade. Não é a verdade em si que é engraçada. Engraçada é a maneira com que o humor nos faz chegar a ela. O humor é um caminho" (Ziraldo). V. desenho de humor, caricatura, cartum e charge.

humorista • [ED] [JN] [RTVC] **1** Profissional dos modernos meios de comunicação (v. meio de comunicação) que trabalha especificamente com humor. Artista, escritor, jornalista, autor de textos ou de quaisquer outras obras de humor. **2** Aquele que possui e expressa a arte cômica, conscientemente ou não. Pessoa muito engraçada ou espirituosa; engraçadinho, brincalhão. Neste sentido, é usado às vezes com conotação pejorativa, para pessoas cujos atos ou palavras não podem ser levados a sério porque, de tão absurdos, tornam-se cômicos.

humor negro • [ED] [JN] [RTVC] Tipo de humor que utiliza situações mórbidas, cruéis ou macabras em situações cômicas, ou que atribui comicidade a tais elementos. Não confundir humor negro com humor agressivo, violento. Há diferenças essenciais entre as duas formas. O chamado 'humor negro' é humor decadente, característico de circunstâncias sociais marcadas pelo niilismo, como na Europa de pós-guerra, quando esteve em evidência. O humor agressivo, ao contrário, expressando mensagens de contestação, é polêmico, incômodo, enérgico, mobilizador.

ib • [ED] Abrev. da expressão latina *ibidem*, que significa 'no mesmo lugar'. Empregada para indicar que um trecho citado foi extraído da mesma obra já referida anteriormente. Abrevia-se tb. *ibid*.

ícone • [FTC] V. signo. • [TIC] Pequena imagem em ambiente gráfico utilizada para representar e possibilitar acesso a programas e recursos gravados no computador.

id. • [ED] Forma abreviada da expressão latina idem, que significa 'o mesmo'. Empregada para indicar que um trecho citado pertence ao mesmo autor a que se fez referência anteriormente. Quando vierem juntas as abreviaturas de idem e de ibidem (id., ib.), está indicado que se trata do mesmo autor e da mesma obra antes referidos.

identidade visual • [ED] [MKT] [PP] [RP] **1** Sistema de elementos – marca, logotipo, cores, uniformes, identificação de veículos e de produtos, indicadores visuais, placas de sinalização etc. – que caracteriza visualmente uma organização. **2** Personalidade visual. Sistema integrado de *design* que abrange todas as manifestações visuais relacionadas a uma determinada marca. Coerência e peculiaridade de uma publicação, produto, linha de produtos ou organização, a partir de uma determinada programação visual.

idioleto • [FTC] Maneira de falar própria de um indivíduo; conjunto dos hábitos linguísticos de uma pessoa, em determinado momento. Jakobson contesta esta noção, afirmando que a linguagem é sempre socializada, mesmo ao nível individual, porque quando falamos a alguém tentamos utilizar sempre um código comum (Não existe propriedade privada no domínio da linguagem). O idioleto seria, portanto, uma noção absurda e ilusória. Barthes lembra, no entanto, que o idioleto pode ser útil para designar as seguintes realidades: a) a linguagem do afásico. (v. perturbações de linguagem); b) o 'estilo' de um escritor (ainda que o estilo esteja sempre impregnado de certos modelos verbais provenientes da tradição, isto é, da coletividade). Barthes propõe ainda a possibilidade de ampliar a noção e definir o idioleto como "a linguagem de uma comunidade linguística", e considera esse conceito necessário como "entidade intermediária entre a fala e a língua, ou uma fala já institucionalizada, mas ainda não radicalmente formalizável, como a língua".

ilha de edição • [RAV] [RTVC] Unidade de edição eletrônica.

iluminação • [RAV] [RTVC] Ato ou efeito de iluminar um cenário ou qualquer outro recinto em que serão realizados espetáculos teatral, programa de tv, fotografia ou uma filmagem cinematográfica. A arte da iluminação não se destina apenas a permitir boa visualização do espetáculo: consiste essencialmente em valorizar, acentuar e 'dar clima', a criar o ambiente em determinadas cenas, com variações e efeitos de luz. V. luz e roteiro de luz.

iluminador • [RAV] [RTVC] Técnico responsável pela iluminação, em programas de tv, espetáculos teatrais etc. V. diretor de fotografia.

iluminura • [ED] Ilustração ornamental de capitulares e de outras partes dos livros. Muito comuns na Idade Média como adornos dos manuscritos, eram constituídas por letras iniciais, flores, folhagens e cenas diversas ricamente coloridas, inclusive a ouro e prata.

ilustração • [ED] **1** Qualquer imagem (fotografia, desenho, gravura, gráfico etc.) que acompanha um texto de livro, jornal, revista etc. Pode ser, em alguns casos, mais importante do que o texto escrito, ou mesmo prescindir de texto. **2** Breve narrativa, comentário ou citação, geralmente abordando aspectos curiosos, que realça o texto de uma obra ou uma exposição oral.

ilustrador • [ED] Profissional especializado na criação e produção de ilustrações para livros, jornais, revistas etc. V. ilustração.

imagem • [MKT] [PP] [RP] Conceito ou conjunto de opiniões subjetivas de um indivíduo, do público ou de um grupo social, a respeito de uma organização, uma empresa, um produto, uma marca, uma instituição, uma personalidade etc. A imagem é uma representação mental, consciente ou não, formada a partir de vivências, lembranças e percepções passadas e passível de ser modificada por novas experiências. Para um consumidor, a imagem de um produto ou de uma marca determina padrões de comportamento de compra. A imagem de uma empresa ou de um órgão governamental junto à população influirá sobre a compreensão e a receptividade de suas atividades e promoções. A imagem pode ser avaliada mediante técnicas de pesquisa (de motivação e de opinião), e eventualmente modificada ou reforçada por técnicas e campanhas de relações públicas, de *marketing* e de propaganda. • [FTC] Representação visual, artística ou mental de um objeto. V. signo. • [ED] **1** Representação de um objeto por meios visuais, gráficos, plásticos ou fotográficos (fotografia, desenho, escultura, televisão, cinema etc.). **2** Estampa, representativa de assunto ou motivo religioso.

imagem corporativa • [MKT] Conjunto das impressões e opiniões subjetivas do público (em sua totalidade ou em cada um de seus segmentos) com relação à imagem de uma corporação empresarial. V. imagem de marca.

imagem de marca • [MKT] Conjunto das impressões e opiniões subjetivas do consumidor sobre determinado produto ou serviço. Reputação (positiva ou negativa) de uma marca no mercado, ou em determinados segmentos do mercado. Em ing., *brand image*. V. imagem, imagem de marca.

impactos • [PP] [JN] [RTVC] Total acumulado, em números absolutos, das pessoas atingidas por um veículo, uma página de jornal, um programa de tv, uma mensagem publicitária etc., ao longo de um período determinado. Exemplos: um anúncio de tv, apresentado três vezes e assistido, a cada vez, por 500 mil pessoas, resulta em 1.500.000 impactos. Um jornal com tiragem de 50 mil exemplares, considerando-se uma média de três leitores por exemplar, permite a cada inserção de um anúncio o total de 150 mil impactos. Se o anúncio for publicado em três edições do jornal, teremos 450 mil impactos (observe-se que um leitor constante do jornal, ou seja, uma só pessoa pode representar três *leitores/impacto* no período de três dias). Os impactos equivalem, em números absolutos, ao que os GRPs representam em termos de porcentagem. V. frequência, GRP, audiência e cobertura.

importar • [TIC] Enviar determinadas informações de um aplicativo para outro. V. exportar.

imprensa • [ED] **1** Conjunto dos processos de impressão. **2** Máquina de imprimir. Prensa; prelo. • [JN] **1** Conjunto dos jornais e revistas de um lugar ou de determinada categoria, gênero ou assunto (ex.: imprensa carioca, imprensa nanica, imprensa esportiva, imprensa católica, imprensa marrom). **2** O mesmo que jornalismo. **3** P. ext., o conjunto dos processos de difusão de informações jornalísticas por veículos impressos (jornais e revistas — imprensa escrita) ou eletrônicos (rádio e televisão — imprensa falada e televisada) etc. **4** Conjunto dos jornalistas.

imprensa alternativa • [JN] Diz-se dos órgãos de imprensa (especialmente jornais e revistas) editados por grupos independentes e que constituem, em relação às fontes tradicionais de informação, uma opção para o público leitor, em termos ideológicos, formais ou temáticos. O conceito imprensa alternativa não implica, necessariamente, estruturas empresariais de poucos recursos econômicos, editoras pequenas e pobres. O que essencialmente caracteriza essa proposta de atividade jornalística é uma atitude renovadora. Não há forma gráfica ou área estabelecida para a imprensa alternativa: podem ser enquadrados nesta categoria jornais e revistas das mais variadas tendências, dedicados a temas gerais ou especializados (mais frequentemente a temas políticos, com um tratamento de jornalismo interpretativo, a assuntos culturais e ao humor), produzidos em diversos formatos (principalmente o tabloide) e por qualquer sistema de reprodução, gráfico ou digital.

imprensa amarela • [JN] Imprensa sensacionalista. Expressão surgida nos Estados Unidos, em fins do séc. 19, no auge da competição entre o jornal *New York World* (de Pulitzer) e o *Mourning Journal* (comprado em 1895 por Randolph Hearst), pela conquista dos leitores novaiorquinos. Surgiram nessa fase alguns dos elementos que lançaram as bases do jornalismo moderno: manchetes garrafais, artigos sensacionalistas, seções (v. seção) esportivas, numerosas ilustrações etc. O jornal World, concentrando esforços sobre o suplemento dominical, passou a estampar os desenhos de Outcault (*Yellow Kid*) impressos em cor amarela, para atrair a atenção do público. Os primórdios da história em quadrinhos estão, assim, vinculados também às origens do jornalismo sensacionalista.

No Brasil, diz-se mais frequentemente imprensa marrom.

imprensa do leitor • [JN] Diz-se dos órgãos de imprensa escrita que se propõem a seguir uma linha editorial livre de pressões econômicas, com o objetivo de defender as ideias e interesses do público ao qual se destinam. Para assegurar essa tencionada coerência, os órgãos do gênero procuram manter-se, basicamente, pela participação dos leitores, e não pela verba de anunciantes. Alguns editores chegam a estipular um limite máximo para a participação publicitária (inserções de anúncios) na receita do veículo. O conceito imprensa do leitor apresenta pontos comuns com o de imprensa alternativa, sendo este último mais abrangente.

imprensa marrom • [JN] O mesmo que imprensa amarela.

imprenta • [ED] Conjunto das informações normalmente estampadas na parte inferior (pé) da página de rosto: editor ou impressor, cidade e ano da impressão.

impressão • [ED] **1** Ato ou efeito de imprimir. Qualquer processo destinado a reproduzir, com ou sem tinta, num suporte (folha de papel, pano, plástico, flandre, madeira etc.), textos e imagens gravados ou moldados em matrizes (v. matriz, 3), adaptadas a prensas de diversos sistemas de pressão (v. máquina plana e rotativa). As reproduções gráficas podem ser obtidas nas máquinas impressoras pelo contato direto da matriz com o suporte (impressão direta) ou por meio de um elemento plástico intermediário, que entra em contato com a matriz e transfere a impressão ao suporte (impressão indireta). No primeiro caso, incluem-se tipografia, litografia, serigrafia, calcogravura, xilogravura, linoleogravura, rotogravura etc. No segundo caso, o ofsete e a flexografia. Quanto ao tipo de matriz utilizada, a impressão pode ser planográfica, calcográfica, de relevo e por estêncil. **2** Seção da oficina gráfica onde funcionam as máquinas impressoras. • [RAV] Confecção de uma imagem fotográfica.

impresso • [ED] **1** Produto obtido por trabalhos de impressão. Qualquer exemplar que se imprimiu (livro, folheto, jornal, revista, cartaz, cartão etc.). **2** Formulário. Papel impresso para uso em correspondência, serviços administrativos (telegramas, matrículas etc.) e afins. • [ED][TIC] V. *print*.

impressor • [ED] **1** Operário que dirige as operações das máquinas de impressão. Prensista. **2** Proprietário ou dirigente de oficina gráfica. V. tipógrafo.

impressora • [ED][TIC] Máquina de impressão. • [TIC] Unidade de saída que imprime os resultados de um trabalho realizado em computador.

imprimátur • [ED] Palavra latina (*imprimatur*) que significa 'imprima-se'. Empregada (principalmente por autoridades eclesiásticas) para indicar que a obra passou oficialmente pelo crivo de uma autoridade censória competente, que permitiu a sua impressão. P. ext., é usada em serviços gráficos, quando o responsável pelo controle de qualidade (seja por parte do cliente, do editor, do autor ou da própria gráfica) libera as provas para impressão.

imprimir • [ED][TIC] **1** Realizar a impressão de (original, arte ou matriz). Diz-se tb. *rodar* ou *tirar*. **2** P. ext., o mesmo que editar ou publicar. **3** Dar saída através da impressora, em qualquer suporte (papel, *laserfilm*, transparência etc.), de um trabalho elaborado em computador. V. *Print*.

in • [ED] Palavra latina que significa 'em'. Utilizada em referências bibliográficas nos casos de citação de partes tituladas de publicações avulsas (livros, folhetos etc.), precedendo o nome da obra (p. ex.: Jakobson, R. "Linguística e poética" *In*: *Linguística e comunicação*).

incunábulo • [ED] Termo oriundo do lat. *incunabulum*, berço. Designa os livros impressos até 1.500, nos primórdios da arte tipográfica. P. ext., tem sido usado para designar impressos produzidos nos primórdios de qualquer sistema de gravação, composição ou impressão.

índex • [TIC] V. índice.

indexação • [ED] **1** Ato ou efeito de organizar um índice. **2** Maneira pela qual se constitui um índice.

indexar • [ED] **1** Colocar (qualquer informação) em um índice. **2** Ordenar informações em forma de índice.

indicação geográfica • [MKT] Critério de propriedade industrial que serve para identificar produtos ou serviços procedentes de determinada localidade, a qual, por si só, lhes dê características inconfundíveis (ex.: Champagne, Vinho do Porto, queijo Reno etc.). De acordo com a Lei da Propriedade Industrial, é proibido utilizar como marca uma "indicação geográfica ou sua imitação suscetível de causar confusão, ou sinal que possa falsamente induzir indicação geográfica." (Lei nº 9279/96, Artigo 124, alínea IX)

índice • [FTC] V. signo. • [ED] **1** Relação ordenada dos assuntos contidos em um documento (incluindo, nesta acepção, livro, disco, jornal, filme, fita etc.) ou num arquivo, com referências para identificação e localização desses conteúdos. V. catálogo. **2** Relação onomástica, temática ou intitulativa, em ordem alfabética, normalmente publicada na parte final de livro, volume ou coleção a que se refere, e com indicação das páginas, para facilitar a localização de partes, capítulos, assuntos, nomes, ilustrações etc. nele contidos. V. sumário, resumo e sinopse. • [TIC] **1** Algarismo cuja finalidade é especificar a localização de um dado em uma tabela. **2** Lista de referência ordenada que permite a identificação e a localização de arquivos e documentos.

índice analítico • [ED] Relação, por ordem alfabética, dos diversos assuntos, lugares e nomes citados por um livro, seguidos dos respectivos números das páginas em que se encontram.

índice da matéria • [ED] Tipo de índice em que seções, partes, capítulos e subcapítulos são relacionados na mesma ordem em que aparecem no livro. Sumário.

índice de audiência • [RTVC] Proporção da audiência obtida por uma determinada emissora de tv ou de rádio, numa certa faixa horária, em relação ao total de aparelhos receptores, ao total de lares ou ao total de pessoas (toda a população ou apenas o (público-alvo), conforme a finalidade da pesquisa. V. audiência e pesquisa.

índice de leitura • [JN] O mesmo que índice de audiência, aplicado a veículos impressos. A diferença básica entre os dois conceitos é a seguinte: a audiência de uma emissora de rádio ou de tv exclui normalmente as demais emissoras (a pessoa só capta uma emissora de cada vez), ao passo que vários jornais ou revistas podem ser comprados e lidos pela mesma pessoa. V. audiência.

índice onomástico • [ED] Índice, em ordem alfabética, dos autores citados ou tratados em um livro.

índice remissivo • [ED] Índice, em ordem alfabética, dos principais assuntos tratados numa obra, com a indicação de páginas, capítulos etc.

índice sinóptico • [ED] O mesmo que índice da matéria.

indoor • [ED] [PP] V. cartaz.

indústria cultural • [FTC] V. comunicação de massa.

infinito • [RAV] Distância máxima de um objeto em relação à câmera. Quando o objeto está no infinito, pode ser distanciado ainda mais, sem que se altere a focalização da objetiva. • [RAV] [RTVC] Efeito produzido com o uso de ciclorama ou rotunda. O mesmo que fundo infinito.

informação • [FTC] **1** Ato ou efeito de emitir ou de receber mensagens. **2** Conteúdo da mensagem emitida ou recebida. A informação, segundo Norbert Wiener, está sempre ligada a uma função. Ela só é retida por um organismo se lhe for significativa. Os homens e os grupos humanos, assim como os animais, só absorvem a informação de que necessitam e/ou que lhes seja inteligível. **3** Medida de uma possibilidade de escolha, na seleção de uma mensagem. Tudo o que reduz a incerteza, eliminando certas possibilidades, é dotado de informação. Assim, a informação de um evento depende de sua probabilidade e não de si mesma. Segundo Umberto Eco, "a informação não é tanto o que é dito, mas o que pode ser dito. A informação representa a liberdade de escolha que se tem ao construir uma mensagem, e deve, portanto, ser considerada como uma propriedade estatística da nascente das mensagens". Nesta acepção, podemos considerar a informação como sendo uma medida estatística de originalidade da mensagem transmitida. Medida de surpresa ou de improbabilidade de ocorrência de eventos. Frequência e informação estão em relação inversa: quanto maior for a possibilidade de ocorrência de um evento (uma ideia, um signo, um conjunto de signos, um fato, um conceito), menor será seu grau de informação. • [TIC] Instrução codificada, proveniente de uma determinada fonte e cujos sinais (v. sinal) são transformados pelo emissor para uma forma dinâmica adequada para ser captada e decodificada pelo receptor. • [JN] **1** Notícia comunicada a alguém ou ao público. **2** Qualquer dado obtido na apuração de uma notícia. • [ED] Noção, ideia ou mensagem contida num documento.

informação de manutenção • [RP] Informação, processada pelo setor de rp, sobre os diversos aspectos e ocorrências do ambiente: decisões e tendências políticas, econômicas, culturais de outras organizações, de diferentes públicos, e fatos ou sintomas relacionados à própria imagem da instituição junto à comunidade.

informante • [IN] V. fonte.

informática • [TIC] Ramo da cibernética. Conjunto dos métodos e das técnicas de processamento automático e racional da informação. Ciência que estuda os problemas referentes aos processos de informação e documentação especializada. O objetivo da informática é desenvolver métodos e meios ótimos de apresentação (registro), coleção, processamento analítico-sintético, armazenagem, recuperação e disseminação da informação científica, A informática trata da informação lógica (semântica), mas não se envolve em estimar qualitativamente esta informação, o que só pode ser levado a efeito por especialistas, nos campos da ciência ou da atividade pratica.

informe • [FTC] Qualquer dado a respeito de alguém ou de alguma coisa. O mesmo que informação. Relatório. Notícia.

informe publicitário • [PP] O mesmo que matéria paga.

injúria • [IN] Crime de comunicação que consiste na ofensa à honra, dignidade ou decoro de alguém, atribuindo-lhe vícios ou defeitos morais que possam expô-lo à desestima, ao ódio ou ao escárnio público. V. retratação e direito de resposta.

input • [TIC][RP] V. entrada.

inserção • [RTVC] **1** Plano fixo e breve de um objeto (tal como um relógio, uma carta ou uma página de jornal), inserido em um plano maior ou entre dois planos, para esclarecer ou ilustrar uma situação. Em ing., *insert*. **2** Efeito de trucagem eletrônica em televisão, pelo qual se iclui uma imagem pequena, captada por uma câmera, dentro da área de uma cena maior, captada por outra câmera. Em ing., *inlay*. **3** Superposição de créditos, normalmente realizada após a gravação do programa de tv. Em ing., *insert* ou *title insert*. • [ED][PP] **1** Ato de publicar ou de transmitir um anúncio ou qualquer outra matéria, em veículos de divulgação. **2** Cada uma das vezes em que o anúncio é veiculado.

instant book • [ED] Em ing., livro instantâneo. Livro escrito e produzido em tempo mínimo. Geralmente ligado a um tema do momento, com reflexões mais abrangentes do que a cobertura jornalística, esse tipo de livro, impresso ou digital, recebe um tratamento distinto na programação da editora, caracterizando-se pela rapidez na produção, para ser lançado em poucos dias ou semanas.

institucional • [PP] [RP] Diz-se da propaganda (do anúncio, filme, mensagem ou da campanha) cujo objetivo é promover uma imagem favorável a uma determinada marca, empresa, instituição, órgão público ou privado. O objetivo imediato da propaganda institucional não é a venda, e sim a criação de um clima, de uma atitude favorável, no público, em relação à entidade anunciante. V. *marketing*.

instrução • [TIC] Enunciado correspondente a uma função exequível para o computador. Informação que, convenientemente codificada e introduzida num computador, como parcela de um programa, provoca a execução de uma operação ou de uma sequência de operações. V. programação e software.

interatividade • [FTC] Qualidade do que é interativo. Característica essencial do processo de comunicação, que pressupõe participação, interação e troca de mensagens. • [TIC] Característica (de um sistema, equipamento, programa etc.) de funcionar em interação com o usuário, ou seja, com a participação deste a cada etapa, por meio de comandos diante do repertório de opções disponíveis.

interativo • [FTC] Diz-se do processo de comunicação que possibilita *feedback* imediato do receptor da informação. Esta qualidade aplica-se a veículos de comunicação, programas de rádio ou tv, programas multimídia e outros recursos, em que o usuário (espectador, ouvinte etc.) tem participação ativa. V. interatividade. • [TIC] Diz-se de sistema, equipamento, programa, procedimento, portal, *site*, *blog* etc., que estabelece comunicação ativa e bidirecional com usuário. Este controla o desenvolvimento das atividades à medida que as tarefas são realizadas pelo computador, entrando com novas informações e/ou novos comandos para direcionar as tarefas seguintes.

interface • [TIC] **1** União física e geralmente também lógica entre dois sistemas que não poderiam ser conectados diretamente. **2** Comunicação estabelecida entre o usuário e o computador.

interferência • [TIC] Fenômeno produzido pela mistura ou pela superposição dos sinais de duas ou mais ondas sonoras ou eletromagnéticas, o que prejudica a recepção de sons ou de imagens transmitidos por telecomunicação. Descargas atmosféricas ou ruídos produzidos por aparelhos elétricos podem também produzir interferências em receptores. • [FTC] Intervenção de ruídos no processo de comunicação.

interior • [RTVC] **1** Indicação feita num roteiro para qualquer cena que deva acontecer em ambiente fechado (casa, escritório etc.). **2** Qualquer cena que pareça ter sido rodada em ambiente fechado.

interlúdio • [RTVC] **1** Passagem musical que antecede os comerciais (v. comercial) nos intervalos de um programa radiofônico. É sempre um tema característico do programa, às vezes o mesmo tema musical do prefixo. Após os comerciais, o final do intervalo é marcado, novamente, pelo interlúdio, que dá início à parte seguinte do programa. V. prefixo. **2** Expressão usada por autores de radioteatro para indicar a transição entre duas cenas.

internet • [TIC] Rede de computadores de alcance mundial, formada por inúmeras e diferentes máquinas interligadas em todo o mundo, que entre si trocam correspondências (v. *e-mail*) e/ou arquivos de textos, sons e imagens digitalizadas. Também conhecida como a 'grande rede', por ser o maior espaço existente de circulação de informações via computador, a ideia da internet começou nos Estados Unidos, na década de 1960, quando o Pentágono estava buscando um meio de preservar informações caso ocorresse um ataque nuclear. A solução escolhida foi interligar várias máquinas numa rede descentralizada, que ganhou o nome de Arpanet. V. *web*, *world* *wide web*, navegar, intranet, ethernet, extranet, realidade virtual, *webmaster*, *HTML*, *site*, endereço eletrônico, *browser*.

interpretação • [RTVC] **1** Arte e técnica de representar uma peça dramática ou musical (em cinema, teatro, tv etc.). **2** Maneira como uma peça artística é representada pelo artista. Desempenho de um papel. • [FTC][MKT] [PP] Etapa do processo de conscientização do receptor de uma mensagem em relação ao conteúdo da mensagem recebida. Por meio de pesquisas voltadas para os objetivos do *marketing* e da publicidade, p. ex., a respeito do sistema de comunicação com os consumidores, identifica-se o processo por que passa a informação transmitida por um anúncio, campanha, promoção, notícia ou qualquer outro meio: como é recebida, como o público a entende e como a mensagem age sobre as pessoas. V. decodificação e percepção.

intérprete • [RTVC] Diz-se do artista – ator, locutor, narrador, declamador, cantor, músico, coreógrafo – ou de qualquer outra pessoa que interprete ou execute obra literária, artística ou científica.

intertítulo • [IN] O mesmo que entretítulo.

intervalo • [RTVC] [PP] Espaço de tempo entre duas partes (ou segmentos) de um programa, interrompido para transmissão de mensagens comerciais (v. comercial), institucionais (v. institucional), chamadas de outros programas da emissora etc. Em ing., *break*. • [RTVC] Espaço de tempo entre os atos de uma encenação.

intranet • [TIC][RP] Sistema de rede interna, criado a partir de tecnologias e ferramentas da internet, e que contém informações corporativas das empresas privadas. Dentro dos limites da corporação, tudo o que circula em forma de papel pode ser colocado na intranet de forma simples e objetiva: desde manuais e políticas de procedimentos até informações de *marketing*, catálogos de venda de produtos, recursos humanos e catálogos telefônicos. Tudo baseado na estrutura de hipertexto de serviços *web*, onde informações se interligam através de *links* ou ponteiros lógicos, tendo como interface única os já famosos *browsers*.

intriga • [ED] [RTVC] Redução ao essencial dos incidentes, situações e eventos que constituem o enredo.

introdução • [ED] [JN] [RTVC] **1** Discurso inicial de um livro ou de qualquer texto escrito ou falado, onde estão expostos o argumento, os fins e o tratamento do assunto. Normalmente é elaborada pelo próprio autor. **2** Livro ou artigo que introduzem ao estudo de uma matéria (p. ex., *Introdução à física nuclear*).

IP • [TIC] Abrev. em inglês de *internet Protocol*. V. protocolo.

ipsis litteris • [ED] Expressão latina que significa 'com as mesmas letras'. Utilizada para frisar que a citação se faz textualmente.

ipsis verbis • [ED] Com as mesmas palavras. V. *ipsis litteris*.

íris • [RAV] Diafragma opaco com uma abertura quase circular de diâmetro variável, situado em ângulo reto e concêntrico em relação ao eixo óptico, que permite regular a entrada de luz através da objetiva.

iris in • [RTVC] Efeito especial obtido pela adaptação de uma íris sobre a objetiva. Consiste no aparecimento gradual da imagem através de um círculo que se abre.

iris out • [RTVC] Efeito especial obtido pela adaptação de uma íris sobre a objetiva. Consiste no desaparecimento gradual da imagem através de um círculo que se fecha.

ironia • [FTC] Figura de pensamento que consiste em sugerir, numa palavra ou frase, com certa dose de humor, um sentido diverso do que aqueles signos normalmente designam. Difere do *sarcasmo* porque, neste, a ideia não é apenas sugerida sutilmente, e sim apresentada na forma de alusões diretas e cortantes, escárnio, zombaria. V. figura de linguagem.

ISBN • [ED] Iniciais de *International Standard Book-Number*. Código único, de abrangência internacional, destinado a facilitar a identificação, referência e localização de livros editados em qualquer parte do mundo. Composto por treze dígitos (algarismos arábicos de 0 a 9, além da letra maiúscula X, utilizada às vezes no último dígito verificador), divididos em cinco segmentos separados por hífens: o primeiro é o prefixo EAN (European Article Number) um código de três algarismos que permite identificar o produto. No caso dos livros este código será o 978 ou o 979; o segundo segmento identifica a zona linguística do livro, o terceiro a editora, o quarto o número de ordem da obra na produção da editora, e o quinto é um número de controle que permite ao computador verificar a exatidão dos algarismos precedentes. Ex.: *ISBN* 978-85-8300-007-5. O registro *ISBN* pode figurar na folha de rosto, na folha de créditos, na quarta capa ou na lombada do livro. V. *ISSN*.

ISSN • [ED] Iniciais de *International Standard Serial Number*. Número internacional normalizado para publicações seriadas. Código único para identificação de títulos de seriados editados em todo o mundo. É composto por oito dígitos (algarismos arábicos de 0 a 9, exceto o último, um dígito verificador, que poderá ser a letra maiúscula X). Um único *ISSN* identifica um título, independentemente do idioma ou país de origem da publicação. Para atender a seus objetivos, o número deve ser impresso em cada fascículo do seriado, em posição destacada, de preferência no canto superior direito da capa e/ou página de rosto. Deverá, sempre, ser impresso em dois grupos de quatro dígitos, separados por hífen e precedido do prefixo *ISSN*. Ex.: *ISSN* 01000-1965. V. *ISBN*.

itálico • [ED] O mesmo que grifo. V. variante.

jJ

jabá • [RTVC] [JN] Forma abrev. de jabaculê. Diz-se, nos meios radiofônicos, de qualquer prática de corrupção ou desonestidade no serviço de um profissional em uma emissora. P. ex., a veiculação de números musicais ou de qualquer informação a partir de negociações particulares ou 'por baixo do pano' entre programadores ou *disc jockeys* da emissora e caititus, divulgadores etc. Equivale ao termo picaretagem, e também foi adotado na gíria dos jornalistas para matérias de caráter mais promocional. Há quem diga tb. payola (gíria derivada do ing. *to pay*, pagar).

jabaculê • [RTVC] [JN] V. jabá.

janela • [RAV] [RTVC] **1** Na câmera ou no projetor, abertura retangular, em uma placa opaca. Limita a área do fotograma que está sendo exposto ou do quadro que está sendo projetado. **2** Intervalo que se deixa em programas de rádio ou de tv (gravados ou ao vivo), para a inserção de comerciais (v. comercial). • [ED] [JN] Abertura que se faz na diagramação, para inserir em destaque um conteúdo relacionado à matéria (olho, foto, ilustração, comentário etc.). • [PP] Espaço de alguns segundos que é deixado em aberto num *jingle*, destinado à locução. Artifício usado em comerciais de rádio e tv, para permitir constantes atualizações na mensagem. • [TIC] Área de trabalho delimitada por uma borda e definida por título. Tem aplicação em sistemas que utilizam interface gráfica para facilitar interação com o usuário.

jaqueta • [ED] Sobrecapa impressa, geralmente a cores e em material pouco durável, cuja principal função é atrair a atenção para o livro (exposto, entre muitos outros, nas prateleiras das livrarias) e protegê-lo até que chegue às mãos do leitor.

jingle • [PP] Mensagem publicitária em forma de música geralmente simples e cativante, fácil de cantarolar e de recordar. Pequena canção, especialmente composta e criada para a propaganda de determinada marca, produto, serviço etc. Sua duração média varia de 15 a 30 segundos. O uso, em publicidade, da palavra inglesa *jingle* que significa 'tinido', provém da canção de Natal norte-americana *Jingle Bells*. V. anúncio, *spot*, comercial, janela e *slogan*.

Jogo da velha • [TIC] V. cerquilha.

jornal • [ED] [JN] [RTVC] [TIC] **1** Veículo impresso, noticioso e periódico, de tiragem regular. É produzido, geralmente, em formato padrão ou *standard*, de 38 cm de largura por 56 cm de altura, ou em formato tabloide, que corresponde à metade do *standard*, ou seja, 28 cm de largura por 32 cm de altura). Há também jornais em formato germânico ou francês (32 x 46 cm), e berliner ou midi (31,5 x 47 cm). Essas medidas podem variar em alguns centímetros, de jornal para jornal, assim como as medidas da área impressa (v. mancha). A palavra jornal (do it. giornale) designava originalmente apenas as gazetas diárias (gazeta era a denominação mais usada), mas estende-se hoje a qualquer periodicidade, sendo mais comuns, além dos jornais diários, os semanários e os mensários (raramente a periodicidade é mais espaçada). Quanto ao texto, o jornal pode conter matérias sobre assuntos gerais ou especializados. A grande maioria dos jornais diários (matutinos ou vespertinos) editados nos grandes centros urbanos divulga notícias de caráter geral, distribuídas por várias seções (política, economia, polícia, esportes, cultura, utilidade pública, entretenimento, entre outras), em âmbito local, nacional ou internacional. Por sua vez, os semanários ou mensários são normalmente mais interpretativos, e dedicam-se, quase sempre, a um assunto determinado (em níveis diferentes de especialização: p. ex., áreas genéricas, como economia, esportes e outras, ou setores especializados, como bolsa de valores, camping, surf etc.), ou a gêneros diferentes de jornalismo (humor, ensaios, textos literários). Embora as origens do jornal, como veículo informativo, remontem há muitos séculos antes do surgimento da imprensa, foi a partir desta invenção que se definiu a sua forma atual. Além disso, os avanços nos processos de impressão possibilitaram as grandes tiragens e a penetração maciça e constante, que até hoje fazem desse veículo o principal meio de comunicação pela palavra escrita. Nasceram através dos jornais a moderna publicidade, as técnicas de mídia e várias manifestações de literatura de massa, como o folhetim (origem das atuais telenovelas) e a história em quadrinhos. V. jornalismo, imprensa, matéria, seção, caderno, suplemento, folha, revista e boletim. **2** Qualquer noticiário impresso ou transmitido por televisão (telejornal), rádio (radiojornal), cinema (cinejornal ou jornal da tela), internet (inclusive as versões on-line dos jornais produzidos em papel), letreiros luminosos (jornal luminoso), quadros-murais (jornal mural), ou em apresentações orais em geral (jornal falado) etc. **3** Tipo de papel.

jornal de empresa • [RP] V. house organ.

jornaleco • [JN] **1** Jornal de má qualidade, insignificante, mal-redigido. **2** Na gíria dos gráficos, qualquer jornal de pequeno formato e/ou pequena tiragem, impresso por encomenda de terceiros, em uma gráfica que faz também jornais ou revistas mais importantes. V. pasquim.

jornalismo • [JN] Atividade profissional que tem por objeto a apuração, o processamento e a transmissão periódica de informações (v. informação) da atualidade, para o grande público ou para determinados segmentos desse público, através de veículos de difusão coletiva (jornal, revista, rádio, televisão, cinema, internet etc.). Conforme o veículo utilizado na difusão de notícias, o jornalismo manifesta-se de diferentes formas. Mas todas essas formas (jornalismo impresso, telejornalismo, radiojornalismo, cinejornalismo, jornais on-line) possuem características semelhantes de tratamento da informação. V. imprensa, redação, notícia e comunicação de massa.

jornalista • [JN] Profissional que dirige ou trabalha em empresa jornalística, ou que exerce o jornalismo em organizações públicas ou privadas, como empresas de radiodifusão e da internet, agências de notícia, de publicidade, de relações públicas e de assessoria de imprensa, ou ainda organizações cuja atividade principal não é a comunicação, mas que mantêm seções ou departamentos de comunicação. As funções básicas do jornalista são o planejamento, a coordenação, a apuração, a redação e a divulgação de material jornalístico, incluindo notícias, notas, reportagens, entrevistas, artigos, editoriais, comentários, crônicas, fotografias e ilustrações.

jornal mural • [ED] [JN] [PP] [RP] Informativo (noticioso, institucional, funcional ou de entretenimento) afixado em paredes, composto de matérias montadas sobre um quadro apropriado (painel de madeira, flanelógrafo etc.) ou impressas em formato de cartaz.

joystick • [TIC] Haste rígida que gira sobre uma base, semelhante a um manche de avião. Quando é manipulada por um usuário, envia sinais (v. sinal) ao computador, possibilitando o controle dos movimentos de uma imagem na tela. Controlador manual, munido de botão disparador, usado principalmente em *videogames* e jogos de computador.

jukebox • [RAV] Designação genérica de antigos equipamentos de som, que funcionam como máquinas toca-discos automáticas, nos quais se pode selecionar a música que se quer ouvir. Funcionam com moedas ou fichas e são geralmente instaladas em bares e casas de diversões.

junk mail • [TIC] V. *spam*.

justificar • [ED] **1** Compor todas as linhas de um texto exatamente na mesma medida. Justificar implica observar, a olho nu ou eletronicamente, as palavras e espaços que formam cada linha de texto, para providenciar que todas elas fiquem exatamente alinhadas à esquerda e à direita. Para isso, os espaços entre as palavras e entre as letras podem ser levemente aumentados ou diminuídos. Diz-se tb. blocar. V. alinhar e centralizar. **2** Alinhar colunas rigorosamente na vertical. **3** Espacejar uma linha de composição para que ela fique na medida exata. **4** Acertar ou modificar o número de linhas de texto, o espaço entre elas (claros ou entrelinhas) e o espacejamento, para que a coluna ou a página de composição fiquem na altura adequada. **5** Regular a matriz e o molde, para que as letras sejam compostas com alinhamento perfeito. **6** Ajustar as matérias de uma página de jornal, ou de qualquer impresso, de maneira a acertar seu perfeito alinhamento na mancha gráfica em relação ao formato total.

kK

kerning • [ED] Espacejamento reduzido, entre os caracteres de um texto. Nos processadores de texto e outros *softwares* de editoração eletrônica, o *kerning* é programado automaticamente, em relação à medida dos tipos que compõem o texto, e pode ser modificado pelo usuário.

kit • [MKT] [PP] [RP] Conjunto completo de instrumentos ou de materiais necessários a uma determinada tarefa de venda, de relações públicas, de informação jornalística etc.

kitsch • [FTC] Palavra de origem alemã que atribui sentido pejorativo a obras de arte ou objetos de uso comum, em geral considerados de valor estético duvidoso ou mesmo de mau gosto. O sentido pejorativo está relacionado com a suposta falta de originalidade destes objetos, os quais frequentemente imitam ou mesmo copiam obras de arte conhecidas, que lhes servem como referência e às quais se confere maior autenticidade. O *kitsch* pode se manifestar nas diversas artes visuais (incluindo a arquitetura e o paisagismo), na música e na literatura, onde se confunde com o melodrama. Como objeto de uso comum, costuma estar ligado à produção industrial em série e à cultura popular, assumindo as mais diversas formas: desde *souvenirs* e adornos a objetos decorativos.

L

lag • [TIC] **1** Palavra em inglês que significa atraso ou retardamento. É usada em telecomunicações, quando há defasagem entre a geração e a recepção de um sinal, interferindo no tempo real de uma ação. Caso típico de *lagging* se dá em uma transmissão via satélite, quando um correspondente no exterior demora a responder às perguntas que lhe foram feitas pelos apresentadores de um telejornal. **2** Acrônimo de *latency at game*, cujo significado literal é latência no jogo. Em informática, refere-se a distúrbios que ocorrem na transferência de dados em um programa ou aplicativo, quando estes não atendem ou demoram a responder ao comando realizado.

lambe-lambe • [RAV] Fotógrafo ambulante que se utiliza geralmente de equipamento precário e artesanal, basicamente constituído por uma caixa de madeira envernizada, um tripé e um pano preto, acrescido de um pequeno laboratório para revelação imediata das fotos. No passado, eram muito comuns em locais públicos. • [ED] [PP] Cartaz de rua, geralmente impresso com uma ou duas cores chapadas, usado principalmente para divulgação de *shows*. Os cartazes lambe-lambe não costumam indicar endereços ou nomes dos locais dos eventos, pois seu uso está sujeito a multas na maioria das cidades, por serem colados diretamente em muros ou tapumes, sem licença.

lâmina • [ED] Qualquer impresso de uma só folha.

LAN • [TIC] V. rede local.

lançamento • [MKT] [ED] [RTVC] **1** Ato de divulgar e exibir ao público um novo produto, uma atração inédita (lançamento de um livro, de um filme, de um *show*, de um autor, de um novo refrigerante etc.). **2** Diz-se tb. do livro, filme, disco ou de qualquer outro produto de que se faz o lançamento. • [PP] Período inicial de uma campanha publicitária. Diz-se do primeiro anúncio (ou dos primeiros) destinado a promover um produto ou serviço, inédito ou recentemente submetido a qualquer transformação. Na programação de mídia, a fase de lançamento de uma campanha geralmente implica maior frequência de inserções (v. inserção). Na fase posterior (de sustentação), as inserções são menos frequentes e podem permanecer regulares ou esporádicas, conforme o caso. • [RTVC] Primeira exibição de um filme ao público, em circuito comercial ou não.

lanterninha • [RTVC] Funcionário de cinema ou teatro, encarregado de conduzir o espectador a seu lugar, munido de uma pequena lanterna quando a sala está escura. Diz-se tb. vaga-lume.

lap dissolve • [RTVC] Tipo de fusão, em que a iluminação da primeira imagem diminui à medida que a segunda vai aumentando, até tomar o lugar da primeira.

laptop • [TIC] Microcomputador portátil. V. notebook.

largura de banda • [TIC] **1** Na transmissão de sinais de telecomunicação, diferença entre a mais alta e a mais baixa faixa de frequências, medida em hertz (Hz). Quanto mais larga a banda, mais dados podem ser transmitidos ao mesmo tempo. **2** Quantidade de informação que um canal pode transportar, medida em hertz. **3** Velocidade de transmissão de dados circulantes numa conexão de rede, geralmente medida em bits por segundo. (Em ing., bandwidth.) Diz-se tb. largura de faixa e banda passante.

laser • [TIC] Acrônimo de light amplification by stimulated emission of radiation (ampliação da luz por emissão estimulada de radiação). Emissão de fótons na forma de um feixe monocromático, coerente, muito direcional e fortemente concentrado, com aplicações em vários campos: telecomunicações, informática, produção gráfica, indústria, medicina, engenharia etc.

lauda • [ED] [JN] **1** Cada uma das páginas (geralmente escritas de um só lado) de um original. **2** Cada uma das páginas de livro, impressas ou em branco. • [ED] [JN] [CN] [TV] Folha padronizada, própria para redação de matérias para qualquer veículo impresso ou audiovisual. A lauda padronizada surgiu como decorrência das necessidades de agilizar e racionalizar o processamento industrial da informação escrita. É impressa com informações básicas e com traçados de referência para o texto, normalmente constituída de duas áreas: a) **cabeça** – onde figuram o nome do veículo e alguns espaços reservados à indicação do nome do autor, título da matéria, retranca, seção e assunto, número de ordem e marcações gráficas; b) **área para o texto** – com indicações precisas do início, do término e do número de batidas em cada linha, do espaço entre as linhas e do número de linhas do texto. Em função dessas características, a lauda padronizada proporciona facilidades em todas as fases da produção editorial. Para o trabalho de copidesque, p. ex., as linhas datilografadas em espaço três permitem correções, inclusões e toda sorte de emendas. Para o diagramador, há uma quantidade de-padrão de batidas por linha e por página, o que simplifica o cálculo de diagramação, normalmente baseado em tabelas tipométricas. Por motivos análogos, o texto batido em laudas-padrão facilita os trabalhos de composição, revisão, cálculo do tempo de leitura de uma notícia em radiojornal ou telejornal etc. As laudas próprias para roteiros de cinema ou televisão contêm geralmente colunas diferentes para vídeo e áudio, além de espaços específicos para indicações do número da cena e da tomada. **3** Medida ou padrão de paginação, em geral contendo a quantidade de texto a ser gerado. Com os programas eletrônicos de edição de texto, caiu em desuso, ainda sendo mantida para precificar serviços prestados por redatores, editores e tradutores.

lavado • [RAV] Diz-se da fotografia que apresenta seus tons esbranquiçados e sem contrastes.

layout • [ED][PP] V. leiaute.

LBS • [FTC] Acrônimo de língua brasileira de sinais. V. língua de sinais.

LCD • [TIC] Acrônimo de *liquid cristal display* (monitor de cristal líquido). Aparelho de vídeo constituído de cristal líquido fixado entre dois pedaços de vidro e polarizadores, sendo ativado por uma fonte externa. A corrente elétrica alterna o cristal entre transparente e opaco. Menor e mais leve do que o monitor convencional, consome menos energia e possui melhor definição de imagem, além de eliminar o reflexo da luminosidade e a radiação.

lead • [JN] V. lide.

led • [TIC][RAV] Sigla da expressão inglesa *light emitting diod*, diodo de emissão de luz. Pequeno componente eletrônico que pode ser encontrado em teclado, painel de controle de vídeo etc., para indicar atividade ou não atividade do computador, de acordo com um código básico de cores: p. ex., verde (equipamento ligado), vermelho (estado de alerta), laranja (em atividade). Este sistema é utilizado tb. para medição de sinais em equipamentos de áudio: pequenas luzes verdes, amarelas e vermelhas se acendem conforme o nível de sinal sonoro.

legenda • [JN] Texto breve que acompanha uma ilustração. Vem geralmente abaixo da foto ou desenho, mas pode igualmente estar colocada ao seu lado, acima, ou mesmo dentro do seu espaço. A legenda jornalística é uma frase curta destinada a indicar ou a ampliar a significação daquilo que acompanha. A boa legenda nunca deve ser redundante, óbvia. Pode ser informativa, explicativa, interpretativa (na medida em que chame a atenção para este ou para aquele detalhe da foto), irônica, instigadora etc. V. texto-legenda, foto-legenda. • [ED] Texto explicativo que acompanha uma estampa, uma reprodução de obra de artes plásticas, um mapa etc. Compreende título, explicações, dísticos, convenções gráficas etc. • [RTVC] **1** Letreiro sobreposto a películas cinematográficas, geralmente na parte inferior da imagem, com a tradução, às vezes resumida, das falas dos personagens. As legendas são geralmente produzidas no país onde é exibido um filme estrangeiro, quando este não é dublado, V. dublagem, letreiro e crédito. **2** Texto breve lido por locutores de cabina, destinado à apresentação de números musicais, títulos de programas, pequenos comentários etc.

legenda editorial • [ED] Conjunto de dados essenciais para a identificação de uma publicação periódica. Devem ser informados nessa legenda: nome, sigla ou logomarca da editora, título, número, volume e data da publicação. Essas informações podem constar no expediente ou na folha de créditos e no rodapé de cada página.

legendagem • [RTVC] Inserção de legenda em conteúdos audiovisuais, geralmente filmes.

legibilidade • [FTC] Condição de um texto, quanto à facilidade de leitura propiciada por sua apresentação gráfico-visual. Abrange a forma editorial de qualquer texto escrito, estampado em veículos impressos e eletrônicos. Tanto os aspectos ligados à edição de texto (organização dos itens e arquitetura da informação) quanto os detalhes da edição visual (formato, escolha da família, corpo, claros etc.) influem sobre o atributo da legibilidade de um texto.

leiaute • [ED] Do ing. *layout*. Esboço, mais elaborado que um rafe, de qualquer trabalho de arte gráfica: página de jornal ou revista, capa de livro ou *CD*, cartaz, folheto, logomarca, ilustração, vinheta, rótulo etc. No leiaute estão apresentados (ainda não na forma definitiva, mas aproximada) todos os elementos visuais básicos (títulos, mancha do texto, ilustração etc.) do trabalho que está sendo criado. • [PP] Esboço de uma peça publicitária, produzido para ser submetido à aprovação do cliente (anunciante) antes de ser arte-finalizado. V. boneca, espelho, rafe e arte-final. • [MKT] Arranjo dos elementos em um determinado espaço (p. ex., disposição das prateleiras, vitrines, balcões, *displays* e produtos em uma loja).

leitmotiv • [RTVC] Tema que se repete em diferentes momentos ao longo de uma composição, envolvendo no seu reaparecimento uma significação especial. Utilizada inicialmente em composições musicais (principalmente em óperas, como as de Wagner), a técnica do *leitmotiv* estende-se para qualquer forma narrativa (cinema, literatura, teatro etc.): a recorrência, no decurso da obra, de um determinado trecho (sonoro, visual, literário) é associada a um personagem, situação, sentimento ou a um objeto, às vezes marcando, como uma espécie de refrão, o ritmo da narrativa. Do al. *leit*, condutor, e *motiv*. motivo, tema.

leitor • [ED] **1** Consumidor dos produtos editoriais impressos: livros, jornais, revistas etc. **2** Pessoa que opina, a pedido de uma editora (profissionalmente ou não), sobre originais (v. original) ainda em estudo para eventual publicação. Emite parecer sobre o original examinado, quanto a conteúdo, forma literária, oportunidade cultural e viabilidade comercial. Integrante ou não do conselho editorial, pode ser especialista no assunto ou no gênero, ou simplesmente representar um consumidor-padrão do livro que está sendo examinado. Diz-se tb. leitor crítico e parecerista. • [RTVC] Em pesquisa de mídia, diz-se de cada pessoa que declara ler, com certa frequência, uma determinada publicação, total ou parcialmente. Costuma-se classificar o consumidor de mídia impressa em duas categorias: **leitor primário** (é interessado na leitura de uma publicação a ponto de comprá-la) e **leitor secundário** (não se interessa pela publicação a ponto de querer comprá-la). V. audiência, audiência primária, audiência secundária e pesquisa. • [TIC] Parte de um computador eletrônico que converte a informação de uma forma de apresentação para outra. Unidade de entrada pela qual são absorvidos os dados inscritos num suporte (cartão, fita etc.), para transmissão à unidade central do computador. • [ED][RAV][RTVC] Todo aparelho ou dispositivo que decodifica sinais (v. sinal) armazenados ou captados em um determinado meio de comunicação, por sistema analógico ou digital, permitindo a visualização e/ou audição das informações correspondentes a esses sinais. Ex.: leitor de *CDs*, leitor de microfilme, leitor de vídeo. Diz-se tb. *player* (em ing., tocador, o que toca).

leitura • [ED] **1** Ato ou efeito de ler. Decodificação de signos impressos, especialmente signos alfanuméricos. **2** Interpretação do conteúdo e/ou do significado de uma mensagem. **3** P. ext., interpretação de um determinado fato ou conjuntura. **4** Hábito de ler (livros, jornais etc.). **5** Conjunto de textos lidos por uma pessoa. **6** Captação e recuperação das informações armazenadas em determinado suporte físico (sinais de vídeo em um *CD-ROM*, sinais sonoros em uma fita magnética etc.). V. leitura óptica.

leitura crítica • [ED] Análise de um determinado original, para orientar a decisão da editora quanto ao interesse em publicá-lo.

leitura óptica • [TIC] Leitura automática (por meios ópticos e decodificação analógica ou digital) de caracteres ou determinados sinais escritos, impressos ou gravados em suporte físico.

lente • [RAV] Dispositivo óptico transparente, com uma ou ambas as superfícies curvas, que serve para refratar os feixes de luz que o atravessam. Há diferentes tipos de lentes: acromáticas (lentes corrigidas para duas ou três cores primárias, em geral verde e vermelho); apocromáticas (lentes corrigidas para as três cores primárias: azul, vermelho e verde); compostas (quaisquer lentes com mais de um elemento óptico); divergentes (lentes côncavas que dirigem a luz para fora do eixo óptico); auxiliares (lentes acopladas à objetiva para modificar sua distância focal). V. objetiva.

lente de aproximação • [RAV] Dispositivo óptico especial para focalizar a distâncias muito curtas (v. objetiva, e fotomacrografia). As macro-objetivas possuem lentes de aproximação já integradas em seu corpo.

lente de espelho • [RAV] O mesmo que objetiva espelhada. V. objetiva.

letra • [FTC] **1** Cada um dos sinais gráficos utilizados para representar um fonema ou grupo de fonemas de uma língua. **2** Maneira com que esses sinais são escritos por cada pessoa. Caligrafia. **3** Cada um dos caracteres tipográficos (v. caráter tipográfico), considerados conforme a sua forma e as diferentes espécies de escrita (letra maiúscula ou minúscula, cursiva, itálica) (v. itálico, gótica etc.). V. família e variante. **4** Texto verbal (palavras, frases ou versos) de uma canção. **5** Sentido literal de um texto.

letra de forma • [ED] **1** Letra de traçado compacto, geométrico e arredondado, que se consagrou no início da imprensa por sua excelente legibilidade: foi o tipo mais usado na composição de obras litúrgicas durante a Idade Média, inclusive em uma Bíblia editada por Guttemberg. Diz-se tb. letra redonda. V. gótica. **2** P. ext., toda letra impressa. **3** P. ext., letra manuscrita que imita o caractere tipográfico de caixa alta. (Nas acepções 2 e 3, diz-se tb. letra de imprensa.)

letra de imprensa • [ED] V. letra de forma.

letreiro • [RTVC] **1** Qualquer texto impresso que aparece num filme e que tenha sido elaborado para ele, incluindo créditos, legendas, títulos etc. **2** Texto que aparece num filme para esclarecer situações. Eram muito utilizados nos filmes mudos para estabelecer os diálogos entre os personagens ou para introduzir as cenas. • [ED] Texto ou imagem inscritos em uma tabuleta, com qualquer tipo de informação (propaganda, aviso, sinalização etc.). V. chapa, cartaz, painel, luminoso e outdoor.

léxico • [FTC] Conjunto das palavras que compõem um idioma, disponíveis em um processo comunicativo oral ou escrito. • [ED] **1** Dicionário de línguas clássicas antigas. **2** Dicionário dos vocábulos usados por um autor ou por uma escola literária. **3** Dicionário abreviado. **4** P. ext., o mesmo que dicionário. **5** O mesmo que vocabulário.

liberdade de imprensa • [JN] Preceito constitucional que garante aos veículos de comunicação o direito de informar sem restrições, sem necessidade de autorização ou de censura prévia. Eventuais abusos (v. crime de comunicação) estão sujeitos a punição na forma da lei.

libras • [FTC] Acrônimo de Língua Brasileira de Sinais (abrevia-se também LBS).

libreto • [ED] Opúsculo ou folheto que contém o texto ou enredo de uma ópera, opereta, balé ou espetáculo musicado.

licença • [MKT] Permissão de uso de propriedade intelectual (direito autoral ou propriedade industrial), por terceiros, mediante pagamento de algum tipo de royalty ao titular dos direitos. Diz-se tb. licenciamento ou, em inglês, licensing. V. franchising, royalty e copyright.

licenciamento • [MKT][ED] **1** Concessão de licença. **2** O mesmo que licença.

lidão • [JN] **1** Lide geral, que abrange um conjunto de matérias com ou sem títulos e lides específicos. **2** Subtítulo ou antetítulo composto por frase ou período geralmente com duas linhas ou três linhas e sem ponto final. Costuma ser diagramado com destaque, em corpo maior do que o do texto e menor do que o do título. V. olho.

lide • [JN] Do ing. lead, comando, liderar, guiar, induzir, encabeçar. Abertura de texto jornalístico, na qual se apresenta sucintamente o assunto ou se destaca o fato essencial, o clímax da história. Resumo inicial, constituído pelos elementos fundamentais do relato a ser desenvolvido no corpo do texto. O lide torna possível, ao leitor que dispõe de pouco tempo, tomar conhecimento do fundamental de uma notícia em rapidíssima e condensada leitura do primeiro parágrafo. Na construção do lide, o redator deve responder às questões básicas da Informação: o quê, quem, quando, onde, como e por quê (embora não necessariamente a todos eles em conjunto). Para Fraser Bond, o redator deve observar cinco exigências do lide: "apresente um resumo do fato; identifique as pessoas e os lugares envolvidos; destaque o toque peculiar da história; dê as mais recentes notícias do acontecido; e, se possível, estimule o leitor a continuar lendo o resto da reportagem". Podemos ainda acrescentar outra função desempenhada pelo lide: situar a notícia dentro de um contexto mais amplo, esclarecendo o leitor a respeito de fatos passados ou interligados. A validade do lide no jornalismo moderno é contestada por alguns, que o consideram 'quadrado', elemento aprisionador da criatividade do jornalista. Os defensores, por seu lado, consideram-no, ainda hoje, a melhor técnica jornalística de abertura do texto informativo, um recurso de validade sempre renovada, desde que usado inteligentemente. Diz-se tb. cabeça. V. nariz de cera, sublide, lidão, pirâmide invertida, e redação.

líder de opinião • [MKT][RP] Pessoa cujas ideias e comportamento servem como modelo a outros. O líder de opinião comunica mensagens a um grupo primário, para influenciar atitudes e comportamento de seus seguidores. Portanto, pode haver vantagem em utilizá-los para dirigir certas promoções específicas para influenciar determinados grupos, como dentistas ou campanha de moda para celebridades femininas. Em ambos os casos, o anunciante está usando o líder de opinião para levar por água abaixo a mensagem destes, e influenciar seu grupo alvo. Por sua importância, os líderes de opinião têm o papel de influenciar mercados. Anunciantes tradicionalmente os utilizam para reforçar o conceito de qualidade de seus produtos perante o mercado.

line-up • [MKT][RTVC] **1** Do ing., enfileirar, formar uma fila. Lista de atrações previstas para apresentações ou participações em determinado evento. **2** Lista de canais transmitidos por um serviço de televisão por assinatura.

língua • [FTC] Código ou sistema de signos, constituído pela associação de imagens auditivas a conceitos determinados. Na concepção de Saussure, língua é o "produto social da faculdade de linguagem", e "um conjunto de convenções necessárias, adotadas pelo corpo social, para permitir o exercício da linguagem". Barthes complementa a definição de Saussure, situando a língua como "a linguagem menos a fala": é ao mesmo tempo uma instituição social e um sistema de valores. Como instituição social, ela é a parte social e não premeditada da linguagem; o indivíduo, por si só, não pode nem criá-la nem modificá-la. Trata-se essencialmente de um contrato coletivo ao qual temos que nos submeter em bloco se quisermos comunicar. Além disso, como um jogo com suas regras, esse produto social é autônomo, pois só se pode manejá-lo depois de uma aprendizagem. Como sistema de valores, a língua é constituída por um certo número de elementos. A função desses elementos é explicada por Barthes a partir do exemplo de uma moeda: "do ponto de vista da língua, o signo é como uma moeda; essa moeda vale para um certo bem que permite comprar, mas vale também em relação a outras moedas, com um valor mais forte ou mais fraco". V. língua/fala.

língua de sinais • [FTC] Código linguístico formado por gestos (principalmente das mãos e dos braços, reforçados por expressões fisionômicas), bastante utilizado na comunicação entre deficientes auditivos. A primeira língua desse tipo, sistematizada e reconhecida como tal, surgiu na França, no século XVIII. A partir daí, os diferentes países formaram códigos análogos, com características peculiares. A língua de sinais adotada no Brasil é mais conhecida como libras (língua brasileira de sinais, ou LBS. Diz-se tb. língua de sinais do Brasil, ou LSB).

língua/fala • [FTC] **1** Dicotomia básica na teoria de Saussure, cuja formulação alterou e influenciou decisivamente o rumo da linguística contemporânea, Sausurre referia-se à língua como um 'tesouro' onde estariam armazenados os signos, enquanto a fala seria a organização desses signos em frases, a combinação dos seus sentidos para constituírem o sentido global da frase. A língua é uma passividade (saber uma língua implica receber e memorizar o seu código), enquanto a fala implica um comportamento ativo sobre a linguagem. "A língua é, em suma, o produto e o instrumento da fala, ao mesmo tempo", acrescenta Barthes, que ressalta o caráter dialético do conceito saussuriano. A definição plena de cada um desses termos depende essencialmente do processo dialético que une um ao outro: não há língua sem fala e não há fala fora da língua; é nessa troca que se situa a verdadeira práxis linguística. V. língua e fala. **2** P. ext., é possível aplicar a conceituação desenvolvida por Saussure para a linguagem verbal a diversos outros tipos de linguagem: de acordo com essa concepção, todos os recursos existentes que podem ser usados para atingir efeitos comunicativos desejados e suas possibilidades articulatórias (na música, elementos rítmicos, melódicos, timbres de instrumentos etc., na pintura, cores, técnicas de traço, de perspectiva etc, na arquitetura, ornamentos, formatos de edificações etc.) pertencem ao nível da língua, enquanto o uso efetivo desses elementos, a sua efetiva articulação para a criação de um produto, pertence ao nível da fala. O comentário de Barthes a respeito da anterioridade entre a aplicação dos recursos de expressão (fala) e sua sistematização em um elenco de possibilidades abstratas (língua) aplica-se também nesta concepção.

linguagem • [FTC] Qualquer sistema de signos (não só vocais ou escritos, como também visuais, fisionômicos, sonoros, gestuais etc.) capaz de servir à comunicação entre os indivíduos. A linguagem articulada é apenas um desses sistemas. Instrumento pelo qual os homens estabelecem vínculos no tempo e determinam os tipos de relações que mantém entre si. A linguagem torna possível o desenvolvimento e a transmissão de culturas, bem como o funcionamento eficiente e o controle dos grupos sociais. Para Sapir, a linguagem chega a ser o meio de expressão de uma sociedade, a tal ponto que o mundo real é "inconscientemente construído sobre os hábitos de linguagem do grupo. Em grande parte, vemos, ouvimos e temos outras experiências porque os hábitos da linguagem da nossa comunidade predispõem certas escolhas de interpretação". Esta concepção mais ampla de linguagem dá margem a duas posições divergentes: a) todas as formas vivas têm uma certa forma de linguagem; b) a linguagem é um fato exclusivamente humano, um método de comunicação racional de ideias, emoções e desejos por meio de símbolos produzidos de maneira deliberada.

linguagem de máquina • [TIC] Linguagem artificial para endereçamento direto de operações técnicas básicas de um computador. V. linguagem-objeto.

linguagem-fonte • [TIC] Qualquer linguagem de entrada para um processo de tradução. Linguagem na qual um programa é originalmente escrito, e a partir da qual são traduzidas as instruções (v. instrução) em programação. V. linguagem-objeto e programa-fonte.

linguagem objeto • [FTC] Sistema de signos no momento em que é observado e relatado por meio de uma metalinguagem. Segundo Barthes, "nada impede, em princípio, que uma metalinguagem se torne, por sua vez, a linguagem-objeto de uma nova metalinguagem; seria o caso da semiologia, p. ex., no dia em que fosse 'falada' por outra ciência". V. metalinguagem. • [TIC] **1** Resultado que se obtém ao transformar ou traduzir uma linguagem-fonte mediante um dos numerosos procedimentos ou dispositivos existentes. **2** Linguagem para a qual as instruções (v. instrução) são traduzidas em programação.

linguagem visual • [ED] Expressão visual das mensagens (v. mensagem) impressas e televisadas. "É a articulação dos diversos significantes visuais (sejam cores, formatos, papéis, gêneros de impressão, famílias, corpos, medidas, cortes, fios, vinhetas, ilustrações, quadros etc., sejam coreografia, cenografia, figurino, marcação, roteiro, trucagem e outros efeitos especiais), em coerência ou não com as ideias expressas no texto. Pode-se escrever visualmente uma página de maneira que até mesmo os significados mais sutis possam ser transmitidos através de cores, ritmos, movimentos, família e corpos utilizados etc.

linha d'água • [ED] **1** Cada um dos traços que caracterizam o papel avergoado. Filigrana. V. marca d'água. **2** Tipo de papel avergoado que é fornecido no Brasil com isenção fiscal e destinado exclusivamente, por lei, à impressão de livros e periódicos. V. papel imune.

linha de corte • [ED] Traço que indica, em leiautes e artes-finais, cada uma das extremidades do formato do impresso aberto (ou seja, sem considerar as dobras). Segmentos dessa linha, externos às margens, são geralmente impressos na folha, para orientar o corte a ser feito pela guilhotina. V. linha de dobra.

linha de dobra • [ED] Traço, geralmente pontilhado, em leiautes e artes-finais, que indica onde deverá ser feita a dobra na folha impressa. Partes dessa linha são geralmente impressos na folha, para orientar a dobragem. V. linha de corte.

linha editorial • [ED] [JN] [RTVC] **1** Direção seguida por uma empresa de comunicação na programação de seus produtos (livros, revistas, jornais, programas de tv e de rádio, vídeos, discos, *sites* etc.), na elaboração de matérias e no próprio tratamento de seus conteúdos. Implica diretamente decisão sobre os produtos a serem publicados e baseia-se numa política editorial. **2** Estilo e postura de um determinado veículo ou de um produto editorial. Característica de apresentação de jornal, revista, *newsletter*, impresso, digital ou transmitido por radiodifusão.

link • [TIC] **1** Ligação entre dois ou mais computadores em rede. **2** Ligação entre páginas ou informações de um mesmo *site* ou de diferentes *sites*. O recurso do *link*, característico da linguagem de hipertexto, aparece nos documentos como palavras grafadas em destaque, com a função de remeter o usuário para outra parte do texto, ou para outra página, *site* etc. **3** Cada uma das ligações de hipertexto que estão embutidas em um documento de hipermídia, permitindo que o usuário salte de um pedaço de informação para outro item relacionado, não importando onde ele esteja armazenado. V. *hiperlink*.

linotipia • [ED] **1** Trabalho feito em linotipo. **2** Sistema de composição quente por meio de linotipo ou de equipamento similar. **3** Seção ou oficina onde se trabalha em máquinas linotipo.

linotipo • [ED] Aparelho de composição mecânica, hoje obsoleto. Provido de teclas, caracteriza-se pela fundição e composição de caracteres formando linhas inteiras (linhas tipográficas). Seu nome deriva da expressão *a line of type*, dita por seu criador, Mergenthaler, que a patenteou em 1890. Pouco depois surgiram outras compositoras mecânicas similares, mas o termo *linotipo* passou a designar todas as demais. Seu funcionamento é entregue a um só operador, chamado linotipista, que aciona o teclado (com cerca de 90 teclas de letras, números e sinais especiais), fazendo deslizar do magazine (um depósito situado na parte superior da máquina) as matrizes desejadas, que passam a ocupar o seu lugar na linha, ao lado das anteriores. Formada uma linha, no comprimento previamente estipulado, esses tipos são levados a uma caldeira com chumbo derretido, onde a linha de matriz é fundida em uma só barra. Um distribuidor automático leva de volta aos seus compartimentos as matrizes utilizadas, que poderão voltar a servir como moldes na fundição de novas linhas tipográficas. A linha fundida, já resfriada, desce e é reunida às demais, em uma bandeja colocada ao alcance do linotipista (galé). O surgimento das máquinas de linotipia permitiu às atividades jornalísticas e editoriais uma velocidade muito maior, que já era um imperativo do acelerado ritmo de vida e das exigências da opinião pública no fim do séc. 19.

lista de discussão • [TIC] Espaço de debate e intercâmbio de informações sobre determinados assuntos, via correio eletrônico, *homepage* ou *BBS*. Diz-se tb. fórum, grupo de discussão ou, simplesmente, lista. V. *chat*.

lista de endereços • [MKT] [PP] [RP] V. *mailing list*.

lista negra • [JN] Relação de pessoas ou de assuntos vetados ou indesejáveis em um órgão de imprensa, isto é, proibidos de ser mencionados ou focalizados favoravelmente no noticiário, por determinação da direção do veículo.

literatura • [ED] **1** Conjunto dos trabalhos literários de uma época, gênero ou região. **2** Arte de fazer composições literárias. • [MKT] Conjunto de publicações institucionais ou promocionais – folhetos, manuais etc. –, sobre uma empresa, projeto, produto(s) ou serviço(s).

literatura de massa • [ED][RTVC] É a literatura produzida segundo os cânones da indústria cultural, isto é, segundo a lei do mercado dos bens culturais. "Diferentemente da literatura culta, onde o mercado não entra como determinante principal do processo, a literatura de massa apoia a sua produção em expectativas de venda e de lucro" (Muniz Sodré). Nessa categoria estão o romance policial, a ficção científica, o romance de aventuras, o romance sentimental, a telenovela, a fotonovela, a história em quadrinhos etc.

litografia • [ED] **1** Antigo processo de gravação sobre pedra porosa, inventado por Senefelder por volta de 1796, e que consiste em fixar a imagem com tinta-graxa, por lápis ou pincel, na superfície da pedra, que é depois umedecida pelo contato de rolos molhadores. A água adere apenas às partes não cobertas pelas tintas-graxas e a tinta impressora contida nos rolos tinteiros, por sua vez, adere somente às áreas secas, que correspondem à imagem finalmente impressa no papel. Diz-se tb. impressão química. V. ofsete. **2** Arte de reproduzir, por pressão, desenhos traçados com tinta gordurosa numa pedra calcária especial, chamada litográfica. **3** P. ext., qualquer processo semelhante, no qual se utiliza, em lugar da pedra, placas de metal (metalografia): algrafia ou aluminografia (quando a placa é de alumínio), zincografia (quando a placa é de zinco) etc. **4** Folha ou estampa impressas por este processo. **5** Oficina onde se utiliza esse processo.

livreto • [ED] V. folheto e opúsculo.

livro • [ED] **1** Publicação não periódica que consiste, materialmente, na reunião de folhas de papel ou de material semelhante impressas ou manuscritas, organizadas em cadernos, soltas, ou presas por processos de encadernação e técnicas similares. **2** Obra literária, artística ou científica, que constitui um volume. **3** Divisão do texto de uma obra, contida num tomo, e que pode estar subdividida em partes ou capítulos. V. edição, formato, veículo e documento. **4** Registro sobre o qual se assentam operações comerciais, contábeis, jurídicas etc. **5** Coleção de lâminas e de qualquer outro material, desde que tenham a forma de folhas ou estejam relacionadas umas às outras como as folhas de um livro, mesmo soltas e envoltas em embalagem própria (p. ex., livro de amostras, livro de estampas). V. e-book.

livro de bolso • [ED] Tipo de livro impresso em formato reduzido, papel de baixa gramatura e segunda qualidade, baseado em PB, que se caracteriza basicamente por ser reimpressão de um livro editado originalmente em formato normal (americano, AA, BB etc.), "o que, de saída, poupa-lhe os custos editoriais e de composição, reduz os custos dos direitos autorais e favorece a divulgação, iniciada com a primeira edição". (R. A. Amaral Vieira).

livro eletrônico • [ED][TIC] V. e-book.

lobby • [RP][MKT] Exercício de influência, pressão e persuasão para obter atitude favorável em relação a um indivíduo ou instituição, de modo a efetivar um voto legislativo ou uma posição administrativa. Atividade dos grupos de pressão (formalizados ou não, abertos ou velados) em defesa de seus interesses, exercida junto aos centros de decisão governamental. Em seu sentido original, a palavra inglesa *lobby* designa o saguão, a sala de espera, o corredor de entrada, e traduz o velho costume dos representados conversarem com seus representantes nas antessalas (ou *lobbies*) dos parlamentos. Em sentido mais amplo, podem ser considerados atividades de *lobby* os meios utilizados para influenciar políticos ou funcionários governamentais de forma direta (contatos pessoais, correspondência etc.) ou indireta (através dos meios de comunicação ou de fatos capazes de sensibilizar a opinião pública, atingindo deste modo os representantes da comunidade). V. grupo de pressão.

lobista • [RP][MKT] Profissional que realiza atividades de *lobby*. Pessoa que represen-

locação

ta diretamente os interesses de uma instituição ou de um grupo de pressão junto aos legisladores e a outras autoridades governamentais.

locação • [RTVC] Qualquer local (interior ou exterior), fora do estúdio, onde se produz uma filmagem. V. exterior.

locadora • [RTVC] V. videolocadora.

locução • [RTVC] **1** Indicação, em um roteiro, dos textos a serem ditos pelo locutor. **2** Ação de falar ante os microfones em rádio ou televisão. • [FTC] Modo especial de falar. Maneira de dizer. Dicção.

locutor • [RTVC] Profissional encarregado de ler textos, informações, notícias, anúncios e de irradiar ou apresentar programas ao microfone, em estações (v. estação) de rádio e televisão, ou em público, em gavações (v. gravação), filmes cinematográficos, espetáculos teatrais, programas audiovisuais etc. Narrador (v. narração), *speaker*, locutor esportivo. P. ext., apresentador de programas, entrevistador, comentarista. V. locução.

locutor esportivo • [RTVC] Profissional especializado em narrar competições esportivas para rádio ou televisão. V. locutor.

log • [TIC] Arquivo que contém registro da quantidade e tipo de acessos feitos a um sistema.

logar-se • [TIC] **1** Acessar um programa de computador ou um *site* na internet. **2** Iniciar uma sessão de conexão por meio de identificação pessoal, com o nome do usuário e a senha. **3** Fazer *login*.

login • [TIC] **1** Do ing. *to log in*, acessar. V. *logon*. **2** Identificação de um usuário na rede local. Nos endereços de correio eletrônico, corresponde à informação que vem antes do símbolo @. **3** Procedimento que leva um usuário a acessar os recursos de um sistema protegido por conta e senha. Utilizado normalmente em sistemas de rede.

logística • [MKT] **1** Área responsável por gerir todos os recursos, materiais e informações necessários para as atividades de uma organização. **2** Conjunto de procedimentos e técnicas inerentes a esse gerenciamento. Envolve atividades de desenvolvimento, aquisição, construção, instalação, provisão, armazenamento, transporte, distribuição, reparação, manutenção, operação, contratação, entregas, equipamentos, movimentação, informação, controle e outras atividades.

log off • [TIC] **1** Procedimento de desconectar-se de uma rede. **2** Encerramento de uma conexão a um computador ou periférico. Diz-se tb. *logout*.

logon • [TIC] Procedimento que leva um usuário a acessar os recursos de um sistema, geralmente protegidos por conta e senha. Utilizado normalmente em sistemas de rede. Diz-se tb. *login*.

logout • [TIC] V. *log off*.

logo • [MKT] [PP] **1** Forma abreviada de logotipo. **2** P. ext., forma abreviada de logomarca.

logomarca • [MKT] [PP] V. marca.

logotipia • [ED] Sistema de composição tipográfica manual (hoje em desuso) baseado no uso de caracteres constituídos de várias letras reunidas em um só bloco. V. tipo e linotipo. • [PP] Estudo, criação, resultado final e aplicações diversas de um logotipo ou de uma marca corporativa.

logotipo • [MKT] [PP] Símbolo constituído por palavra ou grupo de letras, apresentadas em desenho característico, destinado a funcionar como elemento de identidade visual de uma empresa, de uma instituição, de um produto etc. Esta definição limita-se ainda, em sua essência, ao sentido original da palavra logotipo: um recurso tipográfico pelo qual se pretendia acelerar o trabalho de composição manual, substituindo-se os caracteres móveis individuais por grupos de letras reunidas numa só peça. A simplificação estilística determinou um conceito novo de logotipo: o desenho das letras pode adquirir a característica de uma abstração geométrica, pode formar um emblema, pode sugerir figuras. O traçado dos logotipos e dos emblemas deixou de ter, necessariamente, relação direta com as características ou particularidades da coisa representada. Seu principal objetivo é provocar a identificação imediata de uma determinada instituição ou produto e, para isso, ele deve ser facilmente fixado na memória do público, destacando-se entre milhares de outros estímulos visuais que diariamente são recebidos pelas pessoas. V. marca.

lombada • [ED] **1** Dorso, parte posterior do livro (única visível quando arrumado na estante), onde se imprimem geralmente informações básicas para a identificação da obra, como: o título, o nome do autor e o da editora. **2** Parte da encadernação que cobre o dorso ou lombo do livro, segurando as capas.

longa-metragem • [RTVC] Filme cujo tempo de projeção excede a 70 minutos. V. curta-metragem e média-metragem.

long-play • [RAV] Tipo de disco fonográfico de vinil, com duração de 20 a 30 minutos de cada lado, gravado geralmente para reprodução a 33 1/3 rotações por minuto. Forma consagrada pelo uso, no Brasil, para a expressão *long-playing record*. Diz-se tb. LP ou elepê. V. compacto.

long shot • [RTVC] O mesmo que plano geral. V. plano.

loop • [RTVC] Breve trecho de um filme, colado ponta a ponta de maneira a formar uma fita contínua. É utilizado em dublagem ou sempre que se precise projetar com seguidas repetições a mesma cena, sem interrupções ou retorno. Diz-se tb. anel ou sem-fim. • [RAV] Trecho contínuo de fita magnética, com as extremidades emendadas uma à outra. Colocado em um gravador, geralmente acondicionado em cartucho especial, é capaz de reproduzir repetidamente o som gravado, sem interrupções. • [TIC] Em programação, repetição incessante de um mesmo conjunto de instruções até que uma determinada condição seja atendida.

lowprofile • [FTC] [RP] **1** Atitude ou comportamento de total discrição em relação a um determinado fato. Uma empresa, p. ex., por algum motivo em sua estratégia de comunicação institucional, pode decidir-se pelo *lowprofile* em relação a algum apoio político ou comunitário, ao invés de divulgá-lo. **2** Diz-se da estratégia de não atrair atenção para determinado acontecimento ou atividade.

LP • [RAV] V. *long-play*.

lugar-comum • [FTC] V. clichê.

lúmen • [RAV] Unidade de fluxo luminoso. Quantidade de luz emitida por segundo, em ângulo cônico, por um foco de luz pontiforme de 1 candela de intensidade.

luminância • [RAV][RTVC] V. câmera, *NTSC*.

luminoso • [ED][PP] Tipo de letreiro ou de anúncio gráfico, de dimensões diversas, exposto geralmente ao ar livre. Seu principal apelo está na iluminação, fixa ou com movimentos repetidos ou alternados (chamados cenários), feita por lâmpadas de néon ou processos semelhantes. Alguns luminosos são visíveis somente à noite, pois sua visibilidade baseia-se exclusivamente nas lâmpadas. Outros possuem componentes visíveis também durante o dia, funcionando como um *outdoor* permanente ou contratado a longo prazo. Costumam ser instalados em locais de intensa movimentação de pessoas e de boa visibilidade (no alto de edifícios, p. ex.). O luminoso serve também como veículo informativo e publicitário, letreiro indicativo de pontos de venda (v. ponto de venda) ou da sede de determinadas empresas.

lux • [RAV] Unidade métrica de iluminação. Intensidade de iluminação na superfície de uma esfera de 1m de raio, desde uma fonte de luz de 1 candela, situada no centro da esfera. Equivale ao fluxo luminoso de 1 lúmen por metro quadrado, 1 *foot-candle* equivale a 10.764 lux.

luz • [RAV][RTVC] Diz-se das condições naturais ou artificiais de iluminação para se fotografar determinado assunto, apresentar espetáculos, realizar filmagens ou gravação de vídeo etc. V. roteiro de luz.

macarrão • [ED] **1** Caderno utilizado para completar o número de páginas de uma publicação quando este não é divisível pela quantidade de páginas dos demais cadernos. P. ex., um caderno de apenas 4 páginas para completar livro de 164 páginas que está sendo impresso em cadernos de 16 páginas. **2** Folha de papel utilizada para impressão desse caderno.

macroambiente • [MKT] Universo de elementos sociológicos que afeta a capacidade de uma instituição de atender a sua clientela ou vender seus produtos e serviços. Há seis tipos de forças importantes de macroambiente: tecnológicas, políticas, naturais, demográficas, econômicas e culturais. O ambiente cultural inclui as forças que afetam valores básicos, comportamentos e preferências da sociedade que têm efeito e influência sobre a decisão de compra e venda do consumidor. O ambiente demográfico inclui o estudo de populações humanas em termos de tamanho, densidade, localidade, idade, sexo, raça, ocupação, e outras informações estatísticas. O ambiente econômico inclui fatores como níveis salariais, tendências de crédito e padrões de preços, que podem afetar o poder de compra e os hábitos de consumo. O ambiente natural envolve as matérias-primas e fontes de energia. O ambiente político inclui as leis, instituições governamentais, conjunturas e tendências que influenciam ou restringem as ações dos indivíduos ou organizações na sociedade. O ambiente tecnológico inclui fatores técnicos que podem influenciar a criação de novos produtos, mercados e oportunidades para o *marketing*. V. microambiente e ambiente externo.

macromarketing • [MKT] "Processo social que dirige o fluxo de bens e serviços dos produtores para os consumidores de modo a equilibrar efetivamente a oferta e a procura, e alcançar os objetivos da sociedade" (E.J. McCarthy). Aplicação do marketing pelo emprego simultâneo de várias de suas técnicas (v. *marketing mix*), com a finalidade de viabilizar um grande projeto de interesse público. A atividade de *macromarketing* não está normalmente ligada a interesses comerciais diretos, mas a programas voltados para a comunidade. V. *micromarketing*.

maculatura • [ED] Folha mal impressa, manchada, suja ou repintada, que se aproveita para eliminar o excesso de tinta na impressora, ou para embrulhar resmas, bobinas de papéis etc.

magazine • [ED] Revista de variedades, fartamente ilustrada.

magazine concept • [PP] Modalidade de veiculação de mensagens publicitárias em tv. Lançada como alternativa à forma de patrocínio de programas. Consiste em fracionar o tempo destinado a mensagens comerciais (v. comercial), para que ele seja ocupado por vários anunciantes, como ocorre com o espaço dos jornais e revistas (magazines). Por esse sistema de mídia, a compra de tempo pode determinar inserções (v. inserção) determinadas ou rotativas, como nas páginas determinadas e indeterminadas dos veículos impressos.

mailer • [TIC] Ferramenta de envio de e-mails a um grande número de destinatários que permite a personalização das mensagens, com aparência profissional, a partir de apenas um computador. É usada geralmente para enviar notas à imprensa, convites, listas ou qualquer documento HTML. V. e-news.

mailing list • [MKT] [PP] [RP] Relação de nomes e endereços para envio de correspondência, publicações, material promocional ou informativo etc. Diz-se tb. lista de endereços. V. mala direta. • [TIC] Sistema automático de envio de mensagens a uma lista de endereços eletrônicos. Utilizado no envio de qualquer mensagem para muitos destinatários.

mailto • [TIC] Do ing. mail to (correspondência para). Recurso que, na linguagem HTML, abre uma janela de correio eletrônico, já com endereço do destinatário (geralmente o responsável pelo site), permitindo o envio automático de mensagens.

mainframe • [TIC] 1 Unidade principal de processamento do computador, a qual inclui os circuitos de controle de interpretação e execução das instruções. O mesmo que unidade central de processamento. 2 Por analogia, diz-se dos computadores chamados de 'grande porte', largamente utilizados entre os anos de 1960 e 1970.

mainstream • [MKT] Linha de produtos já conhecida e aceita pelo público. Estratégia de marketing baseada no produto convencional, sem novidades ou riscos. Do ing. main, central, principal, e stream, corrente.

making of • [RAV] [RTVC] 1 Registro, gravado em vídeo ou filmado, dos detalhes da produção de qualquer trabalho de comunicação, especialmente filme, vídeo, programa de TV, fonograma, espetáculo, evento ou campanha. Costuma incluir cenas de bastidores, reuniões, entrevistas, depoimentos, ensaios, trechos de material bruto e cenas da obra já editada. Pode ser concebido e usado como instrumento de marketing. 2 Por ext., registro fotográfico, texto ou qualquer registro descritivo do processo de criação e produção de um determinado trabalho.

mala direta • [PP] Divulgação promocional de produtos e serviços através do envio de peças de propaganda impressa (folhetos, cartas, catálogos, livretos etc.) pelo correio, para clientes habituais ou potenciais. Propaganda por via postal, geralmente realizada por agências ou equipes especializadas.

malware • [TIC] Software 'malicioso' que se infiltra em sistemas de computadores mesmo sem ser permitido, com a finalidade de causar algum dano a eles, como roubo de informações confidenciais, má execução de algum programa etc. V. cavalo de Troia.

mancha • [ED] A parte impressa (ou a ser impressa) de qualquer trabalho gráfico, por oposição às margens e outras áreas sem impressão.

manchete • [JN] **1** Título principal, composto em letras garrafais e publicado com grande destaque, geralmente no alto da primeira página de um jornal ou revista. Indica o fato jornalístico de maior importância entre as notícias contidas na edição. **2** P. ext., título de maior destaque (em tamanho e importância jornalística) no alto de cada página de notícias. Do fr. *manchette*.

manchetinha • [JN] O segundo título, em tamanho e importância jornalística, na primeira página ou nas páginas internas de um jornal. V. manchete.

mangá • [ED] Modalidade de história em quadrinhos produzida no Japão. Em jap., *man* (involuntário) + *ga* (imagem, pincelada). Termo criado em 1814 pelo artista Katsushika Hokusai, que o usou originalmente para descrever um estilo de composição fluido e sutil. Mais tarde passou a ser aplicado a ilustrações em geral e, mais recentemente, ao estilo japonês de desenhar história em quadrinhos.

manga-ka • [ED] Pessoa que cria mangás. Desenhista de HQ no Japão. Alguns *manga-ka*, além de desenhar, escrevem suas próprias histórias.

manual de normas • [ED] [JN] Conjunto de determinações, instruções e recomendações elaboradas pela chefia de redação de um jornal ou revista e destinadas aos repórteres e redatores. Seus principais objetivos são promover estilo próprio e unificado, padronizar o texto publicado em suas diversas seções, assegurar a qualidade da publicação e sistematizar a preparação do material redacional para facilitar o trabalho da produção editorial e gráfica. Tb. conhecido como manual de redação.

manuscrito • [ED] **1** Texto escrito à mão. **2** Obra escrita ou copiada manualmente. **3** Versão original de um texto (inclusive redigido com uso de computador, não necessariamente escrito à mão), antes de ser editado. V. original. **4** Qualquer caráter tipográfico que imita a escritura manual ou que é inspirado nas caligrafias clássicas ou em manuscritos correntes. V. família.

mapa de programação • [RTVC] Esquema da programação de uma emissora para um determinado dia ou para os dias de uma semana. Diz-se que um determinado programa é transmitido em faixa (em ing., *across the board*) quando ele vai ao ar todos os dias (ou de segunda a sexta), no mesmo horário. V. roteiro e formato.

maquete • [RTVC] [PP] Do fr. *maquette*. Mais usada que 'maqueta'. **1** Esboço ou representação, em escala reduzida, de uma obra a ser executada (estátua, edifício, navio, cenário de teatro ou cinema, estande de exposição, balcão, vitrina, interior de loja etc.). Modelo. **2** Reprodução, em miniatura, de edifícios, pontes, navios, trens etc., para filmagem, em estúdio, de cenas de incêndio, naufrágio explosão etc. V. efeito especial. • [ED] V. arte-final e boneca.

máquina plana • [ED] Qualquer máquina impressora em que a pressão do papel (ou outro suporte) contra a matriz do trabalho impresso é realizada entre duas superfícies planas.

máquina rotativa • [ED] Máquina impressora cujo sistema de impressão e de distribuição de tinta é constituído por peças cilíndricas que funcionam em um movimento conjugado de rotação, capaz de atingir alta velocidade, produzindo elevadas tiragens (v. tiragem) em tempo reduzido. A rotativa empregada usualmente na produção de jornais e revistas de grande tiragem é um enorme complexo mecânico do qual fazem parte vários grupos impressores, cada um deles com dois ou mais cilindros, pelos quais passa o papel que vai sendo automaticamente desenrolado pelas bobinas. Conduzido por entre os cilindros das diversas unidades de impressão, o papel é impresso simultaneamente dos dois lados e, ao fim do processo, os exemplares saem dobrados, aparados, colados ou grampeados (se for o caso) e contados. Costuma ser chamada simplesmente de *rotativa*. Os modelos de rotativas em geral pequenos, com cilindros de diâmetro reduzido e próprios para matrizes em forma tubular, são chamados 'rotativas tubulares'.

marca • [MKT] Símbolo que funciona como elemento identificador e representativo de uma empresa, de uma instituição, de um produto etc. Essa identificação (v. significação) pode ser obtida por várias formas significantes: a) o **nome** da empresa, da instituição ou do produto (em inglês, *brand name*), em sua forma gráfica (escrita) ou sonora (falada) – indica instantaneamente a entidade ou a coisa representada, sem que haja, necessariamente, uma relação semântica. A marca pode ser constituída por palavras já existentes no idioma (ex.: Oi), siglas (ex.: P&G) ou por nome de fantasia (ex.: Fanta). Sinalização verbal de origem, responsabilidade e autoria da produção, do comércio ou do serviço. Por extenso, designa também o próprio produto (por isso se diz que uma determinada marca é de má qualidade, em vez de se fazer menção aos produtos daquela marca...); b) o **símbolo visual** – figurativo ou emblemático. Pode ou não se reportar à atividade ou ao nome da empresa. Diz-se também, nessa acepção, 'marca-símbolo'; c) o **logotipo** – representação gráfica do nome, em letras de traçado específico, fixo e característico; d) o **conjunto** desses símbolos, numa só composição gráfica, permanente e característica, constituída pelo nome, pelo símbolo e pelo logotipo – diz-se, nesse caso, 'marca corporativa' ou 'logomarca'. O conjunto das formas significantes caracteriza a marca, cujo significado deve ser construído por múltiplos pontos de contato entre a marca, o produto e o consumidor. Na ponta desse processo, é a percepção do consumidor que confere sentido à marca. A lei brasileira de Propriedade Industrial (nº 9279/96, artigos 122-123) considera como marcas suscetíveis de registro, os "sinais distintivos visualmente perceptíveis", nas seguintes modalidades: "I – **marca de produto ou serviço**: aquela usada para distinguir produto ou serviço de outro idêntico, semelhante ou afim, de origem diversa; II – **marca de certificação**: aquela usada para atestar a conformidade de um produto ou serviço com determinadas normas ou especificações técnicas, notadamente quanto à qualidade, natureza, material utilizado e metodologia empregada; e III – **marca coletiva**: aquela usada para identificar produtos ou serviços provindos de membros de uma determinada entidade." V. propriedade industrial.

marca coletiva • [MKT] Uma das modalidades de marcas suscetíveis de registro, previstas na Lei da Propriedade Industrial. V. marca.

marca combinada • [MKT] Marca individual combinada com a marca de família. P. ex.: Brastemp Mondial, Gilette Plus, Fiat Idea etc.

marca-d'água • [ED] **1** Marca visível por transparência, feita no papel durante a sua fabricação, pelo contato da pasta de papel com fios de latão que atravessam a fôrma filigranada, retendo a pasta necessária à formação da folha e permitindo a filtragem da água supérflua ou da pasta que não tenha a necessária consistência. **2** Marca de fábrica, visível no papel quando observado em contraluz. **3** Marca de segurança, visível por transparência, produzida na fabricação de papel-moeda, selos e outros documentos para evitar falsificação.

marca-d'água digital • [ED] [TIC] **1** Padrão de *pixels*, códigos ou sinais (v. sinal) ocultos, inseridos em um arquivo ou programa, para impedir, rastrear e/ou identificar cópias ilegais. Sistema de proteção de direitos autorais, que pode ser utilizado em fonogramas, *e-books*, videogames, desenhos, fotografias, vídeos etc., transmitidos por via digital. **2** Dispositivo de proteção que, embutido em um *software* ou arquivo, restringe a produção de novas cópias.

marca de certificação • [MKT] Uma das modalidades de marcas suscetíveis de registro, previstas na Lei da Propriedade Industrial. V. marca.

marca de família • [MKT] Marca cuja utilização se estende a um conjunto de produtos. Pode ser usada em todos os produtos de uma empresa ou apenas em uma ou algumas linhas de produtos. V. marca e marca-mãe.

marca individual • [MKT] Marca utilizada exclusivamente por um produto. Ex.: Maizena. V. marca.

marca-mãe • [MKT] Marca a partir da qual se constitui uma família de produtos. Conforme a estratégia de *marketing* da empresa, em alguns casos, a marca-mãe aparece na nominação dos produtos e linhas de produtos; em outros, ela é associada aos produtos mas não faz parte dos seus nomes; e há também os casos em que não é explicitamente utilizada nos produtos. V. marca e marca de família.

marca registrada • [MKT] Marca (nome, símbolo e/ou logotipo) cuja exclusividade é legalmente garantida a partir do momento em que seu pedido de registro é oficialmente aceito pelo órgão competente (no Brasil, o INPI – Instituto Nacional de Propriedade Industrial). Indicada pelo sinal ®. De acordo com a legislação brasileira (Lei da Propriedade Industrial, artigo 124) marcas são definidas como "sinais distintivos visualmente perceptivos", não compreendidos nas proibições legais. As restrições às quais a lei se refere são as seguintes (não registráveis como marca): "I – brasão, armas, medalha, bandeira, emblema, distintivo e monumento oficiais, públicos, nacionais, estrangeiros ou internacionais, bem como a respectiva designação, figura ou imitação; II – letra, algarismo e data, isoladamente, salvo quando revestidos de suficiente forma distintiva; III – expressão, figura, desenho ou qualquer outro sinal contrário à moral e aos bons costumes ou que ofenda a honra ou imagem de pessoas ou atente contra liberdade de consciência, crença, culto religioso ou ideia e sentimento dignos de respeito e veneração; IV – designação ou sigla de entidade ou órgão público, quando não requerido o registro pela própria entidade ou órgão público; V – reprodução ou imitação de elemento característico ou diferenciador de título de estabelecimento ou nome de empresa de terceiros, suscetível de causar confusão ou associação com estes sinais distintivos; VI – sinal de caráter genérico, necessário, comum, vulgar ou simplesmente descritivo, quando tiver relação com o produto ou serviço a distinguir, ou aquele empregado comumente para designar uma característica do produto ou serviço, quanto à natureza, nacionalidade, peso, valor, qualidade e época de produção ou de prestação do serviço, salvo quando revestidos de suficiente forma distintiva; VII – sinal ou expressão empregada apenas como meio de propaganda; VIII – cores e suas denominações, salvo se dispostas ou combinadas de modo peculiar e distintivo; IX – indicação geográfica, sua imitação suscetível de causar confusão ou sinal que possa falsamente induzir indicação geográfica; X – sinal que induza a falsa indicação quanto à origem, procedência, natureza, qualidade ou utilidade do produto ou serviço a que a marca se destina; XI – reprodução ou imitação de cunho oficial, regularmente adotada para garantia de padrão de qualquer gênero ou natureza; XII – reprodução ou imitação de sinal que tenha sido registrado como marca coletiva ou de certificação por terceiro (...); XIII – nome, prêmio ou símbolo de evento esportivo, artístico, cultural, social, político, econômico ou técnico, oficial ou oficialmente reconhecido, bem como a imitação suscetível de criar confusão, salvo quando autorizados pela autoridade competente ou entidade promotora do evento; XIV – reprodução ou imitação de título, apólice, moeda e cédula da União, dos Estados, do Distrito Federal, dos Territórios, dos Municípios, ou de país; XV – nome civil ou sua assinatura, nome de família ou patronímico e imagem de terceiros, salvo com consentimento do titular, herdeiros ou sucessores; XVI – pseudônimo ou apelido notoriamente conhecidos, nome artístico singular ou coletivo, salvo com consentimento do titular, herdeiros ou sucessores; XVII – obra literária, artística ou científica, assim como os títulos que estejam protegidos pelo direito autoral e sejam suscetíveis de causar confusão ou associação, salvo com consentimento do <u>autor</u> ou titular; XVIII – termo técnico usado na indústria, na ciência e na arte, que tenha relação com o produto ou serviço a distinguir; XIX – reprodução ou imitação, no todo ou em parte, ainda que com acréscimo, de marca alheia registrada, para distinguir ou certificar produto ou serviço idêntico, semelhante ou afim, suscetível de causar confusão ou associação com marca alheia; XX – dualidade de marcas de um só titular para o mesmo produto ou serviço, salvo quando, no caso de marcas de mesma natureza, se revestirem de suficiente forma distintiva; XXI – a forma necessária, comum ou vulgar do produto ou de acondicionamento, ou, ainda, aquela que não possa ser dissociada de efeito técnico; XXII – objeto que estiver protegido por registro de desenho industrial de terceiro; e XXIII – sinal que imite ou reproduza, no todo ou em parte, marca que o requerente evidentemente não poderia desconhecer em razão de sua atividade, cujo titular seja sediado ou domiciliado em território nacional ou em país com o qual o Brasil mantenha acordo ou que assegure reciprocidade de tratamento, se a marca se destinar a distinguir produto ou serviço idêntico, semelhante ou afim, suscetível de causar confusão ou associação com aquela marca alheia." Segundo a mesma lei (Art. 189-190), "o registro da marca protege contra os seguintes crimes: reprodução da marca, sem autorização do titular, no todo ou em parte, ou imitação de modo que possa induzir confusão; alteração da marca registrada de outrem já aposta em produto colocado no mercado; importação, exportação, venda, exposição comercial, ocultação ou estoque de produto assinalado com marca ilicitamente reproduzida ou imitada; comercialização de produto em vasilhame, recipiente ou embalagem que contenha marca legítima de outrem".

margem • [ED] **1** Área geralmente vazia que contorna um conjunto de informações (textos, ilustrações etc.), entre o espaço ocupado por esse conteúdo e os limites da área total de uma folha de papel, documento digital, página de internet, tela de pintura, painel publicitário etc. **2** Espaço ao longo dos quatro lados de uma página, entre a mancha e a linha de corte (margens externa superior e inferior), e entre a mancha e a linha de dobra (margem interna). O claro entre duas colunas chama-se canal. V. sangrar.

marketing • [MKT] "Atividade profissional dirigida para a satisfação das necessidades e desejos, através dos processos de troca" (Kotler). Peter Drucker define o *marketing* como "conhecer e compreender tão bem o cliente que o produto ou serviço se torne adequado a ele e se venda por si mesmo". No mundo empresarial contemporâneo, as ações de *marketing* envolvem toda a vida do produto ou serviço, desde o momento em que ele é simples ideia, invenção, projeto, ou simples demanda do consumidor detectada em pesquisa, até o consumo, incluindo as etapas de pós-venda (atendimento ao consumidor após a compra do produto ou contratação do serviço). Classificam-se em seis áreas as atividades fundamentais do *marketing*, aqui resumidas com seus objetivos: a) **pesquisa de mercado** – conhecer os fatos e tendências do mercado, em tudo o que possa interferir direta ou indiretamente no produto, para que as decisões sejam baseadas na realidade e não em meras estimativas; b) **planejamento do produto** – desenvolver o produto ou serviço de modo que atenda às necessidades e desejos do consumidor e permita à empresa o uso total de sua capacidade produtiva; c) **determinação de preços** – fixar o preço do produto, em função dos seus custos e dos fatores de mercado, considerando inclusive os preços dos produtos concorrentes, os canais de distribuição usados e o poder aquisitivo ou nível de aspiração do consumidor etc.; d) **propaganda** – tornar o produto conhecido e a levar o consumidor até ele; e) **promoção de vendas** – estimular a demanda e a aumentar as vendas, levando o produto ao consumidor. f) **distribuição** – levar fisicamente o produto do fabricante ao consumidor final, através dos canais de distribuição, tornando-o disponível e fácil de ser comprado. Além dessas ações, a visão estratégica de *marketing* considera a empresa em relação a sua imagem corporativa global, seu posicionamento no mercado (mapeamento perceptivo, market share e share of mind), tendências da sociedade, metas da empresa a médio e longo prazo e a própria definição das suas finalidades, da sua identidade e do seu negócio. O conceito de *marketing*, nos últimos anos, tem-se tornado ainda mais amplo, abrangendo não somente o universo empresarial em relação a produtos e serviços, como também o fluxo e a aceitação (no público, no 'mercado', na sociedade) de ideias, imagens, atributos, crenças, produtos culturais, propostas político-partidárias, mensagens institucionais etc.

***marketing* comunitário** • [MKT] Modalidade de *marketing* institucional voltada para o desenvolvimento de ações comunitárias, através de apoio a projetos (de educação, saúde, lazer etc.) ou de atendimento a demandas das comunidades direta ou indiretamente relacionadas com a instituição.

***marketing* concentrado** • [MKT] Estratégia que consiste no desenvolvimento de um produto especialmente concebido para atingir determinado segmento do mercado. As empresas que praticam esta forma de *marketing* preferem obter uma grande participação em poucos submercados a conseguir uma pequena participação em um grande mercado. Também chamado de *marketing* de nicho. V. tb. marketing diferenciado e marketing não diferenciado.

***marketing* cultural** • [MKT] Modalidade de *marketing* institucional que se realiza através do patrocínio ou do apoio a atividades culturais, por parte da empresa, não necessariamente ligadas ao campo de sua atividade, visando influenciar favoravelmente o público em relação à imagem da empresa ou atingir outros objetivos estratégicos.

***marketing* de contágio** • [MKT] V. *marketing* viral.

***marketing* de conteúdo** • [ED] [MKT] **1** Estratégia de criação e difusão de informações (textos e imagens) para a clientela de uma organização. Envolve diversos temas e gêneros (informativos, institucionais, comerciais, técnicos, culturais, educacionais, de entretenimento etc.), elaborados de acordo com o público-alvo e disseminados por meios eletrônicos e impressos, de modo integrado. Seu objetivo imediato é atrair o interesse do público, gerando maior proximidade e reforçando a imagem de marca. **2** Conjunto de procedimentos adotados para esse fim. Em ing., *content marketing*.

***marketing* de conversão** • [MKT] Conjunto de medidas desenvolvidas pela administração de *marketing* com a finalidade de converter a demanda negativa em positiva e de elevá-la ao nível da oferta existente. Também é chamada de conversão de *marketing*.

***marketing* de desenvolvimento** • [MKT] Conjunto de medidas desenvolvidas pela administração de *marketing* em face de um estado de demanda latente. Embora nestas circunstâncias o especialista em *marketing* trabalhe em condições extremamente favoráveis, o lançamento de um produto que corresponda a uma demanda latente é imediatamente percebido pela concorrência. Por isso, o maior desafio do *marketing* de desenvolvimento consiste na coordenação de todas as funções de *marketing* a fim de que o mercado se desenvolva ordenadamente, evitando desequilíbrio entre oferta e demanda.

***marketing* de estímulo** • [MKT] Conjunto de medidas desenvolvidas pela administração de *marketing* com a finalidade de converter a demanda inexistente em positiva. Trata-se de criar demanda para um produto que não corresponde a nenhuma necessidade ou desejo dos consumidores. De acordo com Kotler, há três maneiras de despertar a atenção de um consumidor indiferente. "A primeira é tentar relacionar o produto com alguma necessidade existente no mercado (...). A segunda é modificar o ambiente a fim de que a oferta adquira valor naquele ambiente (...). A terceira é distribuir informações ou o próprio objeto em mais lugares, na esperança de que a falta de demanda nada mais seja do que uma falta de exposição do produto."

***marketing* de guerra** • [MKT] Tipo de *marketing* que utiliza estratégias e expressões tomadas de empréstimo aos militares e se caracteriza pela concentração dos esforços da empresa em determinado segmento do mercado. Diz-se tb. *marketing* de guerrilha, termo que indica não só um alto grau de agressividade das ações de *marketing*, mas também que a empresa que o adota se encontra em posição minoritária no mercado. Há cinco estratégias ofensivas básicas: a) ataque frontal, em que o desafiador ataca as forças do competidor por meio da combinação de preço, produto, propaganda e distribuição; b) ataque de flanco, onde o desafiador ataca a fraqueza do líder por preencher lacunas deixadas pelo competidor. Desenvolve produtos fortes onde os produtos do competidor são fracos; c) envolvimento, em que os ataques do desafiador podem vir de todas as direções; d) ataque de *bypass*, que não se configura num ataque direto, mas onde o desafiador busca alvos e mercado mais fáceis esperando que a demanda por seus produtos ultrapassem os produtos do competidor; e) ataque de guerrilha, em que o desafiador faz investidas periódicas com pequenos cortes de preço, explosão de promoções repentinas ou concentradas, esperando eventualmente estabelecer bases permanentes no mercado.

***marketing* de guerrilha** • [MKT] V. *marketing* de guerra

***marketing* de incentivo** • [MKT] Conjunto de técnicas e procedimentos de *marketing* aplicado principalmente a equipes de vendas, com apelos competitivos, premiações e estabelecimento de metas, no sentido de reforçar a motivação para melhores resultados.

***marketing* de manutenção** • [MKT] Conjunto de medidas desenvolvidas pela administração de *marketing* com a finalidade de manter a fidelidade de sua clientela em um estado de demanda plena. Segundo Kotler, trata-se da "manutenção da eficiência (...) e uma eterna vigilância ao se determinarem novas forças que ameaçam causar a erosão da demanda. O especialista em *marketing* de manutenção está preocupado principalmente com detalhes táticos, tais como o de manter o preço certo, a equipe de vendas, os revendedores motivados e o controle rígido sobre os custos".

***marketing* de nicho** • [MKT] Estratégia de *marketing* em que os empresários dedicam 100% de seus esforços em direção a um pequeno segmento de mercado que, normalmente, é deixado de lado ou só casualmente é servido por outros competidores maiores, mas é ainda suficientemente grande para ser lucrativo.

***marketing* de permissão** • [MKT] Do ing., *permission marketing*. Modelo de marketing direto que adota como estratégia de venda de produtos e serviços a autorização prévia do cliente em potencial. Como principal ferramenta, utiliza o correio eletrônico (*e-mail*) para atingir seus públicos-alvos de forma segmentada.

***marketing* de produto** • [MKT] Modalidade de *marketing* que cuida dos aspectos relacionados a um produto ou linha de produtos, desde a sua criação e o desenvolvimento de todos os seus atributos, até os detalhes de distribuição e reposição de estoques, garantia, assistência técnica e atendimento ao consumidor.

***marketing* de rede** • [MKT] Forma de comercialização que se desenvolve por meio de uma estrutura disposta em camadas de distribuidores independentes. Esses distribuidores, sem vínculo empregatício e sem necessidade de altos investimentos, ampliam a rede de vendas promovendo a adesão de novos distribuidores, que a partir daí formam suas próprias equipes, e assim por diante. Como os distribuidores independentes geralmente ganham comissões sobre as vendas efetuadas por seus indicados e pelos integrantes das camadas subsequentes, os ganhos podem multiplicar-se de forma exponencial com o crescimento da rede.

***marketing* de redução** • [MKT] Conjunto de medidas desenvolvidas pela administração de *marketing* com a finalidade de corrigir os efeitos da demanda excessiva. Trata-se de uma espécie de *marketing* às avessas: ao invés de estimular os clientes, procura desmotivá-los para que a demanda baixe até o nível da oferta.

***marketing* de relacionamento** • [MKT] **1** Modalidade de *marketing* voltada para a máxima empatia no contato com o cliente, através de promoções e técnicas de comunicação que gerem satisfação, envolvimento e identificação da clientela em relação à empresa. **2** O mesmo que *marketing direto*.

***marketing* de revitalização** • [MKT] Conjunto de medidas desenvolvido pela administração de *marketing* com a finalidade de reverter um estado de demanda declinante. Trata-se, como o próprio nome sugere, de revitalizar um produto que já tenha sido muito bem recebido pelo mercado e cuja demanda se encontra em declínio acentuado, através da procura de novas proposições de *marketing*.

***marketing* de serviços** • [MKT] Modalidade de *marketing* que cuida dos aspectos relacionados a um serviço ou linha de serviços, desde a concepção até a sua realização pela empresa, com o objetivo de obter satisfação e preferência do cliente.

***marketing* de sincronização** • [MKT] Conjunto de medidas desenvolvido pela administração de *marketing* com a finalidade de equilibrar as oscilações da oferta e da demanda em estados de demanda irregular.

marketing institucional

***marketing* diferenciado** • [MKT] Consiste no lançamento de múltiplas versões de um mesmo produto, com a finalidade de atingir diferentes segmentos do mercado. Quando a Coca-Cola lançou sua versão *diet* e diversificou as embalagens, adaptando-as a diferentes necessidades dos consumidores, ela passou do marketing não diferenciado para o *marketing* diferenciado. V. marketing concentrado.

***marketing* direto** • [MKT] Conjunto de atividades de promoção de vendas e de comercialização em que se desenvolve um relacionamento direto entre a empresa (que oferece um produto ou serviço) e o consumidor. Suas principais modalidades são as vendas pelos sistemas de telemarketing e reembolso postal, por demonstradores (vendedores) de porta em porta, ou pela divulgação através de qualquer veículo (mala direta, televisão, jornal, revista, internet etc.), condicionando-se a entrega do produto em domicílio, mediante pedido feito por telefone ou por via postal. Diz-se tb. *marketing* de relacionamento.

***marketing* ecológico** • [MKT] Modalidade de marketing institucional que se realiza com o engajamento da empresa com a qualidade de vida e com o equilíbrio ambiental. Desenvolve-se a partir de ações internas (como o compromisso com a proteção do meio ambiente nas próprias instalações e equipamentos da empresa), no relacionamento da empresa com as comunidades onde está instalada (projetos de reciclagem de lixo, educação ambiental, combate à poluição em determinadas áreas etc.) e através de ações mais amplas, como o patrocínio de programas de preservação de florestas, o apoio à conservação de espécies animais ou vegetais ameaçadas de extinção etc. Diz-se tb. *marketing* verde. V. responsabilidade social.

***marketing* esportivo** • [MKT] Modalidade de marketing institucional que se realiza através do patrocínio ou apoio de uma empresa a atividades esportivas, amadores ou profissionais, visando ao fortalecimento de sua imagem junto a seus públicos.

***marketing* horizontal** • [MKT] Estratégia desenvolvida com base em parceria de duas ou mais corporações de níveis semelhantes, com o propósito de buscar novas oportunidades de *marketing*, para obter em conjunto um resultado muito mais proveitoso do que cada uma poderia obter individualmente.

***marketing* industrial** • [MKT] Marketing voltado para o mercado produtor. Distingue-se do chamado *marketing* direcionado ao consumidor pela dosagem dos elementos do composto de marketing: o projeto do produto, o custo e inovações no serviço são mais importantes do que a propaganda, a promoção e o merchandising. Também chamado de *marketing* de bens industriais e de *marketing* do produtor.

***marketing* institucional** • [MKT] Modalidade de *marketing* que cuida de todos os aspectos relacionados à imagem da instituição. Mais voltado para o share of mind (fixação da marca na memória) do que para o market share (participação da marca no mercado), seu objetivo imediato não é a venda, e sim a criação de uma atitude favorável, nos diversos segmentos do público, em relação à empresa ou qualquer outro tipo de organização. Engloba uma série de outras modalidades, como o *marketing* cultural, o esportivo, o ecológico, o comunitário. As ações de *marketing* institucional, em todas as suas submodalidades, podem incluir diversas ferramentas, como a pesquisa e o *merchandising*, além de técnicas de diferentes áreas da comunicação, como publicidade, jornalismo, promoção e relações públicas. São questões afetas ao *marketing* institucional, entre outras: cuidar do correto posicionamento da empresa no mercado e na sociedade, da imagem corporativa e da identidade visual (quanto à correta aplicação e preservação da logomarca da empresa), além de zelar pelo cumprimento dos princípios contidos no código de ética aceito por seus executivos.

***marketing* integrado** • [MKT] "Uso integrado de todo o instrumental de *marketing*: pesquisa, planejamento, propaganda, promoção de vendas, política de preços etc." (Adler). V. marketing mix.

***marketing* interativo** • [MKT] V. marketing direto.

***marketing* interno** • [MKT] V. endomarketing.

***marketing* mix** • [MKT] **1** Emprego simultâneo e sinérgico de várias técnicas de *marketing*. Conjunto de ações e de recursos tecnológicos, financeiros, estruturais e comportamentais de uma empresa para atingir seus objetivos e metas definidas na estratégia de *marketing*. Diz-se tb. composto de *marketing*. **2** Conjunto integrado de ações de *marketing* que deverão influir no planejamento global de um produto até chegar às mãos do consumidor. Destacamos abaixo os principais elementos geralmente considerados: a) análise de mercado (pesquisas de percepção do produto ou serviço, mercado-alvo, comportamento de compra, objetivos de promoção, apelo promocional); b) criação e desenvolvimento do produto ou serviço (qualidade, atributos, preço, apresentação – *design*, marca, embalagem, rotulagem – etc.); c) distribuição (vias – seleção e controle –, distribuição física – transporte, armazenagem –, pontos de venda, *franchising*, controle de estoques e prazos de entrega, financiamento – crédito, prazos, controle de contas); d) *marketing* direto, promoções de vendas, rede de distribuidores e vendedores (seleção, treinamento, remuneração, supervisão); e) comunicação (propaganda – tipos, veículos, verbas –, promoção, *merchandising*, relações públicas, divulgação, *endomarketing*); f) pós-venda (garantias, assistência técnica, atendimento e informações ao consumidor, telecobranças etc.); g) avaliação e controle (auditoria de *marketing*). Estas mesmas ações costumam ser classificadas de diferentes maneiras, conforme o modelo adotado. O conceito dos quatro pês, p. ex., considera o *marketing mix* ou composto de *marketing* nas seguintes categorias: produto, preço, praça (ou ponto) e promoção.

***marketing* multinível** • [MKT] V. marketing de rede.

***marketing* não diferenciado** • [MKT] Diz-se do desenvolvimento de um produto que não leva em conta características específicas de nenhum segmento do mercado. Um exemplo de *marketing* não-diferenciado foi o praticado durante anos pela Coca-Cola, que produzia uma única bebida, com o mesmo sabor e o mesmo formato da garrafa, para ser vendida em todas as partes do mundo, mudando apenas o alfabeto do rótulo nos países em que o idioma assim o exigia. Diz-se tb. *marketing indiferenciado*. V. marketing diferenciado e marketing concentrado.

***marketing* orientado para o cliente** • [MKT] Princípio de *marketing* pelo qual a empresa deve posicionar suas atividades de *marketing* a partir do ponto de vista do cliente, ou seja, considerando principalmente os anseios e necessidades da clientela. Inicialmente restrito a produtos ou serviços de alto preço, elaborados com características específicas para um cliente individual, como os clientes de uma empresa construtora de casas ou de iates, esse conceito tornou-se mais amplo, passando a ser aplicado a todos os tipos de produto ou serviço, assim como a estratégias, programas, campanhas etc. Com a evolução das estratégias de satisfação do cliente, o cliente passou a ser o principal foco da atividade de *marketing*. Diz-se tb. *customized marketing* e customer oriented. V. customização e quatro pês.

***marketing* promocional** • [MKT] V. promoção de vendas.

***marketing* social** • [MKT] Modalidade de marketing institucional voltada para a melhoria das condições de vida da sociedade, por meio de programas de educação, saúde, meio ambiente, segurança, cultura, esportes, formação profissional, ações comunitárias etc. Leva em conta a responsabilidade social da empresa e os interesses da sociedade a longo prazo. Tem abrangência mais ampla que o *marketing* comunitário. Diz-se tb. *marketing* societal.

***marketing* viral** • [MKT] Modalidade de *marketing* baseada principalmente na divulgação boca a boca, feita pelos próprios clientes (consumidores, usuários, leitores etc.) junto a seus conhecidos. Essa técnica pressupõe credibilidade e segue os critérios do *marketing* de permissão, distinguindo-se, portanto, da prática de spam. Se uma pessoa, estimulada pelos benefícios de um determinado produto ou serviço, retransmite a publicidade para seus amigos nas redes sociais ou indica nomes de amigo para receberem mensagens promocionais, a identidade de quem indica é mantida no *e-mail* enviado para o novo cliente. O nome *marketing viral* refere-se à forma de disseminação (reproduz-se como um vírus, no bom sentido). Alguns profissionais preferem a expressão marketing de contágio.

market share • [MKT] Medida de aferição do grau de participação de uma marca ou produto no mercado, em dado momento. V. share of mind.

marqueteiro • [MKT] Profissional de marketing.

massa • [FTC] Número considerável de indivíduos que, apesar de heterogêneos, são considerados como um bloco homogêneo enquanto público consumidor da indústria cultural. Mesmo quando segmentada em classes socioeconômicas para efeito de pesquisa de mercado ou de lançamento de produtos, a massa tende a ser nivelada pelos padrões de consumo mais fáceis e pelos valores conservadores atribuídos à maioria. V. comunicação de massa, massificação, público, grande público e multidão.

massificação • [FTC] Processo de homogeneização do público pela indústria cultural (v. comunicação de massa) que, para obter o máximo consumo, substitui as diferenças individuais pela padronização dos seres humanos, a pluralidade pela uniformização de comportamentos. Os críticos da indústria cultural apontam, na atuação dos meios de comunicação de massa (voltados para o lucro das empresas de comunicação e das empresas que neles anunciam seus produtos), um processo de alienação, passividade, perda das características culturais próprias a cada grupo ou região, afastamento da capacidade de reflexão e da consciência crítica individual e social.

mass media • [FTC] V. comunicação de massa.

master-franchise • [MKT] **1** Tipo de franquia pela qual o franqueador concede ao franqueado, expressamente, o direito de revender a marca, método de trabalho ou linha de produtos a outros franqueados de uma determinada região. **2** Empresa líder de um conjunto de empresas franqueadas.

masterização • [RAV][RTVC] Produção (gravação) de matriz (*master*) para posterior reprodução de cópias.

master shot • [RTVC] Plano único de toda uma cena, filmado com o objetivo de orientar o trabalho de montagem dos vários planos detalhados que deverão constituir o trecho do filme a ser montado.

matéria • [JN] Tudo o que é publicado, ou feito para ser publicado, por um jornal, revista, radiojornal ou telejornal, incluindo texto e ilustrações (visuais ou sonoras). Tanto o original de qualquer notícia, artigo, crônica, nota etc., quanto a sua forma impressa ou transmitida por meio eletrônico recebem, genericamente, o nome de matéria. • [ED] **1** Qualquer tipo de original (conjunto de textos, ilustrações etc.) que integra uma publicação. **2** Qualquer elemento da composição tipográfica.

matéria editorial • [JN] Matéria ou conjunto de matérias produzidas pela redação de jornal ou revista, e de responsabilidade da empresa editorial. Diz-se tb. matéria redacional.

matéria ineditorial • [JN] Matéria que não é de responsabilidade da empresa jornalística, e sim de terceiros. O interessado por sua publicação geralmente paga ao veículo pelo espaço ocupado (como se pagam inserções de anúncios). Funciona como peça de divulgação, geralmente com fins comerciais ou políticos. Sua redação pode ser encomendada a profissionais da própria publicação onde é inserida e preparada de acordo com o estilo das matérias editoriais (v. matéria editorial), mas a sua apresentação gráfica normalmente difere daquelas. Alguns jornais ou revistas costumam identificá-la, também, com a abreviação "P", designando 'matéria paga', ou expressões como 'a pedidos', 'projetos de *marketing*' etc.

matéria paga • [JN] V. matéria ineditorial.

matéria recomendada • [JN] Matéria publicada em determinado jornal ou revista por interesse e recomendação expressa da empresa editorial, da direção do veículo ou de anunciantes.

matinê • [RAV] [RTVC] Sessão matutina ou vespertina de cinema, teatro etc. Do fr. *matinée* (embora significando matinal, consagrou-se popularmente no Brasil, para sessões de cinema, especialmente no sentido de vesperal).

matriz • [ED] **1** Elemento básico em qualquer processo de impressão, no qual é gravada a imagem a ser reproduzida. • [RTVC] **1** Dispositivo empregado em sistemas de controle-mestre, para a comutação de entrada e saída de várias fontes de sinais (v. sinal) de televisão. **2** Circuito integrante dos codificadores e decodificadores da televisão a cores, por meio dos quais os três sinais das cores primárias são corretamente selecionados e dosados. **3** Gravação original de áudio ou vídeo, utilizada para a produção de cópias.

MB • [TIC] Abrev. de megabyte.

MC • [FTC] Abrev. de meios de comunicação (v. meio de comunicação). • [RAV] Abrev. de mestre de cerimônias. Esta forma abreviada, usada em bailes *funk* nos Estados Unidos, passou a ser adotada no Brasil com a pronúncia ing. "eme'-ci". V. mestre de cerimônias e *DJ*

m-commerce • [MKT] [PP] Abrev. do ing. *mobile commerce*, comércio móvel. Atividades de comercialização realizadas pela internet. V. e-commerce.

mecenas • [MKT] Pessoa ou instituição que patrocina total ou parcialmente uma realização cultural. Essa palavra tem origem no nome do estadista romano Caio Cilino Mecenas (60 a.C. a 8 d.C.), protetor de artistas e intelectuais, como os escritores Virgílio e Horácio. V. patrocinador.

mecenato • [MKT] Apoio moral ou material (não necessariamente com objetivos publicitários ou de *marketing*) oferecido por pessoa ou instituição a projetos e realizações de atividades culturais. V. patrocínio e mecenas.

media criticism • [JN] Exercício de crítica dedicada aos próprios veículos e processos de comunicação. Segundo Alberto Dines: "O *media criticism* começou nos EUA, nos inquietos anos 1960, quando a sociedade americana se decidiu a questionar e revisar seus principais valores. Mas ganhou consistência, sobretudo, a partir da renúncia de Nixon. O feito máximo da imprensa americana criou uma automática compensação, como, aliás, ocorre sempre no processo democrático. A imprensa, todo-poderosa com a façanha Watergate, gerou seus próprios antídotos e imunizações, de modo a impedir deformações éticas e sociais em sua atuação. A crítica à imprensa exercida, pois, através da própria imprensa, é a forma que o 'quarto poder' encontrou para submeter-se ao julgamento público e assim enquadrar-se, como os três outros, no sistema de vigilância e equilíbrio dos regimes democráticos. Ao contrário do que ocorre com os demais gêneros de crítica, especialmente os mais populares, que são os artísticos (livros, artes e espetáculos), o da imprensa não pode fixar-se nas excelências técnicas. O jornalismo não é arte para ser julgado apenas pelos aspectos técnicos. Dada a função social da imprensa, os aspectos éticos e políticos são mais relevantes. A crítica à imprensa não se destina a premiar excelências que só dizem respeito ao 'ego' dos profissionais, mas a apontar conceitos que facilitem ao público leitor entender e cobrar o desempenho social dos seus veículos. Jornalismo é difusão sistematizada de informações, através de veículos passíveis de controle público. A crítica à imprensa é a informação sobre essas informações." V. *media watching* e *ombudsman*.

média-metragem • [RTVC] Filme cuja duração varia de 30 a 70 minutos. V. curta-metragem e longa-metragem.

media watching • [TIC] Prática de monitoramento e análise crítica do conteúdo midiático, junto à observação do processo de produção jornalística. Distingue-se do *media criticism* por ser mais contínua e menos acadêmica, voltada essencialmente para o interesse público. V. *ombudsman*.

medida • [ED] Tamanho de uma determinada matéria a ser publicada, foto, desenho, coluna, página, anúncio etc., expresso em unidades de medida tipográfica.

medida tipográfica • [ED] Cada uma das unidades ou padrões de medição (paica, ponto, cícero, centímetros, polegadas etc.) adotados em artes gráficas.

medium shot • [RTVC] O mesmo que plano médio. V. plano.

megabyte • [TIC] Unidade de medida de informação, que, conforme indica o prefixo grego mega (grande), corresponde a um milhão de *bytes*, ou 10⁶, no sistema decimal. Já na informática, pelo sistema binário, em que todos os prefixos numéricos são representações das potências de dois, um *megabyte* corresponde a 1.048.576 *bytes*, ou seja, 2²⁰. Símbolo: *MB*. V. *byte*.

mega-hertz • [TIC] V. frequência.

megapixel • [TIC] Unidade equivalente a um milhão de *pixels*, comumente identificado nas especificações técnicas de câmeras digitais para determinar o nível de resolução de uma imagem, que será tanto melhor quanto maior for o número de pontos.

meio de comunicação • [FTC] Canal ou cadeia de canais que liga a fonte ao receptor. Sistema constituído por elementos físicos em que ocorre a transmissão de mensagens (v. mensagem). Em 1908, o sociólogo norte-americano Charles Cooley apontou características comuns em várias inovações tecnológicas consolidadas na época e propôs agrupar instrumentos tão díspares como o trem e o telégrafo sob o conceito de meios de comunicação. Ainda hoje há quem utilize para a esfera dos transportes e para a transmissão de mensagens o mesmo conceito. Mas, ao contrário dos meios de transporte, os meios de comunicação não são neutros. Eles moldam a mensagem à sua própria imagem. Cada um utiliza, para atingir seus destinatários, um tipo de linguagem ou código. A informação levada pela palavra escrita (um livro, p. ex.) não é a mesma informação transmitida por um filme. "Cada veículo exerce sua influência – suas próprias peculiaridades – sobre a mensagem e, neste sentido, torna-se parte da própria mensagem. Veículo e mensagem são inseparáveis" (J. Thompson). A preocupação de utilizar cada veículo com o máximo de eficácia, conduziu Bernard Berelson à seguinte equação: "Certas mensagens, sobre certos assuntos, trazidos à atenção de certo tipo de gente, vivendo em certas condições, produzem certos tipos de efeitos." Interessante contribuição ao estudo dos meios de comunicação foi trazida por

Marshall McLuhan: a partir das constatações de que "o meio é a mensagem" e é sempre o prolongamento de um sentido ou de uma faculdade humana (o instrumento prolonga a mão, o vestuário prolonga a pele, o livro prolonga os órgãos da visão), McLuhan assevera que a atuação dos meios de comunicação é fator fundamental ao processo histórico da humanidade. O professor canadense chega a reinterpretar a História através de uma análise desses meios. "As sociedades, sempre, foram muito mais remodeladas pela natureza dos meios através dos quais os homens se comunicam do que pelos conteúdos da comunicação." – afirmou ele. A distinção entre veículos quentes e frios é outra das ideias básicas de McLuhan: quentes são aqueles de alta definição de um dos sentidos e que dão um máximo de informação (a página impressa, p. ex.). Frios são os que dão um mínimo de informação, têm baixa definição mas envolvem todos os sentidos de uma só vez, implicando alto grau de participação. V. comunicação de massa e mídia.

meio-plano • [RTVC] O mesmo que plano americano. V. plano.

meme • [FTC] Unidade de informação que se propaga por imitação, aprendizado ou assimilação. Esta expressão, derivada do gr. *mímesis*, *eós* (imitação), foi criada pelo zoólogo Richard Dawkins, em seu livro *The Selfish Gene* (O gene egoísta), em 1976. Assim como o gene, unidade fundamental da hereditariedade, o meme tem capacidade de se multiplicar, o que ocorre por meio da transmissão de informações entre os indivíduos. Com a internet, principalmente nas redes sociais, esse fenômeno torna-se muito mais veloz e costuma ser comparado à disseminação viral. É o caso das chamadas lendas urbanas, mitos, trotes e boatos (*hoaxes*), e também da rápida propagação de determinadas frases, notícias, chistes, anedotas, fotos, vídeos, canções, correntes, mensagens de caráter religioso, publicitário, político etc.

memória • [TIC] **1** Capacidade de receber, reter, conservar e permitir a recuperação de informações (v. informação) num sistema cibernético. **2** Todo e qualquer dispositivo ou suporte capaz de armazenar informações, durante um período de tempo curto ou longo, e de fornecê-las de novo quando excitado por um sinal conveniente.

memória auxiliar • [TIC] O mesmo que memória externa.

memória central • [TIC] O mesmo que memória interna.

memória externa • [TIC] Dispositivo ou sistema utilizado para armazenar um conjunto de dados que não é parte intrínseca de um computador, mas que pode estar conectado a ele. Diz-se tb. memória auxiliar.

memória interna • [TIC] Unidade de memória própria do computador e diretamente controlada por ele. Diz-se tb. memória central. V. suporte de dados.

memória *USB flash drive* • [TIC] V. pen drive.

mensagem • [FTC] **1** "Grupo finito e ordenado de elementos de percepção tirados de um repertório e reunidos numa estrutura. Os elementos desse repertório são definidos pelas propriedades do receptor"

(Moles). "Sequência de signos que correspondem a regras de combinação prévia e que um emissor transmite a um receptor por meio de um canal" (Mônica Rector). Nesta acepção, o conceito de mensagem não se refere a um significado específico, e sim a uma forma (o que é transmitido é uma forma, e não um sentido). A mensagem é o objeto da comunicação, é um "produto físico real do codificador/fonte" (Berlo). "Quando conversamos, o discurso é a mensagem; quando sorrimos, a alteração característica da face é a mensagem; quando somos surpreendidos subitamente, o silêncio e a imobilidade momentânea são a mensagem" (M. d'Azevedo). Não é, portanto, na mensagem que reside o significado, e sim no receptor. Uma mensagem pode implicar diversos níveis de significado, conforme o repertório e o estado de espírito do receptor, as circunstâncias da comunicação etc. Podemos mesmo dizer que remetente e destinatário nem sempre transmitem e recebem a mensagem com base no mesmo código. **2** Num sentido mais exato (e menos exato, para a teoria da informação), mensagem é sinônimo de conteúdo: aquilo que é dito num texto, num discurso; o que 'passa' de significativo na comunicação entre emissor e receptor.

mercado • [MKT] **1** População, praça (cidade), região geográfica ou seus segmentos, considerados sob o aspecto de consumo em relação a um produto ou serviço. **2** Conjunto de pessoas e/ou organizações que estabelecem entre si uma relação entre a oferta e a procura de produtos e/ou serviços e/ou capitais, inclusive determinando o surgimento e as condições dessa relação. **3** Conjunto de consumidores, efetivos ou potenciais, considerado de acordo com suas características de idade, sexo, classe social, hábitos, localizações etc. V. marketing e consumidor.

mercado-alvo • [MKT] "Grupo de compradores que partilham necessidades ou características em comum, o qual a empresa decide atender" (Philip Kotler). V. público-alvo.

mercado institucional • [MKT] **1** Grupo consumidor composto por instituições do governo federal, estadual e municipal. **2** Segmento do mercado formado por instituições tais como templos, museus, hospitais, prisões, bibliotecas e escolas que compram mercadorias e serviços para pessoas que estão sob seus cuidados. Os membros do mercado institucional geralmente não são motivados pelo lucro, seus objetivos são normalmente diferentes das organizações tradicionais de negócios. V. mercado organizacional.

mercadologia • [MKT] V. marketing.

mercado organizacional • [MKT] Segmento de mercado constituído por pessoas físicas ou jurídicas que adquirem mercadorias e serviços para outra utilização que não o consumo pessoal. Geralmente, mercados organizacionais têm poucos clientes, situados em áreas geograficamente distantes, porém com grandes cotas de consumo.

mercado potencial • [MKT] **1** Aquele cuja demanda ainda não está coberta pela oferta. **2** Aquele em que não existem produtos que atendem a uma necessidade percebida pelos consumidores. **3** Aquele em que existem produtos que atenderiam a necessidades dos consumidores, mas estes ainda não têm informações a respeito, ou hábito de consumir aqueles produtos, ou não dispõem de recursos para adquiri-los.

mercado-teste • [MKT] Área geográfica utilizada para avaliação do potencial de um produto ou da eficiência de uma campanha publicitária ou promoção de vendas, antes do seu lançamento propriamente dito.

merchandising • [MKT] **1** "Conjunto das operações de planejamento e de supervisão da comercialização de um produto ou serviço, nos locais, períodos, preços e quantidades que melhor possibilitarão a consecução dos objetivos de marketing" (Associação Americana de Marketing). É a planificação necessária para que a estratégia de marketing se efetue com rendimento ideal. **2** O mesmo que promoção de vendas. • [PP] **1** Veiculação de menções ou aparições de um produto, serviço ou marca, de forma não ostensiva e aparentemente casual, em um programa de TV ou de rádio, filme cinematográfico, espetáculo teatral etc. **2** Inserção de anúncios não declaradamente publicitários no contexto de uma apresentação artística, técnica ou jornalística. **3** Inserção de marca ou mensagem publicitária em espaços que não se destinam originalmente a essa função, como vestimentas de atletas, veículos particulares etc.

merchandising **social** • [MKT] Veiculação de mensagens de cunho social ou de utilidade pública em cenas de determinados programas de TV e rádio, especialmente telenovelas, sem caráter comercial ou político.

mestre de cerimônias • [RAV] Pessoa que reúne funções de animador, discotecário e cantor em determinados eventos festivos. V. MC.

metáfora • [FTC] **1** Emprego de uma palavra com sentido diferente do habitual, em virtude de uma relação subjetiva de semelhança entre os dois significados. "A metáfora consiste no transportar para uma coisa o nome de outra, ou do gênero para a espécie, ou da espécie para o gênero, ou da espécie de uma para a espécie de outra, ou por analogia" (Aristóteles). "Transferência de um termo para um âmbito de significação que não é o seu" (M. Câmara Jr.). A metáfora é vista como um fato de sincronia, pois, com o tempo e com o uso, o significante pode vir a assumir, como um significado normal, o conceito que até então era metafórico (ex.: nove entre dez estrelas de cinema...). V. figura de linguagem. **2** P. ext., relação associativa entre elementos de diversos tipos de linguagem (noções abstratas, palavras, imagens, sons, cores etc.) a partir de uma base comum. P. ex., a relação entre uma melodia ágil e fluida e a imagem de um rio, ou entre cores claras e fortes e a sensação de calor.

metalinguagem • [FTC] **1** Linguagem utilizada para estudo e descrição da própria linguagem. A "linguagem com que se estuda" um determinado sistema de signos. Instrumento científico utilizado pelos lógicos e pelos linguistas; instrumental crítico-analítico; permite estudar a linguagem-objeto, sem com ela se confundir (Décio Pignatari). Na metalinguagem, observamos e relatamos as regras de sintaxe da linguagem-objeto. Conforme adverte R. Barthes, "a noção de metalinguagem não deve ficar restrita às linguagens científicas; quando a linguagem articulada, em seu estado denotado, se incumbe de um sistema de objetos significantes, constitui-se em 'operação', isto é, em metalinguagem." V. funções da linguagem (metalinguística).

metonímia • [FTC] **1** Emprego de um vocábulo por outro, em virtude de uma relação objetiva e lógica e proximidade ou contiguidade entre os dois significados (o mais comum e o figurado). Esta relação pode ser estabelecida entre o abstrato e o concreto (ex.: torcemos pela camisa rubro-negra), entre continente e conteúdo (comi dois pratos), entre autor e obra (será leiloado um Portinari), entre causa e efeito, lugar e produto, marca e objeto etc., ou vice-versa. V. figura de linguagem. **2** P. ext., a relação de proximidade ou contiguidade entre elementos de naturezas variadas, como o cheiro de uma fruta e a sua imagem, o som do canto de aves e as noções "árvore, jardim, floresta".

microambiente • [MKT] Conjunto de forças próximas a uma organização, que causam impacto em sua atividade. Este conceito abrange o ambiente interno da empresa, fornecedores, rede de vendas, clientes e competidores, além de segmentos da comunidade e do poder público que tenham contato direto com a empresa. V. macroambiente e stakeholder.

microblog • [TIC] Tipo de blog que permite aos usuários transmitir conteúdo em pequenas doses, como frases curtas e links de imagens e vídeos, com objetivo de divulgar com mais velocidade as informações, limitando-se a um número reduzido de caracteres. A difusão, assim como nos blogs, pode ser acessada pelo público em geral ou restringir-se a um círculo de pessoas autorizadas. O serviço de microblog mais conhecido é o twitter, criado em 2006 e limitado a 140 caracteres por post.

microcomputador • [TIC] Computador de pequeno porte, cuja unidade central de processamento está localizada em um único microprocessador. V. PC, laptop, notebook e palmtop.

microficha • [ED] Ficha, opaca ou transparente, que contém várias microrreproduções de documentos dispostas em série, geralmente sob um título legível a olho nu. V. microfilme.

microfilmagem • [ED] Sistema de documentação baseado na redução de documentos diversos (livros, periódicos, teses, processos, correspondência etc.) em microfilmes, para racionalizar o arquivamento e ocupar menores espaços.

microfilme • [MKT] **1** Reprodução de documentos em tamanho reduzido, através de microfilmagem. **2** Filme cinematográfico, de qualquer bitola (8, 16, 35, 70 ou 105 mm), em que são reproduzidos, por microfilmagem, documentos diversos. Num só fotograma, por este processo, podem ser registradas várias páginas de uma publicação, Para consultar um arquivo de microfilmes (isto é, para ler os dizeres de documentos microfilmados), emprega-se um visor especial (leitor). O microfilme e a microficha estão em desuso, substituídos pelos recursos digitais de armazenamento de dados.

microfone • [RAV] Dispositivo que converte ondas sonoras em ondas eletromagnéticas (sinais de audiofrequência). Quanto à recepção do som, o microfone pode ser: **direcional** — capta o som em uma ou várias direções determinadas, a maior ou menor distância, segundo sua sensibilidade; **unidirecional** — registra especificamente o som vindo de uma única direção; **ultradirecional** — ainda mais seletivo na recepção do que o unidirecional; **bidirecional** — recebe sons de duas direções geralmente opostas; **multidirecional** ou **omnidirecional** — capta sons provenientes de todas as direções e **cardioide** — registra o som vindo da frente e dos lados, numa área de captação em forma de coração).

microfonia • [RAV] V. ruído (2).

micromarketing • [MKT] "Execução de atividades que procuram atingir os objetivos da empresa prevendo as necessidades do produtor para o consumidor" (E. J. McCarthy). Estratégia dirigida a segmentos específicos do mercado consumidor. "Forma de *marketing* na qual a empresa cria programas, sob encomenda, para as necessidades e desejos de segmentos geográficos, demográficos, psicográficos ou comportamentais" (Philip Kotler). V. macromarketing.

microprocessador • [TIC] Circuito integrado que possui uma unidade central de processamento, uma unidade aritmética e lógica e todos os registradores de controles, além da unidade de controle principal. Dispositivo de um microcomputador, equivalente a toda uma unidade central de processamento de dados, que aceita instruções (v. instrução) codificadas para execução.

micro-onda • [TIC] Emissão de sinais de rádio de super-alta frequência (SHF) e de ultra-alta frequência (UHF). Tipo de onda eletromagnética que se desloca à velocidade da luz, em linha reta. V. frequência.

midi • [RAV] Sigla de *musical instruments digital interface*, interface digital de instrumentos musicais. Linguagem de computador que permite que instrumentos de música digital, como sintetizadores, comuniquem-se com computadores e entre si. Código de comunicação entre aparelhos musicais digitais. Recurso utilizado como base de som em gravações ou apresentações ao vivo. • [ED] [JN] V. jornal.

mídia • [FTC] **1** Conjunto dos meios de comunicação (v. meio de comunicação) existentes em uma área, ou disponíveis para uma determinada estratégia de comunicação. Grafia aportuguesada da palavra latina *media*, conforme esta é pronunciada em inglês. *Media*, em latim, é plural de *medium*, que significa 'meio'. Em publicidade, costuma-se classificar os veículos em duas categorias: mídia impressa (jornal, revista, folheto, *outdoor*, mala direta, *displays* etc.) e mídia eletrônica (cinema, rádio, TV, *CD*, *DVD* etc.). • [PP] **1** Atividade e setor de uma agência de publicidade relacionados com a veiculação das mensagens de interesse do anunciante. A mídia é uma área técnica da propaganda, que se baseia no estudo e na observação atenta dos veículos disponíveis, para planejar e orientar a utilização mais apropriada desses veículos. Compete ao profissional de mídia verificar a frequência, a audiência, a área, a circulação, a tiragem, a duração, a localização, os preços de inserção e o tipo dos veículos, para, com esses elementos, selecionar e indicar os mais propícios à divulgação de determinada mensagem, considerando os objetivos a atingir, as características específicas do que é anunciado e a verba do cliente. Além de programar a veiculação de uma campanha de publicidade, a mídia é o setor responsável pelas negociações, pelas requisições, pela emissão de autorizações (v. autorização) e pelo controle da compra de tempo e de espaço. **2** Diz-se do conjunto de veículos utilizados em uma campanha publicitária. Esses veículos são geralmente classificados em duas categorias: mídia impressa (jornal, revista, folheto, *outdoor*, mala direta, *displays* etc.) e mídia eletrônica (tv, rádio, cinema etc.). **3** Diz-se do profissional especializado nessa atividade: o mídia, o homem de mídia (em ing., *mediaman*).

mídia alternativa • [PP] Mídia publicitária que foge aos padrões do que é normalmente veiculado em rádio, tv, imprensa escrita, cartazes de ônibus, carros e *outdoors*. Ex.: vídeos exibidos em supermercados; anúncios em carretas de *shoppings*; quiosques promocionais em espaços públicos; adesivos em poltronas de avião etc.

mídia básica • [PP] Diz-se do veículo escolhido como principal num plano de mídia, de acordo com os objetivos e com a estratégia da campanha. Geralmente é o meio que atinge de forma mais eficaz e adequada o público-alvo.

mídia de apoio • [PP] Diz-se dos meios complementares, destinados a reforçar a veiculação feita pela mídia básica, de acordo com a estratégia de mídia. Ex.: uma campanha de propaganda que tem como público-alvo mulheres das classes B e C, resolve adotar como mídia básica as revistas femininas e, como mídia de apoio, *spots* radiofônicos e *merchandising* em telenovelas.

mídia digital • [ED] Diz-se dos veículos de comunicação que transmitem informações digitalizadas: internet, intranet, *CD-ROM* etc.

mídia eletrônica • [FTC] Ver mídia.

mídia étnica • [MKT] Mídia dirigida para grupo étnico específico e veiculada geralmente na linguagem característica do grupo a que se destina.

mídia impressa • [FTC] Ver mídia.

mídia removível • [TIC] Dispositivo portátil de memória auxiliar que pode ser facilmente removido do computador ou de outro equipamento de leitura de informações digitais. Exemplos: *DVD*, *CD-R* e *pen drive*.

mídia social • [TIC] Estrutura que permite a interação descentralizada entre indivíduos de forma que todos, sem o controle editorial que caracteriza as empresas de comunicação de massa, possam produzir, transmitir e compartilhar conteúdos. Qualquer pessoa, praticamente sem custos de produção e distribuição, pode ser um emissor de informação em escala global. Os recursos tecnológicos que viabilizaram a criação de plataformas altamente interativas conferem dimensão planetária ao conceito de mídias sociais. V. rede social e *blog*.

minissérie • [RTVC] Seriado de TV composto de poucos episódios. V. novela e seriado.

miolo • [ED] Todas as folhas reunidas de um livro, folheto, revista ou outro trabalho impresso (correspondendo à sua parte interna), exceto a capa e a sobrecapa.

mixagem • [RAV] [RTVC] **1** Processo que consiste em combinar vários canais (v. canal) de som, amplificados e/ou gravados separadamente. **2** Combinação das saídas de vários microfones em uma gravação sonora original. **3** Combinação das várias sonoras (correspondentes, cada uma delas, ao diálogo, às músicas, aos ruídos etc.) em uma única banda. A mixagem é realizada numa mesa especial, sincronizada a um projetor onde o mixador manobra os diversos comandos para ajustar a importância relativa dos vários elementos sonoros, em relação à imagem editada. **4** Ação de combinar dois ou mais sinais (v. sinal) de imagem, para obter efeitos de superposição, fusão, corte etc.

mixar • [RAV] [RTVC] Fazer mixagem.

mix* de *marketing • [MKT] V. *markerting mix*.

***mix* de promoção** • [MKT] V. composto promocional.

mobiliário urbano • [MKT] Conjunto dos equipamentos instalados em determinados espaços públicos da cidade (como, p. ex., bancos de praça, paradas de ônibus, cabines telefônicas, instalações sanitárias, lixeiras etc.), eventualmente usados como mídia publicitária.

mockumentary • [RTVC] Documentário falso. Tipo de filme em que eventos de ficção são representados como se fossem reais no formato de documentários.

mock-up • [MKT] Em ing., modelo ou imitação. Representação visual, em proporções menores ou no tamanho natural, de um produto ou projeto em desenvolvimento, sem necessidade de uso do mesmos materiais do produto final. Tem aplicação nos setores automobilístico, militar, bens de consumo, alimentício, arquitetura, publicidade etc.

modem • [TIC] **1** Acrônimo de *modulation/demodulation* (modulador/demodulador). Dispositivo que modula e demodula (v. modulação) os sinais (v. sinal) transmitidos por equipamentos e redes de comunicação, convertendo sinais analógicos em dados digitais e vice-versa. **2** Dispositivo que converte dados compatíveis com o equipamento de processamento de dados para outra forma compatível com o equipamento de transmissão, e vice-versa.

modo de segurança • [TIC] **1** Condição de segurança das informações, quanto à integridade dos dados armazenados. **2** Condição de segurança quanto à privacidade, de informações armazenadas ou transmitidas em rede. Em ing., *safe mode*.

modulação • [TIC] Processo pelo qual determinadas características de uma onda são modificadas de modo que esta não sofra interferência de outra onda semelhante.

monitor • [RTVC] **1** Termo genérico aplicado aos receptores usados para se acompanhar som ou imagem que estão sendo produzidos para transmissão ou gravação,

monitoração

e para se verificar se as condições de vídeo e/ou áudio são satisfatórias. **2** Receptor de TV ou rádio, em circuito fechado. • [TIC] **1** Dispositivo analógico ou digital, composto pelo vídeo e por um conjunto de circuitos internos, que apresenta em uma tela a imagem correspondente às informações que estão sendo processadas no computador. Monitor de vídeo. **2** Parte dos programas de controle do sistema de exploração do computador, encarregada de dirigir os trabalhos indicados pelo usuário. Programa de computação próprio para observar, regular, controlar e verificar as operações de um sistema. **3** Orientador de aprendizagem nos telepostos em programas educativos. Coordena turmas de alunos, cuida de matrículas e avaliações, esclarece dúvidas e mantém contato com a comunidade.

monitoração • [RTVC] **1** Checagem da qualidade de sons ou imagens, técnicas operacionais, conteúdo etc., durante a realização ou transmissão de um programa. **2** Acompanhamento permanente da programação transmitida por outras estações de rádio ou tv, para informação e avaliação.

monografia • [ED] Tipo de dissertação cuja característica essencial é o tratamento pormenorizado de um tema específico, abordado em todos os seus aspectos e ângulos, e desenvolvido de acordo com metodologia preestabelecida.

monstro • [RTVC][PP] **1** Esboço de um spot ou jingle, produzido apenas para traduzir uma ideia inicial e proporcionar ao anunciante uma vaga demonstração do que será o anúncio depois de completo e executado. No caso de jingles, o monstro consiste apenas, geralmente, da gravação da melodia em solo de piano e de um texto provisório. Diz-se tb. prova de estúdio. **2** Primeiro esboço (redação provisória) de um script para rádio.

montagem • [RTVC] **1** Processo de selecionar e reunir, de acordo com o roteiro, os diversos planos e sequências de um filme (que foram rodados não segundo a cronologia, mas conforme a comodidade de trabalho), além de sincronizar a essas imagens a trilha sonora definitiva (v. mixagem). A montagem, no entanto, deve ser compreendida num sentido mais completo e criativo, como uma operação técnico-estética que confere unidade, ritmo e continuidade à narrativa, criando um todo capaz de transmitir ao espectador aquilo que o diretor tinha em mente. Do trabalho de montagem depende, em grande parte, o estilo da obra cinematográfica. Segundo Pudovkin, a montagem cria uma realidade autônoma: a realidade cinematográfica. **2** Processo de escolha das imagens captadas pelas câmeras, incluindo cortes e efeitos diversos, produzidos eletronicamente. **3** Elaboração final de um programa gravado para televisão, em processo análogo à montagem cinematográfica. O mesmo que edição. **4** Combinação de elementos sonoros (música, vozes, ruídos) na produção de um programa radiofônico. **5** Coordenação das atividades dos vários departamentos técnicos de uma emissora de rádio ou televisão, para realização e transmissão de um programa.

morse • [TIC] Código utilizado em sistemas telegráficos e ópticos, composto pela combinação de pontos e traços para representar cada letra do alfabeto.

mouse • [TIC] Dispositivo que, conectado ao computador, direciona o cursor na tela até determinadas áreas (como menus, ícones etc.) e, por meio de cliques em seus botões, comanda a execução das ações desejadas. Do ing., *mouse*, por seu formato que geralmente se assemelha a um ratinho. Em port., diz-se rato. V. track ball.

moviola • [RTVC] Antiga mesa de montagem profissional, constituída de um ou mais visores e cabeças leitoras de som, pratos ou braços para os rolos ou carretéis de filme e fitas magnéticas. O nome moviola, que originalmente designava os produtos de um fabricante norte-americano, passou a designar todas as mesas de montagem similares. V. editor.

MP3 • [RAV] [TIC] Abreviatura de *MPEG-1 audio layer III*. Formato de áudio MPEG que produz som com alta qualidade, filtrando informações supérfluas do áudio original, o que resulta em arquivo menor com pouquíssima perda de qualidade. P. ex., um fonograma original com 50 *megabytes* pode ser transformado em *MP3* com apenas 5 MB.

MPEG • [RAV] [TIC] Abrev. de *moving pictures expert group*, grupo de especialistas em imagens em movimento. Diz-se do formato que tem como objetivo desenvolver padrões de compressão, descompressão, processamento e codificação de vídeos, áudio e sua combinação. Padrão desenvolvido por um grupo de especialistas em vídeo e áudio digital da ISO (International Standards Organization) e da IEC (International Eletro-Thecnical Comission).

multidão • [FTC] Agrupamento social caracterizado pela proximidade física temporária dos indivíduos (em função de algum fato social capaz de reuni-los, como um comício, um festejo, uma calamidade etc.) e pela pluralidade e heterogeneidade dos elementos que reúne e que tende a reagir da maneira semelhante, mais ou menos impulsiva, aos mesmos estímulos. V. público e massa.

multimarca • [MKT] Estratégia de comercialização de duas ou mais marcas na mesma categoria de produto.

multimédia • [ED] [FTC] [TIC] V. multimídia.

multimídia • [ED] [FTC] [TIC] Recurso de comunicação informatizada que integra textos, sons e imagens, transmitidos através de redes internet ou intranet, ou armazenados em *CD-ROM*, *DVD* etc. Meio de comunicação com possibilidades múltiplas, aplicável às mais diversas áreas, como a formação escolar e profissional, manifestações culturais, criação artística, atividades econômicas e administrativas, entretenimento, informação jornalística etc. Por meio dessa mídia múltipla, é possível o desenvolvimento de operações interativas de *telemarketing* (*shopping* eletrônico, telecompras) e de comunicação corporativa (videoconferência, correio eletrônico, comunicação interna, apresentações para clientes e outros públicos etc.), além de serviços de informação (jornais personalizados e instantâneos, *newsletters*, enciclopédias digitais etc.) e de lazer (filmes sob encomenda, jogos, música, literatura etc.). V. mídia.

multiplex • [RTVC] **1** Conjunto de salas de exibição de cinema instaladas lado a lado, geralmente administradas pela mesma empresa, utilizando a mesma estrutura de atendimento (bilheterias, lanchonete, sanitários etc.) e oferecendo grande variedade de opções ao público. **2** Dispositivo óptico para combinar, em um canal gerador de sinais (v. sinal) comuns, imagens de diferentes procedências. **3** Sistema de transmissão e recepção de programas estereofônicos em frequência modulada. • [TIC] **1** Sistema que permite a comunicação simultânea entre várias pessoas situadas em lugares distantes, por meio de aparelhos emissores-receptores. **2** Uso de uma via comum de maneira a formar várias vias de transmissão (subcanais), seja pela divisão da faixa de frequências transmitida pela via de transmissão comum em faixas mais estreitas, seja pela utilização da via comum, em turnos, para formar sucessivamente vias de transmissão intermitentes.

música incidental • [RTVC] V. fundo musical.

música-tema • [RTVC] Composição musical cuja letra ou melodia têm alguma relação com o enredo ou com determinado personagem ou situação de um filme, espetáculo teatral, telenovela etc., e que serve como fundo musical para acentuar certos momentos dramáticos. V. sonoplastia.

muzak • [RAV] Gravação musical produzida com fins comerciais, utilizada principalmente como música de fundo em ambientes de trabalho, salas de espera etc. Trabalho musical aparentemente de boa qualidade, mas geralmente realizado sem criatividade, calcado em fórmulas 'pasteurizadas', facilmente assimiláveis pelo público. Conhecida tb. como música de elevador. V. *kitsch* e *mainstream*.

nN

nanopublishing • [ED] Modelo de publicação *online* de baixo custo que atinge uma audiência específica, principalmente pelo uso de técnicas ligadas a *blog*s. Envolve geralmente a escritores e editores de publicações segmentadas.

nariz de cera • [JN] Forma tradicional de introduzir uma notícia, artigo etc., muito comum na linguagem jornalística antes do surgimento do lide. Consiste num preâmbulo muitas vezes desnecessário, longo e vago.

narração • [ED] [RTVC] **1** Forma de discurso que constitui uma narrativa. **2** Relato escrito, oral, musical ou visual de acontecimentos ou circunstâncias que envolvem a ação, o movimento e o transcorrer do tempo em uma narrativa. A narração apresenta, explica e/ou comenta sequências de cenas. **3** Texto, dito geralmente em *off*, que explica ou descreve uma ação visual. **4** Relato destinado a ligar as falas dos personagens.

narrativa • [ED] [RTVC] Todo e qualquer discurso que suscite como real um universo apoiado em personagens ou na figura do próprio narrador. Podemos, assim, falar em narrativa literária, em narrativa cinematográfica etc.

navegar • [TIC] Percorrer o ciberespaço, através da internet, acessando diversos *sites*. Diz-se tb. surfar.

navegador • [TIC] V. *browser*.

necrológio • [JN] Matéria jornalística de falecimento, com informações biográficas. Diz-se tb. obituário e (na gíria de algumas redações) funéreo.

negativo • [RAV] [RTVC] Imagem fotográfica própria para obtenção de cópias positivas (v. positivo), formada após a revelação, sobre um filme, chapa ou papel. Seus tons e cores não correspondem aos da imagem original. No negativo branco e preto, as zonas claras ou transparentes representam os tons escuros do assunto original e as zonas escuras ou opacas representam os tons claros. Já os negativos coloridos são complementares em cor e matiz às cores originais do assunto (p. ex.: azul ao amarelo, verde ao magenta, vermelho ao cian). • [ED] Efeito de imprimir títulos, textos ou figuras em letras ou traços brancos (vazados) sobre fundo negro (ou chapado de outra cor escura).

negrito • [ED] **1** Diz-se do tipo de traços mais grossos do que o normal e que, no entanto, geralmente ocupa o mesmo espaço que o tipo claro da mesma fonte e corpo, pois seus traços diminuem o branco interior da letra. Diz-se tb. negrita. **2** Tipo de letra cujo desenho se caracteriza por seus traços mais grossos que os dos tipos comuns, empregado para dar realce a alguma parte do texto. Diz-se tb., em ing., *bold*, e suas gradações *demibold* e *extrabold*. Cf. grifo.

net • [TIC] **1** Em ing., rede. Interconexão de computadores por dispositivos físicos, cabo coaxial, linhas telefônicas etc. **2** Forma abreviada de internet. **3** Diversos pontos de comunicação interligados entre si.

netiqueta • [TIC] Conjunto de regras de etiqueta dos usuários da internet. Reúne uma série de princípios de boas maneiras, como o de não fazer mensagens longas em correio eletrônico e evitar escrever em letras maiúsculas (pois isso equivale a gritar numa conversação). Do fr. *netiquette* (*net* + *etiquette*).

network • [PAV][RTVc] V. rede.

networking • [RAV][RTVC] Rede de trabalho, em tradução livre. Rede pessoal de contatos que privilegia o relacionamento de natureza profissional, com o objetivo de ampliar o rol de amizades, dentro e fora da empresa onde as pessoas trabalham e do mercado onde atuam.

newsgroup • [TIC] Em ing., grupo de notícias. Coletânea de títulos de notícias, dispostos de modo a permitir que o usuário selecione as de seu interesse. Funciona como um quadro de avisos e permite a troca de mensagens entre as pessoas que o frequentam. Os nomes dos *newsgroups* costumam ser compostos de partes separadas por pontos, de acordo com o assunto de que tratam. Tipos de *newsgroups* mais conhecidos: *sci* – científicos; *soc* – sociais; *news* – notícias; *comp* – computadores etc.

new journalism • [JN] Em ing., novo jornalismo. Surgido principalmente nos Estados Unidos, esse gênero de redação busca nas técnicas da literatura ficcional os ingredientes necessários para que uma história se torne mais interessante aos olhos do leitor. Por gerar certa parcialidade de ponto de vista, é considerado por alguns jornalistas como um estilo inadequado para a redação de notícias. Em entrevista para *O Estado de São Paulo* (22/10/2000), o escritor Gay Talese afirmou: "Não tenho a menor ideia de como esse método começou. O que fiz foi uma tentativa de instilar na escrita factual o estilo e os recursos da ficção. Procurei a 'arte da realidade' ao escrever sobre pessoas como se elas fossem parte de um conto ou de um romance; e, no entanto, eu queria que essa escrita fosse precisa, verificável, que não distorcesse os fatos em nome da apresentação dramática. Se vejo um nome inventado numa narrativa de não ficção, paro de ler. Preferiria ler ficção."

newsletter • [ED][JN][RP] Boletim informativo periódico, constituído de notícias ou mensagens de interesse para um público restrito. Pode ter caráter jornalístico (publicação dirigida, especializada, geralmente distribuída apenas a assinantes) ou institucional (instrumento de comunicação empresarial para públicos específicos de interesse da organização). As informações fornecidas costumam ser inéditas e exclusivas. Esse gênero de publicação, inicialmente impresso, passou a ser distribuído principalmente por meio eletrônico, via internet, o que lhe confere maior agilidade e abrangência (neste caso, é tb. chamado de *e-newsletter* ou *newsletter* eletrônica).

nihil obstat • [ED] Expressão latina que significa 'nada obsta', utilizada para indicar que a obra pode ser publicada por nada conter de inconveniente em relação a determinada doutrina vigente.

nó • [TIC] **1** Cada ponto de conexão, em uma rede, capaz de enviar, receber e retransmitir mensagens. **2** Cada computador conectado a uma rede. **3** Cada unidade de informação em uma estrutura de hipertexto. Diz-se tb. nodo. Em ing., *node*.

noite americana • [RTVC] Técnica de criar efeitos de imagem noturna em cenas filmadas durante o dia, por meio de filtros ou subexposições no momento da filmagem ou através de recursos de laboratório. Em ing., *day-for-night*.

nome comercial • [MKT] V. marca.

nome de domínio • [TIC] V. domínio.

nome de fantasia • [MKT] V. fantasia.

nononô • [ED] Elemento visual desenhado em leiautes para simular manchas de texto. Utilizado num esboço de anúncio, no projeto gráfico de uma página de revista ou em qualquer trabalho de arte, objetiva compor visualmente o trabalho definitivo. Jargão de artistas gráficos, derivado do próprio desenho em que se utiliza repetidamente, em todas as linhas, apenas as letras *n* e *o*. V. *body-type*.

no prelo • [ED] Diz-se de livro que está em fase de produção gráfica, prestes a ser publicado.

normal • [ED] Diz-se do caráter tipográfico de peso e largura padrões, em relação ao seu corpo e sua fonte. Corresponde geralmente ao tipo redondo, de peso intermediário entre o claro e o preto. Diz-se tb. *regular*.

normalização • [ED] Processo de fixação e aplicação de normas técnicas (v. norma técnica) que visam uniformizar as operações de produção. A normalização procura adequar materiais e componentes para dar condições de segurança e desempenho aos produtos. Segundo a ISO (International Organization for Standardization), normalização "é o processo de formulação e aplicação de regras para o benefício e com a cooperação de todos os interessados, e, em particular, para promover uma economia geral, tendo em vista as condições funcionais e os requisitos de segurança". Em editoração, as normas técnicas destinam-se a orientar e facilitar o trabalho de editores, autores e impressores, no sentido de uma apresentação racional e uniforme da publicação, de modo a possibilitar ao usuário sua melhor utilização. Diz-se tb. normatização.

norma técnica • [ED] [MKT] Documento contendo um conjunto de regras que estabelecem os procedimentos recomendados em uma determinada atividade. P. ex.: formatos de papel, critérios de editoração, dimensões de componentes industriais para o *design* de produtos etc. V. normalização.

nota • [ED] Indicação ou aditamento a alguma parte do texto de uma obra; geralmente identificada por asterisco ou numeração sequencial, é colocada ao pé da página, à margem do texto, ao final de cada capítulo ou da obra. V. nota de rodapé e

nota bibliográfica. • [JN] **1** Pequena notícia destinada à informação rápida. Caracteriza-se por extrema brevidade e concisão. **2** Declaração escrita, oficial, emitida pelo governo ou por qualquer instituição pública ou privada, distribuída à imprensa. Destina-se a prestar esclarecimentos ao público, firmando a posição da instituição com respeito a determinado fato. Nota oficial. Nas relações entre dois países, chama-se 'nota' à comunicação escrita e oficial do governo de um país para o de outro, e 'nota conjunta' à declaração firmada em conjunto pelos governantes dos dois países.

nota bibliográfica • [ED] Nota indicativa da obra ou das obras que serviram de fonte à criação de um texto.

nota de responsabilidade • [ED] Nota que informa qual é a responsabilidade do autor e/ou do editor quanto ao conteúdo de uma determinada publicação. Costuma figurar na página de créditos ou no expediente. Exemplos de nota de responsabilidade: "As opiniões emitidas neste trabalho são de inteira responsabilidade do autor"; "esta revista não se responsabiliza por conceitos emitidos nos artigos assinados".

nota de rodapé • [ED] Nota que se põe ao pé da página (geralmente composta em corpo menor e/ou destacada por filete), para indicar as fontes de trechos citados, fazer comentários ulteriores ou explanações marginais que não cabem no texto, remeter o leitor a outras partes do trabalho, dar crédito e validade ou criticar uma declaração feita etc. Pode ser de autoria do próprio autor do texto, do tradutor, do editor ou de comentadores.

nota prévia • [ED] O mesmo que prefácio.

nota-pé • [JN] Em telejornalismo, informação acrescentada pelo locutor ao final de uma matéria.

notebook • [TIC] Computador portátil, leve, aproximadamente do mesmo tamanho de um caderno universitário (21 x 28 cm) e menor que o *laptop*.

notícia • [JN] **1** Relato de fatos atuais, de interesse e importância para a comunidade, e capaz de ser compreendido pelo público. Segundo Fraser Bond, "a notícia não é um acontecimento, ainda que assombroso, mas a narração desse acontecimento". Como fenômeno essencialmente jornalístico, a notícia requer tratamento apropriado – que envolve apuração, pesquisa, comparação, interpretação, seleção – e redação adequada, de acordo com as peculiaridades do veículo. Mas para que, com toda a técnica jornalística, se produza uma boa notícia, é essencial que o fato reúna determinados atributos, como: atualidade, veracidade, oportunidade, interesse humano, raridade, curiosidade, importância e consequências para a comunidade, proximidade etc. V. jornalismo. **2** P. ext., o conteúdo do relato jornalístico. O assunto focalizado jornalisticamente e divulgado pelos veículos informativos para atingir o público em geral. Neste sentido, diz-se que tal fato é notícia ou que tal pessoa é notícia, quando o público tem interesse em receber informações sobre esse fato ou essa pessoa, pelos meios de comunicação de massa (v. tb. meio de comunicação).

noticiário • [JN] **1** Conjunto das notícias publicadas por jornal ou revista (ou por uma das suas seções), por programas jornalísticos transmitidos pelo rádio, pela televisão, pelo cinema etc. **2** Conjunto das notícias referentes a determinado assunto. **3** Programa de radiojornalismo ou de telejornalismo.

noticiarista • [JN] V. jonalista.

novela • [ED] [RTVC] Gênero literário estruturado em uma série de unidades dramáticas encadeadas e sucessivas. Situado, segundo Jean Suberville, "a meio caminho entre o romance e o conto" quanto à extensão e à complexidade narrativa, a novela veio a tomar-se, por suas características de entretenimento acessível, superficial e absorvente, uma expressão típica de literatura de massa, difundida através de veículos de grande consumo: novelas de rádio e de televisão (radionovela e telenovela), fotonovelas (em revistas ou em tiras de jornais), histórias policiais e de espionagem (livros de bolso).

NTSC • [RTVC] Sistema de televisão colorida inventado nos Estados Unidos e posteriormente adotado também no Japão, México e Canadá. Seu nome é formado pelas iniciais de National Television System Comittee. Lançado no início dos anos 1950, foi o primeiro sistema de transmissão de imagens em cores bem-sucedido comercialmente e adotado em escala nacional. Consiste na decomposição da informação cromática em três imagens, correspondentes às três cores fundamentais, por meio de lentes e de filtros apropriados. Este processo de transmissão mostrou-se vulnerável a distorções e, por esta razão, o público norte-americano passou a decifrar as iniciais NTSC como *never twice the same color* (nunca duas vezes a mesma cor). Em função desse inconveniente, foram propostos e adotados em outros países os sistemas *PAL* e *SECAM*.

número • [ED] Unidade da publicação periódica; cada uma das edições que compõem um volume. Fascículo. V. periodicidade. • [RTVC] Cada um dos quadros ou cenas apresentados em um espetáculo de variedades

nuvem • [TIC] **1** V. computação em nuvem. **2** Lugar virtual (v. ciberespaço) que representa, de forma abstrata, a infraestrutura de *hardware* e *software* utilizada para o processamento e armazenamento de dados no sistema de *cloud computing*, bem como todo o conjunto de serviços prestados pelos provedores que atuam nesse sistema. Diz-se, p. ex., que os dados estão armazenados 'na nuvem'.

obituário • [JN] V. necrológio.

objetiva • [RAV][RTVC] Sistema óptico colocado na parte dianteira da câmera ou do ampliador, para receber e refratar a imagem a ser fotografada ou ampliada. É composto por um conjunto de lentes, um diafragma e, às vezes, um obturador (no caso de câmeras fotográficas). Os principais tipos de objetivas utilizadas em câmeras fotográficas são: a) **grande-angular** – possui pequena distância focal e extenso campo visual; b) **normal** – abrange um campo correspondente ao ângulo normal de visão; c) **teleobjetiva** – possui grande distância focal e, portanto, um ângulo mínimo de abertura, permitindo a fotografia ou filmagem a grandes distâncias; d) **olho de peixe** – é uma supergrande-angular, capaz de cobrir um ângulo de 140°, com aplicações práticas limitadas devido à forte distorção que produz; e) **zum** – objetiva de focal variável, que pode ser graduada continuamente, mediante o movimento de grupos de lentes integrantes do seu sistema óptico. O termo zum (do ing. *zoom*) designa também o movimento de aproximação e afastamento da imagem, característico deste tipo de objetiva; f) **macro-objetiva** – objetiva própria para fotomacrografia.

objetividade • [JN] V. redação.

objeto • [RAV][RTVC] Parte do assunto. Coisa única tomada como ponto central de uma imagem fotografada, filmada ou televisada.

objeto de cena • [RTVC] Todo e qualquer objeto utilizado como elemento de cenografia (cinzeiros, livros, talheres etc.). Não confundir com adereços, que são objetos criados especificamente para as necessidades de cenografia, em um espetáculo (teatral, cinematográfico, de tv etc.).

obra • [ED] **1** Qualquer produção artística, científica ou literária. **2** O conjunto dos trabalhos de um artista, cientista ou escritor.

obra aberta • [FTC] Trabalho intelectual que, intencionalmente ou não, proporciona amplas possibilidades de interpretação e desdobramentos.

obra capital • [ED] V. obra-prima.

obra de consulta • [ED] V. obra de referência.

obra de divulgação • [ED] Publicação, especialmente em forma de livro, destinada a transmitir informações acessíveis ao grande público sobre um determinado tema.

obra de referência • [ED] Designação genérica das obras bibliográficas que se destinam a guiar e facilitar aos leitores o exame das fontes de informação. São dicionários, enciclopédias e outros tipos de livros que não se destinam (pela natureza das suas matérias e pela técnica como são organizados) à leitura do início ao fim do volume, mas sim à consulta de determinados tópicos com informações específicas. Diz-se tb. obra de consulta.

obra póstuma • [ED] Obra publicada em primeira edição somente após o falecimento do autor.

obra-prima • [ED] **1** A melhor obra de um autor, ou de um determinado gênero artístico, ou de uma época, ou de uma região. Diz-se tb. obra capital e obra mestra. **2** Trabalho considerado perfeito em seu gênero.

obturador • [RTVC] Peça mecânica da câmera e do projetor, que funciona em movimento giratório para impedir a passagem de luz entre um e outro fotograma, enquanto o filme avança. • [RAV] Dispositivo da câmera para controlar o tempo de exposição, ou seja, a admissão da luz que vem impressionar a emulsão.

off • [RTVC] Diz-se de voz, pessoa ou objetos que não estão visíveis na cena apresentada. Fora de campo. Fora de cena. Exemplos: voz *off*; locutor em *off*. • [JN] **1** Diz-se de informação confidencial, prestada a um jornalista, com a condição de não ser publicada. **2** Informação proveniente de fonte que deseja se manter anônima. Forma abreviada da locução inglesa *off-the-records*, em ing., literalmente, fora dos registros. Oposto de *on-the-records* (expressão pouco usada).

offset • [ED] V. ofsete.

off-the-records • [JN] V. *off*.

ofício • [ED] **1** Comunicação escrita e formal, que obedece a determinadas normas protocolares, utilizada especialmente por (entre, de ou para) repartições públicas. **2** V. papel ofício.

ofsete • [ED] Sistema de impressão indireta, criado em 1904 por Rubel, a partir do princípio da litografia. A imagem a ser impressa é gravada por processo fotoquímico (fotolitografia) numa chapa granulada de metal flexível (alumínio ou zinco). A chapa (matriz) é então instalada num dos cilindros da máquina impressora e, em vez de imprimir diretamente sobre o papel, como na tipografia e na litografia, transfere a imagem para outro cilindro revestido de borracha (blanqueta) que, finalmente, imprime na folha de papel. V. impressão.

olho • [JN] **1** O mesmo que antetítulo. **2** Intertítulo ou pequeno trecho destacado da matéria, diagramado em corpo maior e colocado em janelas da composição corrida. **3** Pequeno texto de chamada para a matéria principal.

olho de peixe • [RAV] V. objetiva.

ombudsman • [MKT][RP] Do sueco *ombud*, representante, e do ing. *man*, homem. Profissional contratado por uma organização (empresarial, governamental etc.) para observar, receber e investigar reclamações do público ou consumidor e apresentar críticas às falhas da organização. Fazendo parte do quadro de empregados da organização ou atuando de modo terceirizado, o *ombudsman* precisa, necessariamente, do apoio e da confiança de seus superiores hierárquicos. Diz-se tb. ouvidor. • [JN] Profissional encarregado de fazer a crítica interna de uma publicação jornalística, bem como receber, avaliar e encaminhar as ponderações dos leitores. Esse profissional, contratado pela empresa que edita o jornal ou revista, surgiu na imprensa americana a partir da década de 1960, embora sua função já existisse em países como a Noruega e a Suécia, com objetivos voltados para a administração pública. V. *media criticism*.

omnidirecional • [RAV] V. microfone.

onda • [RAV][TIC] **1** Vibração que se propaga pelo espaço, mediante a qual pode haver transporte de energia de um ponto a outro. Oscilação periódica capaz de transmitir a imagem e o som. As espécies de ondas recebem classificações diversas, entre elas: a) **onda eletromagnética** – onda que se propaga num espaço vazio ou num meio material, originada por um circuito eletromagnético; b) **onda curta** – onda eletromagnética cujo comprimento varia entre 10 e 100 m e cuja frequência situa-se, aproximadamente, entre 10 e 30 MHz. Serve para transmissão a longas distâncias; c) **onda hertziana** – onda eletromagnética, descoberta por Hertz, cuja frequência vai de zero a dez milhões de hertz, e cujo comprimento está situado entre 50 e 3.000 m, aproximadamente. Viaja à velocidade da luz (300.000 km/s). Diz-se tb. **onda de rádio** ou **onda radioelétrica**; d) **onda longa** – onda eletromagnética cujo comprimento varia de 1 a 10 km, e cuja frequência não ultrapassa 100 kHz; e) **onda média** – onda eletromagnética cujo comprimento varia entre 100 e 1.000 m e cuja frequência está entre 100 e 1.000 kHz, aproximadamente; f) **onda modulada** – onda portadora obtida por processo de modulação; g) **onda portadora** – onda eletromagnética de alta frequência, capaz de ser modificada em uma de suas características, por um processo de modulação, de modo a transportar os sinais de som ou imagem emitidos por um radiotransmissor. tb. chamada simplesmente de portadora; h) **onda sonora** – onda originada pelas vibrações do ar com o movimento dos corpos, cuja frequência varia entre 20 e 20.000 Hz. São responsáveis pelos fenômenos acústicos. Diz-se tb. **onda acústica**; l) **micro-onda** v. frequência.

one-to-one • [MKT] Em ing., um a um. Diz-se da venda ou promoção de vendas individual (pessoa a pessoa), que se desenvolve no contato direto do vendedor com o cliente. Usa-se tb. a forma abreviada 1-2-1 (em que o algarismo 2 – *two*, em ing. – faz as vezes da preposição *to*, para).

one-shot • [PP] Peça publicitária concebida para ser veiculada apenas uma vez. Em função disso, deve ser capaz de exercer grande poder de impacto, pelo enfoque criativo de seu texto e da sua forma gráfica. • [ED][MKT] Publicação avulsa, que não faz parte de coleção ou série.

on-line • [RAV][TIC] **1** Transmissão, em tempo real, de qualquer informação via computador. **2** Diz-se do computador ou de qualquer periférico que está funcionando em rede. **3** P. ext., diz-se do usuário que está naquele momento conectado a uma rede. **4** Estado em que se encontra o equipamento ou terminal quando efetua transmissão ou recepção de uma mensagem que é produzida naquele momento, e não gravada previamente. Usa-se tb. sem o hífen: *online*.

onomatopeia • [FTC] Palavra que procura reproduzir determinado som ou ruído, por meio de fonemas de que a língua dispõe e que sejam os mais apropriados à interpretação do efeito acústico desejado. Embora presente, de algum modo, nas diversas formas narrativas da comunicação de massa, é na história em quadrinhos que a onomatopeia possui maior significação e importância expressiva, superando a mudez do papel com signos de alta temperatura compositiva e textual. É marcante a influência da linguagem dos *comics* originários dos EUA nos códigos onomatopaicos empregados pelos desenhistas de quadrinhos em quase todo o mundo. A grande riqueza do idioma inglês em palavras fonossimbólicas (p. ex. *to boom*, explodir; *to ring*, soar a campainha; *to crash*, despedaçar-se, espatifar-se no solo, estalar etc.) reflete-se na origem das onomatopeias em quadrinhos. Tais expressões foram, consequentemente, exportadas e adotadas *ipsis litteris* em outros países, apesar do exotismo de certas letras ou sons para a maioria dos leitores (observe-se que as traduções de histórias em quadrinhos para o português geralmente conservam as onomatopeias em sua forma original). V. balão.

on-the-records • [IN] V. *off*.

op. cit. • [ED] Abrev. do lat. *opere citato*, na obra citada. Expressão utilizada para designar citação extraída de uma mesma obra anteriormente indicada.

op-ed • [IN] Acrônimo de *opposite-editorial-page*, página frontal aos editoriais. Inovação introduzida pelo The New York Times em 1970, seu primeiro editor foi Harrison Salisbury. "Convidando-se colaboradores especiais – jornalistas ou não – e ampliando a participação dos leitores através da seção de 'cartas', dinamizou-se o quadro de articulistas com o elemento surpresa e arejou-se a posição do jornal com matérias de outras tendências que não aquela da instituição" (Alberto Dines). Atualmente, boa parte dos jornais brasileiros adota este modelo. V. editorial.

operadora • [TIC] Empresa que atua mediante concessão, autorização ou credenciamento, por meio de um conjunto de equipamentos e instalações que possibilitam a exploração de serviços, como a TV por assinatura, a telefonia móvel etc.

opinião de público • [MKT] Agregado de opiniões das pessoas que constituem determinado público, em relação a uma determinada instituição, personalidade, produto ou fato social. Expressão adotada por alguns autores em distinção ao conceito de opinião pública.

opinião pública • [MKT] Juízo de valor que predomina, ainda que momentaneamente, em determinada comunidade. A opinião pública muitas vezes consolida-se a partir de situações objetivas e modifica-se de modo coletivo, sem ser necessariamente condicionada pela aproximação física dos indivíduos. Por sua natureza subjetiva, não implica um conhecimento profundo dos assuntos sobre os quais se manifesta. Nela interferem fatores psicológicos, políticos, ideológicos, sociológicos e históricos. V. público, grupo de pressão, massa e multidão.

opinião publicada • [JN] Conjunto de opiniões predominantes na mídia jornalística, que expressa o ponto de vista das empresas de comunicação. A distinção entre opinião publicada e opinião pública foi explicitada inicialmente em 1937 pelo psicólogo americano Floyd Allport, no ensaio *Toward a Science of Public Opinion*: afirmando ser contrário à ideia de domínio dos meios de comunicação, ele preconizou a convivência complexa entre mídia e público, com conflitos, pressões e influências de ambos os lados que impossibilitam o controle absoluto de um pelo outro.

oportunidade ambiental • [MKT] O mesmo que oportunidade de mercado.

oportunidade de mercado • [MKT] Conjunto de condições mercadológicas favoráveis ao desenvolvimento de determinado negócio. Este negócio pode se apresentar sob diversas formas: o lançamento de um novo produto, o crescimento da empresa, a aquisição de uma nova empresa acoplada à principal etc. Entretanto, seja qual for a maneira pela qual a oportunidade se apresenta, ela sempre corresponde a uma necessidade do mercado que pode vir a ser preenchida pela atuação da empresa.

oportunidade empresarial • [MKT] Área em que a empresa se considera capaz de atender, melhor do que a concorrência, a uma determinada oportunidade de mercado. V. vantagem competitiva.

opúsculo • [ED] Publicação de pequeno formato e poucas páginas. Livreto. Situa-se, no uso corrente, entre o folheto e o livro.

orelha • [ED] Cada uma das extremidades laterais da capa (em uma brochura) ou da sobrecapa (em um livro encadernado), dobradas para dentro e geralmente impressas, contendo informações sobre o autor e sua obra, ou sobre a editora, listas de obras da mesma coleção, anúncios de próximos lançamentos etc. Em publicações que não permitem a produção de orelhas convencionais, como é o caso do acabamento *perfect binding*, costuma-se usar com essa função a chamada orelha francesa: texto impresso no verso da capa (segunda capa e terceira capa), em formato semelhante ao utilizado nas orelhas, ou na primeira página do livro, substituindo o anterrosto ou empurrando-o para a folha seguinte.

original • [ED] **1** Qualquer documento (gráfico, fônico ou digital/eletrônico) a partir do qual se produzem cópias. **2** Obra que foi produzida pela primeira vez, sem ser cópia, reprodução ou tradução. **3** Qualquer matéria (texto manuscrito, digitado ou impresso, desenho, anúncio, fotografia etc.) que se deseja reproduzir. **4** Tudo o que é escrito, criado ou desenhado para ser publicado, encenado, filmado etc.

osciloscópio • [RTVC] Aparelho eletrônico usado pelos operadores de vídeo para ajustar a qualidade das imagens a serem transmitidas.

outdoor • [PP] Designação genérica da propaganda ao ar livre. Literalmente (do ing. *outdoor advertising*), designa qualquer propaganda feita fora, exposta em via pública. V. painel, cartaz, letreiro, luminoso, anúncio-sanduíche e *overlay*.

outlet • [MKT] **1** O mesmo que ponto de venda. **2** Loja do próprio fabricante, para venda de produtos ao consumidor, por preços reduzidos.

outline • [ED] Estilo de desenho de caracteres em que apenas as linhas que moldam a letra são traçadas, sem preenchimento de sua forma.

output • [TIC] V. saída.

ouvidor • [MKT][RP] V. *ombudsman*.

ouvidoria • [MKT][RP] **1** Atividade do ouvidor ou *ombudsman*. **2** Local onde esse profissional, ou conjunto de profissionais, está instalado e exercendo sua atividade.

ouvinte • [RTVC] **1** Pessoa que ouve rádio. **2** Diz-se do grupo de pessoas (segmento de público) habitualmente atingido por determinada emissora ou programa de rádio. V. audiência.

overlay • [RTVC] O mesmo que superposição. • [PP] Recurso utilizado em *outdoors* para a obtenção de efeitos tridimensionais. Geralmente confeccionado em placas adicionais aplicadas sobre o *outdoor*, que lhe conferem maior impacto e visualização.

oxberry • [RTVC] Máquina especial para filmagens de efeitos de animação, que filma os fotogramas um a um e funciona acoplada a um computador. Bastante utilizada em tv para a produção de aberturas e vinhetas.

pP

pacote • [RTVC] Programa completo, série ou conjunto de programas vendidos a uma emissora ou rede, a um patrocinador ou a uma agência de propaganda. • [PP] Conjunto de inserções (v. inserção), em um ou em vários veículos da mesma empresa, vendido ou oferecido à venda para um mesmo anunciante ou agência, geralmente com redução de preço. • [ED] Conjunto de informações (v. informação) ou de documentos sobre um mesmo assunto. • [TIC] **1** Menor porção de informação que circula em rede de computadores. **2** Dado encapsulado para transmissão na rede. **3** Conjunto de programas.

page view • [PP] [TIC] Unidade de medida de audiência na internet. Cada uma das vezes em que uma determinada página é acessada e visualizada inteira.

página • [ED] **1** Cada uma das faces de uma folha de livro, jornal, revista, folheto ou de outras publicações. **2** Tudo aquilo que está impresso nesse lado da folha. **3** A fôrma tipográfica ou matriz equivalente com que se realiza a impressão desse texto. **4** Trecho, passagem, crônica, excerto. **5** Representação, na tela (em processadores de textos, programas de editoração eletrônica, hipertexto, *e-books* etc.), de um conjunto de informações correspondentes a uma página impressa • [TIC] **1** O mesmo que *homepage*. **2** P. ext., o mesmo que *site*. **3** Cada parte de um *site* (contendo informações em forma de textos, imagens e/ou sons) que pode ser visualizada em uma tela, usando-se ou não a barra de rolagem, sem que se acione novo *link*. Neste sentido, diz-se tb. tela.

página aberta • [IN] [PP] Página de jornal ou revista em que ainda há pendências de material jornalístico ou publicitário. V. abrir e fechar.

página americana • [IN] [PP] Página de jornal que tem quase todo o seu espaço ocupado por anúncio. Nesses casos, o editor costuma reservar para textos uma coluna lateral em toda a altura da mancha gráfica e as demais colunas na parte de cima da página.

paginação • [ED] **1** Ato ou efeito de paginar. Compaginação. **2** Lugar ou seção da oficina onde se pagina. **3** Ordem das páginas de um documento. • [RTVC] Sequência das matérias de um telejornal.

página de créditos • [ED] Página que contém as informações de créditos institucionais (instituição que edita ou patrocina a publicação, relação de autoridades, diretores etc.) e de créditos editoriais (indicação de *copyright*, equipe editorial, ficha catalográfica, ISBN, título da obra no idioma original, se tradução etc.). Geralmente fica no verso da página de rosto, sendo considerada uma parte da folha de rosto. Corresponde ao expediente em jornais e revistas. Para créditos de produção gráfica, ver colofão.

página de rosto • [ED] Face frontal (anverso) da folha de rosto de um livro ou publicação semelhante. Nessa página são fornecidas as informações básicas que identificam a obra, como título e subtítulo, autoria e imprenta. Diz-se tb. frontispício, fachada, portada ou rosto. V. anterrosto.

página dupla • [ED] As duas páginas adjacentes de uma publicação, especialmente jornal ou de revista em formato canoa, aproveitadas como um todo (em uma só mancha) para anúncio, reportagem ou ilustração. A página dupla geralmente recai sobre as páginas centrais, mas é possível obter efeito semelhante em outras páginas da publicação, eliminando-se as margens internas.

página espelhada • [JN] [ED] Cada uma das duas páginas que ficam lado a lado, em qualquer publicação impressa. V. espelho.

página indeterminada • [PP] Categoria de inserção de peças publicitárias em um jornal ou revista, em que fica a critério do próprio veículo (jornal, revista) a escolha do local e da página onde será publicado o anúncio. O custo desse tipo de veiculação costuma ser mais baixo do que no caso em que a localização do anúncio é escolhida pelo anunciante ou pela agência (página determinada). Em ing., *run-of-paper* (usa-se tb. a abrev. *ROP*).

página júnior • [PP] Formato de anúncio para jornal ou revista, que ocupa quase todo o espaço da página e impede a colocação do outro anúncio na mesma página. Geralmente circundado por matéria editorial, esse tipo de anúncio possui a vantagem de tornar-se propaganda exclusiva da página, a um custo menor que o da página inteira. Diz-se tb. rouba-página. V. página americana.

paginar • [ED] **1** Reunir e dispor, conforme o projeto gráfico (v. diagramação) todos os elementos, até então separados, que devem integrar uma página: texto, ilustrações, brancos, títulos, notas, tabelas etc. **2** Dispor harmoniosamente todos os elementos gráficos de uma obra (blocos de texto, brancos, fotos, desenhos, cores etc.), para formar páginas de uma medida determinada. **3** Ordenar e dispor adequadamente as páginas de uma publicação a ser impressa. **4** Numerar em ordem progressiva as páginas de um livro ou registro. • [RTVC] Organizar em sequência e ritmo adequados as matérias que deverão ir ao ar em um telejornal.

paica • [ED] **1** Medida tipográfica correspondente a 12 pontos do sistema anglo-americano (aproximadamente 4,218 mm ou 0,166 polegadas). V. cícero. **2** Antiga denominação dos caracteres de corpo 12 nos Estados Unidos e na Inglaterra. Em ing., *pica*.

painel • [PP] Modalidade de propaganda geralmente exposta em via pública, ao ar livre, que apresenta a mensagem pintada sobre material durável (como chapas de metal montadas sobre estrutura de madeira, ou sobre paredes de edifício). Muito comuns em estradas e em centros urbanos, os painéis são produzidos em diversos formatos e tipos: retangular, recortado (na forma das letras ou de embalagens, p. ex.), tridimensional, iluminado ou não. Sua exibição (mais duradoura que a do cartaz) costuma ser contratada por vários meses e, em alguns casos, é até permanente. Pode também ser acionado por um computador, funcionando como tela para exibição de imagens de vídeo. V. cartaz e *outdoor*. • [MKT] Tipo de pesquisa (de *marketing* ou de mídia) baseada nas informações de um grupo de indivíduos selecionados por um processo de amostragem e solicitados em várias ocasiões, a intervalos mais ou menos regulares. Ao contrário das outras modalidades de pesquisa, no painel a amostra permanece fixa (com os mesmos elementos) ou modifica-se gradativamente, mantendo-se, mesmo neste caso, a maior parte dos integrantes originais. Este método é empregado com diversas finalidades (p. ex., para avaliar o consumo ou a aceitação de produtos, leitura de revistas, audiência de rádio ou tv etc.), e nele podem ser utilizados vários processos para a obtenção das informações desejadas (questionário, observação, registros mecânicos etc.).

painel acústico • [RAV] Cada uma das placas de isolamento acústico utilizadas especialmente em estúdios de gravação, para modelagem do som conforme o efeito desejado.

paisagem • [ED] Diz-se da página deitada (orientação horizontal) em *softwares* de processamento de texto e de editoração eletrônica. V. retrato.

PAL • [RTVC] Acrônimo de *phase alternate line*. Sistema de televisão em cores desenvolvido na Alemanha e posteriormente adotado em vários outros países. Adaptação aperfeiçoada do sistema americano *NTSC*, com algumas modificações para suprir suas deficiências, especialmente a vulnerabilidade às chamadas 'distorções diferenciais de fase'. No Brasil, como todo o equipamento que existia anteriormente era do tipo norte-americano, foi necessário criar um padrão especial, surgindo assim o padrão brasileiro, PAL-M (este M equivale à letra de registro do sistema no Conselho Consultivo Internacional de Radiodifusão, em Genebra). V. *NTSC* e *SECAM*.

palavra-chave • [TIC][MKT] **1** Palavra fundamental de um determinado tema, área de conhecimento, texto ou conjunto de informações. **2** Palavra ou expressão que remete a determinado assunto, em qualquer pesquisa, hipertexto, serviços de busca etc.

palimpsesto • [ED] **1** Manuscrito de que se raspou o texto primitivo para permitir novo uso do pergaminho. **2** Antigo material de escrita (mais comumente uma tabuleta ou pergaminho) usado duas ou mais vezes, mediante raspagem do texto anterior.

palmtop • [TIC] Computador que cabe na palma da mão. Bastante compacto, bem menor que o *laptop* e o *notebook*, este aparelho surgiu da evolução das antigas agendas eletrônicas.

panfleto • [ED] **1** Texto de estilo veemente, impresso em folha avulsa, geralmente para fins políticos. V. diatribe. **2** A folha de papel que contém esse tipo de mensagem.

panorama • [RAV] Representação de um campo visual de grande amplitude (geralmente uma paisagem) por meio de foto ou desenho.

panorâmica • [RTVC] Movimento giratório, horizontal ou vertical, em que a câmera se desloca apenas sobre seu eixo, lentamente, fazendo uma tomada ampla.

paparazzo • [RAV][RTVC] Fotógrafo que se especializa em captar flagrantes de celebridades. Atua geralmente como *freelance*, vendendo suas fotos a veículos de comunicação. Palavra italiana, mais usada no plural: *paparazzi*.

papel acetinado • [ED] Papel apropriado para escrever e para impressão, com superfície lisa e lustrosa.

papel almaço • [ED] **1** Papel pautado ou não, geralmente em formato 32,5x44 cm (ou, dobrado ao meio, 22x32,5 cm), próprio para documentos, exames escolares, requerimentos, registros contábeis etc. Diz-se tb. almaço ofício. **2** P. ext., o formato característico desse tipo de papel.

papel avergoado • [ED] Papel com linhas-d'água visíveis por transparência. Diz-se tb. papel vergê. V. linha d'água e marca-d'água.

papel bufã • [ED] Papel poroso, não acetinado, leve e fofo, geralmente fabricado com folhas de esparto, muito usado na impressão de livros. Do fr. *bouffant*, fofo. Diz-se tb. papel *bufon*.

papel canson • [ED] Papel de superfície semifosca, ligeiramente granulosa e absorvente. Indicado para desenhos a creiom, aguadas e aquarelas.

papel celofane • [ED] Papel fino e transparente, fabricado com hidrato de celulose pura (viscose), utilizado principalmente em embalagens.

papel crepom • [ED] Papel de seda com superfície enrugada, utilizado em adornos e embalagens.

papel cuchê • [ED] Papel recoberto por uma camada de finas partículas minerais (caulim, gesso etc.) que tapam a porosidade e a rugosidade do suporte dando à superfície da folha um acabamento liso, brilhante (cuchê brilho) ou fosco (cuchê mate), ou, às vezes, em textura (emboçado). Do fr. *couché*. Diz-se tb. papel gessado e papel estucado.

papel da China • [ED] Papel fino, sedoso e resistente, ligeiramente amarelado, usado na impressão de edições de luxo e na tiragem de gravuras. Originalmente era fabricado na China, utilizando-se a parte interna do bambu, palha de arroz ou amoreira.

papel de seda • [ED] Papel muito fino e flexível, geralmente usado na embalagem de objetos delicados.

papel eletrônico • [ED] **1** Dispositivo leve e fino que funciona como um monitor/receptor de informações transmitidas por meio de um computador ou diretamente de redes sem fio. Tecnologia em desenvolvimento para substituir o papel na função de exibir conteúdos (textos e imagens) que tradicionalmente eram impressos.

2 Designação genérica das tecnologias que utilizam dispositivos portáteis de leitura em vez do papel convencional na transmissão/recepção de informações, permitindo recursos de vídeo e som, atualização das informações em tempo real e maior interatividade com os leitores, além das vantagens econômicas e ambientais.

papel fotográfico • [ED] [RAV] Papel que tem uma de suas faces recoberta com emulsão fotossensível e que constitui o suporte da cópia fotográfica.

papel imune • [ED] Papel destinado exclusivamente à impressão de jornais, periódicos, livros e partituras musicais, legalmente desobrigado de apresentar linha d'água em sua fabricação para receber isenção fiscal.

papel ingres • [ED] Papel de superfície granulosa, geralmente procedente da Itália, usado para desenhos a carvão.

papel kraft • [ED] Papel encorpado e resistente, geralmente pardo, feito com pasta de madeira tratada a sulfato, próprio para embalagens. Atualmente muito utilizado também em impressos artísticos.

papel linha d'água • [ED] V. linha d'água.

papel machê • [ED] V. *papier mâché*.

papel ofício • [ED] Formato de papel, nas dimensões de 22x33 cm, utilizado principalmente para ofícios e outras formas de correspondência ou de documentos. V. papel almaço.

papel ofsete • [ED] Papel fabricado com bastante cola e de superfície uniforme (lisa ou porosa), sem penugem, apropriado para a molhagem característica dos processos de impressão litográfica e, particularmente, do ofsete.

papel pergaminho • [ED] Papel tratado por processos químicos, que apresenta o aspecto de pergaminho legítimo.

papel-pigmento • [ED] Tipo de papel utilizado no processo de heliogravura para transferência de imagens às placas ou cilindros da máquina impressora.

papel reciclado • [ED] Papel confeccionado a partir da mistura de outros papéis, usados ou não, picados e dissolvidos em água. Pode ser também produzido com a adição de materiais diversos, como, p. ex., folhas e caules de bananeira, pétalas de flores etc.

papel *schoeller* • [ED] Papel próprio para desenho, cuja extrema resistência permite o uso de borracha, fita adesiva e raspagens no trabalho, sem que sua superfície seja danificada.

papel sulfite • [ED] Papel que se obtém a partir de uma pasta de madeira tratada pelo bissulfito de cálcio.

papel timbrado • [ED] Folha de papel, geralmente em formato ofício, A-4 ou carta, estampada com um timbre, usada em correspondência e documentos.

papel vegetal • [ED] Papel transparente, mais resistente que o papel de seda, com superfície muito lisa, aspecto seco e duro, apropriado para decalques, desenho de plantas de engenharia, projetos arquitetônicos e cópias heliográficas.

paper • [ED] [PP] Texto contendo breve análise, estudo, ensaio, parecer, relatório, proposição, posicionamento etc., para ser lido ou discutido em uma conferência, em um encontro ou por um grupo de trabalho etc. **2** Texto de caráter científico ou técnico, de circulação restrita, apresentado em eventos como congressos, simpósios etc., geralmente publicado em obra especializada.

papier mâché • [ED] Massa formada pela mistura de pasta de papel, gesso e substâncias adesivas, usada na fabricação de objetos decorativos, utensílios, bonecos, ou como material de construção.

paragonar • [ED] O mesmo que alinhar. Diz-se tb. parangonar.

paralaxe • [RAV] [RTVC] Sistema de visor paralelo ao eixo da objetiva, que produz um erro de enquadramento verificado em fotografias ou filmagens a curta distância.

parecerista • [ED] V. leitor.

paródia • [FTC] Uso de elementos de uma obra já existente, geralmente em tom jocoso ou satírico, para produzir uma nova obra que apresente uma relação de intertextualidade com a anterior.

participação de mercado • [MKT] V. *market share*.

partitura • [ED] Representação gráfica do conjunto de uma obra musical. Compreendendo todas as partes de canto e dos instrumentos, por extenso ou reduzidas, e dispostas de modo a permitir sua leitura simultânea.

pasquim • [JN] **1** Jornal insolente, injurioso, mordaz e satírico. Palavra derivada de Pasquino, personagem-tipo da comédia italiana (atrevido, glutão e mentiroso) e nome de uma estátua em cujo pedestal os romanos do séc. XVIII afixavam sátiras políticas. **2** O mesmo que jornaleco. **3** Escrito satírico afixado em lugar público. V. panfleto e grafito.

passagem de *break* • [RTVC] Vinheta apresentada no início e no fim de cada intervalo de um programa de tv.

passagem de som • [RAV] Teste e ensaio dos equipamentos de som, com a participação dos artistas e dos técnicos, antes de um espetáculo.

password • [TIC] V. senha.

pasta • [TIC] V. diretório.

pastel • [ED] **1** Conjunto desordenado de caracteres tipográficos. **2** Erro tipográfico que consiste na presença de letras ou sinais fora de lugar ou em corpo diferente do restante do texto. V. empastelar. • [JN] P. ext., qualquer erro de sentido ou de ortografia em textos jornalísticos.

patente • [MKT] Critério de propriedade industrial referente aos direitos de comercialização exclusiva, por um período determinado, de uma invenção que, além de ter características de novidade em relação ao conjunto de conhecimentos existentes, comprove ter uma aplicação industrial.

patrocinador • [PP][MKT] Entidade, produto ou pessoa que assume o patrocínio de determinada realização cultural ou esportiva. V. mecenas.

patrocínio • [PP] [MKT] Custeio total ou parcial, com finalidade publicitária, promocional ou institucional, de um evento, filme cinematográfico, programa de rádio ou tv, produto editorial, espetáculo de teatro, música, dança, ou qualquer outra realização de caráter cultural, esportivo, científico, comunitário, assistencial etc. V. chancela e mecenato.

pau de luz • [RTVC] Suporte para lâmpadas *photofloods*, utilizado principalmente por cinegrafistas, para a iluminação de reportagens rápidas.

pauta • [JN] **1** Agenda ou roteiro dos principais assuntos a serem noticiados por um órgão de imprensa. Súmula das matérias a serem feitas em uma determinada edição. **2** Planejamento dos ângulos a serem focalizados numa reportagem, com um resumo do tema, o tratamento a ser dado e a indicação de possíveis fontes. A pauta não é normativa, não estipula uma linha de ação obrigatória: é uma tentativa de orientar e dirigir metodicamente o trabalho do repórter dentro de parâmetros que possam ser previstos. Caso ocorra algum detalhe importante como notícia e não previsto na pauta, esta não impede, obviamente, que a reportagem busque outros ângulos. **3** Anotação de temas que poderão ser desenvolvidos oportunamente, para aproveitamento em futuras edições. V. pauteiro. • [PP] Programação. Relação de datas, horários e veículos previstos em um plano de mídia. • [ED] **1** Cada um dos traços horizontais contínuos, tracejados ou pontilhados que são impressos em folhas destinadas à escrita manual. **2** Conjunto de linhas horizontais, paralelas e equidistantes (geralmente cinco), próprio para escrita musical. Chama-se pentagrama a pauta de cinco linhas.

pautar • [JN] **1** Fazer a pauta de (edição de jornal, revista etc.). **2** Incluir (determinado assunto) na pauta. **3** Detalhar (o assunto programado) para planejamento dos aspectos a serem focalizados na apuração e no texto.

pauteiro • [JN] Jornalista ou editor que elabora e propõe as pautas (em jornal, revista, tv. rádio etc.). Criador, inventor de sugestões para as próximas edições v. edição).

pay-per-view • [RTVC] Sistema de exibição utilizado em televisão fechada, que consiste na apresentação de um determinado programa (filme, evento artístico ou esportivo etc.) disponível para o assinante mediante o pagamento de uma taxa que permite a decodificação do sinal emitido.

PB • [ED] **1** Abrev. de preto e branco. **2** Abrev. de *perfect binding*

PC • [TIC] Abrev. de *personal computer*, computador de uso pessoal. Em princípio, esta expressão foi adotada no uso corrente em referência a microcomputadores IBM e modelos compatíveis com essa marca, distinguindo-os dos computadores Macintosh.

pé • [ED] **1** Base de um tipo, parte inferior, oposta ao cabeço. **2** Parte inferior de um livro, ou de uma página, anúncio, tabela etc. V. rodapé.

P&B • [ED] **1** Abrev. de preto e branco.

peça • [ED] Designação genérica dos textos destinados à encenação teatral. Qualquer obra representada em teatro. • [PP] Cada um dos elementos produzidos para fins publicitários: anúncio, encarte, filmete, *jingle*, cartaz, fôlder, *banner* etc.

pen drive • [TIC] Dispositivo de memória auxiliar que se conecta ao computador ou outro equipamento por uma entrada *USB*. Seu nome completo é memória *USB flash drive*. Substituiu os antigos disquetes, com maior velocidade e capacidade de armazenamento que chega a 256 *gigabytes* em alguns dispositivos, além de ser mais resistente, muito prático, compacto e portátil, podendo ter formatos diversos (como chaveiro, caneta, cartão etc.).

penetração • [MKT] **1** Porcentagem ou número de pessoas ou de famílias atingidas por um veículo, em relação ao total da população ou a um de seus subconjuntos (classe socioeconômica, idade, sexo, escolaridade etc.). **2** Estratégia de determinação de preço, que consiste em lançar um novo produto a preço baixo, buscando estimular consumidores potenciais a comprá-lo, para criar uma demanda efetiva o mais rapidamente possível. **3** Oportunidade de crescimento que consiste ampliar a atuação da empresa em seu mercado habitual através de um *marketing* mais agressivo.

pentear • [ED] Aperfeiçoar, melhorar, polir um texto. Diz-se passar ou fazer o 'pente fino' quando a revisão é bastante minuciosa.

percepção • [FTC] Processo, ou conjunto de processos sensoriais, físicos e psicológicos, pelo qual uma pessoa capta informações do mundo ao seu redor e do seu próprio organismo, discriminando e decodificando esses eventos por intermédio dos códigos e valores de sua estrutura cultural e psíquica. O mesmo fenômeno, resultante da somatória de percepções individuais, pode ser considerado também em grupos sociais, como elemento formador da opinião de público e da opinião pública.

perfect bindind • [ED] **1** Sistema de acabamento em brochura, que processa automaticamente as seguintes operações: a máquina recebe os cadernos, que são organizados e acertados; o miolo do livro é, então, cortado nas quatro direções; a lombada é ferida de modo a receber melhor a cola plástica; por fim, a capa é colocada. O volume confeccionado por este sistema não permite a produção de orelhas convencionais (v. orelha). Chama-se *perfect binder* o equipamento de produção gráfica que produz esse tipo de brochura. **2** Diz-se do trabalho gráfico feito por esse sistema. Abrev.: *PB*.

perfil • [JN] Tipo de entrevista que utiliza aspectos biográficos e pessoais para mostrar ao público características, ideias, opiniões, projetos, comportamento, gostos e traços do entrevistado.

pergaminho • [ED] **1** Pele de cabra, ovelha ou outro animal, curtida e especialmente preparada para servir de material de escrita ou de encadernação. **2** Manuscrito feito nesse material.

periférico • [TIC] Todo equipamento conectado ao computador e controlado por

periodicidade

ele (p. ex. teclado, impressora, dispositivo de memória auxiliar, escâner, *mouse*, *modem*, *joystick*, caixa de som, fone, câmera etc.). • [RAV] Cada um dos aparelhos e dispositivos conectados à mesa de som.

periodicidade • [ED] Intervalo de tempo entre a publicação de duas edições (v. edição) sucessivas de um veículo periódico. Quando a periodicidade é regular e constante, classifica-se o veículo de acordo com ela: diário; bissemanal (duas vezes por semana); semanal (hebdomadário, semanário); quinzenal (bimensal, quinzenário); mensal (mensário); bimestral; trimestral; semestral; anual (anuário) etc.

periódico • [ED] Publicação editada a intervalos regulares, sendo cada edição numerada sequencialmente.

permissão • [MKT] V. quatro pês e *marketing* de permissão.

permuta • [PP] Negociação do espaço ou do tempo de um veículo, em troca de produtos ou serviços do anunciante. P. ex., uma empresa aérea que paga com passagens as inserções (v. inserção) de seus anúncios em determinado veículo, mediante acordo prévio entre as duas partes.

persistência de visão • [RTVC] Fenômeno de retenção de uma imagem, pelo olho humano, ainda por uma fração de segundo após o estimulo direto desta imagem na retina. O cinema, como representação de imagens em movimento, tornou-se possível graças a este fenômeno que não permite ao espectador perceber exatamente o que se passa na tela: sem esta característica, nossos olhos veriam uma sucessão muito rápida de imagens estáticas ou fotogramas (cada uma delas contendo uma fração do movimento), intercaladas por intervalos regulares durante os quais a tela ficaria totalmente preta. A aparição do fotograma seguinte, no momento em que ainda persiste em nossa retina a imagem do fotograma anterior, é que provoca a impressão de continuidade e de movimento. Diz-se tb. persistência retínica ou persistência retiniana. V. animação.

personagem • [RTVC] **1** Cada uma das pessoas, fictícias ou reais, que figuram em qualquer forma de narrativa (romance, reportagem, poema, peça teatral, filme, telenovela etc.). **2** Cada um dos papéis encenados por um ator ou atriz, em uma representação teatral. A palavra deriva do lat. *persona*, termo que designava a máscara de ator de teatro.

personalização • [MKT] V. quatro pês.

perturbações da linguagem • [FTC] Dificuldades na emissão (oral ou escrita) ou na recepção e decodificação de mensagens verbais, devidas a anomalias orgânicas, neurológicas ou psicológicas (v. vício de linguagem). As principais perturbações ocorridas no comportamento da comunicação verbal são as seguintes: a) **afasia** – problemas de expressão ou de compreensão da linguagem verbal provocados por lesões no cérebro; b) **gaguez** – caracteriza-se por interrupções no falar, dificuldade de enunciação e de ligação de sílabas, repetições ou cortes dos finais das palavras etc.; c) **dislexia** – dificuldade no aprendizado e na realização da leitura; d) **dislalia** – dificuldade na articulação de certas palavras; e) **agrafia** – perda da capacidade de escrever, decorrente de problemas de ordem motora ou mental. Em outro tipo de classificação das perturbações da linguagem, Orlando Leal distingue três grupos: a) **lalopatias** – defeitos de elocução não provenientes da deficiência mental; b) **disfrasias** – perturbações oriundas de um desenvolvimento imperfeito da inteligência ou de problemas psíquicos; c) **dismimias** – perturbações da linguagem mímica. Como defeitos na linguagem falada, convém registrar também as incorreções de pronúncia classificadas como cacoépias, que podem ser ou não devidas a defeitos dos órgãos vocais.

pescoção • [JN] Na gíria dos jornalistas, trabalho extra na redação para preparar mais de uma edição (geralmente as edições de sábado, domingo e segunda) ou para cumprir o prazo de fechamento de uma revista, edição especial de jornal etc.

pesquisa • [MKT] [PP] Todo procedimento sistemático de investigação ou de busca minuciosa para averiguar e estudar a realidade, com o fim de descobrir ou estabelecer fatos ou princípios relativos a um campo qualquer do conhecimento. São as seguintes as modalidades de pesquisa mais utilizadas nas atividades de comunicação: a) **pesquisa de opinião pública** – levantamento das atitudes e opiniões do público acerca de determinado assunto, acontecimento notório, instituição etc.; b) **pesquisa de** _marketing_ – inclui **pesquisa de produtos** (envolvendo testes de mercado para produtos novos, estudos sobre a eficácia da embalagem etc.), análise de mercado (para determinar as características de um mercado, avaliar o potencial de vendas de um determinado produto etc.), **pesquisa da organização de vendas** (levantamento do desempenho dos canais de distribuição, políticas de vendas, preço etc.), **pesquisa de motivação** (para conhecer a reação do público diante de um produto, marca, acontecimento ou serviço;), **pesquisa de comunicação de** _marketing_ (avalia a eficácia das ações em relação ao resultado das vendas); c) **pesquisa de mídia** – levantamento de informações sobre a audiência dos meios de comunicação, para orientar anunciantes e agências de propaganda na programação de inserções publicitárias, entre outros fins; d) **pesquisa de** _copy_ – destina-se a verificar quais os fatores que determinam o maior ou menor índice de observação ou leitura de uma mensagem publicitária. As diversas formas de pesquisa baseiam-se geralmente nas técnicas de amostragem por estratificação, dividindo o público em categorias etárias, geográficas, socioeconômicas ou de escolaridade.

phishing scam • [TIC] Em ing., expressão originada de _fishing_ (pescaria) e _scam_ (embuste). Ato fraudulento realizado por _e-mail_, _sites_ ou telefone, para tentar obter dados pessoais ou empresariais de usuários incautos. É o caso de mensagens que levam a assinatura de bancos, p. ex., solicitando alteração da senha eletrônica ou recadastramento de dados da conta bancária.

pichação • [ED] **1** Inscrição em muros de vias públicas, monumentos, veículos, paredes externas ou internas de edifícios etc., geralmente anônima e clandestina. **2** Grafito que contém _slogan_ de caráter político. **3** Inscrição mural, feita com letras e signos análogos, nem sempre decifráveis, e que funciona geralmente como assinatura cifrada de seu autor ou de um grupo de grafiteiros.

piloto • [PP] **1** Amostra de um ou mais textos de uma campanha de propaganda, para serem analisados pelo cliente, antes da elaboração dos textos definitivos. **2** Módulo de programação de mídia apresentado como padrão para diferentes alternativas. • [RTVC] **1** Primeiro programa (demonstrativo), em forma de roteiro ou gravado, de uma série a ser realizada. V. demo. **2** Diz-se do roteiro em rascunho, ainda não definitivo, sujeito a alterações e aperfeiçoamentos. **3** Pequena luz existente em uma câmera de tv. Quando acesa, indica que a câmera está funcionando, ou que a imagem por ela captada está sendo utilizada no programa ao vivo.

pingue-pongue • [JN] Entrevista editada na forma de diálogo, com perguntas e respostas.

pin-up • [ED] Figura humana, geralmente feminina, fotografada ou desenhada em pose intencionalmente erótica, com maior ou menor grau de sutileza, veiculada por meios impressos ou eletrônicos.

pirâmide • [ED][PP] Forma de diagramação de anúncios em uma página de jornal ou revista. Consiste em colocar os anúncios menores acima dos maiores.

pirâmide invertida • [JN] Disposição das informações, por ordem decrescente de importância, em um texto jornalístico. "Os fatos principais encabeçam o texto; vêm, em seguida, os fatos de importância intermediária; e o final do texto comporta, apenas, informações que, de nenhum modo, alteram a compreensão da notícia" (Luiz Amaral). Com as informações mais quentes (o clímax) logo no início do texto, o emprego da pirâmide invertida prende a atenção do leitor, e permite que ele se inteire dos principais fatos mesmo que não leia todo o texto. Além disso, essa técnica facilita a diagramação e a paginação: se a matéria estourar, podem ser cortadas as suas linhas de baixo para cima, sem prejudicar o sentido do texto. Não raro, encontram-se reportagens redigidas na ordem cronológica dos acontecimentos (pirâmide normal), e não na técnica da pirâmide invertida. É possível, também, adotar uma mistura das duas técnicas: começar o texto com um lide (recurso característico da pirâmide invertida) e seguir com a narrativa em sequência cronológica.

pirataria • [ED] Produção ou comercialização de edição pirata.

pitching • [MKT][RTVC] Expressão em ing. que designa o lançamento da bola, no beisebol. Metodologia de apresentação de ideias, adotada principalmente para a seleção de projetos audiovisuais (programas de tv, seriados, filmes etc.). Geralmente o apresentador tem um tempo restrito para expor oralmente o seu projeto a potenciais patrocinadores, produtores ou executivos de emissoras de TV. Cada *pitch* deve ser preparado de forma a despertar imediato interesse e convencer as pessoas que vão selecionar o(s) vencedor(es). Esse processo é usado também para a escolha de projetos culturais, comunitários etc.

pixel • [RTVC][TIC] Acrônimo de *picture cell* ou *picture element*, elemento de imagem. É a menor unidade gráfica a partir da qual se forma uma imagem: corresponde a uma interseção entre uma coluna e uma linha na grade que mapeia o vídeo. A menor quantidade de informação exibida na tela do computador, que pode ser acessada individualmente.

plágio • [ED] Ato de "publicar, como próprias, obras ou partes de obras produzidas por outrem" (Bento de Faria). "Usurpação de autoria" (Orlando Soares). V. direito autoral.

planejamento • [PP] Atividade ou setor de uma agência de publicidade, dedicada à concepção e desenvolvimento de estratégias de comunicação publicitária dos clientes atendidos. O planejamento engloba funções de pesquisa de mercado e de público, além de interagir com as demais áreas da agência com o objetivo de aprimorar o desenvolvimento de soluções criativas e sua efetividade nos mercados trabalhados. A partir da análise de dados sobre o mercado, características do produto, perfil do consumidor, hábitos e tendências de consumo, entre outros fatores, o profissional de planejamento elabora diagnósticos, define caminhos conceituais para novas campanhas e para a construção e posicionamento da marca, gera *insights*, encaminha *briefing* para as áreas de criação e mídia, acompanha o processo criativo, avalia os resultados e participa da definição dos meios de comunicação a serem utilizados, com visão abrangente e integrada das diversas ferramentas e dos processos de comunicação.

planejamento estratégico • [MKT] Processo de planejamento e decisão que permite à organização reagir positivamente às variações do meio-ambiente e explorar melhor as oportunidades de mercado, através de um correto posicionamento de *marketing*, da implantação de novas técnicas de administração e de um conjunto de ações objetivando a atingir as metas em sintonia com a missão da empresa. Este processo segue geralmente os seguintes passos: a) **missão da empresa** (principal finalidade; em que negócio está a organização e para onde ela vai?); b) **análise dos objetivos globais e políticos** (o que é a empresa? o que está tentando realizar?); c) **avaliação de recursos**; d) **integração com o meio ambiente**; e) **estrutura organizacional**; f) **estratégia global** (a empresa deve crescer, manter-se, retrair-se?); g) **prioridades estratégicas** (quanto a empresa deve crescer? em que lugares?); h) **planos** (quais os alvos a serem atingidos?); i) **controle** (sistemas de acompanhamento a serem adotados); j) **realimentação do sistema organizacional**.

planner • [PP] Planejador. Profissional responsável pelas atividades de planejamento, em uma agência de publicidade.

plano • [RAV] [RTVC] **1** Em cinema, unidade dramática do filme. Um fragmento da cena fotografado sem interrupção pelo corte. O comprimento final do plano ou tomada é determinado pela montagem. Em ing., *shot*. V. sequência. **2** Ponto de vista ou distância da câmera em relação ao assunto. A classificação da escala de planos, indicando os possíveis enquadramentos na câmera, aparece sob várias denominações, sendo mais utilizadas as seguintes: a) **grande plano geral** (v. plano) (GPG), plano de grande conjunto (PGC) ou *extreme long shot* (*ELS*) – enquadramento geral da paisagem. Abrange todo o local da ação; b) **plano geral** (PG), plano de conjunto (PC) ou *long shot (LS)* – focaliza os personagens dentro do local da ação e apresenta uma parte do cenário ou paisagem; c) **plano médio** (PM), plano de meio conjunto (PMC) ou *medium shot (MS)* – focaliza essencialmente os personagens, de corpo inteiro; d) **plano americano** (PA), plano aproximado (PA), meio plano (MP) ou *medium close shot (MCS)* – enquadramento dos personagens a meio-corpo; e) **primeiro plano** [PP] grande plano (GP), *close shot (CS)* ou *close-up (CU)* – a câmera, próxima ou distante do assunto, destaca apenas uma parte dele. No caso da figura humana, p. ex., enquadra apenas o rosto do personagem, ou somente suas mãos etc.; f) **primeiríssimo plano** (PPP), grande primeiro plano (GPP), *big close-up (BCU)* ou *extreme close-up (ECU)* – tomada bem próxima que isola um pequeno detalhe, tb. chamada plano de detalhe, principalmente para designar o enquadramento de pequenos pormenores do corpo do personagem ou de um objeto. **3** V. contraplano e contracampo.

plano americano • [RTVC] V. plano.

plano de arquivo • [RTVC] Plano aproveitado na montagem de um filme, mas não rodado especialmente para ele. Qualquer cena filmada anteriormente e retirada de uma filmoteca ou arquivo.

plano de comunicação • [MKT] [PP] [RP] Documento formulado no processo de planejamento das atividades de comunicação. A partir de uma análise da situação, são enunciados objetivos estratégicos, princípios, posicionamentos, táticas específicas para cada segmento de público, mensagens, tipos de ação etc., conforme a metodologia de planejamento adotada. Neste sentido, o 'plano' é mais abrangente, focado na estratégia, enquanto o 'programa' relaciona as ações a serem executadas dentro de um período de tempo determinado. O programa é, assim, uma das etapas sucessivas do plano de comunicação. Um 'projeto', por sua vez, é o detalhamento prévio da realização de cada ação prevista no programa. Porém, há diferentes usos dessas expressões. Algumas organizações chamam de 'programa de ação' a sua estratégia de *marketing*, outras preferem 'plano de *marketing*', outras chamam de 'plano' ou 'projeto' de uma ação específica etc. Em muitos casos, adota-se uma política de comunicação, como um documento distinto do programa, enquanto este relaciona ações concretas, a política é uma formulação conceitual e estratégica.

plano de contingência • [MKT] Planejamento e preparação de uma empresa para responder a possíveis crises, calamidades ou situações indesejáveis, com a previsão de ações corretivas e responsabilizações detalhadas. Ferramenta de gestão que busca identificar antecipadamente alternativas estratégicas para o caso de ocorrer alguma circunstância extraordinária que possa prejudicar a credibilidade da marca. V. planejamento estratégico.

plano de corte • [RTVC] Cena curta usada para se obter, na montagem, um bom encadeamento entre duas outras cenas. Ex: o *close* em um letreiro, em um retrato ou em qualquer outro objeto, intercalado na mudança de uma cena para outra em que há um corte brusco na ambientação.

plano de detalhe • [RTVC] V. plano.

plano fixo • [RTVC] Plano de enquadramento fixo e invariável, cujo conteúdo pode, no entanto, ser dinâmico (p. ex., movimentação de atores, mas com a câmera fixa).

plano-sequência • [RTVC] Plano longo, que abrange toda uma sequência filmada e montada sem cortes.

plantar notícias • [JN] Ato de publicar determinadas notícias, não necessariamente verdadeiras, intencionalmente para serem desmentidas. A notícia plantada não segue a tramitação normal de apuração: é forjada pela fonte (às vezes com a cumplicidade da direção do órgão de imprensa), para provocar reações que propiciem novas informações.

plataforma de comunicação • [FTC][TIC] Estrutura digital ou analógica que facilita a troca de informações, o compartilhamento, coleta e disseminação de conteúdos e ideias sobre assuntos diversos. Refere-se mais comumente à arquitetura de _hardware_ e a aplicativos ou _softwares_, mas o suporte pode ser também um jornal, uma revista, o rádio ou a televisão. V. transmídia.

playback • [RTVC] Processo de sonorização, utilizado especialmente na produção de cenas musicais. Consiste em gravar previamente, em melhores condições acústicas, a trilha sonora da cena a ser realizada. Durante a encenação ou filmagem, os atores sincronizam seus movimentos labiais a essa gravação prévia, que serve de guia durante a filmagem. V. dublagem.

playlist • [RAV] [RTVC] Lista de músicas apresentadas por uma emissora de rádio em um período determinado, elaborada especialmente para envio a sociedades arrecadadoras de direitos autorais.

plongée • [RTVC] O mesmo que câmera alta.

plot • [RTVC] Em ing., enredo. Trama principal de uma história, na criação de roteiro de TV ou cinema, conto, romance, história em quadrinhos ou qualquer outro texto literário, principalmente com tratamento ficcional. O _plot_ é apenas a ideia básica do enredo. Menor que a sinopse, pode ser apresentado em poucas palavras. Chama-se de _subplot_ cada um dos enredos paralelos, que enriquecem a trama, e de _plot point_ o eixo da história. V. roteiro.

plotter • [ED][TIC] Impressora própria para fazer traços, conectada ao computador, movimentando uma ou mais canetas (pontas traçadoras), em qualquer direção preestabelecida, sobre uma folha de papel, plástico e outros suportes. Utilizado para traçar gráficos impressos, curvas ou caracteres, esse tipo de equipamento, de início destinado principalmente à impressão de mapas e plantas, pode ser encontrado também em grandes dimensões, para trabalhos de grandes formatos, como faixas publicitárias. Diz-se tb. plotador, plotadora e traçador gráfico.

plugar • [TIC] Fazer a ligação de qualquer peça ou periférico ao computador. Do ing. _to plug_, ligar. V. link.

plug-in • [TIC] Recurso para _browser_ que permite funções extras em páginas de internet, como apresentação de vídeos e outros recursos multimídia. Acessório de *software* que só funciona em conjunto com outro programa.

plus • [MKT] V. diferencial.

pocket book • [ED] [TIC] V. livro de bolso.

podcast • [TIC] Arquivo ou série de arquivos, contendo mídia digital, publicados por meio de *podcasting* na internet.

podcasting • [TIC] Termo derivado de *iPod* (produto da Apple) e *broadcasting* (transmissão de sinais de rádio ou tv). Forma de transmissão, pela internet, de arquivos de mídia digital, principalmente de áudio, mas podendo também ser de vídeo. Os usuários deste sistema acompanham a sua atualização por meio de um *feed*.

policromia • [ED] Processo de impressão que, além das três cores fundamentais (amarelo, vermelho e azul), utiliza também o preto ou o cinza. Permite maior fidelidade cromática ao original.

política de comunicação • [MKT] [RP] Conjunto de princípios em que se fundamenta a atividade de comunicação institucional de uma organização. As perspectivas da política devem ser traçadas de acordo com um objetivo que seja a meta de todas as atividades e contra o qual não existam argumentos. V. plano de comunicação.

política editorial • [ED] Conjunto de diretrizes, formuladas por escrito ou não, que norteiam a definição das linhas (v. linha editorial) adotadas em uma empresa de comunicação, caracterizando sua posição no contexto cultural e político.

ponta de estoque • [MKT] **1** Diz-se das últimas peças ou partes, ainda não vendidas, de mercadoria destinada ao varejo. **2** V. ponto de venda.

ponto • [ED] Menor unidade de medida tipográfica, criada por Fournier em 1737, e mais tarde aperfeiçoada por Didot. Pelo sistema Fournier, um ponto corresponde aproximadamente a 0,3487 mm, ao passo que mede 0,376 mm no sistema Didot e 0,351 mm no sistema anglo-americano ou inglês. V. cícero e paica. • [MKT] **1** V. ponto de venda. **2** Subconjunto do composto de *marketing* que reúne as variáveis relativas à distribuição do produto. Canais de distribuição, distribuição física, transporte, armazenagem etc. Também chamado de praça por alguns autores. V. quatro pês.

pontocom • [MKT] [TIC] Diz-se de empresa que opera essencialmente na internet. Expressão derivada do sufixo '.com' nos endereços eletrônicos que indicam atividade de comercial, e que passou a ser usada como adjetivo invariável. Chama-se de empresas pontocom aquelas criadas especialmente para operar na rede mundial de computadores, inteiramente voltadas para esse mercado. V. *e-business*.

ponto de apresentação • [MKT] Qualquer local, instalação ou equipamento onde o produto é vendido ou simplesmente exposto: máquinas de venda automática, unidades móveis, *show-room*, estandes (em feiras, congressos, salões ou convenções), promoções de demonstração ou degustação em supermercados e *shoppings*, lojas de fábricas, lojas de conveniência, unidades de franquia, lojas em geral (V. ponto de venda).

ponto de equilíbrio • [MKT] Momento em que o capital investido (em um produto, serviço, empresa etc.) é recuperado e começa a dar lucro. Em ing., *break even*.

ponto de venda • [MKT] **1** Estabelecimento comercial onde o produto é adquirido pelo consumidor. Usam-se as expressões *point of purchase* (ponto de compra) e *point of sale* (ponto de venda), com suas formas abreviadas POP e POS. O emprego de uma ou de outra expressão depende da situação de quem as utiliza (comprador ou vendedor). Diz-se tb. outlet. V. quatro pês. **2** Atributo especial que destaca um produto ou serviço em relação aos concorrentes. Argumento de venda.

pop-up • [ED] Recurso utilizado em livros, fôlderes, revistas etc., pelo qual determinadas formas tridimensionais, geralmente obtidas por dobraduras de papel e cortes especiais, surgem quando uma página é aberta, ou quando determinado elemento da página é manuseado. • [TIC] Forma de publicidade via internet em que se abre uma janela sobre determinado assunto quando se está carregando ou saindo de uma página, ou quando se passa o cursor por cima de algum link. Geralmente produzida com recursos multimídia. Trabalha como se fosse uma página independente da inicial, com *links* e informações exclusivas do anunciante.

por demanda • [MKT] Diz-se do critério de produção e fornecimento de determinado produto ou serviço a partir da demanda existente no momento. Em determinados segmentos da comunicação, o fornecimento por demanda é uma forma de customização, como no caso da televisão por assinatura que utiliza no sistema *pay-per-view*, no qual o cliente escolhe os programas a que deseja assistir e paga por essas transmissões. Em outros segmentos, como a editoração de livros, novas tecnologias de impressão por demanda (em ing., *print on demand*) viabilizam a produção de exemplares em pequenas quantidades, com rapidez e a custos baixos, dispensando investimentos na formação de estoques.

porta • [TIC] Local onde são conectados os cabos de entrada e saída que unem o computador aos seus periféricos.

porta a porta • [MKT] Sistema de vendas, divulgação ou promoção que se realiza através de visitas domiciliares, percorrendo-se todos os domicílios de uma determinada área, ou cobrindo-se uma listagem predeterminada de endereços.

portada • [ED] V. página de rosto.

porta-fólio • [ED] [PP] V. portfólio.

portal • [TIC] Tipo de *site* que funciona como uma porta de entrada para uma série de serviços e informações na internet, oferecendo ao usuário, entre outros serviços, correio eletrônico, notícias, *chats*, sistema de busca e *links* para diversas páginas da web. Atuam como editores de conteúdos próprios e como agregadores de conteúdos produzidos por terceiros, como artigos e informações culturais. Conforme o perfil dos usuários de um portal, este pode ser classificado como horizontal ou vertical.

Portais horizontais são acessados por um público heterogêneo, com interesses variados (que formam comunidades horizontais), ao passo que um portal vertical atrai pessoas especializadas em um tema determinado (como negócios, informática, educação) ou um determinado segmento de público ligado a determinados interesses comuns (por faixa etária, crença religiosa etc.), ou seja, comunidades verticais.

porta-voz • [JN] V. fonte. • [RP] Pessoa encarregada da divulgação de informações. Profissional através do qual a instituição comunica-se com os seus públicos.

portfólio • [ED] [PP] Conjunto de imagens (fotos, desenhos, layouts, anúncios, vídeos etc.) e outras informações dos trabalhos de um artista (ilustrador, fotógrafo, desiqner etc.), estúdio ou agência, para divulgação junto a possíveis clientes, editores etc. Esta palavra, de origem latina, já está dicionarizada em port. como portfólio, mas tem sido usada em sua forma ing., portfolio. V. book fotográfico e videobook.

posfácio • [ED] Texto acrescentado após o final de uma publicação como enriquecimento, atualização ou informação acessória ao seu conteúdo.

posição • [PP] Espaço (página, capa, caderno, dia etc.) horário ou ordem de entrada (entre outros anúncios, num intervalo comercial) estabelecidos previamente para a veiculação de uma mensagem publicitária em jornal, revista, rádio ou televisão.

posicionamento • [MKT] Situação de uma determinada marca, produto ou serviço, no mercado e na percepção dos consumidores, em função da concorrência e de atributos como qualidade, preço etc. • [RP] Opinião ou atitude firmada por uma instituição em relação a uma determinada circunstância, junto ao mercado, à sociedade como um todo ou a públicos específicos.

positivo • [RAV] Cópia ou transparência com uma imagem composta por zonas claras (ou transparentes) e escuras (ou opacas), que correspondem às luzes e sombras da imagem original. V. negativo.

pós-produção • [PP] [RAV] [RTVC] Conjunto de atividades e técnicas de finalização de um trabalho (cinematográfico, fonográfico, televisivo, publicitário etc.). No caso de filmes, vídeos e comerciais e programas de tv, p. ex., envolve as providências de finalização (execução de efeitos especiais (v. efeito especial) com recursos de computação gráfica). Em todos os produtos destinados à comercialização, envolve também produção de cópias, confecção de capas, fotografia, divulgação, lançamento e distribuição. V. finalização.

post • [TIC] Em ing., correio, entrega de correspondência. **1** Ato de enviar um texto para um *newsgroup*. **2** O próprio texto escrito e enviado pelo participante do *newsgroup*. **3** Cada mensagem (em forma de notas, fotos, vídeos etc.) publicada em um *blog*, fórum ou rede social.

pôster • [ED] Cartaz decorativo, que geralmente reproduz uma foto ampliada ou a estampa de gravura, pintura etc. Do ing. *poster*, cartaz.

pós-venda • [MKT] Conjunto de serviços que acompanha o produto após sua venda com a finalidade de aumentar a satisfação do cliente e conquistar sua fidelidade à marca. Diz-se tb. *after marketing*. V. fidelização e *marketing mix*.

praça • [MKT] **1** Conjunto dos comerciantes ou da atividade comercial de uma cidade. **2** Conjunto dos estabelecimentos (comerciais, financeiros etc.) onde um produto ou serviço pode ser oferecido ao consumidor. **3** V. ponto

preâmbulo • [ED] O mesmo que prefácio.

preço de capa • [ED] Preço pelo qual um produto editorial é vendido ao consumidor final.

pré-estreia • [MKT] [RTVC] Apresentação a segmentos especiais de público, para fins promocionais ou de caráter beneficente, de um filme ou espetáculo de teatro, música etc., antes do início da temporada ou circuito comercial. Em ing., *preview*. Em fr., *avant-première*.

prefácio • [ED] Texto que precede uma obra, escrito ou não pelo próprio autor, com o objetivo de apresentar, justificar ou prestar esclarecimentos iniciais sobre as intenções da obra. Diz-se tb. apresentação, nota prévia, prólogo ou preâmbulo.

preferred run • [MKT] [PP] Estratégia de veiculação usada principalmente por anunciantes regionais em revistas de circulação nacional. Consiste em ocupar espaço apenas em parte da tiragem da revista ou jornal (reparte). Nesse caso, cabe ao editor o encargo de preencher, no restante da tiragem, o espaço correspondente, seja com outros anúncios ou com matéria redacional. Diz-se tb. *preferential run*.

prefixo • [RTVC] **1** Trecho musical, texto e/ ou imagens de breve duração, que servem como sinais característicos de um programa ou de uma estação de rádio ou tv. Normalmente é transmitido no início e no fim do programa ou das atividades periódicas da emissora. V. abertura e sufixo. **2** Combinação de letras e algarismos que identificam, por convênio internacional, cada estação de radiodifusão, independentemente do seu nome próprio (p. ex., PRE-8), além de radioamadores, aeronaves, embarcações etc. Estações de rádio e televisão devem informar seu prefixo, obrigatoriamente, a certos intervalos de tempo. Atualmente, por convenção internacional, os prefixos das emissoras brasileiras começam pela combinação ZY seguida pela letra J (ZYJ) para as emissoras de AM, e pela letra D (ZYD) para as emissoras de FM.

pré-impressão • [ED] Conjunto de providências técnicas de editoração imediatamente anteriores à impressão. Inclui a digitalização de imagens em alta resolução e a preparação de arquivos digitais para envio à gráfica.

prelo • [ED] **1** Aparelho manual ou mecânico que serve para imprimir provas para revisão, verificação da qualidade do trabalho de impressão etc. **2** O mesmo que prensa.

prensa • [ED] **1** Aparelho manual mecânico destinado a reproduzir imagens e textos, comprimindo a matriz da impressão sobre folha de papel ou outro material a ser impresso. Prelo. Máquina impressora (plana, planocilíndrica ou rotativa). V. impressão. **2** Instrumento destinado a comprimir qualquer coisa entre suas peças principais, utilizado em artes gráficas para variados fins: prensa de aparar (aperta o livro para ser aparado com uma plaina), prensa de encadernador, prensa para endorsar (fazer dorsos em livros), prensa de gofrar etc.

prensagem • [RAV] Produção industrial de discos fonográficos.

preparação de originais • [ED] Organização e adequação dos originais (v. original) para publicação. Envolve normalização e revisão de texto. V. editoração e editor de texto.

pré-produção • [PP][RAV][RTVC] Conjunto das providências de produção anteriores ao registro de imagens e/ou sons que serão utilizados na obra (fonograma, filme, comercial, programa radiofônico ou televisivo etc.). Envolve, conforme o caso, escolha e preparação de equipe, planejamento, arranjos, ensaios, aquisição de material, contratação de estúdio e equipamentos, entre outras atividades. V. pós-produção.

press book • [JN][PP][RP] Coletânea de matérias publicadas na mídia (v. *clipping*) sobre um artista ou grupo de artistas, ou sobre uma determinada obra (filme, espetáculo musical ou teatral, exposição etc.), incluindo comentários e críticas, utilizada como material promocional junto a possíveis patrocinadores, agentes, exibidores, veículos de divulgação etc.

press clipping • [JN][RP] V. *clipping*.

press kit • [JN][RP] Conjunto informativo composto de textos, fotografias e outros materiais, destinado à divulgação de fato jornalístico ou de um evento publicitário. Presta-se geralmente a fornecer ao jornalista o maior embasamento possível para a confecção de matérias. É um desenvolvimento do *press release*.

press release • [JN][RP] V. *release*.

preto • [ED] Diz-se de caráter (letra ou sinal), fio ou vinheta de traços fortes e espessos. V. grosso e negrito.

preto e branco • [ED] Diz-se de qualquer trabalho impresso somente a uma cor (o preto e seus meios-tons). Abrev. P&B ou PB. • [RAV][RTVC] 1 Diz-se da imagem filmada, gravada, fotografada ou televisada somente nessas cores. 2 Diz-se do equipamento que não grava ou reproduz imagens em cores além do preto e seus meios-tons.

preview • [RTVC] 1 O mesmo que *avant-première*. 2 Exame prévio de uma imagem, antes de liberá-la para transmissão. 3 Ensaio de corte de edição ou de efeitos especiais a serem colocados no ar.

primeiríssimo plano • [RAV][RTVC] V. plano.

primeiro plano • [RAV][RTVC] V. plano.

print • [ED] Em ing., impressão, imprimir. 1 Cópia impressa de um trabalho digitalizado. Qualquer documento reproduzido por impressora (*printer*) de computador. 2 Ordem de imprimir. V. imprimátur.

processador • [TIC] Qualquer circuito integrado que executa determinadas funções de processamento de dados. V. microprocessador.

processamento • [TIC] Execução (por meios automáticos ou não) de uma sequência sistemática de operações sobre dados ou elementos básicos de informação, de acordo com regras precisas e planos preestabelecidos. Tais operações vão desde a coleta de dados brutos até a produção e o fornecimento dos resultados dos cálculos efetuados com eles. Para o processamento rápido e automático de numerosos e complexos conjuntos de dados, utilizam-se, geralmente, máquinas eletrônicas capazes de reduzir ao mínimo a intervenção humana. Diz-se tb. processamento de dados.

procurement • [MKT] Em ing., obtenção, aquisição. Processo que abrange todas as etapas de compra, por uma empresa: procura dos fornecedores, sondagem, cotação de preços, negociação e decisão. Tem sido bastante usada a expressão *e-procurement* (abrev. de *electronic procurement*), para a realização desse processo por intermédio da internet.

produção • [ED][MKT][PP][RTVC] **1** Realização de qualquer produto de comunicação (livro, filme, vídeo, programa de rádio ou tv, disco fonográfico, peça teatral, *show* musical, evento, exposição, campanha publicitária etc.) em seus aspectos financeiros, técnicos, administrativos e logísticos. **2** Equipe ou setor encarregado dos meios financeiros, técnicos, administrativos e logísticos para a realização de um projeto de comunicação. **3** P. ext., o projeto já realizado (espetáculo teatral, filme etc.). **4** Em uma agência de publicidade, a atividade ou setor responsável pela contratação, acompanhamento e fiscalização de serviços gráficos, realização de vídeo e áudio, sonorização e iluminação de eventos, montagem de estandes etc. **5** Execução ou coordenação dos trabalhos de confecção física de produtos editoriais impressos e audiovisuais.

produção gráfica • [ED] Conjunto de providências relacionadas à confecção física da publicação, desde a execução do projeto gráfico até a impressão e acabamento.

produto • [MKT] Objeto físico, serviço, instituição, personalidade, lugar ou ideia, trabalhados de modo a possuir valor de troca em determinado mercado. V. quatro pês.

produto ampliado • [MKT] Conjunto dos benefícios que o consumidor recebe ao aquirir produto tangível. Inclui serviços, garantia, assistência técnica, financiamento, prazo de entrega, embalagem etc.

produto genérico • [MKT] Diz-se do benefício embutido no produto tangível, aquilo que satisfaz a uma necessidade do consumidor e o motiva à compra.

produtor • [ED][MKT][PP][RAV][RTVC] **1** Pessoa física ou jurídica que se encarrega da produção total ou parcial de uma determinada obra, arregimentando os meios materiais para a realização de um filme, programa de rádio ou de tv, fonograma, peça publicitária, evento promocional etc. **2** Responsável pela direção musical e pela edição de um fonograma. Cuida dos aspectos artísticos e técnicos, incluindo o planejamento da gravação, a escolha dos arranjadores e músicos, e a coordenação dos profissionais que atuam no estúdio. Nesta acepção, diz-se tb.

produtor de estúdio e produtor musical. **3** V. produtor executivo.

produtor de estúdio • [RAV] V. produtor.

produtor executivo • [RTVC] Aquele que detém a função de concretizar um organograma traçado pelo produtor, dentro dos parâmetros financeiros e de tempo fixados por este, administrando a equipe de produção, adquirindo material necessário, controlando gastos e coordenando os detalhes técnicos, administrativos e logísticos. • [RAV] Profissional responsável pela realização de um produto fonográfico em seus aspectos industriais (gravação, prensagem, produção gráfica das capas) e alguns aspectos mercadológicos (peças promocionais, lançamento e comercialização). V. produtor.

produtor musical • [RAV] V. produtor.

produto tangível • [MKT] Diz-se do produto formal, reconhecido pelo consumidor através de suas características perceptíveis: sabor, cheiro, forma física, embalagem, marca, textura, qualidade, estilo, atributos técnicos etc. Cremes de barbear, cursos de línguas, candidatos políticos, excursões turísticas, limpadores orbitais de alta precisão são produtos tangíveis.

profiling • [TIC] Do ing. *profile*, perfil. Monitoração de *sites*, com o objetivo de registrar informações pessoais e hábitos de consumo dos usuários. À medida que um usuário navega pela internet, seu computador recebe *cookies* (escondidos, p. ex., em anúncios e textos dos *sites*) capazes de registrar informações que passam a ser transmitidas aos administradores desses sistemas de monitoração.

profissional de relações públicas • [RP] Designação consagrada e mais comumente aceita no Brasil para aqueles que se dedicam às atividades de relações públicas. Profissional de nível superior e/ou legalmente qualificado. Diz-se tb. homem de relações públicas ou, menos frequentemente, relator público. Evita-se dizer simplesmente 'o relações públicas'.

profundidade de campo • [RAV] Faixa de nitidez que se estende aquém e além do objeto focalizado e aumenta na razão inversa da abertura do diafragma e da distância focal.

profundidade de foco • [RAV] Faixa de nitidez que varia com a distância focal. Produz um pequeno erro na focalização (v. foco) de um objeto, não perceptível pelo olho humano e que ainda resulta numa imagem razoavelmente nítida da cena.

programa • [RTVC] **1** Cada parte específica de uma programação de rádio ou tv: noticiário, apresentação musical, conjunto de quadros humorísticos, entrevistas, matérias educativas filme etc. **2** Publicação destinada a anunciar ou descrever os detalhes de um espetáculo teatral ou musical, de uma festa ou cerimônia, das condições de um concurso etc. • [MK] [RP] Forma de planejamento que relaciona atividades e informações pormenorizadas a serem executadas em determinado prazo. Corresponde geralmente a uma das etapas sucessivas de um plano de comunicação. • [TIC] V. *software*.

programação • [RTVC] **1** Conjunto dos programas de televisão e rádio. **2** Relação dos programas de determinada emissora ou rede.

V. grade. **3** Sequência de programas e intervalos em determinado período. **4** Relação dos filmes que serão apresentados em uma sala ou circuito, durante uma temporada. • [PP] **1** Relação dos veículos selecionados em um plano de mídia para a inserção de mensagens de propaganda em determinada campanha. V. pauta. **2** Relação das mensagens de um mesmo anunciante, a serem transmitidas por um veículo específico, durante um período determinado. • [TIC] Elaboração de um procedimento para computador.

programação aberta • [RTVC] Diz-se do programa ou conjunto de programas que são transmitidos ao vivo. Chama-se fechada a programação gravada previamente, antes de ir para o ar.

programação em blocos • [RTVC] Conjunto de programas sucessivos e similares, em determinada faixa de horário, na programação de rádio ou televisão. O objetivo da programação em blocos é tornar cativa, durante mais tempo, a audiência característica de determinado tipo de programa. • [PP] Modalidade de programação de mídia que prevê uma ou várias interrupções no decorrer da campanha, em períodos regulares ou não. Cada período de inserções relativamente frequentes é chamado de bloco (ou, em ing., *flight*, que significa voo, trajetória, revoada). Difere da programação ondulada (em ing., *wave effect*) que consiste em intercalar períodos de inserções mais frequentes com outros de menor intensidade. V. continuidade.

programação estruturada • [TIC] Técnica de programação que permite realizar uma seleção mediante a codificação adequada dos programas.

programação fechada • [RTVC] V. programação aberta.

programação ondulada • [PP] V. programação em blocos.

programação visual • [ED] Planejamento de um sistema de linguagem coerente e uniforme, em todos os seus aspectos visuais, para uma publicação (v. diagramação e edição visual), um produto (v. *design*), uma organização etc. V. identidade visual.

programa de comunicação • [MKT][RP] V. plano de comunicação.

programador • [RTVC] Profissional responsável pela definição da programação diária de uma emissora de rádio.

programador visual • [ED] Desenhista ou técnico especializado em programação visual. V. *designer*. • [RTVC] Técnico responsável pela produção de títulos, créditos e outros elementos visuais, inclusive efeitos de animação, num estúdio de televisão. V. diretor de arte.

programa-fonte • [TIC] Programa expresso em linguagem-fonte.

programete • [RTVC] Programa de curta duração para rádio ou tv (geralmente menos de cinco minutos).

projeto • [MKT] [RP] V. plano de comunicação.

projeto comunitário • [MKT] [RP] Atividade de *marketing* institucional que representa uma real contribuição à comunidade, visando identificar a empresa com o interesse público, isoladamente ou em cooperação com entidades particulares ou governamentais.

projeto gráfico • [ED] Planejamento das características gráfico-visuais de uma publicação, conforme sua programação visual, envolvendo detalhamento das características de produção gráfica, como papel, formato etc. V. *design* gráfico, edição visual e linguagem visual.

projetor • [RAV] [RTVC] Aparelho que se destina à projeção de imagens em uma tela ou qualquer outra superfície.

prólogo • [ED] O mesmo que prefácio.

promoção • [MKT][PP] **1** Conjunto de atividades, técnicas e meios (materiais e psicológicos) destinados a incrementar as vendas (promoção de vendas) ou fortalecer positivamente a imagem de determinada marca, evento ou instituição (promoção cultural). Com o desenvolvimento das técnicas da promoção, essa área passou a ser considerada como uma linha de atividades equidistante das demais especialidades da comunicação (publicidade, *marketing*, relações públicas, jornalismo etc.), com seus métodos próprios. **2** Diz-se de cada atividade promocional, como as relacionadas acima. V. quatro pês.

promoção cultural • [MKT] [PP] Modalidade de promoção voltada para os aspectos institucionais do fortalecimento da imagem de marca ou da instituição. Realiza-se geralmente através do patrocínio de projetos culturais (espetáculos teatrais, concertos, *shows*, livros de arte, restauração e conservação de acervos artísticos ou monumentos históricos, projetos de incentivo à pesquisa, projetos educacionais, festivais de arte etc.). V. *marketing* cultural.

promoção de vendas • [MKT] [PP] Modalidade de promoção destinada a incrementar as vendas de um produto ou serviço (ou de uma linha de produtos ou serviços). "Conjunto de atividades que suplementam as vendas pessoais e a propaganda, coordenando-as e ajudando-as a se tornarem mais eficientes, tais como o uso de mostruários, amostras e exposições, demonstrações e outros esforços de venda não rotineiros" (definição da American Marketing Association). Nesse sentido, a promoção constitui uma ponte vital entre a propaganda de massa e a atuação do vendedor ou do ponto de venda: é um apoio direto à imagem do produto com a finalidade de consumar a venda. Os recursos usados na promoção de vendas incluem distribuição de amostras, brindes acrescentados à embalagem original, concursos de produtividade para vendedores ou revendedores, eventos de lançamento de novos modelos ou da própria promoção, ofertas grátis pelo correio, descontos especiais para revendedores, descontos no preço ao consumidor e concursos com sorteios de prêmios. Diz-se tb. *marketing* promocional.

promoter • [RP] Profissional encarregado da realização de eventos com finalidades sociais, institucionais, publicitárias, promocionais, de *marketing* etc.

prompter • [RTVC] V. *teleprompter*.

propaganda • [PP] **1** Comunicação persuasiva. Conjunto das técnicas e atividades de informação e de persuasão, destinadas a influenciar as opiniões, os sentimentos e as atitudes do público num determinado sentido. Ação planejada e racional, desenvolvida através dos veículos de comunicação, para divulgação das vantagens, das qualidades e da superioridade de um produto, de um serviço, de uma <u>marca</u>, de uma ideia, de uma doutrina, de uma instituição etc. Processo de disseminar informações para fins ideológicos (políticos, filosóficos, religiosos) ou para fins comerciais. No Brasil e em alguns outros países de língua latina, as palavras 'propaganda' e 'publicidade' são geralmente usadas com o mesmo sentido, e esta tendência parece ser definitiva, independentemente das tentativas de definição que possamos elaborar em dicionários ou em livros acadêmicos. Em alguns aspectos, porém, é possível perceber algumas distinções no uso das duas palavras: em geral, não se fala em publicidade com relação à comunicação persuasiva de ideias (neste aspecto, propaganda é mais abrangente, pois inclui objetivos ideológicos, comerciais etc.); a publicidade mostra-se mais abrangente no sentido de divulgação (tornar público, informar, sem que isso implique necessariamente persuasão). As origens e as trajetórias das duas palavras podem ser bastante esclarecedoras: a palavra propaganda é gerúndio do lat. *propagar* "multiplicar, por reprodução ou por geração, estender, propagar", e foi introduzida nas línguas modernas pela Igreja Católica, com a bula papal *Congregatio de Propaganda Fide* e com a fundação da Congregação da Propaganda, pelo Papa Clemente VIII, em 1597. O conceito de propaganda esteve essencialmente ligado a um sentido eclesiástico até o séc. 19, quando adquiriu também significado político (continuando a designar o ato de disseminar ideologias, de incutir uma ideia, uma crença na mente alheia). Já a palavra publicidade, calcada no fr. *publicité* e proveniente do lat. *publicus*, público, foi registrada pela primeira vez em línguas modernas (pelo dicionário da Academia Francesa) com sentido jurídico (publicidade de debates). Designando em princípio o ato de divulgar, de tornar público; a publicidade adquiriu, no séc. 19, também um significado comercial: qualquer forma de divulgação de produtos ou serviços, através de <u>anúncios</u> geralmente pagos e veiculados sob a responsabilidade de um <u>anunciante</u> identificado, com objetivos de interesse comercial. Este significado de publicidade é mais próximo do que se chama, em ing., *advertising*, ao passo que *publicity* tem mais a ver com <u>relações públicas</u> e assessoria de imprensa. **2** Qualquer mensagem, texto, anúncio, cartaz etc., com caráter publicitário.

propaganda ao ar livre • [PP] V. *<u>outdoor</u>*.

propaganda comparada • [PP] Técnica de persuasão utilizada em propaganda, que através de declaração favorável, implícita ou explícita, tenta mostrar a superioridade de determinada marca em relação a outra, de uma mesma categoria de produtos.

propaganda política • [PP] Modalidade de <u>propaganda</u> caracterizada pela comunicação persuasiva com fins ideológicos ou eleitorais. Distingue-se da propaganda comercial não somente quanto aos fins, mas também quanto aos meios, embora uma e outra utilizem algumas técnicas comuns. Enquanto a publicidade visa à venda de produtos ou serviços, a uma imagem favorável para uma empresa ou uma marca, a propaganda política tem por objetivo a conquista e a conservação do poder.

propaganda subliminar • [PP] Técnica de propaganda baseada na transmissão de mensagens (v. mensagem) que não são percebidas conscientemente pelo público. Chama-se subliminar ou subliminal, em psicologia, o estímulo que não é suficientemente intenso para atingir a consciência do indivíduo, mas que, repetido várias vezes, é capaz de atuar sobre o seu inconsciente, no sentido de alcançar um efeito desejado em suas emoções, ideias, opiniões etc. No campo da percepção visual (em tv e cinema, p. ex.), a mensagem subliminar é transmitida em estímulos ultrarrápidos, a uma velocidade de até 1/3000 de segundo, uma vez a cada 5 segundos, o bastante para que sejam captadas somente pelo subconsciente. Em rádio, já se experimentou a transmissão de mensagens subliminares em frequências acima do espectro perceptível pelo ouvido humano. Não se tem ainda noção exata da eficácia desses processos, mas a sua aplicação é proibida por lei. P. ext. chama-se subliminar qualquer mensagem de propaganda expressa por entrelinhas.

propagandista • [MKT] [PP] **1** Pessoa que faz propaganda. Na propaganda em geral, usa-se mais frequentemente o termo publicitário. **2** Representante de laboratório farmacêutico, encarregado da propaganda de remédios junto aos médicos. V. propaganda.

proposal • [ED] Sinopse de um livro que ainda não foi concluído, incluindo o título, o nome do autor e seu respectivo currículo, um plano geral da obra e, eventualmente, os primeiros capítulos já elaborados. Geralmente usado para negociação dos direitos autorais junto às editoras.

proposição de compra • [PP] Apelo central de um anúncio ou de uma campanha, no qual se procura convencer o consumidor sobre as vantagens da compra de um produto ou serviço, em relação aos concorrentes. V. argumento de venda.

propriedade industrial • [MKT] Tipo de propriedade intelectual, que abrange os direitos de inventores de máquinas, ferramentas, processos industriais (mecânicos, químicos, eletrônicos etc.), *design* de produtos industriais e de marcas corporativas etc. O mesmo critério de propriedade intelectual válido para os autores artísticos (v. direito autoral), e ponto pacífico em relação aos cientistas e técnicos, sejam eles pessoas físicas ou empresas, de modo a viabilizar investimentos em pesquisas que desencadeiam avanços tecnológicos. A propriedade industrial engloba uma série de regras, universalmente adotadas, que protegem atividades, produtos, ideias ou símbolos que estejam relacionados a um processo industrial ou comercial, como os seguintes: registro de desenho industrial, registro de marca, indicações geográficas, segredos de negócio e patentes.

propriedade intelectual • [MKT] Conjunto de direitos que qualquer cidadão, empresa ou instituição têm sobre tudo o que resultar de sua inteligência ou criatividade, desde que seja inconfundível e diferenciado. Os principais segmentos em que se divide a propriedade intelectual são o direito autoral e a propriedade industrial.

prospecção • [MKT] No processo de venda, etapa em que o vendedor examina o mercado identificando clientes em potencial.

prospect • [MKT] [PP] Potencial, provável. Cliente ou consumidor que se tem em perspectiva.

prospecto • [ED] [PP] Pequeno impresso em folha única, dobrado ou não, com mensagem publicitária ou com informação sobre o uso de determinado produto ou serviço, que é distribuído em público ou que vem junto com o que se compra.

protetor de tela • [TIC] Programa utilizado para evitar desgaste de um monitor de computador, tela de *smartphone* etc. É automaticamente acionado, passando a exibir imagens fixas ou em movimento, todas as vezes que o usuário deixa de executar operações durante um determinado tempo. Em ing., *screen saver*.

protocolo • [TIC] Padrão de codificação de informação usado pelos computadores para comunicação em rede. Na internet é utilizado um tipo específico de protocolo, denominado *internet Protocol (IP)*, identificado por números, sendo que cada máquina tem seu número de *IP*.

prova • [ED] **1** Impressão preliminar para confronto com o original, revisão e correção de possíveis erros e falhas. **2** Cada um dos exemplares de gravura tirados de uma mesma matriz. Estampa. • [RAV] Primeira cópia.

prova do artista • [ED] Cada uma das provas de gravura impressas fora da numeração-limite da edição, para ficarem de propriedade do artista, e usualmente assinaladas com as iniciais PA, seguidas do número da prova. V. *Bon à tirer*.

prova do autor • [ED] Prova fornecida ao autor para ser revisada.

provedor de acesso • [TIC] Organização que viabiliza o acesso de usuários à internet. Existem diversas categorias de provedores, diferenciados pelo tipo de acesso que permitem.

provedor de conteúdo • [TIC] **1** Organização que fornece, para *sites* ou para usuários, conteúdo de caráter noticioso, educativo, técnico, de entretenimento etc. **2** Diz-se do *site* ou portal de internet que oferece esse tipo de serviço para um grupo de clientes cadastrados ou para usuários em geral. **3** Pessoa física ou jurídica que fornece, comercialmente ou não, informações para *sites* e *blogs*, ou para operadoras de telefonia celular e distribuidores *online* de gravações musicais, *e-books*, filmes, jogos eletrônicos e aplicativos diversos.

psicografia • [FTC] [MKT] "Técnica de mensuração e classificação do estilo de vida. Envolve a medição das principais dimensões AIO – atividades, interesses, opiniões" (Philip Kotler). No item *atividades*, esse tipo de pesquisa levanta informações sobre profissão, hobby, eventos sociais, entretenimento, esportes que pratica, participação em clubes e outras entidades etc.; no item *interesses*, verificam-se dados sobre família, lar, trabalho, moda, alimentação, mídia etc.; e, no item *opiniões*, assuntos sociais, política, produtos, economia, futuro, cultura etc. Além dos aspectos acima, as pesquisas psicográficas levam em conta também a demografia (informações sobre renda, ocupação, idade, escolaridade, tamanho da família, moradia, cidade etc.).

publicação • [ED] **1** Ato ou efeito de publicar. **2** Livro, folheto, revista ou qualquer obra impressa ou digital destinada ao público. **3** Texto informativo ou propagandístico, que se tornou público através de qualquer meio de comunicação.

publicar • [ED] [JN] **1** Editar. V. edição. **2** Divulgar qualquer conteúdo através de veículos de informação.

publicidade • [PP] V. propaganda.

publicidade comparativa • [PP] Estilo de comercial para rádio e tv que utiliza exemplo comparativo incomum de um produto, para fazer anúncio. Um exemplo: comercial da vitamina XYZ: "somente um excelente óleo pode manter o motor do seu carro funcionando. XYZ vitaminas é essencial para manter seu corpo saudável".

publicidade legal • [PP] **1** Ato de publicar, geralmente em jornais de grande circulação ou em publicações especializadas, balanços, atas, editais e outras informações de cunho fiscal, jurídico ou contábil, em observância a determinações legais. **2** O conjunto de procedimentos e técnicas que se utiliza nessa forma de publicidade.

publicitário • [PP] Aquele que, em caráter regular e permanente, exerce funções artísticas e técnicas através das quais se estuda, se concebe, se executa e se distribui propaganda.

público • [FTC] [MKT] [PP] [RP] **1** Conjunto de indivíduos aos quais se destina uma determinada mensagem (artística, jornalística, publicitária etc.). **2** Conjunto das pessoas atingidas por um veículo de comunicação. V. audiência. **3** Conjunto de pessoas que assistem afetivamente a um espetáculo (teatral, cinematográfico, musical etc.), a uma reunião, a uma manifestação, a uma exposição etc. **4** Conjunto de indivíduos cujos interesses comuns são atingidos pelas ações de uma organização, instituição ou empresa, e cujos atos afetam direta ou indiretamente os interesses da organização. **5** Agregado ou conjunto instável e heterogêneo de indivíduos pertencentes a grupos sociais diversos, e dispersos sobre determinada área, que pensam e sentem de modo semelhante a respeito de problemas, interesses, gostos ou movimentos de opiniões. V. grande público, massa e opinião pública.

público-alvo • [MKT] [PP] [RP] Parcela da população à qual se dirige uma determinada mensagem. Segmento do público que se pretende atingir e sensibilizar com uma campanha, um anúncio, uma notícia etc.

público externo • [MKT] [RP] Qualquer conjunto de indivíduos que têm interesses comuns com a organização, instituição ou empresa, direta ou indiretamente, a curto ou a longo prazo. P. ex., fornecedores, consumidores, concorrentes, entidades patronais, sindicatos profissionais, órgãos de informação (imprensa), autoridades (governo), público em geral. O público externo pode ser ainda classificado, conforme a estratégia de *marketing*, de acordo com faixas etárias, classes sociais, posições em relação à organização (favorável, desfavo-

público interno • [MKT][RP] Conjunto de segmentos do público, constituídos pelas pessoas que são mais próximas à organização. Classificam-se como públicos internos de interesse da empresa os seus empregados, diretores, acionistas, e conforme a estratégia de *endomarketing*, os revendedores, fornecedores, prestadores de serviços, representantes, franqueados etc. V. comunicação interna.

punch • [PP] Em ing., soco. Impacto sonoro ou visual, no início de um anúncio, para fixar a atenção do público. • [RAV] Qualidade do som que tem forte presença e causa impacto por sua qualidade técnica de gravação, ampliação ou reprodução.

punho • [RTVC] Suporte de câmera cinematográfica portátil. Acessório que permite o manejo firme da câmera pelo cinegrafista.

purismo • [ED][FTC] Exagerada preocupação com a norma linguística, com a pureza e a tradição do idioma. Caracteriza-se por um rigor máximo em relação a um modelo tido como ideal, rejeição dogmática a neologismos, estrangeirismos e a quaisquer outras inovações linguísticas que fujam às rédeas do uso literário convencional. Diz-se tb. vernaculismo.

qQ

quadrinho • [ED] Cada uma das unidades gráficas que compõem a narrativa de uma história em quadrinhos. O formato convencional dos quadrinhos (geralmente retangular, demarcado por linhas retas, e às vezes em forma de nuvem para representar sonho ou *flash back*) foi determinado pelas tiras, produzidas em série nos Estados Unidos (em estilo e características estandardizadas) para publicação em jornais. As primeiras revistas de HQ foram remontagens de tiras feitas originalmente para jornal, e por isso conservaram o formato dos quadrinhos na sequência sempre regular de três ou quatro tiras sobrepostas, em cada página. A criação de histórias em quadrinhos especialmente para o formato de revista permitiu, posteriormente, o rompimento dessa demarcação rígida, a experimentação de novas formas, nova sintaxe, novas dimensões, a eliminação de cercaduras e balões etc. Seja qual for o seu formato, cada quadrinho representa, pictograficamente, um momento da ação.

quadro • [RTVC] **1** Imagem contida em um fotograma. **2** Cada imagem completa de tv. **3** Área total limitada pelo vídeo. Nas acepções de cinema e tv, Diz-se tb. *frame*. **4** Cada uma das seções que compõem um programa de rádio ou televisão. • [ED] [IN] [PP] **1** Moldura de ilustração ou de texto, constituída de fios ou vinhetas. Cercadura. **2** Gráfico, mapa ou tabela, em uma publicação. **3** V. boxe.

quadro a quadro • [RTVC] Recurso de animação ou de aceleração que consiste em fotografar cada quadro com um determinado intervalo de tempo entre um fotograma e outro. A câmera é fixada sobre um tripé (geralmente com o mesmo enquadramento durante toda a tomada) e seu disparador é acionado a certos intervalos de tempo, de modo a registrar apenas alguns fragmentos da ação. Projetada, a imagem apresentará um movimento muito acelerado em relação ao movimento original. Em filmes de animação (bonecos ou desenhos animados), é este o recurso empregado para fotografar cada posição dos bonecos em cena ou cada desenho, a fim de se obter, na projeção, impressão de movimento.

quarta capa • [ED] Capa traseira de um livro. Última capa. Costuma ser utilizada para fins publicitários (geralmente apresentando a própria obra ao potencial comprador) ou institucionais. V. contracapa.

quatro ás • [MKT] V. quatro pês.

quatro cês • [MKT] V. quatro pês.

quatro pês • [MKT] Modelo de composto de *marketing*, que agrupa quatro elementos fundamentais para a atividade de *marketing*: a) **Produto** – características, modelos, apresentação física, embalagem, marca e serviços; b) **Ponto** – canal de distribuição, transporte, armazenagem; c) **Preço** – preço na fábrica, no atacado, no varejo etc.; d) **Promoção** – propaganda, publicidade e promoção. A partir deste modelo, concebido por Jerome McCarthy, vários outros esquemas foram elaborados para indicar as principais funções do *marketing*. Um dos mais importantes é o modelo proposto por Raimar Richers, que acrescenta ao composto de *marketing* a interação da empresa com o ambiente externo. O sistema de Richers é conhecido como quatro ás: a) **Análise** – identifica as forças vigentes no mercado e suas relações com a empresa, utilizando como instrumentos a pesquisa de mercado e o sistema de informação em *marketing*; b) **Adaptação** – adapta as linhas de produto da empresa ao ambiente identificado através da análise, envolvendo todos os aspectos relativos à configuração básica do produto (embalagem, *design* e marca) e ainda o preço e a assistência ao cliente; c) **Ativação** – faz com que o produto atinja os mercados previamente definidos e seja adquirido pelos consumidores com a frequência desejada; conjunto de medidas que inclui a distribuição, a venda e o composto de comunicação; d) **Avaliação** – controla os processos de comercialização e interpreta os resultados a fim de racionalizar os futuros processos de *marketing* da empresa. Posteriormente, em uma abordagem de *marketing* orientado para o cliente, Robert Lauterborn propõe o modelo dos quatro cês, recomendando os seguintes elementos como fundamentais, em substituição aos quatro pês: a) **Cliente**, em vez de Produto ("Esqueça o produto. Em seu lugar, coloque o foco no cliente", diz Lauterborn); b) **Custo** possível e aceitável por este cliente, em vez de Preço; c) **Conveniência** – para atender melhor, entregar melhor e conquistar sua fidelidade –, em lugar de ponto ou distribuição; d) **Comunicação** – para conquistar mais clientes e manter contato regular com eles, numa perspectiva de continuidade –, em lugar de promoção. Com o crescimento das atividades de *webmarketing*, alguns autores sugerem quatro novos pês, como elementos fundamentais da nova modalidade de *marketing*: a) **Penetração** – o *marketing online* tende a migrar para *sites* de segmentos de mercado específicos; b) **Permissão** – o *marketing de permissão* gera maior percentagem de respostas porque qualifica os consumidores; c) **Personalização** – para maior aproveitamento das vantagens da internet, é necessário conhecer os clientes, que começam a exigir contatos mais personalizados; d) **Lucratividade** (em ing., *profitability* – depois de uma fase inicial em que muitas empresas de *marketing online* operavam no vermelho, os investidores exigem que essa atividade gere lucros. Em tempos de *e-business*, a fórmula dos quatro pês continua a gerar novas versões, como a lista dos sete cês: conteúdo, comunicação, cuidados com o cliente, comunidade, conveniência, conectividade e customização.

quente • [JN] Diz-se da matéria jornalística com informações inéditas, que justificam publicação imediata. Opõe-se à matéria fria.

queue • [TIC] **1** Em ing., fila. Conjunto de mensagens gravadas para serem remetidas, por qualquer *software* de <u>correio eletrônico</u>. **2** Rol de <u>documentos</u> enviados de vários computadores para impressão. Os documentos são organizados em fila na memória da impressora, que os imprime por ordem de chegada.

quilobyte • [TIC] Unidade de medida de informação, que no sistema decimal corresponde a 1.000 *bytes* e, no sistema binário, corresponde a 1 024 *bytes*. O prefixo grego *kilo* indica no sistema decimal a multiplicação por mil (como em 'quilômetro') e, no sistema binário a multiplicação por 210. Abrev: *KB* ou *kbyte*. Em ing., *kilobyte*.

quilo-hertz • [TIC] V. <u>frequência</u>.

q.v. • [ED] Abrev. do lat. *quod vide* o qual se veja, empregada com o mesmo sentido de <u>cf.</u> (para indicar várias referências, emprega-se a forma abreviada plural, qq.v.).

quiosque multimídia • [TIC] Equipamento para uso do público (em *shopping centers*, *show-rooms*, pontos turísticos, eventos etc.), apresentando programa de multimídia com recursos interativos.

qwerty • [ED] Sistema de teclado criado originalmente para máquinas de escrever e até hoje predominante em computadores, *smartphones* etc. Criado em 1872 pelo norte-americano James Densmore, seu nome é uma referência às seis primeiras letras da fila superior, na mão esquerda. Nesse tipo de teclado, as letras cujas combinações são muito frequentes em língua inglesa foram colocadas mais distantes umas das outras, para evitar que as hastes da máquina de escrever se embolassem durante a datilografia. No Brasil, o *qwerty* recebeu teclas para a cedilha e acentos. O primeiro teclado de máquina de escrever (inventada em 1868 por Christopher Latham Sholes) tinha as teclas dispostas em ordem alfabética.

rR

rabicho • [ED] Adendo que se acrescenta ao pé de um anúncio ou mensagem. • [RTVC] Na gíria televisiva, diz-se de uma sobra de imagem ou de áudio que permanece no final de uma matéria ou reportagem e não é eliminada durante o processo de edição.

radialista • [RTVC] Profissional que trabalha para uma empresa de radiodifusão exercendo funções peculiares a esse tipo de organização, tanto administrativas quanto de produção (autoria, direção, produção, interpretação, dublagem, locução, caracterização e cenografia) ou técnicas (direção, tratamento e registros sonoros, tratamento e registros visuais, montagem e arquivamento, transmissão de sons e imagens, revelação e copiagem de filmes, artes plásticas e animação de desenhos e objetos, manutenção técnica), segundo a lei 6.615, de 16/12/1978, ainda vigente.

rádio • [RTVC] [TIC] **1** Veículo de radiodifusão sonora que transmite programas de entretenimento, educação e informação. Música, notícias, entrevistas, debates, informações de utilidade pública, cursos, narrações de acontecimentos esportivos e sociais, novelas e programas humorísticos são os gêneros básicos dos programas. Como um serviço prestado mediante concessão do Estado, deve operar dentro de regras preestabelecidas em leis, regulamentos e normas. **2** Atividade artística, informativa e educativa desenvolvida nas emissoras de radiodifusão sonora. **3** Serviço semelhante ao das emissoras radiofônicas convencionais, porém transmitido via internet. **4** Aparelho emissor ou receptor de telegrafia ou de telefone sem fio. **5** Aparelho de radiofonia destinado a receber as ondas hertzianas, pelas quais são transmitidos os sons emitidos por uma emissora de rádio. **6** Aparelho transmissor-receptor utilizado na segurança pública, transportes, unidades militares e comunicações privadas (radioamadores). **7** Abrev. de radiodifusão. **8** Abrev. de radiotelefonia. **9** Abrev. de radiograma (comunicação por meio de radiotelegrafia).

radioamadorismo • [TIC] Prática radiotécnica que consiste em operar, sem finalidades lucrativas, uma estação particular receptora e transmissora de rádio. Inicialmente restrito a frequências de ondas curtas, o radioamadorismo incorporou os avanços tecnológicos no campo das telecomunicações e da informática. Sua invenção é atribuída a um brasileiro, o padre Padre Roberto Landell de Moura; em 1893, três anos antes da invenção do rádio pelo italiano Guglielmo Marconi, ele patenteou um aparelho capaz de transmitir a voz humana à distância.

radiocidadão • [TIC] Modalidade de radioamadorismo que utiliza o espectro de frequência compreendido entre 26.960 MHz e 27.610 MHz. No Brasil, limita-se a 60 canais, com uma potência máxima de 7 *watts* em AM (amplitude modulada) e 21 *watts* em SSB (banda lateral singela com portadora suprimida), normalmente com alcance de até 50 Km. Destina-se a intercomunicações particulares (pessoais, comerciais ou comunitárias), para informação ou entretenimento, sendo proibido cobrar remuneração por qualquer serviço, e propõe-se a prestar auxílio e pedidos de socorro em situações de emergência. Diz-se tb. faixa do cidadão e PX (pois as estações e seus operadores são identificados pelo prefixo PX, seguido de um código de números e letras).

radiodifusão • [TIC] **1** Serviço de radiocomunicação cujas transmissões se destinam a ser recebidas diretamente pelo púbico em geral, podendo compreender rádio, televisão e outros tipos de transmissão. **2** Difusão sistemática de informações mediante sinais eletromagnéticos, para recepção simultânea pelo público (individualmente ou em grupos) numa determinada área geográfica, com aparelhos receptores especiais. **3** Transmissão de programas recreativos, noticiosos, educativos, culturais e de mensagens publicitárias, oficiais etc., por meio de rádio ou tv. **4** Emissão regular de radiofonia, com horários estabelecidos, destinada a receptores indeterminados. V. *broadcast*.

radioescuta • [TIC] **1** Sistema de recepção de ondas hertzianas emitidas por rádios. **2** Pessoa encarregada de acompanhar transmissões de rádio, para registrar as informações importantes. • [JN] [RTVC] **1** Em uma redação jornalística, atividade que consiste em gravar e transcrever informações transmitidas principalmente por noticiários de rádio e TV. Geralmente, essas transcrições são enviadas para a chefia de reportagem e alimentam o dia a dia da pauta. **2** Profissional de jornalismo que executa a função descrita acima.

radiofonia • [TIC] Sistema de transmissão de sons à distância, que utiliza as propriedades de propagação das ondas eletromagnéticas. Os fenômenos sonoros a serem transmitidos por radiofonia apresentam-se originariamente sob a forma de ondas sonoras no ar. Estas ondas são convertidas, por um microfone, em variações de uma corrente elétrica, e nesta forma são captadas, sintonizadas e decodificadas pelo aparelho receptor de radiofonia. Para designar a troca de comunicações entre dois emissores/receptores correspondentes, é preferível utilizar o termo radiotelefonia. Nos casos de difusão de sons, de um emissor a vários receptores, emprega-se o termo radiodifusão.

radiofrequência • [TIC] Toda frequência suscetível de ser transmitida via rádio. As radiofrequências situam-se acima de 20.000 Hz, ou seja, acima da faixa correspondente às ondas sonoras normalmente audíveis.

radiograma • [TIC] V. radiotelegrafia e radio.

radiojornal • [JN] [RTVC] Programa jornalístico noticioso, transmitido pelo rádio. É apresentado normalmente em emissões regulares, com periodicidade determinada (salvo no caso de edição extraordinária).

radionovela • [RTVC] Novela radiofônica. Tipo de radioteatro, gravado ou ao vivo, geralmente transmitido em capítulos diários e em horários determinados. V. telenovela.

radioteatro • [RTVC] Representação teatral própria da linguagem radiofônica. V. radionovela.

radiotelefonia • [TIC] V. radiofonia.

radiotelegrafia • [TIC] Técnica de comunicação telegráfica por meio de ondas curtas. Diz-se tb. *telegrafia sem fio*.

rafe • [ED] Do ing. *rough*, esboço inicial no planejamento gráfico de qualquer trabalho a ser impresso. Rascunho feito pelo desenhista, diagramador ou *designer* na criação de um projeto gráfico, anúncio, página de jornal, cartaz, fôlder, *site* etc. Primeira fase da arte, antes do leiaute.

rafe de texto • [PP] V. piloto.

RAM • [TIC] Abrev. de *random access memory*. Memória de acesso aleatório cujas informações (v. informação) armazenadas podem ser examinadas, lidas, alteradas e rearmazenadas por um usuário. A *RAM* disponível determina a quantidade de memória que se pode usar para o armazenamento de *software*s e dados.

randômico • [PP] Do ing. *at random*, ao acaso, aleatoriamente. V. amostragem.

rating • [PP] **1** O mesmo que índice de audiência. **2** Estimativa de audiência para programa de tv ou rádio (ou para qualquer mensagem inserida nesses veículos). Total previsto de receptores de uma informação, em relação ao total do público (quantidade expressa em GRP ou em impactos).

realidade virtual • [TIC] Experiência imersiva e interativa baseada em imagens gráficas 3D, geradas em tempo real por um computador. Interface homem-máquina que simula um ambiente realístico, produzindo no usuário a sensação de estar em outra realidade, com a qual ele pode interagir. Expressão proposta nos anos 1980 por Jaron Lanier, para diferenciar as simulações que eram feitas em computadores e os ambientes digitais que estavam sendo concebidos por ele. O conceito de realidade virtual abrange diversas modalidades, que diferem entre si pelos níveis de imersão e de interatividade que proporcionam. Esses níveis dependem dos dispositivos de entrada e saída de dados utilizados, além da velocidade e da potência do computador que suporta o sistema de realidade virtual: a) **realidade virtual de simulação** – aplicação mais antiga do que hoje se conhece como RV, tem sua origem nos simuladores de voo desenvolvidos após a Segunda Guerra Mundial; dentro de uma cabine, telas de vídeo e monitores apresentam um mundo virtual que reage aos comandos do usuário; em alguns sistemas as cabines são montadas sobre plataformas móveis, podendo também dispor de controles com *feedback* tátil e auditivo. b) **realidade virtual de projeção** – também conhecida como *realidade artificial*, criada por Myron Krueger; o usuário está fora do mundo virtual, mas pode se comunicar com personagens ou objetos dentro dele, obtendo respostas por meio de efeitos visuais e som sintetizado; c) *augmented reality* (realidade realçada) –

utiliza dispositivos visuais transparentes, chamados *heads-up displays* (*HUDs*), presos à cabeça do participante, nos quais os dados são projetados sem que ele deixe de enxergar também o mundo real. O usuário pode, p. ex., estar consertando algo e visualizando nos óculos os dados necessários para essa atividade; d) **telepresença** – envolve e projeta o usuário no mundo virtual, por meio de câmaras de vídeo e microfones; em cirurgias, p. ex., permite ao médico visualizar por dentro o corpo de seu paciente; e) ***desktop VR*** (RV de mesa) – o mundo virtual é exibido em monitores de vídeo ou telões e visualizado geralmente por meio de óculos 3D; f) ***visually coupled displays*** (*displays* visualmente casados) – um dispositivo fixado aos olhos e ouvidos exibe sons e imagens em estéreo que se modificam de acordo com os movimentos da cabeça do usuário; este é o tipo de sistema geralmente reconhecido pela maioria das pessoas como realidade visual.

real time • [TIC] V. tempo real. • [PP] Sistema de pesquisa que utiliza transmissão de informações por meio de sistema de radiofrequência, permitindo informar sobre os índices de audiência a cada minuto, quase simultaneamente à coleta dos dados nos receptores de televisão.

reatógrafo • [PP] Aparelho utilizado em pesquisa de comunicação social para registrar as variações emocionais dos ouvintes diante de programas radiofônicos. Efetua, ainda, a tabulação mecânica dos resultados obtidos. V. pesquisa.

rebatedor • [RAV] Placa, geralmente de ferro ou madeira, recoberta com material adequado, conforme o caso, para direcionar melhor a luz ou o som.

receiver • [TIC] V. recepção.

recensão • [ED] Resumo crítico de um determinado texto. A recensão deve atender a três exigências básicas: resumir as informações contidas na obra, avaliar essas informações e o tratamento que a elas foi dado, e sustentar tal avaliação com evidências extraídas da própria obra. V. resumo, condensar, sinopse, resenha e sumário.

recepção • [TIC] Ato pelo qual sinais (v. sinal) transmissores de som ou de imagem, transformados em variações de ondas eletromagnéticas, são captados por um equipamento especial denominado receptor ou *receiver*. Em processos de radiodifusão, p. ex., para que seja captada e reproduzida exatamente a informação desejada, em meio a tantas ondas que se propagam pelo éter, o receptor de rádio ou de televisão é sintonizado para uma determinada frequência e extrai uma quantidade de energia muito maior das ondas transmitidas nessa frequência do que em qualquer outra. Os circuitos sintonizadores do receptor completam o processo de eliminação dos sinais indesejáveis, ao mesmo tempo que amplificam a corrente gerada no sistema de captação. Após a amplificação, as correntes de radiofrequência são então convertidas para correntes de vídeo ou de áudio. V. emissor.

receptor • [FTC] Um dos protagonistas do ato da comunicação: aquele a quem se dirige a mensagem; aquele que recebe a informação e a decodifica, ou seja, transforma os impulsos físicos (sinais (v. sinal) em mensagem recuperada. • [TIC] V. recepção.

reciclável • [MKT] Diz-se do produto que pode ser reaproveitado para sua reutilização ou fabricação de novos produtos, em oposição a *one-way*. Propõe-se a atender a mais um ciclo, do fabricante ao distribuidor, e ao consumidor final, que irá retorná-lo ao início da cadeia.

recuperação • [FTC] **1** Resultado da decodificação, pelo receptor, de uma informação transmitida. **2** Tratamento ordenado da informação, para reaproveitamento posterior. Não confundir recuperação com *feedback*; este "consiste, basicamente, na devolução de uma mensagem pelo receptor ao comunicador, ainda no fluxo da transmissão, ou imediatamente após, com possibilidade de modificar o conteúdo da mensagem inicial. O *feedback* tem, portanto, como sujeito ativo o receptor, enquanto a recuperação pressupõe a mensagem totalmente transmitida, e o seu reaproveitamento quase sempre independe do receptor.

redação • [ED][IN] **1** Conjunto de pessoas que redigem regularmente para determinado periódico (jornal, revista etc.), editora, agência de notícias, estação de rádio ou tv, *site* etc. Corpo de redatores. **2** Lugar onde trabalham os redatores. Instalações físicas (edifício ou sala e equipamentos) onde são redigidas as informações a serem publicadas. **3** Ato de redigir um texto informativo. **4** Maneira pela qual um pensamento está redigido. O modo adequado de redigir varia de acordo com o veículo que transmite a informação e com o público ao qual ela se destina. As técnicas de redação informativa para os veículos de massa (jornal, revista, televisão, rádio etc.) apresentam particularidades próprias a cada meio. "O *medium* é um universo significativo autônomo, com regras próprias, ou seja, um código que impõe as suas normas próprias à comunicação" (M. Sodré e M. H. Ferrari). Mas é possível destacar alguns requisitos ou qualidades que caracterizam, de forma semelhante, os diversos discursos peculiares a cada meio informativo: a) **clareza** – visão dará dos fatos e exposição fácil. "Não se deve confundir clareza com superficialidade. É possível ser profundo e claro, e superficial e obscuro" (M. Vivaldi). O redator com mais noção do assunto sobre o qual está redigindo tem mais condições para fazê-lo com clareza. A clareza é a condição básica do texto informativo; b) **concisão** – o texto conciso é o que emprega apenas as palavras indispensáveis, justas e significativas, para expressar uma determinada ideia. O contrário da concisão é a verborragia, a redundância; c) **densidade** – no texto denso, as palavras, além de precisas e exatas (como foi dito no item anterior), estão cheias de sentido. Cada frase acrescenta novas informações, novos fatos; d) **simplicidade** – resulta do emprego de palavras comuns e familiares, mesmo para transmitir ideias ou dados aparentemente complexos; e) **naturalidade** – além de se redigir num estilo simples, é indispensável que o tom seja natural. Não basta usar palavras familiares; é preciso evitar o pedantismo e a afetação na maneira de escrever; f) **exatidão** – resulta do cuidado em evitar palavras com sentido muito amplo, ao escrever, dando preferência aos termos justos e adotados exatamente no sentido que se deseja transmitir; g) **precisão** – no texto preciso, as palavras e frases são encadeadas dentro de um rigor lógico-psicológico que evita a ambiguidade; h) **coerência** – o texto apresenta-se como um todo contínuo e encadeado. Todas as palavras e ideias estão harmonicamente interligadas, ajustadas ao contexto e ordenadas de modo claro e lógico; i) **variedade** – diversificação expressiva no transcorrer do texto, de acordo com o que está sendo narrado. A falta de variedade implica monotonia estilística; j) **ritmo** – sucessão adequada, no tempo ou no espaço de uma narração, dos diversos momentos que apresentam variações de intensidade, de emoção, de velocidade no raciocínio, pausas etc. Cada assunto ou história exige ritmo próprio (grave, ágil, reflexivo, espirituoso etc.); k) **brevidade** – resulta de uma redação concisa e densa. É uma característica diretamente ligada ao espaço jornalístico e à economia de tempo desejada pelo receptor da informação; l) **objetividade** – qualidade de um texto informativo que procura retratar fielmente os fatos, sem a interferência de valores subjetivos e opiniões pessoais no processamento da informação. Embora frequentemente citada, a objetividade é impossível, em termos absolutos. Tanto em veículos impressos quanto audiovisuais, e até mesmo na fotografia, o simples mecanismo de seleção das informações a serem divulgadas e o encadeamento dessas informações no discurso já eliminam a pretensa objetividade. Em jornalismo, é mais adequado falar em honestidade de informação do que em objetividade. Além dos requisitos citados acima, o texto jornalístico informativo deve evitar vícios de linguagem (v. vício de linguagem), clichês (lugares-comuns), digressões (v. digressão) (desvios de rumo ou assunto), barreiras verbais etc. Alguns veículos possuem manuais com normas de redação, onde são relacionadas inclusive expressões que devem ser evitadas. E a própria estrutura do texto informativo costuma obedecer também a esquemas formais de construção, ou seja, a um determinado esqueleto previamente convencionado, sobre o qual os dados devem ser ordenados, para se produzir um texto exatamente adaptado ao estilo da publicação. É o caso das fórmulas de título/subtítulo/lide/sublide/corpo da notícia/entretítulos e da pirâmide invertida, na redação de notícias para jornal.

redator • [JN] "Aquele que, além das incumbências de redação comum, tem o encargo de redigir editoriais, crônicas ou comentários." Essa definição (contida no Decreto-lei 972, de 17/10/69, art. 6º, alínea c, que regulamenta a profissão de jornalista) é genérica e imprecisa, pois abrange várias funções diversas (copidesque, colunista, cronista, comentarista, articulista, editorialista, correspondente) e confunde-se, na prática, com outras funções previstas no mesmo texto legal (como noticiarista e repórter). Além disso, a distância que antes era marcante entre as figuras do redator e do repórter, tornou-se mínima ou inexistente no moderno jornalismo. O repórter típico, em sua função básica de ir ao encontro da notícia, apurá-la e transmiti-la, raramente era bom redator. Seu texto tinha de ser todo refeito nas redações, e esse era o papel do redator, encarregado da produção final dos textos (correções, copidesque e titulação). Hoje, com nível superior e função regularizada por lei, o próprio repórter é, quase sempre, o redator das notícias que colheu, salvo em casos especiais, como, p. ex., cobertura em equipe, da qual vários repórteres participam, apurando informações a serem reunidas e trabalhadas por um só redator. V. jornalista, copidesque, editor de texto e redação. • [ED] [PP] Profissional de texto, em qualquer trabalho para fins editoriais, publicitários, administrativos etc. Escritor. V. *ghost writer*.

rede • [RTVC] Grupo de emissoras que transmitem no todo ou em grande parte uma programação comum. Uma rede pode ser composta por emissoras associadas (pertencentes a uma mesma propriedade jurídica) ou afiliadas (por acordo ou convênio). • [TIC] **1** Termo genérico que designa um conjunto de linhas de telecomunicação. **2** Sistema de computadores que se comunicam entre si, através de meios físicos, como p. ex., cabo coaxial, *links* de rádio ou fibra ótica, ou através de conexões lógicas. **3** Determinado número de linhas de comunicação que ligam o computador a terminais remotos. Em ing., *network*.

rede local • [TIC] Estrutura que conecta diversos computadores e outros dispositivos em uma área definida, como um prédio, uma empresa, um campus universitário etc. Em ing., *LAN*, acrônimo de *local area network*. V. hub.

rede social • [TIC] Sistema que envolve uma rede de computadores interconectados e uma rede de pessoas, organizações ou grupos. "Quando uma rede de computadores conecta uma rede de pessoas e organizações, temos uma rede social" (Garton, Haythornthwaite e Wellman). Os laços sociais que formam as bases de relacionamento nesse tipo de estrutura caracterizam-se por alguns fatores de identificação entre seus integrantes, principalmente interesses, conhecimentos e valores comuns ou aproximados. O que distingue as redes sociais e as outras formas de comunicação existentes por meio de computadores, entre outros fatores, são as articulações que diversas redes sociais formam entre si, a manutenção e o reforço de laços sociais, promovendo constante interação por meio da troca de informações e de comentários, e a visibilidade dos seus integrantes. Essa interação ocorre quase inteiramente por meio da internet, mas não exclui o relacionamento em ambientes *off-line*. V. mídia social e *flash mob*.

redondo • [ED] **1** Diz-se de letra que tem suas hastes verticais traçadas perpendicularmente ao alinhamento horizontal do texto. Neste aspecto distingue-se do *itálico* (letra inclinada). V. grifo, normal e variante. **2** Caráter tipográfico vertical, arredondado ou não, que segue basicamente o estilo do tipo romano. V. família e fonte.

redundância • [FTC] Fenômeno de reiteração de probabilidades no mesmo código, para reduzir os riscos de ruído. Informação (repetitiva) transmitida adicionalmente, para estabilizar uma informação nova. Na cadeia comunicativa (emissor – mensagem – receptor) a redundância jamais é nula, e cada canal implica uma determinada medida de redundância para que a informação seja transmitida com eficácia. "A mensagem ideal é a que contém informação máxima (tendência para a entropia); no entanto, à medida que cresce a taxa de informação de uma mensagem, menor será a sua inteligibilidade. Inversamente, aumenta-se a inteligibilidade de uma mensagem reduzindo-se sua taxa de informação, isto é, tornando a mensagem mais previsível, menos original, levando-a para mais longe do ponto entrópico – utilizando, portanto, símbolos não equiprováveis. Em outras palavras, aumenta-se a inteligibilidade de uma mensagem através da redundância" (J. Coelho Netto). Um exemplo elementar de procedimento redundante é o costume de bater na porta com o nó dos dedos: se dermos um simples e breve toque, dificilmente conseguiremos transmitir com eficácia a nossa informação a quem se encontra dentro da casa; por isso repetimos o toque várias vezes, para neutralizar o ruído ambiente, evitar a ambiguidade e assegurar a efetiva recepção da mensagem pelo destinatário. Outro exemplo significativo é a própria comunicação de massa, que prima essencialmente pela redundância: na difusão (em escala industrial) de mensagens para um público heterogêneo, os MCM procuram evitar as soluções muito originais, norteando-se pela média dos gostos e repertórios, para conquistar o máximo de audiência.

reedição • [ED] **1** Nova edição de uma obra, com alguma alteração em relação à edição anterior (correções ou mudanças de conteúdo, forma gráfica, mudança de editora etc.). No caso de livros, é usual (embora incorreto) dizer nova edição ou reedição inclusive nos casos de nova tiragem ou reimpressão em que não há alteração além de eventuais revisões tipográficas.

reembolso postal • [MKT] Modalidade de marketing direto em que a mercadoria desejada (geralmente solicitada por meio de cupons incluídos em anúncios de revistas ou em folhetos de mala direta) é remetida diretamente ao consumidor, por via postal. Em ing., *mail order*.

referência • [ED] V. obra de referência. • [FTC] V. signo.

referência bibliográfica • [ED] Em um texto, qualquer indicação (geralmente em notas de rodapé (v. nota de rodapé) ou adendos) das obras consultadas pelo autor como subsídios para o seu trabalho. Pode ser apresentada em ordem alfabética, por assunto ou por data. A citação das fontes bibliográficas segue regras estabelecidas pela ABNT.

referente • [FTC] Aquilo a que o signo linguístico se refere. A coisa em si, a realidade extralinguística. V. signo.

registro • [ED] **1** Perfeita correspondência entre as manchas de ambos os lados de uma folha impressa, de modo que as margens coincidam exatamente. Diz-se que o trabalho está sendo impresso 'em registro' quando cada folha passa pela máquina sendo impressa na mesma posição relativamente à margem das pinças e ao lado do esquadro. **2** Acerto na impressão de trabalhos de duas ou mais cores, para que cada uma seja impressa exatamente no lugar e o caimento seja perfeito. **3** Correspondência exata das cores superpostas ou justapostas, em um impresso. **4** Superposição exata das cruzes desenhadas fora das linhas de corte, nos quatro ângulos de cada uma das chapas que irão imprimir em uma só folha, para indicar a perfeita correspondência entre elas. **5** Correspondência exata entre as medidas e os elementos gráficos das páginas de uma publicação. **6** O mesmo que marcador de leitura ou marca-livro. **7** Livro especial onde são anotadas ocorrências, atos ou documentos públicos ou particulares. **8** Inscrição ou cópia, em livro próprio, de ato celebrado ou de documentos. • [RAV] Timbre de uma voz ou de um instrumento. • [RTVC] Ato ou efeito de situar uma imagem (que estiver sendo filmada, projetada ou transmitida) em posição idêntica à de uma imagem simultânea ou sucessiva. • [TIC] Memória especial usada para se armazenar temporariamente um conjunto de dados.

relação de atributos • [MKT] Técnica de geração de ideia para novo produto que consiste em relacionar os atributos de um produto já existente e depois modificá-los, procurando novas combinações. Considere, p. ex., uma garrafa de cerveja. Seus atributos são uma garrafa de vidro, 600 ml de cerveja, uma tampa metálica que exige um abridor para remoção e um rótulo de papel. Vários desses atributos poderiam ser modificados. O tamanho, o material e o formato do recipiente, a quantidade e a qualidade do líquido, o tipo de tampa e de rótulo. Provavelmente foi assim que os fabricantes chegaram às garrafas *one-way* com tampa de rosca.

relacionamentos forçados • [MKT] Técnica de geração de ideias para novos produtos, que consiste em relacionar ideias previamente definidas com a finalidade de imaginar um novo objeto a partir de outros já existentes. Osborn cita o exemplo de um fabricante de mobiliário para escritório. Ele fabrica mesas, cadeiras, estantes, arquivos etc. A partir desta relação ele poderá conceber uma mesa com uma estante de livros embutida, ou uma estante com gavetas de arquivo embutidas. A partir daí pode imaginar uma estante com uma mesa e gavetas de arquivo em uma só peça e prosseguir considerando todas as possíveis combinações.

relações públicas • [RP] "A atividade e o esforço deliberado, planificado e contínuo para estabelecer e manter compreensão mútua entre uma instituição pública ou privada e os grupos de pessoas a que esteja diretamente ligada. São atividades específicas de relações públicas as que dizem respeito: a) à orientação de dirigentes de instituições públicas ou privadas na formulação de políticas de relações públicas; b) à promoção de maior integração de uma instituição na comunidade; c) à informação e à orientação da opinião sobre objetivos elevados de uma instituição; d) ao assessoramento na solução de problemas institucionais que influam na posição da entidade perante a opinião pública; e) ao planejamento e execução de campanhas de opinião pública; f) à consultoria externa de relações públicas junto a dirigentes de instituições; g) ao ensino de disciplinas específicas ou de técnica de relações públicas, oficialmente estabelecido" (trechos do Decreto 63 283, de 26/9/1968, que disciplina o exercício da profissão de relações públicas). A atividade de relações públicas não se restringe apenas à aplicação de técnicas de comunicação: é também função administrativa, na medida em que transmite e interpreta as informações de uma entidade para os seus diferentes públicos, bem como traz à administração informações quanto ao interesse público, para que a administração possa ajustar-se a ele, como um todo, e surja daí um sólido programa de ação que conte com a inteira compreensão, aquiescência e apoio público.

release • [JN] [RP] [PP] Texto informativo distribuído à imprensa (escrita, falada ou televisada) por uma instituição privada, governamental etc., para ser divulgado gratuitamente entre as notícias publicadas pelo veículo. Geralmente preparado por equipes de divulgação, assessorias de imprensa, de relações públicas ou de publicidade, o release é enviado às redações ou distribuído pessoalmente aos repórteres que cobrem o setor. É a notícia do ponto de vista da instituição e, por isso, o seu valor jornalístico é relativo (depende de um tratamento adequado, se possível enriquecido com novos dados apurados pelo repórter). Em princípio, o release funciona como um complemento de informações, uma espécie de roteiro distribuído antes de entrevistas coletivas, solenidades etc., para fornecer aos repórteres os dados essenciais. Diz-se tb. *press release* ou comunicado. Pode ser distribuído em cópias impressas ou por meios digitais (*site*, *e-mail* etc.),

remissão • [ED] Ato de remeter o leitor de uma obra a outras partes do trabalho, a outras obras ou a outros autores relacionados com o assunto em pauta. • [JN] Em jornais e revistas, informação colocada em uma chamada indicando o número da página (e tb., eventualmente, nome da coluna, da seção, do caderno etc.) para que o leitor localize a matéria de seu interesse. • [RTVC] Em redação de textos radiofônicos, diz-se do recurso de voltar sempre a dar o núcleo da notícia para refrescar a memória do ouvinte ou para informar aos que sintonizaram a emissora naquele momento.

remix • [RAV] V. remixagem.

remixagem • [RAV] Trabalho de mixagem que utiliza, no todo ou em parte, gravações já editadas anteriormente. Diz-se tb. *remix*.

remixar • [RAV] Fazer nova mixagem, utilizando material já editado anteriormente, para correção de problemas técnicos da edição anterior, ou para criação de novo arranjo ou mesmo de nova composição.

reparte • [ED] **1** Quantidade de jornais, revistas etc., colocados em cada banca ou num conjunto de bancas, para venda ao público. **2** Quantidade de exemplares mandados para as bancas ou destinados a determinada praça. V. distribuição. **3** Conjunto de publicações enviadas pelas editoras, a título de cortesia ou promoção, para determinados órgãos, empresas, agências de propaganda etc. **4** Cada uma das partes da tiragem total de uma publicação, que apresentam diferenças entre si (na impressão da capa, de matérias ou de anúncios, no número de páginas, cadornos, encartes etc.). Prática adotada por alguns jornais e revistas de circulação nacional e internacional, para distribuição de edições (v. edição) locais e nacionais (ou internacionais) em diferentes regiões, ou para inserção de anúncios dirigidos especificamente a determinada região.

repertório • [FTC] "Conjunto dos elementos que possuem significação para o usuário de um sistema de comunicação" (E. Amery *et alii*). O repertório é um conjunto de signos conhecidos ou assimilados por um indivíduo ou por um grupo de indivíduos, uma espécie de estoque de experiências, fixado por determinado código. Wilbour Schramm, em seu modelo comunicacional, mostra ser indispensável algum campo de experiência comum para que uma mensagem codificada pelo seu emissor possa ser compreendida pelo receptor. Uma informação nova para o receptor (isto é, uma informação ainda não integrada ao seu repertório) atua como ruído, e não é compreendida como quer o emissor. Na comunicação interpessoal ou na comunicação de massa, um repertório muito amplo reduz a audiência, ao passo que o repertório reduzido resulta em maior audiência. Assim, para transmitir informações novas de maneira eficaz, ou seja, para ampliar o repertório do seu público, o comunicador precisa trabalhar com uma medida adequada de redundância a fim de neutralizar o ruído. • [RAV] **1** Conjunto das obras interpretadas por um cantor, um músico, uma orquestra etc. **2** Conjunto dos quadros de números montados em um espetáculo de circo. Pode ser fixo, reformulando-se, sobretudo, na dinâmica das entradas e saídas de artistas na companhia. **3** Conjunto das obras artísticas pertencentes a um ator, uma escola, uma região, uma época etc.

replay • [RTVC] Repetição de uma cena, na edição ou na exibição de um vídeo. Geralmente usado como recurso jornalístico ou artístico, para algum detalhe que se quer realçar. • [TIC] Resposta a uma mensagem de correio eletrônico. A mensagem de resposta, já com endereços, assunto e texto da mensagem original, é aberta automaticamente por um ícone específico.

reportagem • [JN] **1** Conjunto das providências necessárias à confecção de uma notícia jornalística: cobertura, apuração, seleção dos dados, interpretação e tratamento, dentro de determinadas técnicas e requisitos de articulação do texto jornalístico informativo. **2** Equipe de repórteres de um jornal, revista, cinejornal, emissoras de televisão e rádio etc.

repórter • [JN] V. jornalista e redator.

reposicionamento • [MKT] Estratégia de recuperação do mercado adotada quando se verifica que a marca não preenche mais as necessidades de nenhum segmento distinto. Consiste na concepção de novo posicionamento para a marca. O reposicionamento é uma medida a ser adotada com cautela, pois, em alguns casos, a mudança radical da imagem exige investimentos tão elevados que é melhor criar uma nova marca do que reposicionar a atual.

reprinte • [ED] Do ing. *reprint*. Segunda impressão ou qualquer reimpressão de um trabalho, no todo ou em parte. V. separata. • [PP] **1** Prova de anúncio para mídia impressa. **2** Reprodução, em separata, de uma peça publicitária (anúncio, matéria paga etc.), tirada com o objetivo de informar sobre a campanha a públicos especiais (público interno, pessoal de vendas, jornalistas, autoridades etc.), ser exposta em pontos de venda ou para distribuição avulsa.

reprografia • [ED] Conjunto dos processos de reprodução baseados em técnicas fotográficas ou eletrostáticas: fotocópia, eletrocópia, heliografia, microfilmagem, xerografia etc.

resenha • [ED] Tipo de resumo que consiste num desenvolvimento da sinopse. É uma contração do texto. V. condensar, resumo e recensão. • [JN] **1** Notícia pormenorizada de um acontecimento, em seus vários aspectos. **2** Conjunto de notícias que abrangem vários nomes ou fatos similares ou complementares. **3** Apanhado geral das principais notícias em um período. **4** Resumo das principais matérias publicadas pela imprensa no período.

resolução • [RAV] [RTVC] Capacidade de um sistema óptico ou de um procedimento fotográfico para reproduzir com nitidez os menores detalhes de uma imagem e distinguir na foto objetos próximos uns aos outros. V. definição e contraste. • [TIC] **1** Quantidade de pontos exibidos na tela do computador, o que determina o grau de clareza de imagens exibidas no vídeo. **2** Quantidade de pontos de uma imagem digitalizada. Fator determinante para a qualidade de sua reprodução em trabalho impresso. Diz-se 'alta resolução' ou 'baixa resolução'.

responsabilidade social • [MKT] [RP] Adoção, por parte da empresa ou de qualquer instituição, de políticas e práticas organizacionais socialmente responsáveis, por meio de valores e exemplos que influenciam os diversos segmentos das comunidades impactadas por essas ações. O conceito de responsabilidade social fundamenta-se no compromisso de uma organização dentro de um ecossistema, onde sua participação é muito maior do que gerar empregos, impostos e lucros. Seu objetivo básico é atuar no meio ambiente de forma absolutamente responsável e ética, relacionando-se com o equilíbrio ecológico, com o desenvolvimento econômico e com o equilíbrio social. Do ponto de vista mercadológico, a responsabilidade social procura harmonizar as expectativas dos diferentes segmentos ligados à empresa: consumidores, empregados, fornecedores, redes de venda e distribuição, acionistas e coletividade. Do ponto de vista ético, a organização que exerce sua responsabilidade social procura respeitar e cuidar da comunidade, melhorar a qualidade de vida, modificar atitudes e comportamentos através da educação e da cultura, conservar a vitalidade da terra e a biodiversidade, gerar uma consciência nacional para integrar desenvolvimento e conservação; ou seja, promover o desenvolvimento sustentável, o bem estar e a qualidade de vida. Diz-se tb. 'responsabilidade social corporativa'. V. *marketing* social.

resposta direta • [TIC] Número de cliques dos internautas em um determinado *banner*. Este índice, entre outros, é utilizado para avaliação do resultado de uma campanha veiculada pela internet.

resumo • [ED] Apresentação concisa de um texto literário, jornalístico ou do qualquer documento escrito. Resulta da seleção dos elementos de maior interesse e importância existentes no original a ser reduzido. Segundo normas da ABNT, o resumo pode ser "**indicativo** (quando não dispensa a leitura do trabalho original, pois exclui dados qualitativos e quantitativos), **informativo** (quando pode dispensar essa leitura uma vez que apresenta finalidades, metodologia, resultados e conclusões), **informativo-indicativo** (quando combina dados dos tipos anteriores), crítico (quando formula julgamento sobre o trabalho)". O chamado 'resumo crítico' é mais conhecido como recensão e é feito, em geral, por especialistas. Há ainda um quinto tipo de resumo, não incluído na ABNT, chamado de resumo preliminar: é o tipo de resumo de trabalho, ainda não concluído, enviado para apresentação em congressos e seminários. V. condensar, sumário, índice, recensão e resenha.

retake • [RTVC] Repetição de uma tomada, por qualquer motivo. Retomada.

retícula • [ED] **1** Rede de pontos geralmente diminutos, ou de traços formando quadrículos, linhas ou quaisquer padrões, regulares, traçada sobre vidro ou película transparente, que se usa em ofsete, autotipia e heliogravura, para reprodução de originais a meio-tom. Colocada entre o original e uma placa sensível, a retícula decompõe a imagem (foto ou desenho) em numerosos pontos de tamanhos variados que, embora impressos com a mesma intensidade de tinta, produzem, por ilusão de óptica, o efeito das tonalidades intermediárias (do claro ao escuro, através de uma escala de grisês). Nas partes onde houver maiores concentrações de pontos e onde estes forem mais grossos, a imagem será mais escura. **2** P. ext., diz-se de qualquer padrão (círculos, pontos, traços etc.), com os mais variados efeitos, utilizado para obtenção de meios-tons ou como elementos decorativos, ilustrativos etc.

retorno • [RAV] **1** Reprodução de um som, por meio de sistemas de amplificação e alto-falantes, no mesmo ambiente em que foi produzido e imediatamente após a sua emissão. Som de retorno. Em um espetáculo musical, p. ex., o retorno é indispensável para que os músicos, em cena, possam escutar o som que, em conjunto, estão produzindo naquele momento. **2** Diz-se da aparelhagem utilizada para esse fim. • [PP] V. bônus.

retranca • [ED] [JN] **1** Marcação feita nos originais (v. original) (textos, fotografias etc.) componentes de uma mesma matéria, para orientar a paginação. **2** Texto principal, em relação à matéria coordenada ou sub-retranca. • [RTVC] Código usado em telejornalismo para identificar cada uma das matérias produzidas para um determinado programa. As retrancas servem para orientar o espelho de uma edição de telejornal.

retrancar • [ED] [JN] **1** Fazer marcação de retrancas. **2** Atribuir um nome a determinado espaço no planejamento de uma edição de jornal ou revista.

retratação • [JN] Ato pelo qual o responsável pelos crimes de calúnia, difamação ou injúria confessa espontaneamente, em satisfação pública e cabal, o seu erro, desdizendo-se e reconhecendo a falsidade da imputação feita ao ofendido. V. crime de comunicação e direito de resposta.

retrato • [FT] [ED] **1** Representação da imagem de uma pessoa real, por fotografia, desenho, pintura, gravura etc. **2** Descrição, falada ou escrita, do aspecto físico ou do caráter de uma pessoa, de uma situação, de uma coisa etc. • [ED] Diz-se da página em pé (orientação vertical) em *softwares* de processamento de texto e de editoração eletrônica. V. paisagem.

retrato falado • [ED] Desenho composto a partir das informações de testemunhas sobre os traços fisionômicos e outros sinais característicos de uma pessoa desconhecida, geralmente para possibilitar sua identificação pela polícia.

retroprojeção • [RTVC] V. *back projection*.

reunião de pauta • [ED] [JN] Reunião da equipe de editores, jornalistas ou do conselho editorial, para elaboração da pauta de uma edição de jornal ou revista, telejornal etc.

revelação • [RAV] Procedimento químico destinado a tornar visível e estável a imagem latente que foi impressionada por meios fotográficos.

reverberação • [RAV] Conjunto de um som original e seus vários reflexos (ecos) produzidos num recinto limitado, depois de haver cessado a sua emissão por uma fonte. Permanência de um som num espaço fechado, causada por reflexão da onda sonora. Pode ser criada artificialmente, por meio de um aparelho chamado 'reverberador'. V. audiência.

reverse brainstorm • [MKT] [PP] Sessão de *brainstorming* onde só se procuram os defeitos de uma determinada ideia, produto ou situação.

review • [ED] O mesmo que revisão analítica.

revisão • [ED] **1** Leitura atenta, pelo revisor, de todo o texto composto, confrontando provas e contraprovas com o texto original e indicando, por meio de símbolos convencionais (chamadas e sinais de revisão), universalmente conhecidos pelos gráficos, todos os erros de composição, de boa disposição, de espacejamento etc., para serem emendados e corrigidos. Arte, ato ou efeito de revisar. **2** Acompanhamento, pelo revisor, dos processos que envolvem: a) a preparação dos originais, desde o momento em que eles são entregues pelo autor, incluindo alguns reparos formais no próprio texto original, para que a edição seja feita de acordo com os necessários requisitos de apresentação (v. revisão de texto); b) a correção (em entendimentos com o autor) de enganos ortográficos, de pontuação ou concordância encontrados no texto original; c) a verificação das provas e contraprovas (v. revisão tipográfica). **3** O conjunto dos revisores. **4** Setor da editora ou da agência de propaganda, onde se faz revisão. • [PP] Análise de desempenho do planejamento da mídia, feita periodicamente pelos responsáveis por esse setor.

revisão analítica • [ED] **1** Publicação periódica que apresenta uma lista selecionada da literatura especializada corrente, acompanhada de resumo crítico. **2** Resenha ou recensão, quando publicada como seção, em um periódico especializado.

revisão de prova • [ED] O mesmo que revisão tipográfica.

revisão de texto • [ED] Revisão prévia dos originais antes da produção editorial.

revisão técnica • [ED] **1** Revisão completa e minuciosa, que procura corrigir, além dos erros de grafia, qualquer falha na disposição tipográfica. **2** Leitura de um original (ou tradução) por especialista no assunto de que a obra trata (ou no idioma traduzido), para conferir-se a fidelidade e precisão de conceitos, termos específicos, referências etc.

revisão tipográfica • [ED] Revisão de um texto já diagramado. O mesmo que revisão de prova.

revisor • [ED] Profissional encarregado da revisão. • [RTVC] Operador responsável pela inspeção visual de cópias de filmes, em um laboratório cinematográfico.

revista • [ED] Publicação periódica que trata de assuntos de interesse geral ou relacionados a uma determinada atividade ou ramo do conhecimento (literatura, ciência, comércio, política etc.). Veículo impresso ou digital, quase sempre ilustrado, que atinge a um público determinado de acordo com suas características específicas e sua linha editorial: há revistas de informação, de entretenimento, de propaganda ou mensagens institucionais ou doutrinária, artísticas, literárias, educativas, culturais, científicas, de humor etc. As revistas noticiosas, geralmente semanais ou mensais, seguem uma linha relativamente próxima à dos jornais, mas o tratamento das notícias é mais livre e interpretativo, a apresentação gráfica e o estilo redacional mais amenos e dá-se mais destaque a artigos, críticas, notas, entrevistas, fotorreportagens e fotolegendas.

revista de empresa • [RP] V. *house organ*.

rich-media banner • [TIC] Tipo de banner que combina recursos de áudio, vídeo, animação e fotografia. Ao acessá-lo, o usuário continua com a página principal aberta.

ringtone • [TIC] Som produzido por um telefone celular ou fixo para indicar que uma chamada ou mensagem está sendo recebida.

roaming • [TIC] Do ing. *roam*, vagar, perambular. Conectividade de um telefone celular e outros dispositivos de rede *wireless* (sem fio) fora de sua área de cobertura, ou seja, em locais distantes da área onde o aparelho está registrado. A ligação é completada por uma rede de outra operadora.

rodapé • [ED] Parte inferior de uma página de jornal, revista ou livro, de um anúncio, de um cartaz etc. V. nota de rodapé.

rosto • [ED] V. página de rosto.

rotativa • [ED] V. máquina rotativa.

roteador • [TIC] Dispositivo eletrônico que coordena as rotas seguidas pelas informações dentro de uma rede.

roteirista • [RTVC] Aquele que planeja e escreve roteiros de filmes, telenovelas, minisséries e documentários.

roteiro • [RTVC] **1** Estrutura de um filme. Codificação, para cinema, das ideias contidas no argumento. Texto de um filme, estruturado em uma série de sequências na ordem em que deverão ser apresentadas (assim como se organiza um romance em capítulos ou uma peça de teatro em atos e cenas), com indicações relativas a personagens, cenários e diálogos. O maior ou menor detalhamento do roteiro depende das estruturas de produção e do estilo de trabalho do realizador. Roteiros com indicações técnicas minuciosas, colunas descritivas de vídeo, de áudio (locução, música, ruídos), da duração de cada plano, dos ângulos de filmagem, da movimentação dos atores e outros detalhes, são geralmente características dos esquemas industriais de filmagem (grandes estúdios, superproduções nos moldes hollywoodianos). Nestes casos, raramente o roteirista e o diretor são a mesma pessoa. Já em outros esquemas de produção (no cinema de autor, p. ex.), o roteiro pode ser um simples esboço das ideias do diretor, com anotações e observações feitas durante a própria filmagem, ou pode, até mesmo, não estar escrito, mas sim apenas definido mentalmente por seu realizador. **2** Texto que indica previamente o desenvolvimento de um programa de rádio ou tv. V. script. • [PP] **1** Itinerário previamente traçado para os trabalhos de colagem de cartazes e outdoors. **2** Plano de trabalho em pesquisa.

roteiro de luz • [RTVC] Guia dos efeitos de luz que farão parte de um espetáculo, filmagem ou gravação. V. iluminação.

rotogravura • [ED] **1** Processo de heliogravura que utiliza como matriz um cilindro metálico revestido com uma camada de cobre em cuja superfície são gravadas as imagens destinadas à impressão. **2** Estampa obtida por esse processo.

rough • [ED] V. rafe.

rough mix • [RAV] Em ing., mistura preliminar, rascunho de mixagem. Pré-mixagem antes da mixagem definitiva.

royalty • [ED][MKT] Valor pago ao detentor de direitos de propriedade intelectual (direito autoral ou propriedade industrial), na exploração desses direitos por terceiros. V. copyright e licenciamento.

rubrica • [ED] [JN] Título ou entrada que constitui indicação geral do assunto, da categoria, de um conjunto determinado de elementos. Em jornalismo, chama-se rubrica, nessa acepção, a um título constante de matéria ou nota, a um assunto constante em determinada seção ou coluna, ou mesmo a uma posição fixa em determinada página, reservada para a colaboração constante de alguém. • [RTVC] Indicação específica, que geralmente se faz na margem esquerda de um script, para destacar um acontecimento no programa, como, p. ex., música, ruídos, efeitos de técnica etc. • [PP] Cada um dos nomes e endereços de representantes, agentes, vendedores, filiais do anunciante etc., incluídos no texto de acordo com a região em que o anúncio ou os impressos são distribuídos.

ruído • [FTC] Todo sinal considerado indesejável na transmissão de uma mensagem por um canal. Tudo o que dificulta a comunicação, interfere na transmissão e perturba a recepção ou a compreensão da mensagem. "Distúrbio que se insere no canal e pode alterar a estrutura física do sinal" (Eco). Todo fenômeno que ocasiona perda de informação durante o transporte da mensagem entre a fonte e o destinatário. V. redundância e comunicação. • [RAV] **1** Qualquer som indesejado, captado pelo microfone ou proveniente do próprio sistema de gravação. Ruído de fundo. **2** Sinal indevido. Qualquer distúrbio elétrico que interfere no funcionamento de um sistema de gravação, transmissão ou reprodução sonoras, percebido sob a forma de sons estranhos à emissão do sinal original. • [RTVC] **1** Interferência no sinal de vídeo, que provoca efeitos visuais de granulação irregular como fundo contínuo da imagem. **2** Qualquer efeito sonoro (exceto falas dos personagens ou fundo musical), geralmente sincronizado à imagem e com alguma importância dramática. Quando a filmagem é feita em cenário artificial, costuma ser necessário gravar, separadamente, os ruídos reais (batidas na porta, passos em escadas, buzinas de automóveis etc.) e sincronizá-los posteriormente às cenas filmadas. • [TIC] Flutuações ou perturbações aleatórias em um sistema elétrico, superpostas aos sinais, podendo ser gerados deliberadamente, para uso em efeitos sonoros, em um computador.

rush • [RTVC] Material rodado numa <u>filmagem</u> ou <u>gravação</u>, de cinema ou vídeo. Diz-se, geralmente, 'passar *rushes*', na edição de um filme ou de um programa de televisão, para definir se o material disponível serve ou não.

S

safe mode • [TIC] V. <u>modo de segurança</u>.

saia e blusa • [PP] Tipo de <u>anúncio</u> impresso, composto por uma ilustração que ocupa geralmente 2/3 do espaço, seguida, abaixo, pelo <u>título</u>, pelo bloco de texto e, por último, pela <u>assinatura</u> do <u>anunciante</u>.

saída • [TIC] [RAV] [RTVC] Qualquer <u>sinal</u> ou <u>informação</u> que sai de um determinado <u>sistema</u> ou qualquer mudança introduzida por um sistema num ambiente que lhe é exterior. P. ex., a transferência de informações da <u>memória interna</u> de um computador a uma <u>memória externa</u> ou a suportes externos de informação ou, em um equipamento de som, as saídas do amplificador para os alto-falantes, para um gravador etc. Em ing., *output*. • [RP] Qualquer informação processada, em uma organização, pelo setor de RP e já transformada em programas ou serviços para a comunidade.

sala de bate-papo • [TIC] Ambiente virtual, no <u>ciberespaço</u>, que reúne os participantes de um <u>chat</u>.

salvar • [TIC] **1** Gravar em qualquer dispositivo de armazenamento as informações que estão sendo processadas, para preservar a integridade dos dados. Conteúdos novos ou alterações em um <u>arquivo</u> podem ser salvos, seguidamente, à medida que o trabalho é feito. **2** Transferir, de um dispositivo de memória para outro, as informações de um arquivo.

sample • [MKT] Em ing., amostra. Produto de edição limitada, distribuído gratuitamente a potenciais consumidores, a fim de que estes possam experimentá-lo antes de se decidirem a comprá-lo. • [RAV] Trecho de som gravado.

sampleador • [RAV] [TIC] **1** Instrumento eletrônico que grava e armazena na memória vários *samples*, para posterior reprodução. Permite também a alteração das amostras de diversas formas. V. <u>sintetizador</u>. **2** Pessoa que produz os *samples*. Em ing., *sampler*.

samplear • [RAV] [TIC] Gravar, processar e montar composições de sons e/ou arranjos musicais por meio de um <u>sampleador</u>. V. *sample*.

sampler • [RAV] [TIC] V. <u>sampleador</u>.

sangrado • [ED] [RAV] Impressão que ultrapassa a margem (de um ou mais lados da página ou do papel fotográfico) indo até a <u>linha de corte</u> ou até a <u>dobra</u>. V. <u>sangrar</u>.

sangrar • [ED] [RAV] Fazer com que a <u>mancha</u> ou uma imagem fotográfica ultrapassem a margem da página ou do papel fotográfico (de qualquer dos lados ou mesmo de todos), imprimindo-se até a linha de corte ou até a linha de dobra. Pode-se sangrar toda a mancha (um anúncio, p. ex., impresso em todo o espaço do papel, de fora a fora, sem deixar margem) ou apenas um dos elementos da página (uma fotografia, p. ex., que se destaca do texto rompendo parte da margem).

santinho • [ED] **1** Pequena estampa com imagem religiosa, acompanhada ou não de texto. **2** P. ext., diz-se de um tipo de prospecto de propaganda eleitoral, com a foto do candidato e algumas informações básicas. • [RTVC] No jargão do telejornalismo, diz-se da imagem composta de um mapa com a localização de cidade e país, editada junto com a foto de um repórter ou entrevistado. Usado geralmente para reportagens feitas por telefone.

sapata • [RAV] Peça de encaixe entre o *flash* e a câmera. Algumas sapatas permitem contato direto, dispensando cabos de sincronismo.

satélite • [TIC] Repetidor de micro-ondas que orbita em torno da Terra para transmissões a longa distância. Um refletor situado no satélite capta o sinal enviado pela estação terrena e passa-o, sucessivamente, para o sistema de antena, para o receptor, para um translador de frequência e para o transmissor (todos componentes do satélite), que o envia de volta a outra parte da Terra através do seu próprio sistema de antenas e refletor.

sátira • [ED] Tipo de narrativa caracterizada pela crítica picante, mordaz e burlesca de determinada situação social, costumes, instituições ou pessoas. Encontrada já na comédia grega primitiva, na poesia e na prosa da Idade Média, a sátira situa-se hoje entre as modalidades de expressão essencialmente ligadas ao humor.

saturação • [RAV][RTVC] **1** Na reprodução em cores, a pureza espectral de uma cor. As cores saturadas representam somente um grupo limitado de longitudes de onda. A saturação é total nas cores primárias. **2** Máxima intensidade luminosa em uma tela de televisão. **3** Nível máximo da capacidade de um equipamento ou material de gravação ou de reprodução sonoras. Acima desse nível, ocorrem fenômenos de distorção. • [ED] Propriedade de uma cor, pela qual se distingue se ela é mais ou menos clara ou escura. O branco, que é o conjunto de todas as cores e apresenta a máxima intensidade de luz, possui saturação máxima. O inverso se produz com o preto, que não apresenta intensidade de luz e é, portanto, destituído de saturação.

sazonalidade • [MKT] Condição ambiental, ligada às épocas do ano em que determinados produtos são mais ou menos procurados. É o caso dos bronzeadores no verão, dos xaropes para tosse no inverno, das excursões turísticas nos períodos de férias etc.

scanner • [TIC] V. escâner.

scout • [ED] Do ing., observador. Profissional contratado pelas editoras como 'olheiro' em outros países. Geralmente bem informado e com bastante experiência no mercado editorial, o *scout* fornece indicações sobre lançamentos promissores, para a(s) editora(s) que representa.

screen • [TIC][RTVC] V. tela.

screen saver • [TIC] V. protetor de tela.

script • [RTVC] Texto dos diálogos, das narrações e das indicações cênicas (rubricas) de programas de televisão ou rádio, filmes ou espetáculos teatrais. Em cinema, diz-se mais comumente roteiro. Em teatro, é mais usual dizer-se texto. Em tv e rádio, a palavra inglesa *script* ainda é a mais usada. V. roteiro. • [TIC] Sequência de instruções, escrita em linguagem simples, para indicar a um programa como executar determinada tarefa.

scriptio continua • [ED] Em lat., escrita contínua. Estilo de escrita em que as palavras se sucedem sem separação de espaço entre elas.

scroll bar • [TIC] V. barra de rolagem.

secam • [RTVC] Acrônimo de *séquential couleur à mémoire*. Sistema de televisão em cores desenvolvido na França e adotado posteriormente também em países do Leste europeu e do Oriente Médio. Por este sistema, os dois sinais componentes, que combinam as três cores fundamentais (vermelho, verde e azul), são transmitidos em sucessão (um numa linha e outro na linha seguinte) e não simultaneamente, como nos outros dois sistemas (v. *PAL* e *NTSC*). O processo de decodificação no receptor conta com um dispositivo de retardo, pelo qual o primeiro sinal é retido o tempo necessário para ser alcançado pelo segundo, completando-se assim a informação cromática.

seção • [JN] **1** Parte de uma publicação (jornal, revista), de um programa televisivo ou radiofônico, *site* etc., onde se agrupam informações do mesmo gênero, ou sobre um mesmo tema. Ex.: esportes, economia, política, cidade, polícia, artes etc. V. coluna, notícia, nota, *suelto*, artigo, crônica, editorial e *feature*. **2** Parte da redação de um veículo informativo onde trabalham os profissionais responsáveis pelo mesmo tipo de matérias. V. editoria. • [ED] Subdivisão do texto de certos livros, geralmente maior do que o capítulo.

secretária eletrônica • [TIC] V. correio de voz.

segmentação de mercado • [MKT] **1** Processo de análise e identificação de mercado que consiste em dividi-lo em segmentos mutuamente excludentes com a finalidade de delimitar e melhor atingir o universo de consumidores ao qual se destina determinado produto. De acordo com o seu objetivo, diversos critérios e estratégias podem ser adotados para realizar a segmentação. Os mais frequentes são: a) **segmentação geográfica** – definição do mercado em função da divisão geográfica de um país ou região. Embora considerada obsoleta e ineficaz por alguns, esta forma de segmentação pode ser adequada quando as características socioculturais de consumidores de áreas distintas provocam, efetivamente, necessidades específicas diferentes. b) **segmentação demográfica** – parcelamento do mercado em função de variáveis demográficas tais como: idade, sexo, renda familiar, escolaridade, tamanho da família, posse de bens etc. Esta é a forma de segmentação mais utilizada pelas empresas brasileiras. c) **segmentação psi-**

cográfica – classificação dos consumidores de acordo com suas características psicológicas e da relação entre estas características e a compra de determinados produtos. A segmentação psicográfica associa variáveis de personalidade (agressividade, autoritarismo, dependência etc.) às variáveis de comportamento relativas ao produto (usuário, não usuário, ex-usuário etc.), e a variáveis que indicam a sensibilidade do consumidor a fatores de *marketing* (facilmente seduzido pela propaganda, suscetível a variações de preço etc.). d) **segmentação por benefício** – classificação dos consumidores em função das necessidades atendidas pelo produto. É considerada por alguns autores como uma variante da segmentação psicográfica. As variáveis se classificam em dois grupos: racionais (custo, conveniência, características do produto etc.) e psicológicas (status, segurança etc.). **2** P. ext., o método de pesquisa utilizado no processo de análise, identificação e divisão do mercado.

segmento • [RTVC] **1** Sequência, seção ou unidade, em um programa de rádio ou televisão. V. bloco. **2** Movimento da câmera durante uma tomada. **3** Tomada feita com a câmera em movimento. • [MKT] Parcela do mercado caracterizada por um determinado ramo de negócios, região, classe de consumidores, classe de produtos etc.

segmento-alvo • [MKT] Parcela do mercado, identificada através de pesquisa, formada por consumidores potenciais do produto oferecido. V. público-alvo.

segredo de negócio • [MKT] Critério de propriedade industrial referente ao conjunto de informações técnicas a respeito de determinados processos industriais, comerciais ou administrativos que, embora não patenteáveis, constituem parte integrante do patrimônio tecnológico (*know-how*) de uma empresa e que precisam ser protegidas, já que sua divulgação não autorizada resultaria em prática de concorrência desleal. Diz-se tb. segredo de fábrica ou segredo comercial.

segunda capa • [ED] V. contracapa.

segundo clichê • [JN] V. clichê.

segundo plano • [RTVC] Ação que se produz a certa distância do microfone ou que é reproduzida em volume menor, na mixagem, para transmitir ao ouvinte a sensação dessa distância. V. primeiro plano.

seletor de imagens • [RTVC] Dispositivo da mesa de controle, que permite selecionar um sinal de vídeo ou de som desejado, dentre os sinais captados pelas diversas câmeras, além de mesclar diferentes sinais (com efeitos de corte, fusão, cortina, *split-screen* etc.) e ligá-los ao circuito de transmissão. Diz-se tb. corte. Em ing., *switcher*.

selo • [ED][MKT] **1** Em sentido amplo, marca, sinal, distintivo. **2** Marca utilizada por empresas de comunicação como assinatura de seus produtos. **3** Marca utilizada por uma editora como assinatura de suas publicações. Na indústria fonográfica (editoras e gravadoras de discos) diz-se tb. etiqueta. **4** Marca que identifica uma determinada linha ou série de produtos editoriais. Uma empresa pode manter, além do selo geral, vários selos diferentes para linhas editoriais distintas. • [JN] Marca que distingue e ilustra um assunto focalizado em edições sucessivas de jornal, revista ou telejornal. • [PP] Símbolo visual identificador de campanha, evento, promoção, projeto, programa etc.

semiologia • [FTC] Termo usado pelo linguista suíço Ferdinand de Saussure para indicar a ciência geral dos signos, entendidos como a união entre forma e sentido e, por conseguinte, responsáveis pela produção de ideias e conceitos. A semiologia seria, assim, uma teoria aplicável à compreensão de qualquer fenômeno cultural e, p. ext., a qualquer processo comunicativo. Seu desenvolvimento teórico ocorreu paralelamente ao da semiótica, pelo filósofo norte-americano Charles Sanders Peirce, com a qual se confunde. As duas palavras têm origem no grego *sémeion*, que quer dizer signo. Em textos anteriores à proposição de Saussure pela criação da semiologia, Peirce postula a semiótica como disciplina autônoma, com ênfase à lógica (ao passo que Saussure enfatizaria o aspecto linguístico e social do signo). Sobre o uso de um ou de outro termo (semiologia ou semiótica?), ainda hoje empregados ao sabor da linha que se siga – Saussure ou Peirce –, Umberto Eco propõe uma convenção a partir de seu ponto de vista, pessoal e pragmático: "Chamar de 'semiologia' uma teoria geral da pesquisa sobre fenômenos de comunicação vistos como elaboração de mensagens com base em códigos convencionados como sistemas de signos; e (...) de 'semióticas' esses sistemas isolados de signos."

semiótica • [FTC] V. semiologia.

senha • [TIC] Conjunto determinado de caracteres que servem como chave para se ter acesso aos dados de um computador, a certos arquivos, programas, ou a determinados serviços em redes de computadores. Em ing., *password*.

sensacionalismo • [JN] **1** Estilo jornalístico caracterizado por intencional exagero da importância de um acontecimento, na divulgação e exploração de uma matéria, de modo a emocionar ou escandalizar o público. Esse exagero pode estar expresso no tema (no conteúdo), na forma do texto e na apresentação visual (diagramação) da notícia. O apelo ao sensacionalismo pode conter objetivos políticos (mobilizar a opinião pública para determinar atitudes ou pontos de vista) ou comerciais (aumentar a tiragem do jornal). V. imprensa marrom. **2** Qualquer manifestação literária, artística etc., que explore sensações fortes, escândalos ou temas chocantes, para atrair a atenção do público.

sensibilidade • [RAV] **1** Grau de capacidade de uma emulsão fotográfica para registrar imagens em branco e preto ou em cores, por incidência de um feixe de luz. V. *ASA*. **2** Intensidade adequada do sinal na entrada de um circuito ou de componentes (microfones, sintonizadores de FM etc.), para atingir, na saída, um nível de referência predeterminado.

separação de cores • [RAV] [ED] Técnica de decomposição de uma imagem original em duas ou mais cores componentes. As cores separadas podem ser novamente combinadas para a reprodução da imagem no seu aspecto original. Para impressão de imagens em policromia, as cores de um original são decompostas e impressas separadamente, de modo a compor a imagem nas cores que se deseja obter.

separata • [ED] **1** Folheto que contém parte de uma publicação mais extensa (revista, jornal ou livro). É impresso em separado, aproveitando-se em alguns casos o material gráfico (artes, fotolitos etc.) usado anteriormente. **2** Parte de uma publicação que se agrega ao conjunto. Pode ser uma folha avulsa encartada no miolo, um folheto, ou um ou mais cadernos (editados em estilo que os distingue do conjunto, mas com ele encasados normalmente). Recurso usado em revistas para matérias especiais, em cadernos destacáveis da publicação. V. encarte.

sequência • [RTVC] Conjunto de cenas que se referem à mesma ação. Divisão narrativa de um filme. As cenas que se reúnem em sequência não estão situadas forçosamente dentro do mesmo espaço e tempo, mas são definidas por uma unidade de ação, tema ou movimento.

seriado • [RTVC] Diz-se de cada filme ou programa que integra uma série. Em alguns casos (como nas novelas em capítulos), o episódio contém apenas parte de uma narrativa maior. Em outros, cada episódio contém uma história autônoma, como ocorre nos seriados de aventura, desenho animado ou *sitcom*. Em todos esses casos, os episódios de uma série são relacionados entre si por desenvolverem o mesmo tema central, em torno dos mesmos protagonistas, com a mesma linha dramática e a mesma filosofia de produção. Os seriados são apresentados em dias e horários determinados, sempre sob o mesmo título geral, podendo variar apenas o título do episódio. V. novela e minissérie. • [ED] **1** Publicação editada em partes sucessivas, a intervalos regulares ou não, sem limite previsto de continuidade, numerada sequencialmente e, geralmente, datada. Classificam-se como seriados os periódicos (diários, anuários etc.), boletins (v. boletim), atas, memórias, relatórios e anais. **2** Cada um de uma série de trabalhos relacionados entre si por um tema ou por tratamento comum e editados em partes sucessivas, sob um título coletivo e geralmente em formato uniforme. V. série.

série • [RTVC] Sequência de episódios relacionados entre si, exibidos sob o mesmo título geral, em dias e horários determinados. V. seriado e minissérie. • [ED] Conjunto de livros, sobre um tema específico, com autores e títulos próprios, reunidos sob um título comum. V. coleção. • [JN] Conjunto de matérias, geralmente do mesmo gênero (reportagens, artigos, histórias etc.), publicadas em jornal ou revista, geralmente numeradas e em edições consecutivas.

serifa • [ED] Pequeno traço, em forma de filete, barra ou simples espessamento, que finaliza (remata) as hastes das letras, de um ou de ambos os lados, na maioria dos caracteres tipográficos (v. caráter tipográfico). Deriva de elementos da escrita cursiva, na qual os caracteres são unidos entre si para agilizar a escrita e facilitar a leitura. Sua origem remonta às inscrições de monumentos romanos da Antiguidade, provavelmente com a função de proteger as letras do peso da chuva, além de ser um recurso estético de acabamento do desenho dos caracteres. Também grafado cerifa. Diz-se tb. filete.

serigrafia • [ED] **1** Processo de impressão criado em 1907 pelo artesão inglês Samuel Simon. Consiste em fazer passar a tinta, com um rolo ou rodo, através de uma tela de seda, náilon, aço inoxidável etc., para a superfície a ser impressa. A tela é preparada de diversas maneiras (impermeabilizada com verniz ou mesmo com papel formando uma espécie de máscara, que pode ser preparado fotograficamente), para ser atravessada pela tinta somente nos lugares que devem ficar impressos. Versátil e variado, este processo pode ser trabalhado manualmente ou por meio de prensas apropriadas, algumas completamente automáticas. Permite imprimir sobre qualquer superfície, não tendo limite de tamanho. O nome serigrafia provém do lat. *sericum*, seda e do gr. *graphéin*, escrever, descrever, desenhar. Costuma-se usar também a expressão inglesa *silk screen* (tela de seda) principalmente para as aplicações comerciais e industriais deste processo, havendo uma tendência a designar como serigrafia especialmente os trabalhos de natureza artística. **2** Estampa obtida por esse processo.

serviço móvel celular • [TIC] V. celular.

servidor • [TIC] Máquina com função de gerência dos recursos disponíveis dentro de uma rede. Algumas redes têm um servidor dedicado a cada serviço. Há servidores de exibição de páginas, de impressão, de correio eletrônico etc. Os servidores na internet são classificados por siglas que designam seu setor de atividade; p. ex.: edu — servidores de instituições educacionais; gov — instituições governamentais; org — organizações sem fins lucrativos; com — comerciais.

sessão • [RTVC] Espaço de tempo que dura um espetáculo de teatro ou de cinema. Cada apresentação de uma peça teatral ou de um filme. • [TIC] **1** Espaço de tempo dedicado a cada navegação na internet. **2** Cada vez que um internauta passa por um determinado *site* e visita pelo menos uma página. V. *hit* e *page view*.

set • [RTVC] V. cenário.

sete cês • [MKT] V. quatro pês.

setor • [JN] Cada uma das áreas de ação em que são subdivididos os trabalhos de cobertura jornalística executados por repórteres especializados (*setorizados*). V. editoria.

setting • [RTVC] **1** Tempo, lugar ou ambiente em que se desenrola uma trama literária ou cinematográfica. Atmosfera ou clima psicológico que envolve uma narrativa. **2** Ambientação (escolha dos locais para as tomadas externas, criação de interiores etc.) de um enredo cinematográfico.

share of mind • [PP] Medida de aferição do conhecimento da marca de produto ou instituição que um determinado público tem na memória, em dado momento. V. *market share*.

shareware • [TIC] Programa de computador, criado por autor independente, que oferece ao usuário um período de experiência gratuito. Após o término desse período, o usuário que quiser continuar usando o programa deverá pagar uma taxa pré-definida a título dos direitos de propriedade intelectual. Alguns *sharewares*, após expirado o limite de uso, só funcionam com senha, que pode ser obtida mediante pagamento da taxa de registro. V. *freeware*.

shot • [RTVC] V. tomada.

show-room • [MKT][PP][RP] Local preparado para exibição de painéis (v. painel), estandes, produtos etc. Pode ser temporário ou permanente, fixo ou móvel (p. ex., instalado no hall de uma empresa ou em um centro de convenções).

shrink • [ED][MKT] Película transparente e fina de PVC, que encolhe por aquecimento amoldando-se ao produto, utilizada para embalagem de verduras, legumes, frutas, carnes etc., além de revistas, livros e outros produtos de pequeno porte. No jargão dos profissionais que lidam com esse processo, usa-se o verbo 'chirincar' (neologismo derivado do ing. *shrink*, encolher, contrair) para o ato de envolver um produto com esse material.

sic • [ED] Palavra latina que significa 'assim', empregada entre parênteses ou colchetes, ao fim de uma citação ou depois de uma palavra, para indicar que o texto original ou a declaração de determinada pessoa foi assim, por mais estranho, errado ou absurdo que pareça. Sua utilidade é frisar que se trata de transcrição exata, pela qual o autor não se responsabiliza, e que (principalmente nos casos de erros evidentes de grafia ou concordância) não houve engano na cópia ou descuido na revisão.

sigla • [FTC] Redução de um conjunto de palavras (que formam geralmente um nome de instituição, marca ou título) por suas letras ou sílabas iniciais. Pode ser composta de diversas formas: pela combinação da primeira letra de cada palavra, sem formar uma nova palavra (ex.: CNBB – Conferência Nacional de Bispos do Brasil); pelas letras iniciais formando uma nova palavra (*Nasa – National Aeronautic and Space Administration*); sílabas iniciais formando palavra (Denatran – Departamento Nacional de Trânsito); partes iniciais – sílaba ou letras – formando palavra (Funai – Fundação Nacional do Índio), neste caso tb. chamada de acrônimo, acrograma ou acrógrafo. A sigla funciona como um signo convencional, muitas vezes com valor de marca.

significação • [FTC] Processo, ou ato, que une o significado ao significante. V. signo.

significado • [FTC] V. signo.

significante • [FTC] V. signo.

signo • [FTC] Tudo aquilo que, sob certos aspectos e em alguma medida, substitui alguma outra coisa, representando-a para alguém. A noção de signo é básica e essencial em qualquer ciência relacionada à comunicação, inclusive ao estudo da comunicação não verbal. Para Saussure, "o signo linguístico une não uma coisa e uma palavra, mas um conceito e uma imagem acústica". Assim, o significado não é o objeto real ao qual nos referimos, e sim uma referência, uma imagem mental ou abstrata, um conceito. O significante, da mesma forma, não é (no caso da palavra) o som material, a emissão vocal, o impulso físico, mas sim a imagem acústica (a marca psíquica) desse som. Ainda segundo Saussure, "o elo que une o significante ao significado é arbitrário", na medida em que um e outro não mantêm entre si nenhum "laço natural na realidade". Segundo Umberto Eco, o elo entre significante e significado é imposto pela língua (que é um código), tornando-se necessário para quem fala.

silk screen • [ED] V. serigrafia.

simulador • [TIC] V. realidade virtual.

sinal • [FTC] Impulso físico em que se converte uma mensagem, para atingir o seu destino. Fato perceptível e sensorial, que nos dá a conhecer alguma coisa por meio de outra. V. signo e comunicação. • [TIC] **1** Forma ou variação de um feixe de ondas ou de um impulso eletrônico, que transporta uma informação possível de ser decodificada na recepção. **2** Onda ou conjunto de ondas que se propagam em um canal de telecomunicações (v. telecomunicação) e se destinam a agir sobre um órgão receptor. **3** Numa onda modulada, uma oscilação que modula a outra. **4** Comunicação de uma emissora de radiodifusão, recebida por meios eletrônicos.

sinal de revisão • [ED] Cada um dos símbolos convencionais utilizados pelos revisores, para indicar em uma prova impressa as correções necessárias.

sinalização • [ED] **1** Sistema de sinais utilizados em ambiente abertos ou fechados, principalmente para fins de orientação, advertência e publicidade. Ex.: sinais de trânsito, marcos geográficos, placas informativas em um edifício. **2** O conjunto dos meios de comunicação utilizados com esse objetivo: placas, faixas, quadros, cartazes, setas, tótens, painéis etc. **3** Cada um desses meios. **4** O conjunto das mensagens verbais ou icônicas (v. glifo) transmitidas por um sistema desse tipo. **5** Cada uma dessas mensagens. Diz-se tb. em ing., *sign*.

sincronia/diacronia • [FTC] Dicotomia da teoria de Saussure que estabelece dois tipos de enfoque para o estudo linguístico: o sincrônico, que é como um corte longitudinal, a partir do qual se isola uma língua em um determinado momento de seu desenvolvimento histórico; esse momento pode ser o atual ou qualquer outro considerado isoladamente; o diacrônico, no qual a língua é considerada em seu desenvolvimento através do tempo; nessa perspectiva, são desenvolvidos estudos comparativos que, p. ex., estabelecem princípios que explicam a forma atual de uma língua a partir de seus estágios históricos.

sincronismo • [RTVC] Equilíbrio formal entre os elementos sonoros e elementos visuais, na feitura ou na apresentação de audiovisual, filme etc. Em cinema, o sincronismo pode ser obtido após a filmagem (pós-sincronização) ou pelo registro simultâneo de som e imagem (som direto). • [RAV] **1** Relação precisa entre a luz e o tempo de disparo do *flash* com a abertura do obturador. Este sistema assegura que o obturador permaneça aberto enquanto o *flash* atinge o máximo de intensidade. Diz-se tb. sincronização. **2** Ligação feita entre a câmera e o *flash*, ou entre *flashes*. Pode ser feita por intermédio de cabos ou de maneira direta, entre câmera e *flash*, ou através de fotocélulas quando entre *flashes*. **3** Dispositivo onde se encaixa o cabo do *flash*.

sincronismo labial • [RTVC] Ato ou efeito de sincronizar aos movimentos labiais dos personagens de um filme, desenho animado, as falas gravadas antes ou depois da imagem (v. dublagem e *playback*).

sinete • [ED] **1** Pequena chapa ou carimbo gravado em alto ou baixo-relevo, próprio para imprimir brasão, assinatura ou chancela, manualmente, em papel, em lacre etc. **2** Cabeça; timbre.

sinopse • [ED] Esquema breve das articulações semânticas de um texto (de uma obra literária, das ações de um filme, de uma peça teatral etc.). Apresenta a ideia principal e suas derivações. Segundo as normas da ABNT, "sinopse é a apresentação concisa do texto de um artigo, obra ou documento que acompanha, devendo ser redigida pelo autor ou pelo editor", enquanto o resumo é "frequentemente redigido por outra pessoa que não o autor". Embora já tenha considerado a autoria um critério para diferenciar resumo de sinopse, a ABNT reconhece que sinopse como termo de referência para o resumo feito pelo autor caiu em desuso. V. resumo, sumário e índice. • [RTVC] **1** Breve exposição de um argumento cinematográfico, com resumo do enredo, indicação de tempo e espaço em que se desenrolam as ações e características principais dos personagens. A sinopse serve de base aos estudos dos produtores e realizadores sobre as possibilidades de realização e êxito. **2** Resumo, em poucas linhas, do enredo de um roteiro, conto, romance ou qualquer outro texto literário, principalmente com tratamento ficcional. Maior do que o *plot* e menor do que o argumento. Diz-se tb. *storyline*.

sintagma/paradigma • [FTC] Dicotomia da teoria de Saussure que descreve relações estabelecidas entre os signos linguísticos no processo do desenvolvimento da linguagem verbal. Segundo Saussure, o paradigma é um conjunto de unidades em relação de exclusão; a seleção de um elemento pertencente a um paradigma e a sua combinação com outro(s) proveniente(s) de outro(s) paradigma(s) dá origem a um sintagma, uma estrutura linguística formada a partir de unidades que, articuladas, passam a desempenhar funções específicas em relação às outras.

sintetizador • [RAV] Instrumento eletrônico capaz de criar sons artificiais por meios digitais, reproduzindo os mais variados timbres e tipos sonoros como instrumentos musicais acústicos e elétricos, sons da natureza, vozes e ruídos em geral. • [RTVC] Gerador de imagens, capaz de reproduzir eletronicamente informações visuais de fontes distintas, criando efeitos de computação gráfica. • [ED] Dispositivo de escrita automática, capaz de compor letras e outros elementos a partir de grafismos elementares previamente programados e geralmente acessados por meio de códigos numéricos.

sintetizar • [ED] **1** Resumir (texto) a partir de um texto anterior ou de um conjunto de informações disponíveis, selecionando as informações mais relevantes conforme os objetivos e as características do veículo e da mensagem a ser transmitida. **2** Condensar (material editado de texto, vídeo e áudio etc.) para a produção de versão reduzida. • [TIC] Produzir (formas, substâncias, sons, imagens etc.) por meios artificiais. V. sintetizador.

sintonia • [TIC] Coincidência entre as frequências de oscilações radioelétricas de dois sistemas. Um transmissor e um receptor estão em sintonia quando o segundo recebe de modo perfeito as emissões (v.

emissão) do primeiro. V. dial. • [RTVC] Proporção da audiência de uma emissora (ou de um determinado programa ou horário) sobre o total de receptores ligados.

sintonizador • [TIC] Parte do receptor que contém circuitos de sintonia. • [RAV] Receptor AM e/ou FM, acoplado, como as outras fontes de sinais (v. sinal), a um amplificador e a caixas acústicas. Em ing., *tuner*.

sistema • [FTC][TIC] Conjunto de elementos interdependentes e/ou inter-relacionados, de modo a formar um todo organizado. • [RTVC] Conjunto de veículos de comunicação, integrados em função de objetivos comuns ou pertencentes a um mesmo grupo empresarial.

sistema central de marketing • [MKT] Componente do sistema de marketing formado pela "rede de instituições-chave que interagem a fim de suprir os mercados finais com os bens e serviços de que necessitam" (Kotler). Fazem parte do sistema central de *marketing*: a empresa, a concorrência, os fornecedores, os intermediários e o mercado.

sistema de comunicação • [MKT] [RP] Conjunto integrado de normas, material e pessoas, engajados a um planejamento de comunicação, de modo a estabelecer uma unidade de mensagem, evitar a dispersão de meios e esforços, dar visão geral e integral dos problemas e maior flexibilidade na consecução dos objetivos.

sistema de *marketing* • [RP] Sistema formado por todos os elementos direta ou indiretamente envolvidos na relação entre a organização e seus mercados. Não se trata simplesmente de um conjunto, ou seja, de um agrupamento de elementos. Trata-se de um sistema, no qual a atuação de cada um dos elementos afeta não apenas todas as outras partes como modifica a configuração total. Kotler divide o sistema de *marketing* em sistema central de *marketing*, públicos da organização, macroambiente e ecossistema.

sistema operacional • [TIC] Software que controla e supervisiona as operações internas de um computador. Se o sistema operacional não estiver funcionando, não será possível operar as funções básicas do computador.

sitcom • [RTVC] Abrev. do ing. *situation commedy*, comédia de situação. Gênero de seriado humorístico, originalmente característico da televisão norte-americana, apresentado geralmente em episódios com duração de 25 a 50 minutos. Difere da telenovela, pois os episódios são quase sempre histórias completas, que têm em comum os personagens centrais.

site • [TIC] **1** Local do ciberespaço, formado por um conjunto de páginas da web, onde o usuário encontra as informações de seu interesse. Forma básica de organização de informações na internet. **2** Página ou conjunto de páginas, criadas em linguagem de hipertexto (*HTML*). Cada *site* é localizado por um determinado endereço eletrônico, que pode ser genérico para um conjunto de páginas ou específico de cada página ou seção. Diz-se tb. sítio (que tem a mesma origem da palavra inglesa *site*, do latim *situs*, lugar, posição) e *website*. **2** Termo genérico que designa uma área de informações na internet. Pode ser um único servidor ou um conjunto mais abrangente deles. V. *homepage*.

skimming • [MKT] Estratégia de determinação de preço de um produto novo no mercado. Ao contrário da estratégia de penetração, o *skimming* consiste em lançar o produto a preços elevados, procurando atingir o segmento da população disposto a pagar mais caro. Posteriormente, quando surgem produtos similares no mercado ou quando a empresa considera que uma redução do preço poderá aumentar as vendas, o preço tende a cair.

skin • [TIC] Em ing., pele. Interface gráfica que permite substituir a aparência padrão do *software* na tela do computador, sem mudar os seus recursos básicos.

slide • [RAV] Diapositivo fotográfico. Foto positiva e transparente, com base em acetato de celulose. Ao contrário do diafilme, o *slide* é um quadro isolado, de filme de 35 mm, geralmente montado em moldura de plástico ou papelão e ampliado por meio de projeção diascópica. • [PP] Cada um dos anúncios colocados ao redor de mapas, em guias de endereços ou logradouros.

slogan • [PP] Frase concisa, marcante, geralmente incisiva, atraente, de fácil percepção e memorização, que apregoa as qualidades e a superioridade de um produto, serviço ou ideia. Palavra inglesa, derivada da gálica *sluagh-ghairm*, que significa chamamento às armas, convocação para o exército, grito de guerra. Em publicidade, costuma-se utilizar um mesmo *slogan* em todas as peças de uma campanha ou durante longos períodos, repetidamente e sem alteração. Embora o *slogan* não seja um elemento indispensável na propaganda, a maior parte das mensagens publicitárias faz uso desse recurso, como forma de sintetizar a imagem que se pretende 'vender' para o público e de fixar os principais atributos do que é anunciado.

slow motion • [RTVC] V. câmera lenta.

smart card • [TIC] Em ing., cartão inteligente. Cartão dotado de *chip* que armazena informações. Usado em serviços de caixa eletrônico, cartões de crédito, cartões de débito, catracas automáticas, controles de presença, planos de saúde etc.

smartphone • [TIC] Em ing., telefone inteligente. Aparelho de telefonia móvel com características de um computador, como sistema operacional próprio, maior capacidade de memória e conexão a redes de dados para acesso à internet. Com mais recursos que um telefone celular comum, pode assumir diversas funcionalidades, por meio dos programas ou aplicativos que podem ser baixados.

smiley • [TIC] Em ing., sorridente. Tipo de *emoticon* representado por uma expressão facial alegre, geralmente amarela. Criado em 1963 pelo *designer* Harvey Ball, para a campanha de *endomarketing* de uma companhia de seguros, seu uso se disseminou pela internet, principalmente nas redes sociais (v. rede social) e mensagens de e--mail, mas também na publicidade e no jornalismo de entretenimento.

SMS • [TIC] Abrev. de *short message system*, sistema de mensagens curtas. Padrão utilizado em telefonia celular para transmissão de mensagens escritas.

SMTP • [TIC] Acrônimo de *simple mail transfer protocol*. Protocolo utilizado para troca de mensagens de correio eletrônico.

sobrecapa • [ED] Cobertura de papel que envolve e protege a capa do livro. A sobrecapa tem o mesmo formato do livro, é móvel (solta) e geralmente impressa como as capas em brochura. Contendo informações sobre o livro, apelo visual, orelhas etc., funciona como elemento publicitário, especialmente em livros encadernados.

sociedade arrecadadora • [ED] Entidade formada por titulares de direitos autorais e direitos conexos, que se encarrega de recolher, para repassar a seus integrantes, as quantias correspondentes a esses direitos devidas por emissoras de radiodifusão, casas de espetáculos, clubes etc.

software • [TIC] Conjunto dos procedimentos, regras e métodos de programação e exploração de computadores e equipamentos de um sistema informático. Sequência de instruções codificadas que, quando acessadas devidamente, fazem com que o computador execute determinadas funções. Parte não tangível da máquina. Diz-se tb. programa de computador, ou conjunto de programas. (Por ter significado de coletivo – conjunto de elementos – não é considerado correto o uso da palavra *software* no plural.)

***software* livre** • [TIC] **1** Programa distribuído com código aberto, o que lhe permite ser alterado por outras pessoas ou até mesmo aproveitado no desenvolvimento de outros programas, desde que sejam mantidos os créditos ao autor original e que o novo código continue aberto. **2** Movimento iniciado no início da década de 1980 por Richard Stallman ao fundar a Free Software Foundation. V. domínio público.

soho • [MKT][TIC] Acrônimo de *small office, home office* (escritório pequeno, escritório em casa). **1** Tipo de empresa ou de profissional com essas características. **2** O conjunto do público, ou do mercado-alvo, formado por esses profissionais. V. *home office*.

soirée • [RTVC] Sessão noturna de cinema, teatro etc. V. matinê.

solilóquio • [ED][RTVC] Recurso expressivo que consiste em verbalizar, sempre na primeira pessoa, o que se passa na consciência de um personagem. Monólogo interior.

som adicional • [RTVC] **1** Adicionamento de qualquer som (fundo musical, efeitos sonoros, vozes etc.) a um filme ou vídeo, depois da filmagem ou gravação. V. dublagem. **2** Ato ou efeito de sobrepor ao áudio de um programa de tv, ao vivo ou gravado, qualquer som que não provenha do local onde as imagens estão sendo geradas.

som ambiente • [RTVC] Conjunto de sons existentes em determinado local e em determinado momento. Usado no cinema e em reportagens para televisão e rádio, o som ambiente ajuda o público a identificar o assunto ou o contexto, como uma espécie de cenário sonoro.

sombras chinesas • [RTVC] V. animação.

sombrinha • [RAV] Tipo de refletor em forma de guarda-chuva aberto, geralmente montado sobre tripé. É utilizado em estúdio fotográfico para tornar difusa a luz da lâmpada instalada em seu centro.

som direto • [RTVC] Técnica de filmagem com gravação simultânea dos sons (vozes e efeitos sonoros diversos), dispensando assim a dublagem posterior.

som-guia • [RAV] Base já gravada, de um ou mais instrumentos (ou vozes), que serve de guia à gravação posterior de outros canais (v. canal), de solo ou acompanhamento. A produção de fonogramas de música popular segue geralmente este sistema de se gravar em separado a voz do cantor, ou o solo, e cada parte do conjunto. As gravações anteriores servem de som-guia, que é ouvido pelos músicos por meio de audiofones, enquanto executam a sua parte. • [RTVC] **1** Gravação prévia do som de uma cena a ser filmada ou gravada. **2** Gravação, durante a filmagem, do texto dito pelos atores, que servirá de guia para dublagem.

som óptico • [RTVC] **1** Método de gravação de som que consiste em converter os sinais elétricos de som em intensidade ou comprimento de feixe de luz, a fim de registrar esses sinais em emulsão sensível. Cria-se, desta forma, uma pista ou trilha sonora óptica de densidade ou área variável. Hoje usado principalmente na preparação de cópias para distribuição. **2** Som gravado em película fotográfica, mediante exposição e revelação da faixa sonora sensível à luz. Este processo de registro de som em filmes cinematográficos consiste em fazer incidir um raio modulado de luz sobre uma película fotossensível, movida a uma velocidade constante. Uma fotocélula emite um raio finíssimo de luz, que oscila em função do volume e da intensidade do som. As modulações de luz são registradas, quer como área variável, quer como densidade variável, passíveis de serem decodificadas e reproduzidas em um projetor de cinema sonoro. (Existem o negativo e o positivo do som óptico, assim como o negativo e o positivo da imagem.)

songbook • [ED] [RTVC] Em ing., livro de canções. **1** Coletânea de partituras, letras e acordes cifrados das composições musicais de um determinado autor ou intérprete. Pode ser editado em forma de antologia ou apenas conter as músicas de um só disco, trazendo, também, informações complementares como fotos, textos biográficos, discografia, depoimentos etc. **2** Antologia fonográfica, contendo músicas de um determinado artista gravadas por um ou vários intérpretes.

sonoplastia • [RTVC] **1** Estudo, seleção e aplicação de efeitos sonoros em cinema, rádio, teatro e televisão. **2** Especialidade que consiste na seleção e adequação de todas as sonorizações e efeitos sonoros, editados previamente, gravados ou montados ao vivo, necessários à produção de filme, programa radiofônico ou de tv, de acordo com as exigências do roteiro. **3** Diz-se do trabalho de equilibrar a emissão de som proveniente de vários canais (microfones, discos, fitas – v. microfone, disco e fita), misturá-los na correta proporção, com os necessários cortes e *fades*, para uma transmissão radiofônica ou de tv. V. mixagem.

sonora • [JN] Em radiojornalismo ou telejornalismo, diz-se do trecho de uma entrevista gravada que é selecionado para compor a edição de uma notícia, confirmando ou complementando o texto do repórter.

sonotécnica • [RTVC] Realização técnica dos efeitos de sonoplastia.

spam • [MKT] [TIC] **1** Mensagem não solicitada. Abrange o chamado *junk mail* (lixo de correspondência) e o *UCE* (*unsolicited commercial e-mail*). Costuma ocorrer principalmente na forma de correspondência eletrônica contendo ou não mensagem publicitária, expedida sem solicitação ou consentimento dos destinatários, mesmo que estes não sejam em grande número. A prática de *spam* não é considerada ilegal, pois não existe legislação específica que proíba esse tipo de publicidade na internet. Originalmente, a palavra *spam* era uma conhecida marca americana de alimentos em lata, cujo nome, criado por Kenneth Daigneau, foi escolhido em um concurso promocional no ano de 1937. **2** Instrumento de webmarketing capaz de atingir, a custos baixos, grande número de destinatários ou segmentos específicos de clientes potenciais. Graças à rapidez, baixo custo e facilidade de resposta do correio eletrônico, este recurso apresentaria vantagens em relação aos meios convencionais de marketing direto. No entanto, existe uma série de desvantagens no uso do *spam* com objetivos de *marketing*: as reclamações dos usuários podem resultar em advertências, cancelamentos de e--mails e até mesmo desativação de páginas da internet.

spammer • [TIC] Pessoa responsável pelo envio de spam.

speaker • [RTVC] O mesmo que locutor.

splitrun • [ED] O mesmo que reparte. • [MKT] [PP] Estratégia de veiculação que consiste em publicar mensagens publicitárias variadas, de um mesmo anunciante, em diferentes repartes de uma edição de jornal, revista etc. Estratégia utilizada para atingir, por segmentação, *target groups* diferenciados em um mercado local. A *splitrun* pode ser usada também como teste, para avaliar a eficácia de diferentes formas de anúncio. P. ex.: em repartes diversos publicam-se anúncios diferentes, mas com dimensões iguais e ocupando a mesma página e a mesma posição, na revista ou jornal. Em cada anúncio coloca--se um cupom, que dará a quem remetê--los o direito a um folheto ou a qualquer outro brinde. O anúncio que obtiver maior retorno de cupons será, então, considerado o mais eficaz.

splitscreen • [RTVC] Efeito especial por meio do qual se colocam na tela, de televisão ou de cinema, duas ou mais imagens ao mesmo tempo, sem superposição. Processo eletrônico que permite dividir a tela de várias maneiras diferentes. O mais usual é a divisão em metades: direita e esquerda.

spot • [RAV] V. *spotlight*. • [PP] [RTVC] **1** Comunicação breve, em televisão ou rádio. Dura geralmente de 15 a 30 segundos, e pode conter mensagem comercial ou não. Em televisão, consagrou-se pelo uso o termo comercial para qualquer anúncio publicitário. Em rádio, diz-se também *spot*. **2** Texto publicitário para transmissão radiofônica. Pode ter fundo musical ou efeitos sonoros, mas a força da mensagem está na palavra falada. Distingue-se de *jingle*, que é o comercial cantado.

spotlight • [RAV] **1** Feixe de luz estreito e concentrado, proveniente de um refletor. **2** P. ext., o mesmo que refletor. Diz-se também *spot*. **3** Efeito provocado pelo uso desse recurso de iluminação.

stakeholder • [RP] Qualquer indivíduo ou grupo de indivíduos que podem afetar a realização dos objetivos de uma organização, ou ser afetado por ela. Este conceito inclui pessoas, grupos e instituições em geral, como p. ex.: acionistas, empregados, clientes, consumidores, parceiros de negócios, competidores, meios de comunicação, grupos de interesse, fornecedores, órgãos do governo, organizações não governamentais e organizações da comunidade local. A noção de *stakeholder*, segundo Donaldson e Preston, traz uma nova perspectiva sobre a responsabilidade social dos negócios. Cada empresa (ou grupo empresarial) é vista como "uma constelação de interesses competitivos e corporativos", cujas ações, decisões, políticas e metas vão impactar de alguma forma as pessoas ou segmentos de público que a ela estejam ligados direta ou indiretamente, ou que tenham algum interesse relacionado às suas atividades. O *stakeholder* tem um elo com a organização, e o comportamento de um gera consequências sobre o outro, afetando também o ecossistema social. O termo *stakeholder* (originalmente, em ing., pessoa depositária do dinheiro de apostas) é usado às vezes como sinônimo de investidor ou mesmo de público, mas o seu sentido atual é bem mais amplo e não implica necessariamente a condição de ser afetado diretamente pelas decisões da organização ou de afetar a organização com suas decisões.

stand-by • [JN] Diz-se da matéria jornalística fria, que fica pendente para publicação no momento oportuno.

stand up • [JN] [RTVC] Matéria externa, gravada ou ao vivo, em que o repórter permanece enquadrado no vídeo durante todo o tempo, transmitindo a notícia.

stand-up comedy • [RTVC] Modalidade de espetáculo em que o artista, geralmente atuando só, apresenta-se de pé, interpretando ao microfone textos de humor (monólogos, anedotas, eventualmente diálogos com a plateia e números musicais), em bares, cafés-teatro e programas de televisão.

star-system • [RTVC] Sistema promocional que compreende desde a detecção da futura estrela até o seu lançamento e consagração no mercado. Lançamento e promoção de vedetes.

steady cam • [RTVC] Equipamento composto de um sistema de amortecedores que, montado no corpo do cinegrafista e acoplado à câmera, permite que se registre a imagem como se a câmera estivesse sobre um tripé e conduzida sobre um trilho. As imagens, apesar do movimento do cinegrafista que pode andar ou até mesmo correr, saem perfeitas, sem tremidos ou saltos.

still • [RTVC] **1** O mesmo que fotografia de cena. **2** Recurso que permite o congelamento da imagem.

stop motion • [RTVC] **1** Efeito de filmagem ou edição de filme ou vídeo que mostra imagens fixas em sequência, como se fossem *slides*, sem a continuidade normal dos fotogramas e a velocidade que produz ilusão de movimento. **2** Técnica utilizada em animação, que consiste em fotografar um desenho, boneco ou qualquer objeto, alterando sua posição a cada fotograma. **3** O mesmo que quadro a quadro.

store audit • [MKT] [PP] Tipo de pesquisa de mercado que consiste em buscar, por meio de análise em loja ou ponto de venda específico, previamente selecionado, informações relativas ao comportamento de vendas e ao *market share* de um produto ou linha de produtos no varejo, ou mesmo à efetividade das estratégias de propaganda, vendas e preços, em comparação com seus competidores. V. *store panel*.

store panel • [MKT] [PP] Conjunto de estabelecimentos comerciais (selecionados por um processo de amostragem) que se propõem a prestar informações periódicas sobre a oscilação de venda de determinados produtos no mercado. V. *store audit* e painel.

story-board • [PP] [RTVC] **1** Sequência de desenhos que indicam e orientam, visualmente, determinadas tomadas descritas no roteiro de um filme, anúncio ou programa a ser realizado. Quando produzido em sistema eletrônico de processamento de imagens, é chamado de *story-board* eletrônico. **2** P. ext., a prancha que contém esses desenhos. • [JN] Sequência de desenhos que, ilustrando matéria jornalística, apresentam detalhes e momentos sucessivos do fato noticiado ou de uma versão do acontecimento.

streaming • [TIC] Em ing., fluxo contínuo. Tecnologia de envio de áudio e vídeo pela internet por meio de pacotes de dados, que permite ao usuário acompanhar o conteúdo à medida que os dados são transferidos.

stringer • [JN] Correspondente que não pertence ao corpo de redatores, mas presta serviços esporádicos a empresa jornalística. É remunerado de acordo com os serviços avulsos que realiza (notícias transmitidas, fotografias ou qualquer tipo de informação). V. correspondente, enviado especial, colaborador e *freelance*.

subir • [TIC] V. carregar.

sublide • [JN] Segundo parágrafo do texto jornalístico, resultante de um desmembramento do lide, que tem a função de disciplinar a narrativa, com o desenvolvimento dos fatos mencionados anteriormente. O sublide é criação do jornalismo brasileiro, e inexistia na imprensa norte-americana, de onde importamos a técnica do lide, na década de 1950.

sub-retranca • [JN] Texto complementar, subordinado a uma matéria principal, à qual se vincula por uma nítida relação de conteúdo. V. retranca, coordenada, janela e quadro.

subtítulo • [ED] Complementação do título principal de livro, matéria jornalística, anúncio, filme etc. • [JN] Título secundário colocado imediatamente após o título principal de uma matéria jornalística. É composto, usualmente, em letras grandes, mas sempre de corpo menor que o dos caracteres usados no título. Serve para destacar algum detalhe que completa o sentido do título e segue, geralmente, as mesmas normas de redação deste.

sub-woofer • [RAV] Dispositivo que exibe sons de frequência muito baixa (graves), responsáveis pelo efeito estéreo (v. estereofonia).

sucursal • [JN] Equipe de repórteres e/ou representação comercial de uma empresa jornalística, em outra cidade.

suelto • [JN] Breve texto jornalístico, composto por uma nota (informação rápida) seguida de comentários e juízos de valor, de modo a se obter uma glosa do fato. De origem espanhola, a palavra *suelto* caiu em desuso, mas diversas colunas jornalísticas da grande imprensa brasileira ainda se baseiam na sua fórmula.

sufixo • [RTVC] Característica sonora e/ou visual (geralmente a mesma do prefixo), transmitida regularmente ao fim de um determinado programa ou das atividades periódicas de uma emissora. V. prefixo.

suitar • [JN] Fazer suíte de (um assunto, uma notícia etc.).

suíte • [JN] Desdobramento uma notícia já publicada pelo próprio veículo ou por outro órgão de imprensa. Técnica de dar continuidade à apuração de um fato (já noticiado) que continue sendo de interesse jornalístico, com acréscimo de novos elementos para a publicação de notícias atualizadas.

sumário • [ED] **1** Relação topológica das partes de um texto, ou seja, transcrição dos títulos internos de uma obra, na ordem do seu aparecimento com indicação do número de página inicial de cada parte. É comum a confusão entre índice e sumário; de acordo com as atuais normas técnicas de editoração, o sumário vem no início do livro ou da publicação, ao passo que o índice aparece no final, geralmente em ordem alfabética. **2** Resumo, publicado no início de um capítulo, em poucas linhas, sobre o assunto nele tratado.

superclose • [RTVC] Plano mais fechado do que o *close-up*.

superexposição • [RAV] [RTVC] **1** Ato ou efeito de submeter qualquer material sensível (filme ou papel fotográfico) a exposição excessiva, no momento de fotografar ou de ampliar uma fotografia. A superexposição pode provocar perda de detalhes e redução da qualidade da imagem. Pode ser usada intencionalmente e sob controle, para obtenção de efeitos visuais ou não. **2** P. ext., o mesmo efeito, obtido eletronicamente. **3** Efeito que consiste em transmitir no mesmo quadro, uma sobre outra, duas ou mais imagens provenientes de diferentes câmeras. Em ing., *overlay*. **4** Registro, em um único trecho de gravação, de vários canais (v. canal) de som, obtidos em separado ou simultaneamente.

suplemento • [ED] Parte complementar de uma obra, publicada em volume separado. • [JN] Caderno (ou conjunto de cadernos) de uma edição de jornal, com matérias especiais sobre determinado assunto (suplemento literário, econômico, esportivo, feminino etc.). V. caderno e tabloide.

suporte • [ED] Qualquer tipo de material (papel, cartão, plástico, madeira, vidro, tecido, disco, fita, cortiça, couro, chapa de metal, pedra, filme etc.) sobre o qual se registram informações (v. informação) (impressas, desenhadas, montadas, fotografadas, manuscritas, gravadas, digitalizadas etc.). V. documento. • [RAV][RTVC] **1** O mesmo que base. **2** Qualquer peça ou dispositivo usado para segurar, sustentar ou dar firmeza a refletores, telas e demais equipamentos fotográficos e cinematográficos.

suporte de dados • [TIC] Objeto material sobre o qual (ou no qual) uma variável física específica pode representar dados.

surfar • [TIC] O mesmo que navegar.

sustentação • [PP] Esforço publicitário destinado a manter presente nos veículos de mídia a propaganda de um produto ou serviço já existente no mercado. V. lançamento.

tT

tabela • [ED] Quadro esquemático, formado por linhas e colunas, separadas por filetes, que formam casas nas quais estão contidas palavras e algarismos. Possui geralmente título, cabeçalho e, às vezes, legenda. • [PP] **1** Relação dos preços cobrados por um determinado veículo (jornal, revista, emissora de televisão ou de rádio, *outdoor* etc.) para inserção de mensagens publicitárias. V. mídia. **2** Quadro representativo da distribuição dos índices alcançados pelas várias opções de resposta a uma determinada pergunta. V. pesquisa.

tablet • [TIC] Computador de mão, normalmente montado sobre suporte plano e retangular, semelhante a uma prancheta. Dispensa teclado ou mouse, tendo como principal interface uma tela sensível ao toque dos dedos ou de uma caneta especial (v. *touchscreen*). Possui sistema operacional próprio, permite acesso à internet e assume diversas funcionalidades, por meio de programas e aplicativos que podem ser baixados, podendo também funcionar como telefone celular.

table-top • [RTVC] **1** Técnica de filmagem ou gravação de títulos, pequenos anúncios, aberturas de programas de TV, desenhos para animação etc. Como indica em inglês o nome dessa técnica, consiste em dispor 'sobre uma mesa' o assunto a ser filmado (créditos, desenhos, textos, objetos, bonecos etc.) e filmar esses elementos quadro a quadro ou em tomada direta, na sequência em que estão dispostos, com a câmera fixa numa haste (filmando geralmente de cima para baixo). O *table-top* resulta em cenas fixas, sem ação ao vivo nem animação, apenas com alguns efeitos de *stop motion* ou de superposição e substituição de imagens (especialmente títulos, logotipos etc.). **2** P. ext., qualquer comercial produzido com uso dessa técnica.

tabloide • [JN] **1** Formato de jornal, equivalente à metade do formato *standard*. Possui normalmente 28 cm de largura por 32 cm de altura. O tabloide oferece comodidade de manuseio e de leitura, presta-se a experiências inovadoras de diagramação, e sua apresentação é geralmente leve, amena e amplamente ilustrada. Por esses e outros motivos, frequentemente são produzidos no formato os suplementos (de quadrinhos, programação de TV etc.) dos jornais diários. **2** Caderno ou suplemento de jornal, editado nesse formato.

tag • [TIC] **1** Comando de formatação de texto em *HTML*, acompanhado dos sinais diple, ('dp') e antilâmbda ('al'), como p. ex.: <negrito>. **2** Marca ou rótulo usado para identificar parte de uma instrução na memória do computador. **3** O mesmo que etiqueta. Forma de padronização de informações que emprega palavras-chave para estabelecer uma associação com determinados conteúdos, facilitando a sua identificação em redes. V. *hashtag*.

tag-line • [ED] Linha final pé, com frase de efeito, às vezes um *slogan*, finalizando um anúncio impresso, um comercial ou um programa de rádio ou televisão, um comentário, um texto jornalístico etc. Em alguns casos, é repetida em várias ocasiões: em todos os anúncios de uma mesma campanha, ao final de todas as edições diárias de uma coluna de jornal etc.

take • [RTVC][RAV] **1** O mesmo que tomada. **2** Gravação de um diálogo ou de qualquer trecho do áudio. **3** Cada uma das gravações de uma música completa, ou de trechos dessa música, para posterior mixagem.

talk show • [RTVC] Programa de televisão, jornalístico ou não, apresentado por uma única pessoa com a participação de convidados. O *talk show* pode ser exibido ao vivo ou gravado, com ou sem a presença de auditório. Consiste de entrevistas, geralmente enxertadas com números musicais, reportagens externas etc.

tape deck • [RAV] Aparelho que grava e reproduz áudio, em geral em fitas magnéticas de rolo ou cassete. V. toca-fitas.

taquigrafia • [ED] V. estenografia.

taquígrafo • [ED] V. estenógrafo.

target group • [MKT][PP][RP] O mesmo que público-alvo. Diz-se tb., simplesmente, *target*.

TCP/IP • [TIC] Acrônimo de *transmission control protocol/internet protocol*. Conjunto de protocolos de internet usados para conectar computadores e redes a partir da transmissão de pacotes de dados. Tem também a função de garantir a entrega desses pacotes, incumbindo-se de descobrir o caminho certo entre remetente e destinatário. V. *VOIP*.

t-commerce • [MKT][RTVC] Acrônimo de *television commerce*. Atividade de comercialização por intermédio da televisão digital. V. *e-commerce* e televendas.

teaser • [PP] Em ing., provocador. Anúncio que procura provocar a curiosidade do público em relação a determinado produto ou acontecimento que só serão revelados posteriormente, com a eclosão da campanha de propaganda. Recurso geralmente utilizado para lançamento de novos produtos ou de inovações em produtos já conhecidos. Destina-se a criar expectativa em torno de um lançamento iminente. • [RTVC] **1** Curta sequência, trecho de uma atração ou qualquer chamada nos primeiros momentos de um programa ou antes de um intervalo, destinados a prender a atenção da audiência para o programa. **2** Em telejornalismo ou radiojornalismo, pequena chamada ou anúncio de uma notícia, logo antes do início do programa, para despertar interesse do público. *Flash* de uma notícia que em breve será divulgada com mais detalhes. **3** Engenho de esteira que impede a câmera de focalizar as luzes do estúdio.

teatro • [RAV][RTVC] **1** Qualquer espécie de representação artística feita ao vivo através de atores, bonecos e formas (teatro de sombras etc.), geralmente baseada em texto ou roteiro previamente elaborados e ensaiados. Forma de expressão social que, nas diversas culturas humanas, tem suas origens nos ritos religiosos, o teatro reúne a manifestação corporal e vocal ao trabalho literário, musical e plástico, estabelecendo comunicação direta com o público. Além disso a linguagem teatral está presente, de formas diversas, em meios de comunicação como o cinema, a televisão e até mesmo o rádio. **2** Lugar destinado à representação de espetáculos teatrais, operísticos e coreográficos. Casa de espetáculos. **3** Prática da arte de representar. **4** Arte de compor, criar e representar obras dramáticas. **5** Conjunto de todas as produções dramáticas de um povo, de uma época, ou de um autor.

teclado • [TIC] Periférico constituído de teclas, semelhante à máquina de escrever, usado para transferir informações ao computador na forma de texto.

tecnologia da informação • [FTC] [TIC] Conjunto dos conhecimentos, pesquisas, equipamentos, técnicas, recursos e procedimentos relativos à aplicação da informática em todos os setores da vida social – economia, administração, entretenimento, educação, telecomunicações etc. Segundo Alvin Tofler, "a tecnologia da informação é atividade meio; a atividade fim é a sociedade da informação".

tela • [RAV] [RTVC] [TIC] **1** Superfície plana, opaca ou translúcida, que serve de suporte a informações textuais, gráficas e a imagens estáticas ou animadas que se quer exibir. V. projeção e retroprojeção. **2** P. ext., a arte cinematográfica, o cinema. Em ing., *screen*. • [ED] Matriz utilizada em serigrafia.

telão • [RTVC] Expressão popularizada no Brasil para designar o sistema de projeção de imagens de televisão em uma tela grande, como no cinema.

telecast • [TIC] Transmissão de televisão. Transmissão simultânea de sinais de áudio e vídeo. Termo proposto em oposição a *broadcast*, que se referia anteriormente apenas à transmissão radiofônica. No entanto, broadcast ou radiodifusão têm, hoje, acepção mais ampla.

telecine • [RTVC] Equipamento destinado a captar as imagens de um filme cinematográfico para transmissão por tv. Constituído por um projetor acoplado a uma câmera, converte as imagens ópticas registradas previamente sobre uma película comum de cinema em sinais elétricos de televisão.

telecom • [MKT] [TIC] **1** Abrev. de telecomunicações (v. telecomunicação). **2** Diz-se de empresa que opera essencialmente com tecnologias e sistemas de telecomunicações. Expressão usada como adjetivo invariável, em analogia a pontocom (p. ex.: empresas telecom e empresas pontocom).

telecompras • [MKT] V. *telemarketing* e televendas.

telecomunicação • [FTC] [TIC] **1** Qualquer processo que permita a um emissor fazer chegar a um ou mais destinatários ou ao público em geral informações de qualquer natureza, sob qualquer forma utilizável (documento escrito ou impresso, imagem fixa ou móvel, palavra, música, sinais visíveis ou audíveis, sinais de comando de mecanismo etc.), empregando qualquer sistema de transmissão de sinais analógico ou digital. **2** Toda transmissão, emissão ou recepção de símbolos, caracteres, sinais escritos, imagens, sons ou informações de qualquer natureza.

teleconferência • [TIC] Reunião entre pessoas situadas em locais diferentes, em tempo real, através de sistema de telefonia ou rede de computadores. V. videoconferência, *chat* e lista de discussão.

telefone • [TIC] **1** Aparelho de telefonia fixa ou móvel, que serve como elemento transdutor, capaz de transformar som em sinais elétricos e vice-versa. **2** Diz-se do código, geralmente numérico, por meio do qual se efetua uma ligação telefônica.

telefonia • [TIC] **1** Sistema de telecomunicações (v. telecomunicação) que consiste na transmissão da fala ou de outros sons, à distancia, por intermédio de cabos, fios ou ondas eletromagnéticas. **2** Transmissão e reprodução do som, à distância, por meio de um telefone.

telefonia móvel • [TIC] O mesmo que telefonia celular (expressão mais usada em português). V. celular.

telegrafia • [TIC] **1** Sistema de telecomunicações (v. telecomunicação) destinado a reproduzir, à distância, o conteúdo e as informações de documentos gráficos (escritos, impressos, imagens visuais fixas etc.). V. telex. **2** Transmissão de mensagens, por meio de sinais.

telégrafo • [TIC] Aparelho de telegrafia para a transmissão de mensagens codificadas de texto por meio de ondas eletromagnéticas.

telegrama • [TIC] Mensagem escrita transmitida por telegrafia.

telejogo • [TIC] V. *videogame*.

telejornal • [JN][RTVC] Programa jornalístico editado em linguagem de televisão, para ser transmitido por essa mídia.

telejornalismo • [JN][RTVC] V. jornalismo.

telemarketing • [MKT] [TIC] Sistema de marketing direto, em que se utilizam todos os meios disponíveis de comunicação à distância, como o telefone, a televisão (especialmente em programas específicos de televendas), anúncios na mídia com possibilidade de encomenda por telefone ou por internet etc. Esses meios são utilizados como canais diretos entre a empresa e seus clientes, para o desenvolvimento de pesquisas, promoções, vendas, cobranças, informações diversas, preparação de visita do vendedor, assistência técnica e atendimento em geral. O conceito de *telemarketing* abrange em princípio o webmarketing, mas este ganhou vida própria com as técnicas específicas e as vantagens oferecidas pela internet, especialmente agilidade, interatividade e menores custos.

telemática • [TIC] Área de tecnologia comum à informática e às telecomunicações (v. telecomunicação), abrangendo comunicação de dados, redes de computadores e processamento distribuído.

telenovela • [RTVC] Novela escrita especialmente para televisão ou adaptada (v. adaptação) de outro gênero (literário, teatral etc.), e geralmente apresentada em capítulos diários de 20 a 40 minutos, em horários determinados. A telenovela brasileira ("espécie de folhetim eletrônico", segundo Muniz Sodré) tem sua origem imediata na novela de rádio e deste veículo trouxe inúmeras características que, aos poucos, foram sendo ajustadas à linguagem televisiva; atualmente é gravada e editada com recursos e apuro técnico similar às produções cinematográficas. V. novela e minissérie.

teleobjetiva • [RAV] V. objetiva.

teleporto • [TIC] Edifício ou conjunto de prédios que reúne operadoras de serviços de telecomunicações, oferecendo estruturas de recepção e transmissão de dados, áudio e vídeo.

telepresença • [TIC] Técnica de transmissão e recepção de imagens em alta definição e em tempo real entre pessoas em locais distintos, levando à percepção de que estão em um mesmo ambiente. V. videoconferência.

teleprocessamento • [TIC] Modalidade de tratamento da informação, em que um sistema de processamento de dados utiliza os meios de telecomunicação.

teleprompter • [RTVC] Dispositivo que apresenta, numa tela ou num rolo de papel, em letras grandes e a uma velocidade sincronizada com a ação, as palavras a serem ditas pelo ator ou locutor. Diz-se tb. *prompter* ou dália eletrônica. V. dália.

telespectador • [RTVC] **1** Pessoa ou grupo de pessoas que veem televisão, que assistem a um programa de televisão. **2** Unidade de audiência de televisão. Para efeito de pesquisa de audiência, são adotados os seguintes conceitos: telespectador habitual.

teletexto • [TIC] Sistema eletrônico unidirecional para transmissão de informações sob a forma de texto (como notícias esportivas, previsões meteorológicas etc.), para receptor de televisão especialmente equipado com decodificador, servindo-se de uma pequena parte não utilizada do sistema de varredura.

televendas • [MKT] [RTVC] Modalidade de *telemarketing*, para operações de compra e venda de produtos ou serviços. Diz-se tb. telecompras.

televisão • [RTVC] [TIC] **1** Sistema de transmissão e recepção de sinais visuais convertidos em sinais eletromagnéticos, através de ondas hertzianas ou de cabo coaxial. O sistema básico de televisão transmite uma imagem em movimento (v. varredura) associada ao som correspondente, com a modulação de uma onda portadora de imagem e uma onda portadora de áudio. Inventado pelo cientista russo Wladimir Zworykin, que em 1923 patenteou o iconoscópio, esse sistema tornou-se em pouco tempo um dos veículos de comunicação mais disseminados em todo o mundo, ao lado do rádio e da imprensa. A primeira emissora regular de televisão entrou em funcionamento em Paris, na torre Eiffel, em 1935. No Brasil, a televisão nasceu em 1950 com o lançamento da TV Tupi-Difusora, em São Paulo, iniciando--se no ano seguinte as apresentações regulares da TV Tupi no Rio de Janeiro. As emissões de televisão (assim como as de rádio) são concessões do Estado, devendo

televisão a cabo 270

operar conforme regras preestabelecidas em leis, regulamentos e normas. V. televisão aberta e televisão fechada. **2** Atividade artística, técnica, informativa e educativa, desenvolvida para difusão simultânea de sinais de vídeo e áudio. **3** Produção e transmissão de programas de entretenimento, informação, música, humor, novelas, filmes cinematográficos, debates, entrevistas, cursos, utilidade pública, publicidade etc., cujo apelo tem como resposta a audiência. **4** Emissora de radiodifusão ou cabodifusão de imagens e sons. **5** Receptor de televisão.

televisão a cabo • [RTVC] [TIC] V. cabo, televisão fechada e televisão por assinatura.

televisão aberta • [RTVC][TIC] Transmissão de sinais de televisão para todo e qualquer televisor, sem cobrar tarifas do telespectador e tendo na publicidade sua principal fonte de faturamento. É o contrário de televisão fechada, a cabo ou por assinatura. V. circuito aberto.

televisão de alta definição • [RTVC][TIC] Tecnologia que permite maior resolução das imagens na transmissão e recepção de sinais televisivos. Além de proporcionar maior nitidez, viabiliza o uso de telas de dimensões maiores e emite menos radiação do que os televisores convencionais. Em ing., *high definition television* (*HDTV*).

televisão corporativa • [RTVC] Canal de televisão em circuito fechado direcionado a um determinado público-alvo da empresa, em geral o público interno ou a clientela de uma rede de lojas. Também chamado de canal corporativo ou canal interno.

televisão digital • [RTVC][TIC] Tecnologia de televisão que utiliza sistemas digitais de emissão, transmissão e recepção dos sinais de vídeo e áudio. Além de permitir maior definição de imagens e sons, viabiliza a interatividade com os telespectadores aliando a transmissão de dados ao sinal de *broadcasting*, a transmissão simultânea de múltiplos programas e a recepção dos sinais em computadores e em telefones celulares.

televisão fechada • [RTVC] Transmissão de sinais de televisão em regime de circuito fechado ou assinatura, via cabo ou por antenas especiais. Neste caso, o sinal é codificado de modo a estar disponível somente para assinantes, munidos de dispositivo de decodificação. Ao contrário da televisão aberta, sua programação é composta de um grande número de canais (v. canal), dirigidos a públicos segmentados. Para determinados programas, as empresas de televisão fechada utilizam também o sistema de exibição *pay-per-view*.

televisão por assinatura • [RTVC] V. cabo e televisão fechada.

telex • [TIC] **1** Sistema de telecomunicações semelhante à telegrafia, por meio do qual os usuários podem se comunicar entre si por meio de aparelhos teleimpressores. Enquanto as mensagens telegráficas são sempre unidirecionais, o telex permite sejam estabelecidas conversações registradas entre dois assinantes da rede. O telex ficou obsoleto após o advento da internet e as facilidades do correio-eletrônico (*e-mail*), entre outros recursos. **2** Aparelho teleimpressor automático, provido de comando (teclas ou discos) para seleção numérica do aparelho receptor da mensagem. **3** Rede telegráfica destinada à operação do serviço de telex.

telinha • [RTVC] O mesmo que televisão.

temporada • [RTVC] **1** Período de tempo durante o qual um programa, uma série ou minissérie são apresentados continuamente na televisão. **2** Período de programação regular de um filme nos cinemas. • [RAV] V. turnê.

tempo real • [TIC] **1** Diz-se do acesso instantâneo a qualquer informação via computador. **2** Tempo simultâneo de comunicação entre pessoas por computadores ligados em rede, que permite a diversos usuários participação conjunta em eventos, como no caso de uma teleconferência. • [RTVC] **1** Tempo de duração de uma programação gerado ao vivo. **2** P. ext., diz-se da própria programação gerada ao vivo.

teoria da informação • [FTC] Teoria científica, voltada para a formulação e o entendimento matemático dos processos de transmissão de informações, ou seja, para o estudo do comportamento estatístico dos sistemas de comunicação. A necessidade prática de quantificação da informação, para definição da capacidade de determinados canais (v. canal), determinou o surgimento da teoria da informação, inicialmente na engenharia de telecomunicações (com os estudos de Nyquist, Hartley e Shannon) e posteriormente aplicada também à engenharia eletrônica e à cibernética (com os trabalhos de Wiener). A materialidade da comunicação e o fato de ser a informação uma quantidade mensurável são os pontos de partida fundamentais para a formulação dessa teoria, segundo Abraham Moles: "Comunicar de maneira próxima ou distante é transportar alguma coisa. Essa coisa que é transportada é a complexidade, e o primeiro resultado trazido pela teoria é que a informação difere essencialmente da significação. A informação não é senão a medida da complexidade." Para Moles, a significação não é transportada porque se apoia num conjunto de convenções *a priori* comuns ao receptor e ao transmissor, e portanto preexiste potencialmente à mensagem. Os significados são 'despertados' nas pessoas pelos sinais que lhes são correspondentes. Assim, o que interessa para a teoria da informação não é o valor, o significado ou a utilidade do que se comunica, não é o conteúdo dos sinais, mas sim a quantidade de informação, o imprevisível, a originalidade (em oposição à redundância), o campo estatisticamente construído pelos sinais transmitidos. Marcelo d'Azevedo propõe uma distinção entre 'teoria física da informação' (voltada para o estudo dos elementos que integram o processo comunicativo: fonte, mensagem, transmissor, canal, receptor, *feedback* etc.) e 'teoria matemática da informação' (voltada essencialmente para a quantificação da informação e para a formulação metalinguística, baseada na estatística clássica, dos processos de transmissão de informações). Sobre a utilidade da teoria da informação para o estudo do processo comunicacional, Márcio Tavares d'Amaral observa que "tratar a comunicação através das categorias de informação, redundância, ruído e entropia é sem dúvida útil de um ponto de vista descritivo e operacional. Neste sentido, a teoria da informação há de servir a determinados setores da engenharia, à cibernética, à teoria dos sistemas, à sociologia, à economia e a outros setores das ciências humanas. Mas não poderá nunca esgotar nem dirigir o conhecimento global da comunicação. Não é nem toda a eventual ciência da comunicação, nem sua teoria piloto. Sob esse aspecto, teoria da informação é rigorosamente diferente de teoria da comunicação". V. informação, binário, *bit*, entropia, redundância, comunicação, informática e cibernética.

terabyte • [TIC] Unidade de medida de informações, que corresponde, no sistema decimal, a 1012 *bytes*. Pelo sistema binário (na informática, todos os prefixos numéricos são representações das potências de dois), um *terabyte* corresponde a 240, ou seja, 1.099.511.627.776 bytes. O prefixo grego *tera* significa monstro. Símbolo: TB.

terminal • [TIC] Dispositivo de entrada/saída, pelo qual se processa a comunicação entre um usuário e um sistema eletrônico de processamento de dados.

tese • [ED] Exposição sistemática que contém o resultado de pesquisas e investigações em torno de uma proposta original de cunho científico, elaborada e defendida pelo próprio autor perante uma banca examinadora, como requisito de sua candidatura a título de nível superior (doutorado e livre-docência) ou a determinadas qualificações profissionais. V. dissertação.

testemunhal • [PP] Diz-se do anúncio que apresenta depoimento de um suposto consumidor (personalidade conhecida ou não) sobre as qualidades do produto.

tevê • [RTVC] Abrev. de televisão.

texto • [ED][JN][RTVC] **1** As próprias palavras do autor, em um livro ou em qualquer escrito, em peça teatral, filme, programa de rádio ou televisão, palestra etc. **2** Palavras de um documento escrito, citadas para demonstrar ou esclarecer alguma coisa. **3** Matéria de uma página, de um livro impresso, de uma notícia ou artigo (em qualquer veículo impresso ou audiovisual) etc. **4** Parte principal de livro, folheto, jornal, revista etc. **5** Parte compacta de um trabalho impresso. **6** Qualquer material escrito para ser apresentado em rádio, televisão, evento etc. **7** Diz-se do *spot* lido em cabine pelo locutor. **8** Texto avulso de anúncio, com poucas palavras, transmitido no início (texto de abertura), no meio (texto de meio) ou ao final (texto de encerramento) de um programa de rádio. • [PP] **1** Parte escrita ou falada da mensagem. Tudo o que, num anúncio, é expresso em palavras (incluindo, se for o caso, título, entrada, bloco de texto; fecho, legendas, rodapé etc.). Em ing., *copy*. V. piloto. **2** Parte escrita de um anúncio, com exceção do título. • [TIC] Conteúdo de uma mensagem no arquivo em documentos digitais • [FTC] Todo conjunto analisável de signos. Um enunciado qualquer, falado ou escrito. O texto pode coincidir com uma frase, um verso, um fragmento de conversa, e mesmo com a língua na sua totalidade.

texto-legenda • [JN] Legenda mais ampla, que escreve, explica ou comenta a ilustração (foto ou desenho) com mais detalhes do que a legenda comum. Permite ao redator maior liberdade de estilo, tratamento mais próximo do gênero da revista. Em alguns casos, contém o resumo da notícia, de modo que o leitor compreenda o assunto apenas vendo a imagem, o título e o texto-legenda. Geralmente sem divisões em parágrafos. Pode ser também utilizada como chamada de primeira página, para atrair a atenção do leitor e remetê-lo à leitura da notícia, publicada em página interna.

thesaurus verborum • [ED] Tipo de dicionário idealizado por Peter Roget e publicado pela primeira vez em 1852, cujas palavras são agrupadas de acordo com a afinidade de ideias, assunto etc.

thumbnail • [TIC] Em ing., literalmente, unha de polegar. Versão reduzida de uma imagem gráfica, que, ao ser clicada, amplia-se na tela para suas dimensões normais. Recurso utilizado em páginas da web, cliparts, programas de CD-ROM e outros meios digitais, para tornar mais leve e ágil o conjunto de opções oferecidas ao usuário.

thriller • [RTVC] Filme de suspense e mistério.

tijolo • [JN] Cada uma das notas ou anúncios de pequeno formato, em jornais, publicadas geralmente em seções (v. seção) de serviço e de lazer, noticiando a programação de cinemas, teatros etc. Nesta acepção, diz-se tb. tijolinho. • [ED] Bloco de texto em composição compacta e pesada, sem claros nem ilustrações. Diz-se tb. nesta acepção, tijolaço e catatau.

tilt • [RTVC] 1 Movimento de uma câmera sobre seu eixo, para cima ou para baixo, em relação ao objeto. V. *travelling*, panorâmica. 2 Na gíria de televisão, a palavra *tilt* (em expressões como 'deu *tilt*') refere-se a eventuais problemas técnicos que são desconhecidos no momento em que ocorrem e que impedem a gravação, edição ou exibição de um programa ou reportagem. P. ex: quando a câmera quebra durante uma gravação, diz-se 'deu *tilt* no equipamento'.

timbre • [ED] 1 Cabeçalho composto em medida estreita, às vezes com logotipo da empresa, armas nacionais (no caso de repartições públicas), brasões ou logomarcas, e impresso em envelopes, papéis-ofício, papéis de carta etc. 2 O mesmo que sinete. 3 P. ext., conjunto de informações (nome, marca, endereço, telefone etc.) impressas geralmente na cabeça e no pé de páginas de documentos ou de correspondência (e dos respectivos envelopes), como identificação da pessoa ou da organização que emite o documento ou a mensagem.

timing • [RTVC] 1 Ritmo de espetáculo, programa, filme, vídeo-clip, campanha etc. 2 Mestria em articular elenco, performance e ação através de essencialidades resolvidas por corte e montagem. V. edição.

tin-top • [PP] Pequena peça de ponto de venda, própria para ser afixada nas tampas das latas de produtos.

tipo • [ED] 1 Bloco fundido em metal (ou fabricado com outros materiais resistentes, como a madeira), na forma de paralelepípedo, que traz em relevo, numa das faces, uma letra ou qualquer outro sinal de escrita (caráter) para ser reproduzido por meio de impressão. 2 O desenho desses caracteres: letra resultante de qualquer processo de composição (tipográfica, eletrônica etc.). V. família e tipologia.

tipografia • [ED] 1 Processo de impressão direta (empregado pelos chineses desde o séc. 11 e consolidado na Europa no séc. 15) obtida pelo contato sob pressão de matrizes em relevo (caracteres móveis, clichês, estéreos, gravuras) sobre o papel ou outro suporte. **2** Arte de compor ou imprimir trabalho escrito com emprego de tipos. **3** Conjunto das atividades artísticas e técnicas relativas às diversas etapas da produção gráfica, desde o *design* dos caracteres até o acabamento de um trabalho impresso, especialmente no sistema de impressão direta que utiliza matrizes em relevo. **4** Estabelecimento destinado à impressão por este processo. **5** Seção da oficina tipográfica onde se processam a composição e a paginação. **6** Estilo ou disposição dos caracteres tipográficos em um determinado trabalho de artes gráficas. **7** Arte de criar, desenhar e fazer o arranjo dos tipos a serem impressos.

tipógrafo • [ED] **1** Aquele que exerce a arte tipográfica. **2** Pessoa que executa ou dirige trabalhos de composição, paginação ou impressão em uma oficina tipográfica. **3** Dono de tipografia (4).

tipologia • [ED] **1** Estudo sistemático dos diversos caracteres tipográficos (v. caráter tipográfico), quanto a sua forma, classificação, criação, desenvolvimento, evolução histórica, utilização, aplicações etc. **2** Estudo dos componentes tipográficos da impressão e sua relação com os processos gráficos. **3** Repertório de caracteres selecionado pela diagramação para um determinado trabalho gráfico, em mídia impressa, eletrônica etc. V. família.

tira • [ED] [JN] Historieta ou fragmento de história em quadrinhos, geralmente apresentada em uma única faixa horizontal, com três ou quatro quadros, para ser publicada em jornais, revistas ou outra publicação impressa ou digital. Uma tira de HQ pode conter uma história curta e completa (como geralmente ocorre com as tiras cômicas ou humorísticas e com historinhas didáticas), ou pode ser um capítulo de uma história seriada (é o caso das tiras de aventuras, em geral). As primeiras, *comic strips* (tiras cômicas) ou *daily strips* (tiras diárias), surgiram em jornais norte-americanos, no fim do século passado, com tamanha receptividade que hoje são raros os jornais em todo o mundo que não incluem algumas séries de tiras em suas edições (v. edição) diárias (e também, quase sempre, nas edições de domingo, tabloides especiais de quadrinhos – os *sunday comics* – com os mesmos personagens das tiras diárias).

tiragem • [ED] [JN] **1** Operação de 'tirar', no sentido de de imprimir. Impressão. **2** Total de exemplares (impressos de uma só vez) de jornal, revista ou qualquer publicação. V. edição e reedição. • [RAV] [RTVC] Operação de laboratório que permite obter, da cópia negativa do filme, várias cópias positivas destinadas à distribuição comercial.

tira-teima • [RTVC] Análise visual de determinados trechos de imagens gravadas, usada especialmente em transmissões de jogos de futebol para esclarecer lances que tenham ficado duvidosos na exibição em tempo real. É realizada por meio de *software* especial e equipamentos eletrônicos que permitem medir distância e velocidade, mudar o ângulo de visão, exibir as imagens em câmera lenta e repetir detalhes, além de produzir efeitos gráficos especiais que conferem às cenas maior visibilidade e apelo jornalístico.

titulação • [ED] [JN] [RTVC] **1** Conjunto de caracteres ou de linhas tipográficas que compõem um título. **2** Conjunto de títulos, subtítulos e entretítulos de uma obra. **3** Maneira de redigir títulos para jornal ou revista impressos ou eletrônicos. Cada tipo de matéria jornalística requer uma titulação própria. Existem normas específicas, dependendo da linha seguida pelo veículo, para a redação de títulos (v. manual de normas). Diz-se tb. titulagem.

titularidade • [ED] Condição daquele que detém os direitos autorais e/ou direitos conexos sobre uma obra da qual é autor, adaptador, intérprete ou produtor. Conceito jurídico ligado à propriedade intelectual, que se aplica à criação de trabalhos de natureza artística, literária, científica, desenho industrial, patentes e marcas.

título • [ED] [JN] [RTVC] [PP] **1** Nome de um determinado livro, filme, jornal, revista, anúncio publicitário, peça teatral, programa de rádio ou tv, ou de qualquer texto literário, jornalístico ou científico, poema, música, desenho etc. Define, geralmente, o assunto ou o teor da obra, e a distingue das demais. **2** Palavra ou frase, geralmente composta em corpo maior do que o utilizado no texto, e situada com destaque no alto de notícia, artigo, seção, quadro etc., para indicar resumidamente o assunto da matéria e chamar a atenção do leitor para o texto. V. titulação, manchete, subtítulo, entretítulo e antetítulo. **3** P. ext., o mesmo que livro. Ex.: "Este autor tem três títulos publicados" (três livros de sua autoria publicados); "a editora possui mais de duzentos títulos".

título alternativo • [ED] Subtítulo ligado ao título pela conjunção alternativa, ou equivalentes. P. ex.: "Tieta do agreste, pastora de cabras ou a volta da filha pródiga".

título coletivo • [ED] Título que abrange obras diversas publicadas num só volume, ou livros diversos pertencentes a uma série ou a uma coleção em vários volumes, com títulos individuais.

toca-discos • [RAV] Aparelho elétrico que serve para a leitura (captação) dos sinais (v. sinal) sonoros codificados em um disco. O toca-discos, o amplificador e os alto-falantes constituem um sistema de reprodução sonora em alta-fidelidade. As palavras 'fonógrafo', 'gramofone' e 'vitrola', que designavam os primeiros aparelhos destinados a reproduzir sons gravados em disco, estão hoje em desuso. V. *juke box*.

toca-fitas • [RAV] Aparelho destinado à reprodução de sons gravados em fita magnética. V. gravador e *tape deck*.

tomada • [RTVC] Ato ou efeito de captar uma imagem por meio de uma câmera de cinema ou tv. Registro ininterrupto de uma cena. Em ing., *take* (termo ainda em uso no Brasil). Numa filmagem, podem ser feitos várias tomadas de um mesmo plano, até que um deles saia perfeito, de acordo com as intenções do roteiro e do diretor, ou para permitir maiores opções durante a montagem. **2** O mesmo que plano. Em ing., *shot*.

tomo • [ED] Cada uma das partes de uma obra; divisão mais ou menos racional, feita pelo autor, análoga à que se faz em livros, seções, capítulos etc., que pode ou não coincidir com a divisão em volumes.

toner • [ED][TIC] Pigmento em pó, utilizado em processos de reprodução eletrostática, como na xerografia e na impressão a laser.

toque • [ED] Cada um dos espaços ocupados por caracteres, ou o equivalente em branco, contidos em um original datilografado, ou em uma linha de composição. Espaço. Diz-se tb. batida. Cada acionamento de tecla de máquina de datilografia ou de composição. Em diagramação, serve como unidade de medida para o cálculo do espaço que um texto ocupará depois de composto.

tótem • [ED][PP] Peça tridimensional usada para publicidade ou sinalização, de formatos e dimensões variadas, geralmente construída a partir do chão e em espaços abertos, como um monumento vertical. • [FTC] Originariamente, marca familiar ou tribal. Conceito difundido a partir dos postes totêmicos de nações indígenas da costa oeste norte-americana, entalhados em troncos de árvores formando figuras de animais e outras entidades simbólicas, que desempenham papel mitológico para esses grupos sociais.

touchscreen • [TIC] Tela sensível ao toque. Tipo de tela que, em dispositivos eletrônicos (computador, tablet, smartphone, caixa eletrônico etc.), pode ser ativada como recurso de interface, pela pressão dos dedos ou de uma caneta especial. Visor que detecta a localização de um toque sobre a imagem das opções ou funções que se deseja acionar e o traduz na forma de um comando para o sistema operacional, de modo semelhante ao que se faz com o uso de um mouse ou do teclado. Em Portugal, diz-se *écran tátil*.

trabalho de campo • [MKT] V. campo.

track ball • [TIC] Dispositivo em forma de esfera que, ao ser rolado sobre uma base fixa, controla o movimento de uma imagem ou do cursor na tela, numa direção correspondente. Espécie de *mouse* invertido, com a esfera de rolamento para cima. V. *joystick* e *mouse*.

tracking • [PP] Modelo de pesquisa, quase sempre feita por telefone, que permite detectar tendências de opinião. P. ex., em pesquisa eleitoral, aponta a preferência do eleitorado.

traço • [ED] Diz-se da imagem (desenho, letras etc.) sem qualquer meio tom, como num desenho a nanquim sobre fundo branco.

trade-mark • [MKT] O mesmo que marca registrada. V. marca.

tráfego • [PP] Atividade ou setor de uma agência de publicidade, responsável pelo controle do fluxo de trabalho dentro da agência. Com base nas solicitações das áreas do atendimento, o tráfego aciona, registra e coordena o desenvolvimento dos serviços de criação, arte e produção em geral. Controla o cumprimento de prazos, fixa ordens de urgência e prioridade e estabelece ligação operacional entre os diversos setores da agência.

trailer • [RTVC] Filme de curta duração, apresentado no início de uma sessão de cinema como propaganda de um próximo lançamento. É constituído geralmente de curtos trechos do filme anunciado e montado de forma a despertar curiosidade nos espectadores, sem revelar certos pontos da trama. V. thriller.

trama • [ED][RTVC] O mesmo que intriga. • [ED] O mesmo que retícula.

transceiver • [TIC] Aparelho capaz de funcionar simultaneamente ou alternadamente como transmissor e como receptor de rádio. Palavra formada pela junção de *transmitter* (transmissor) + *receiver* (receptor). Em port., transceptor.

transcoder • [RTVC] Aparelho que permite a transcodificação de um sistema de cor para outro.

transcodificação • [RTVC] Processo de mudança de um sistema de códigos para outro. P. ex.: de uma gravação em filme cinematográfico ou fita magnética para arquivo digital, de um sistema de tv em cores para outro, etc.

transmídia • [FTC][TIC][PP][MKT][ED][RTVC] **1** Uso de diversos meios de comunicação (v. meio de comunicação) para transmissão de uma mensagem. **2** Diz-se da mensagem distribuída por meio de múltiplos canais (v. canal). Recurso utilizado em *marketing* para atingir de várias maneiras os segmentos do público-alvo, com apelos que se complementam e se reforçam. É o caso, p. ex., de uma campanha publicitária veiculada simultaneamente (de modo explícito ou não) em um filme de ação, videogame, comercial de tv, anúncio impresso, *e-book*, *site*, *blog*, redes sociais (v. rede social) e grandes eventos.

transmidiático • [FTC] Diz-se do uso de múltiplos meios de comunicação para se transmitir uma informação. V. transmídia e convergência das mídias.

transmissão • [TIC] Envio de informações (v. informação) por meio de ondas eletromagnéticas (v. radiodifusão). A informação (sonora ou visual) é convertida em impulsos elétricos, que são amplificados e lançados numa antena, a partir da qual é irradiada, para todas ou apenas para determinadas direções, de acordo com as características da antena.

transmissor • [FTC] **1** O mesmo que emissor, em sua função de transmitir (mandar para o receptor), através de um canal adequado, a mensagem cifrada e convertida em sinais. **2** Equipamento artificial ou habilidade sensorial e motora do emissor para a transmissão de uma mensagem. Aparelho emissor. Aparelho transmissor. • [TIC] Equipamento destinado a emitir sinais (v. sinal), num sistema de telecomunicações (v. telecomunicação). V. emissor.

transparência • [RAV] Diapositivo, geralmente desenhado, escrito ou impresso sobre suporte de celulóide, para projeção por meio de equipamento próprio, em aulas, reuniões ou palestras. Recurso em desuso. • [ED] Qualquer suporte translúcido utilizado como matriz para impressão. • [RP] Condição de abertura e democratização do acesso às informações por parte de uma organização (empresa, instituição, governo etc.) para o público em geral.

transponder • [TIC] Repetidor de radiofrequência. Designa os componentes do satélite, à exceção das antenas, utilizados para recepção, translação, amplificação e transmissão de sinal de radiofrequência recebida pelo satélite.

tratamento • [RTVC] Processo inicial de elaboração de um roteiro, a partir das ideias contidas no argumento. V. decupagem. • [TIC] Processo de adequar uma informação para a linguagem do órgão que deverá recebê-la e/ou processá-la.

travelling • [RTVC] **1** Deslocamento da câmera, por qualquer meio, para aproximar, afastar ou acompanhar um objeto. Pode ser horizontal, vertical, circular, em ziguezague etc. É geralmente realizado com o auxílio de dolly, carrinho ou grua. O *travelling* com a câmera na mão, no entanto, é também bastante usual e até característico de certos gêneros de cinema, como o 'Cinema Novo' no Brasil. **2** P. ext., o carrinho sobre o qual esse movimento é realizado.

travelling **óptico** • [RTVC] Efeito de *travelling* obtido com a utilização de uma lente zoom, que faz a imagem filmada avançar ou recuar, embora a câmera permaneça fixa.

tricromia • [ED] Reprodução de originais (v. original), mediante as três cores primárias: amarelo, vermelho e azul, impressas nessa ordem. A seleção de cada uma dessas cores é feita em câmera fotográfica especial, na qual são colocados filtros que deixam passar, de cada vez, somente o que o original tem de cada uma das três cores.

triedro • [PP] Tipo de painel publicitário formado por um conjunto de peças de três faces justapostas, acionadas por um sistema de engrenagens que as gira em deter-

minados intervalos de tempo, programados por um *timer*, fazendo mudar a imagem. Impressa em adesivos e recortada em tiras, cada imagem ocupa uma das três faces complementares da série, possibilitando que o painel apresente alternadamente três imagens diferentes.

trilha • [RTVC] **1** Cada um dos canais (em equipamentos de gravação) ou faixas (em filme óptico ou fita magnética) contendo registros sonoros. Diz-se tb. banda ou trilha. **2** V. trilha sonora.

trilha sonora • [RTVC] **1** Faixa óptica ou magnética, situada na borda do filme, contendo gravação de sons. No filme já editado, contém a mixagem de todos os sons que compõem a obra, permitindo sua reprodução, em sincronia com a imagem, quando o filme é projetado. tb. chamada banda sonora, faixa sonora ou pista sonora. Em ing., *sound track*. **2** Conjunto das músicas que compõem a parte sonora de filme, vídeo, peça de teatro etc. Pode ser divulgado e comercializado independentemente da obra que faz parte, sob a forma de discos, fitas etc. V. fundo musical. **3** P. ext., o mesmo que áudio, em qualquer mídia audiovisual.

troca de mensagens • [FTC] Processo de comunicação biunívoca, em que os papéis de emissor (fonte) e de receptor (destino) são exercidos de modo recíproco, por ambos os interlocutores. V. comunicação.

trojan • [TIC] V. cavalo de Troia.

truca • [RTVC] Aparelho cinematográfico dotado de recursos ópticos, destinado a modificar a imagem registrada pela câmera, por meio de diversos efeitos de redução e ampliação de imagens, além de fusões (v. fusão), superposições etc.

trucagem • [RTVC] Efeito cinematográfico realizado através da truca. • [RAV] Procedimento fotográfico para obtenção de uma imagem diferente da que foi originalmente fotografada.

tubo de imagem • [RTVC] Elemento básico de aparelhos de televisão que usam receptores de raios catódicos.

tuiteiro • [TIC] Aquele que se comunica, interage e posta em seu twitter.

tuner • [RAV] O mesmo que sintonizador.

turnê • [RAV] Do fr. *tournée*. Série de apresentações previamente programadas (de um artista, grupo de artistas, conferencista etc.) em várias cidades. V. temporada.

tutorial • [TIC] Método de treinamento existente em alguns programas que orienta o aluno ou usuário, passo a passo, para a execução de tarefas específicas.

TV • [RTVC] **1** Abrev. de televisão. **2** Abrev. de televisor.

twitter • [TIC] Rede social ou *microblog* que permite a um usuário trocar mensagens de texto de até 140 caracteres em tempo real, através de perfil criado no *site* do serviço. O acesso pode ser amplo ou restrito a um grupo de pessoas autorizadas.

two shot • [RTVC] Enquadramento de duas pessoas, geralmente em plano americano. V. plano.

uU

UAF • [TIC] Abrev. de ultra-alta frequência.

UHF • [TIC] Abrev. de *ultra high frequency*. O mesmo que ultra-alta frequência.

ultra-alta frequência • [TIC] V. frequência e faixa de radiofrequência. Abrevia-se UAF ou (em ing.) *UHF*.

ultradirecional • [RAV] V. microfone.

ultrassom • [TIC] Vibração de natureza acústica cuja frequência ultrapassa 20.000 Hz, ou seja, não é perceptível pelo ouvido humano normal.

ultravioleta • [RAV] [RTVC] Processo que utiliza essa radiação eletromagnética – raios ultravioleta – para o registro de imagens em cinema e fotografia, com aplicações em diversos campos de atividade, como medicina, astronomia, ciência forense e artes. Usa-se com frequência a forma abreviada UV. • [ED] V. verniz UV.

ultra-wideband • [TIC] V. banda ultralarga.

unidade central de processamento • [TIC] V. *CPU*.

unidade de resposta audível • [MKT] [TIC] V. URA.

unidirecional • [RAV] V. microfone.

universal serial bus • [TIC] V. *USB*.

upgrade • [TIC] Em ing., aumentar de nível. Usar versão tecnicamente mais aperfeiçoada de programa de computador; ou acoplar novos equipamentos, mais velozes e potentes, à máquina.

UPJ • [RTVC] [JN] Unidade portátil de jornalismo. Veículo equipado com equipamentos para a gravação de uma reportagem externa no telejornalismo.

uplink • [TIC] Transmissão de sinais de comunicação a partir de uma estação terrestre para um satélite em órbita.

upload • [TIC] Oposto de *download*. V. carregar.

URA • [MKT] [TIC] Sigla de Unidade de Resposta Audível. Sistema de atendimento telefônico automático pelo qual mensagens de voz previamente gravadas, armazenadas em um computador, são transmitidas para o usuário, indicando opções para o acesso aos ramais ou serviços de informações disponíveis. Para acesso a esses ramais ou serviços, o usuário pressiona determinadas teclas em seu telefone. As informações, selecionadas automaticamente pelo sistema, em sua maior parte são também previamente gravadas. V. call center.

URL • [TIC] Acrônimo de *uniform resource locator*, localizador uniforme de recursos. Padrão de endereçamento na internet, não apenas de páginas de web, como também de todos os serviços e recursos encontrados na net. Consiste de um protocolo, p. ex., HTTP ou FTP, de nome de domínio e de nome de arquivo.

USB • [TIC] Acrônimo de *universal serial bus*, barramento universal em série. Sistema de fácil manuseio para conexão de periféricos ao computador e outros dispositivos de leitura, desenvolvido por um consórcio das principais empresas de informática do mundo, para utilização em equipamentos de qualquer marca.

usuário • [MKT] Indivíduo que utiliza um determinado produto ou serviço, público ou privado. V. consumidor.

utilitário • [TIC] Programa que realiza uma tarefa inerente ao próprio funcionamento do computador (ex.: *backup*, organização de arquivos, detecção de irregularidades no processamento etc.). V. aplicativo.

UV • [RAV][RTVC] Abrev. de ultravioleta. • [ED] V. verniz UV.

UWB • [TIC] Acrônimo de *ultra-wideband*. V. banda ultralarga.

vV

vacuum forming • [MKT] [ED] Técnica de moldagem em plástico, com diversas aplicações, como em embalagens e painéis publicitários. O plástico é moldado por meio de calor e vácuo, e não volta para a posição anterior depois que esfria.

vantagem competitiva • [MKT] Vantagem que um determinado produto ou serviço apresenta sobre os concorrentes. É consequência da imagem de marca, em linhas gerais, e de uma série de itens como: preço convidativo, controle de qualidade, promoções, brindes, pagamento facilitado, benefícios no atendimento etc.

varejo • [MKT] **1** Canal de distribuição intermediário entre o produtor (através de atacadista ou não) e o consumidor final. Modalidade de compra e venda de mercadorias para os consumidores finais. Expressão proveniente de vara, medida antiga equivalente a 1,10m que se usava no comércio para retalhar tecidos e outros produtos. A atividade básica do varejo é colocar à venda os produtos e serviços, nas quantidades adequadas, na época e no local apropriados ao consumidor. Pode ser classificado, pelo porte, em pequeno varejo (loja de pouco movimento) e grande varejo (loja de departamentos, supermercados, *shopping-centers* e cooperativas de consumo). **2** Diz-se da unidade de negócio que adquire mercadorias de fabricantes, atacadistas e outros distribuidores e as revende diretamente a consumidores. • [PP] Diz-se da propaganda de lojas comerciais varejistas. Caracteriza-se por anúncios dirigidos ao grande público ou para segmentos específicos. É possível distinguir diferentes tipos de anúncios de varejo: os institucionais (que têm como objeto a imagem do anunciante), os promocionais (que anunciam promoções da loja sem necessariamente citar produtos específicos) e os de ofertas de produtos e preços. Difere da propaganda de produto feita pelo fabricante.

vária • [JN] O mesmo que *suelto*.

variante • [ED] Cada uma das modalidades de variação no traçado dos tipos de uma mesma família. "As variantes são classificadas quanto ao peso, à inclinação ou à largura dos caracteres. O uso amplo da nomenclatura inglesa faz os termos em português parecerem imprecisos por não designarem uma série de estágios intermediários possíveis entre uma e outra variedade (como os semi, ou demi, ou ainda o extra). Sem detalharmos ainda esses estágios intermediários, podemos classificar os caracteres: quanto ao peso – claro, normal (médio) e negrito (*light, medium, bold* ou *heavy*); quanto à inclinação – redondo, itálico e *slanted* (não há um nome sintético em português para essa inclinação à esquerda); quanto à largura – regular, largo, expandido ou estendido (*extended*) e estreito ou comprimido (*compressed*), condensado (*condensed*); quanto à sua posição em relação à linha (sobrescrito, elevado, subscrito); e quanto a efeitos especiais (sombreado, *outline*, tachado). É importante lembrar que a variedade itálico foi concebida originalmente como uma família (Griffi, daí grifo; e Manúcio). Depois, a inclinação à direita tomou-se uma variante presente em quase todas as famílias" (Marcus Cremonese).

variedades • [RTVC] Programa de rádio ou televisão concebido em formato de competição, em que os participantes selecionados são celebridades ou membros da audiência de rádio/tv, ou uma combinação de ambas, que competem entre si, com a plateia ou com o público de casa, de acordo com regras pré-estabelecidas, por algum tipo de recompensa.

varredura • [RTVC] Processo utilizado para transmissão e reprodução das imagens em televisão, na qual a imagem é reconstituída elemento por elemento, linha por linha. Cada elemento impressiona a retina durante um tempo muito curto, da ordem do milionésimo de segundo. A transmissão é contínua, ou seja, cada imagem é imediatamente seguida pelo primeiro elemento da imagem posterior, sem interrupção. Em ing., *scanning*. V. definição, resolução e campo. • [TIC] **1** Processo semelhante ao de televisão (ver acepção RTVC), utilizado em telas de computadores e monitores de vídeo: pequenos pontos (*pixels*) são acionados, formando a imagem em um padrão horizontal de linhas. **2** Processo de rastreamento em arquivos do próprio computador ou de uma rede para localização de determinado item ou de um conjunto de informações.

vazado • [ED] Diz-se do traço aplicado como fundo branco (área sem impressão) dentro de uma mancha determinada (chapada ou reticulada), desde que haja contraste suficiente. P. ex., letras em negativo sobre área escura. Diz-se tb. diapositivo.

vazamento • [JN] Informação secreta que, por qualquer meio, 'escapa' dos círculos em que era preservada e chega ao conhecimento da imprensa. A ocorrência de um vazamento não implica necessariamente veracidade da notícia. Pelo contrário: nesse caso, é ainda mais importante o cuidado na checagem das informações, pois há uma série de interesses em jogo (nem sempre bem-intencionados), por trás de cada denúncia ou informação sigilosa. "Vazamentos de informação são úteis, mas perigosos. Especialmente quando se convertem no único veio a produzir investigações. (...) Vazamentos são bem-vindos, desde que ampliados. Caso contrário, a imprensa acumplicia-se tanto com a corrupção não denunciada como com os interesses não muito louváveis que trouxeram o caso a público" (Alberto Dines).

vazar • [RAV][RTVC] **1** Captar, ou deixar visível para o público, qualquer imagem além dos limites previstos para a ação de uma determinada cena. **2** Captar, em um microfone, qualquer som indesejado ou que deveria ser captado apenas por outro(s) microfone(s). • [JN] Escapar do sigilo (uma notícia) e chegar ao conhecimento do público. V. vazamento. • [ED] **1** Aplicar letras ou quaisquer outros traços vazados. **2** Passar (a tinta) para o outro lado do papel, num serviço de impressão, manchando-o, devido a excesso de tinta ou erro de registro. **3** Ficar visível (uma impressão) no verso da folha, devido a pouca espessura do papel.

vedete • [RTVC] Artista cuja interpretação se sobrepõe às demais, em um espetáculo de teatro, cinema, tv etc. V. estrela.

veiculação • [FTC] [JN] [MKT] [PP] Colocação, em determinada mídia, de uma informação jornalística, publicitária, cultural etc.

veicular • [FTC] [JN] [MKT] [PP] Publicar em um veículo de comunicação.

veículo • [FTC] [JN] [MKT] [PP] O mesmo que meio de comunicação. • [PP] Qualquer meio de divulgação. V. mídia.

velocidade • [RAV] [RTVC] **1** Índice de avanço do filme, na câmera ou no projetor. É expresso em fotogramas por segundo (fps). **2** Totalidade de luz que uma lente é capaz de transmitir. **3** Tempo de exposição do material sensível à luz, durante o qual o obturador permanece aberto. O ajuste da velocidade ou tempo de exposição depende basicamente das condições de luz, da abertura escolhida (quanto maior a abertura, menor será o tempo de exposição requerido), dos movimentos de cena e da sensibilidade do filme nas câmeras analógicas. **4** Sensibilidade da emulsão à luz, expressa como índice de exposição. Quanto mais veloz um filme, maior sua capacidade em registrar imagens com menos luz, ou menor tempo de exposição.

A sensibilidade ou velocidade de um filme é normalmente expressa em *ASA* ou DIN.

venda • [MKT] **1** Ato de negociar um produto (ou serviço), que é cedido (ou prestado) ao comprador mediante pagamento (v. atacado, varejo e promoção de vendas). **2** Conjunto de atividades realizadas pelo vendedor com o propósito de informar, motivar e persuadir o cliente a adquirir um produto ou serviço, podendo incluir ou não a concretização da venda propriamente dita.

verbete • [ED] Conjunto das acepções e exemplos referentes a cada vocábulo, em um dicionário, glossário ou enciclopédia.

vernaculismo • [FTC] [ED] O mesmo que purismo.

vernáculo • [FTC] [ED] **1** O idioma próprio de um país, no qual se acentuam os aspectos característicos e distintivos, em confronto com outras línguas. Diz-se da linguagem verbalmente considerada pura, genuína, correta, isenta de estrangeirismos ou neologismos, na qual se acentuam os traços característicos e distintivos da língua em confronto com outras formas linguísticas. **2** Diz-se de quem atenta para a pureza e correção na fala e na escrita de um idioma.

vernissage • [MKT] Evento que inaugura uma exposição de artes plásticas (pintura, escultura etc.), geralmente acompanhado por um coquetel. A palavra francesa refere-se originalmente ao dia que antecede a inauguração de uma exposição de pintura (quando os artistas dariam em seus trabalhos uma última demão de verniz).

verniz UV • [ED] **1** Tipo de verniz aplicado ao papel depois da impressão e submetido a radiação ultravioleta, o que resulta em efeito mais forte de brilho. Pode ser aplicado em toda a superfície do papel ou apenas em áreas selecionadas para realçar fotos e determinados detalhes. **2** Diz-se do acabamento em produção gráfica que utiliza esse processo. Diz-se tb. ultravioleta ou UV.

versal • [ED] **1** Designação da letra maiúscula de cada um dos tipos do mesmo corpo. **2** Tipo caixa alta.

versalete • [ED] Tipo constituído por letras maiúsculas com altura idêntica à das letras minúsculas do mesmo corpo. Tem a forma de letra caixa alta, mas o tamanho de caixa baixa. V. versal.

vespertino • [JN] Jornal produzido e impresso algumas horas depois do matutino, com destaque para as notícias ocorridas no mesmo dia de sua publicação.

VHF • [TIC] Abrev. do ing. *very high-frequency*, frequência muito alta. V. faixa de frequências.

vício de linguagem • [FTC] Qualquer deturpação ou imperfeição na fala ou na escrita, por ignorância, hábito ou descuido do emissor. "Qualquer desrespeito à norma linguística (...) por má assimilação dessa norma, no âmbito fonológico, morfológico ou sintático" (M. Câmara Jr.). Distingue-se dos chamados defeitos ou perturbações da linguagem, por serem estes devidos a anomalias de ordem física ou psíquica. Alguns vícios de linguagem podem ser empregados como recursos estilísticos, em textos literários. Na comunicação informativa, porém, devem ser evitados, para garantir a eufonia, a clareza e a naturalidade da linguagem. V. redação.

videasta • [RTVC] Realizador de trabalhos artísticos em vídeo.

vídeo • [RTVC] **1** Parte visual de uma transmissão de tv ou de um filme. **2** Indicação da parte que descreve a imagem, num roteiro ou *script* (em oposição a áudio). **3** Conjunto dos dispositivos necessários à reprodução eletrônica de imagens em um receptor de televisão e equipamentos análogos. **4** Tela de tevê. **5** P. ext., televisão. **6** Obra gravada e editada em linguagem televisiva, de cunho artístico, técnico, didático etc. • [TIC] **1** Periférico análogo à televisão, cuja finalidade é exibir informações geradas pelo computador na forma de imagem. **2** Conjunto de informações em formato de imagens em movimento, transmitidas por qualquer meio digital.

videoarte • [ED] [RTVC] **1** Aplicação dos recursos do vídeo em trabalhos de artes plásticas. **2** Diz-se da obra de artes plásticas que utiliza imagens e sons gravados em vídeo ou transmitidos por sinais de televisão.

videobanner • [TIC] [PP] Tipo de *banner* utilizado para veiculação de comerciais (v. comercial) de TV e outras mensagens com características televisivas.

videobook • [RAV] [PP] [RTVC] Conjunto de imagens e/ou textos de um(a) modelo, ator, agência, estúdio etc., editado em arquivo de vídeo para divulgação junto a possíveis contratantes. Usa-se tb. a forma aportuguesada videobuque. V. *book* fotográfico e portfólio.

videocharge • [RTVC] Cartum para televisão, com efeitos de animação, geralmente produzido por meio de computador gráfico, ou através de técnicas tradicionais de desenho animado. Diz-se tb. charge eletrônica.

videoclipe • [RTVC] Unidade narrativa típica da cultura de massa, resultante da combinação de recursos técnicos e expressivos da produção fonográfica, da televisão e do cinema, Apresentação musical, cujo áudio geralmente é gravado antes em *playback*, editada com imagens dos próprios intérpretes ou de dançarinos, atores, figurantes etc. As imagens costumam referir-se à própria apresentação do número musical, com coreografias e encenação de pequenos enredos ou de situações dramáticas baseadas no tema da canção. Na indústria fonográfica, funciona como peça de divulgação da imagem do artista para o público consumidor. Diz-se tb. clipe, ou, em ing., *clip*.

videoconferência • [TIC] **1** Sistema de teleconferência com imagens em tempo real, por meio de televisão em circuito fechado ou rede de computadores, que permite a participação simultânea de vários interlocutores. Utilizada para ensino à distância, reuniões, trabalhos em conjunto ou entretenimento. **2** A conversa mantida entre duas ou mais pessoas em tempo real, através desse sistema, com troca remota de sinais de vídeo e áudio. **3** Diz-se do conjunto de equipamentos, dispositivos e *softwares* utilizados para funcionamento desse tipo de comunicação.

videofrequência • [RTVC] Frequência utilizada para a transmissão de imagens de televisão.

videogame • [RTVC] **1** Tipo de jogo, em forma de vídeo interativo, cujas imagens e situações podem ser manipuladas pelo usuário, através alavancas de comando (v. *joystick*), *mouse* ou teclado. **2** Console, destinado ao controle de jogos eletrônicos domésticos, capaz de gerar e movimentar imagens na tela de um televisor comum. **3** Cartucho ou qualquer outro dispositivo de memória contendo um jogo desse tipo. **4** Programa ou arquivo que oferece esse tipo de entretenimento por meio de um computador.

videografia • [TIC] Sistema de transmissão de textos e outras mensagens alfanuméricas ou gráficas por meio de sinais de televisão.

videografismo • [TIC] Atividade profissional desenvolvida a partir das técnicas do *design* gráfico, especializada na representação visual de uma ideia ou mensagem pelo arranjo harmonioso e criativo de todos os aspectos de imagem final em relação ao produto desejado. Articulação dos diversos significantes audiovisuais (cores, textos, vinhetas, ilustrações, efeitos especiais, ritmos, movimentos, sons etc.) capazes de transmitir até mesmo os significados mais sutis, em coerência com o objetivo que se pretende atingir.

videolocadora • [RTVC] Empresa que aluga filmes cinematográficos, séries televisivas e vídeos em geral, gravados em suporte físico ou transmitidos *on-line* (por sistema de tv em circuito fechado ou pela internet). Diz-se tb. locadora. V. videoteca.

videomaker • [PP] [RTVC] [MKT] [PP] Artista que produz vídeos (comerciais, documentários, programas de tv etc.). Atua como produtor independente ou vinculado a uma empresa de produção, agência de publicidade etc.

video release • [IN] [PP] [RP] Release audiovisual, gravado em suporte de vídeo ou transmitido via internet ou por qualquer sistema de tv.

videoteca • [RTVC] **1** Coleção de obras gravadas em vídeo, para consulta, informação e entretenimento. **2** Local onde permanecem guardadas gravações de vídeo devidamente catalogadas, disponíveis para utilização por usuários de uma instituição ou pelo público em geral. V. videolocadora.

videowall • [RAV] [PP] [RTVC] Conjunto de monitores de vídeo colocados lado a lado e comandados por um computador de modo que funcionem como se fossem partes integrantes de uma única tela de grandes dimensões. Recurso audiovisual utilizado principalmente em eventos promocionais.

vinheta • [ED] Elemento ornamental, com desenho abstrato ou figurativo, utilizado (isoladamente ou em combinações diversas) como enfeite, fecho de capítulos, ornato intratextual etc. Este recurso, típicos das artes gráficas desde seus primórdios, adaptou-se a diversas formas de comunicação nos dias de hoje, inclusive na apresentação de softwares e no design de websites. • [RTVC] **1** Identificação breve da estação, do programa, do patrocinador, do apresentador ou do quadro, na abertura e no encerramento de um programa, no início ou no fim de cada intervalo, entre dois anúncios etc. Em tv, é constituído geralmente por breves efeitos de animação de uma marca (logotipo ou símbolo) visual ou sonora, ou de qualquer imagem (objeto, produto, formas abstratas, cartum etc.). **2** Imagens em superposição, que aparecem num canto do vídeo, identificando o canal, o patrocinador ou o programa que está sendo apresentado. Vinhetas em superposição. **3** O mesmo que cortina.

vírus • [TIC] Tipo de programa desenvolvido com a finalidade de causar danos, ou até mesmo destruir arquivos, outros programas e sistemas operacionais (v. sistema operacional).

viúva • [ED] **1** Linha que, na paginação, fica isolada do restante do parágrafo. Primeira linha de um parágrafo, que fica no final de uma página ou coluna, não acompanhando o restante do parágrafo; ou última linha que, por não caber no espaço junto ao parágrafo do qual faz parte, sobra para o alto da página ou coluna a seguir. Diz-se tb. linha quebrada. **2** Título de seção que, por erro de paginação, fica no final de uma página, isolada do texto que se segue.

VJ • [RTVC] Abrev. de video jockey, expressão criada a partir de disk jockey. Apresentador de videoclipes em programas de televisão, geralmente responsável também pela seleção dos clipes e pela criação dos textos de apresentação.

vocabulário • [ED] **1** Conjunto das palavras de uma língua, de um determinado estágio de uma língua, de um determinado campo de conhecimento ou de atividade, de um determinado grupo social. **2** Obra de referência que relaciona, em ordem alfabética, as palavras de uma língua, ou de um estágio dessa língua, de um dialeto, de um autor, de um grupo social ou de um ramo do conhecimento, técnica ou atividade. As palavras arroladas podem vir ou não acompanhadas de esclarecimentos. A utilização de um vocabulário refere-se, normalmente, à palavra em relação à sua forma material (p. ex., vocabulário ortográfico). V. dicionário.

voice mail • [TIC] V. correio de voz.

VOIP • [TIC] **1** Acrônimo de *voice over internet protocol*. Uso do protocolo de internet (*IP*) para transmitir voz. Este sistema entrega um áudio digitalizado sob a forma de pacote e pode ser usado para transmitir em intranets, extranets e na internet. **2** Alternativa de baixo custo para telefonia tradicional, por meio do *Public Switched Telephone Network* (*PSTN*), ou rede pública de telefonia comutada. **3** Ligação de voz entre dois computadores ou entre computador e telefone. V. *TCP/IP*.

volante • [ED][PP] Impresso tirado em folha avulsa, dobrado ou não, contendo anúncio, circular, manifesto etc., geralmente destinado a distribuição em ruas, lojas comerciais e outros locais de circulação do grande público ou de segmentos determinados do público.

volet • [RTVC] Efeito de cortina vertical, obtido mediante o uso de uma máscara colocada em frente à objetiva e que desliza lateralmente para fazer aparecer a imagem. O próprio movimento dos atores ou um carro passando em frente à objetiva podem produzir o efeito de *volet*.

volume • [ED] Unidade física de uma obra impressa ou manuscrita; diz-se do livro em seu aspecto material. Pode ser ou não coincidente com o tomo. Usa-se a divisão em volumes para facilitar o encadernamento e/ou manuseio de obras extensas. • [RAV] **1** Intensidade do som na gravação, reprodução, transmissão, recepção ou amplificação. Diz-se tb, impropriamente, altura. **2** O ajuste dessa intensidade.

VPN • [TIC] Acrônimo de *virtual private network*, ou rede privada virtual. Ponto de conexão numa rede pública ou compartilhada, como a internet, cujos usuários remotos ou *sites* se comunicam com tecnologia de criptografia. As mensagens são enviadas e recebidas de forma segura, como se os pontos fossem conectados por linhas privadas.

W

W3 • [TIC] V. _world wide web_.

walkie-talkie • [TIC] Expressão derivada dos verbos, em ing., _walk_ (caminhar) e _talk_ (falar). Pequeno transmissor-receptor de rádio, que funciona com baterias, é leve e facilmente transportável.

walkman • [RAV] Expressão em ing. derivada de _walk_ (caminhar) e _man_ (homem). Aparelho estereofônico portátil, de alta-fidelidade. Para ser ouvido, utilizam-se headphones.

wallpaper • [TIC] Em ing., papel de parede. Imagem usada como plano de fundo de uma tela.

web • [TIC] V. _world wide web_.

web2.0 • [TIC] Neologismo criado para definir uma suposta segunda geração da web. O termo designa uma mudança na maneira como desenvolvedores de _softwares_ e internautas usam a rede, ao privilegiar a troca de informações e a colaboração dos usuários com _sites_ e serviços virtuais. Assim, o ambiente _on-line_ torna-se uma comunidade mais dinâmica, e os internautas passam a ter um papel ativo e a ajudar a organização de conteúdo.

web mail • [TIC] Em ing., correio via internet. Sistema de correio eletrônico que pode ser aberto em qualquer computador, em todos os lugares que tenham acesso à internet. Este sistema possibilita ao usuário um _e-mail_ pessoal sem necessidade de um provedor específico podendo ser acessado em qualquer lugar do mundo.

webcasting • [TIC] Transmissão, via internet, de programas de rádio e TV.

webdesign • [TIC] Prática de _design_ em computadores, com o foco em criação de websites.

webdesigner • [ED][TIC] V. _webmaster_.

weblog • [TIC] V. _blog_.

webmarketing • [TIC][MKT] Conjunto das atividades e técnicas de _marketing_ que utilizam as ferramentas disponíveis por meio da internet, como: _websites_ interativos, _links_ com outros meios de comunicação da empresa, vendas _on-line_, programas de afiliação, promoções, serviços gratuitos, listas de discussão, indexação em serviços de busca, análise e monitoramento da audiência etc. Diz-se tb. _marketing on-line_. V. _e-marketing_, _e-commerce_ e quatro pês.

webmaster • [ED][TIC] **1** Criador, administrador ou editor de _sites_ para veiculação na internet ou em uma intranet. **2** Profissional responsável pela editoração de *sites* e páginas de *web*, inclusive concepção editorial, *design* gráfico e formatação. Diz-se tb. *webdesigner*.

web-radio • [RTVC] [TIC] Transmissão e recepção de sinais de emissoras radiofônicas via internet.

webranking • [TIC] **1** Listagem dos *sites* de maior destaque, por sua qualidade ou pela quantidade de acessos. **2** Conjunto de táticas e técnicas que procuram fazer com que determinado *site* apareça entre os primeiros da lista de resultados de uma busca.

webring • [TIC] Em ing., anel da *web*. Grupo de páginas na internet em interação numa estrutura circular, geralmente em torno de um mesmo tema.

website • [TIC] *Site* da *web*. V. *site*.

web tv • [TIC] Transmissão de sinal de televisão pela internet, sob a forma de vídeo por demanda ou *streaming*.

webvertising • [PP][TIC] Publicidade veiculada em mídia digital (principalmente em *sites* da internet), geralmente concebida para as características desse tipo de veículo. V. *banner*.

webwriter • [JN] [TIC] **1** Profissional de comunicação especializado em *webwritting*. **2** Pessoa que escreve textos para mídia digital. V. *webmaster*.

webwritting • [JN][TIC] Redação para mídia digital (páginas de internet, intranet etc.). Segundo Bruno Rodrigues (que apresenta esse conceito em seu livro *Webwriting: pensando o texto para a mídia digital*), essa atividade deve "aliar texto, *design* e tecnologia, e tratá-las como um componente único – a informação". O autor destaca três requisitos básicos para a qualidade do trabalho de um *webwriter*: objetividade (ir direto ao assunto), navegabilidade (é o texto que leva o internauta a navegar por um *website*, e não o *design*) e visibilidade (tornar bastante visíveis das informações principais de um *website*). V. redação.

web-zine • [ED][JN] V. fanzine.

wi-fi • [TIC] Acrônimo de *wireless-fidelity*. Tecnologia que permite a conexão entre dispositivos eletrônicos sem fio.

wireless • [TIC] Em ing., sem fio. Tecnologia que se aplica a qualquer tipo de comunicação sem fio: telefone, rádio, micro-ondas, periféricos do computador etc.

workshop • [MKT][RP] Reunião de trabalho que envolve vários profissionais para discussão de determinado assunto ou para o desenvolvimento de determinada técnica. Situa-se, em termos de participação e criatividade, entre o seminário e o *brainstorming*. As pessoas envolvidas opinam, sugerem e debatem para chegar a uma solução ou (no caso de um trabalho artístico) para assimilar a técnica proposta.

workstation • [TIC] V. estação de trabalho.

world wide web • [TIC] **1** Em ing., literalmente, teia de alcance mundial. Sistema de troca de informações na internet, em que os dados, organizados em forma de hipertexto, criam ligações (*links*) entre si, permitindo acesso entre os diversos centros de informações e remetendo-os uns aos outros. A partir dos seus recursos de hipermídia, incorporando imagens gráficas, animações, vídeo e som, a *web* consagrou-se como sistema ideal para a circulação de informações em grande escala entre os usuários da internet. Embora confundida por muitas pessoas como sinônimo de internet, a expressão *world wide web* designa um conjunto de conceitos e regras que gere a troca de dados na rede mundial; enquanto internet é a rede propriamente dita. **2** Conjunto de usuários, computadores, *hardware* e *software* que utilizam o protocolo *HTTP*, para troca de informações pela internet. Usa-se com mais frequência a forma abreviada web ou a sigla www. É menos frequente a abrev. W3. Diz-se tb. rede global de computadores, grande rede, superestrada da informação e outras expressões do gênero. V. ciberespaço, *homepage*, *link* e *site*.

worm • [TIC] Em ing., verme. Tipo de vírus que se dissemina através de *e-mail*, e se multiplica em cada computador que o recebe.

www • [TIC] V. web.

wysiwyg • [TIC] Acrônimo de *what you see is what you get*. Processador de textos que permite ao usuário ver na tela o *leiaute* que uma página terá ao ser impressa.

x., X. • [ED] Indicação de autor anônimo, em referências bibliográficas. Quando há mais de um autor, usa-se tb. Y. ou y., Z. ou z., XY., XZ. etc. • [IN] Indicação de final de texto, colocada na última lauda, ou na última parte de textos extensos que ocupam mais de um arquivo no computador ou em dispositivo de memória auxiliar.

xerocar • [ED] V. xerografar.

xerografar • [ED] Reproduzir por xerografia. Tirar cópias em máquinas xerox. Diz-se tb. xerocopiar e, impropriamente, embora de uso difundido, xerocar ou mesmo xeroxar.

xerografia • [ED] **1** Processo de tiragem rápida de cópias, inventado pelo norte-americano Chester Carlson em 1930. Baseia-se na formação de imagem idêntica ao original sobre uma folha de papel, a partir da distribuição (por eletromagnetismo) de um pó especial, tonalizador, que é fixado sobre a folha por ação do calor. Colocado o original na máquina, incide sobre ele uma luz especial que se reflete sobre uma superfície carregada de eletricidade. As diversas intensidades luminosas são, então, decodificadas em padrões eletromagnéticos, reproduzidos na folha de papel, que atraem os finíssimos grãos do pó. Dispositivos mais sofisticados possibilitam a xerografia em cores com excepcional qualidade de reprodução. V. impressão eletrostática e reprografia. **2** Cópia obtida por esse processo. Diz-se tb. cópia xerográfica, cópia xerox, cópia eletrostática, xerocópia e eletrocópia.

xiloglifia • [ED] Arte de esculpir ou gravar caracteres em madeira, principalmente capitulares e grandes letras de madeira para impressão de cartazes e manchetes.

xilóglifo • [ED] Pessoa que faz trabalhos de xiloglifia.

xilografia • [ED] Processo de impressão anterior à tipografia, utilizado pelos chineses na impressão de livros tabulares desde o séc. 10. Baseado no emprego de matrizes de madeira com imagens e textos gravados em relevo. V. xilogravura.

xilógrafo • [ED] Gravador em madeira. Diz-se tb. xilogravador.

xilogravura • [ED] Gravura em relevo sobre prancha de madeira. Este processo pode ser realizado por meio de duas técnicas, de acordo com o modo como a madeira é cortada. "Se cortada em tábuas, no sentido vertical da árvore em pé, ao comprimento de sua fibra, chama-se 'xilogravura de fibra'. Se a madeira foi cortada no sentido horizontal da árvore em pé, chama-se 'xilogravura de topo' (Orlando da Silva). V. gravura.

xilotipia • [ED] Técnica de composição e impressão, com tipos soltos, em madeira.

xml • [TIC] Abrev. de *extensible markup language*, linguagem extensível de marcação genérica, utilizada na criação de documentos com informações hierarquicamente organizadas. É uma linguagem classificada como extensível porque permite definir os elementos de marcação. Caracteriza-se pela criação de uma infraestrutura única para diversas linguagens, facilidade de compartilhamento das informações, interligação de bancos de dados distintos, criação ilimitada de *tags* e sua legibilidade tanto para humanos quanto para computadores, entre outros atributos.

X-Y recording • [RAV] Técnica de gravação estereofônica que utiliza dois microfones posicionados no mesmo ponto, mas com ângulo de direção de 90° entre si. V. estereofonia.

yY

YB • [TIC] V. yottabyte.

yetties • [TIC] Acrônimo de *young entrepreneurial tech-based*, algo como "jovens empreendedores do mercado de tecnologia". Diz-se de jovens que se dedicam a novas ideias na web.

yottabyte • [TIC] Unidade de medida de informação. O prefixo *yotta*, penúltima letra do alfabeto latino, indica uma multiplicação por 1.024 no sistema decimal, portanto um *yottabyte* é igual a 1.000.000.000.000.000.000.000.000 *bytes*. Na informática, todos os prefixos numéricos são representações das potências de dois; portanto, pelo sistema binário, um *yottabyte* corresponde a 280. Símbolo: YB. V. byte.

zZ

zap • [TIC] Comando equivalente ao *delete all* – apague tudo – que permite remover todos os registros e arquivos de um computador.

zapear • [RTVC] Percorrer os canais de tv, geralmente com uso de controle remoto, sem fixar-se em nenhum programa, como quem folheia as páginas de uma revista, à procura de programa que interesse, ou checando o que há em outros canais durante intervalos e trechos desinteressantes de um programa. Neologismo derivado da gíria ing. *zapping*.

zincografia • [ED] Fotogravura a traço, sobre placa de zinco.

zincogravura • [ED] **1** Qualquer processo de gravura por meio de uma placa de zinco. **2** Chapa de zinco gravada.

zincotipia • [ED] Técnica de fundir ou trabalhar tipos ou matrizes usando o zinco como matéria-prima. V. zincografia.

zine • [ED] [JN] Forma abreviada de fanzine.

zip • [TIC] Processo de compactação de arquivos, por meio de determinados programas compactadores. No Brasil, usa-se o neologismo zipar, para o ato de compactar.

zipar • [TIC] V. *zip*.

zona de silêncio • [TIC] Região geográfica na qual é prevista a impossibilidade, por parte de um receptor, de receber os sinais de um determinado transmissor, pela propagação direta ou por ondas refletidas.

zoom • [RAV] O mesmo que zum. V. objetiva.

zum • [RAV] V. objetiva.